# Economics
The User's Guide

지은이 장하준은 서울대학교 경제학과를 졸업하고 영국 케임브리지대학교에서 경제학 석사 및 박사 학위를 받았다. 1990년 한국인으로서는 최초로 케임브리지대학교에 임용되어 경제학과 교수로 근무했으며, 2022년부터 런던대학교 경제학과 교수로 재직 중이다. 2003년 신고전학파 경제학에 대안을 제시한 경제학자에게 주는 군나르 뮈르달 상을, 2005년 경제학의 지평을 넓힌 경제학자에게 주는 바실리 레온티예프 상을 최연소로 수상함으로써 세계적인 경제학자로 명성을 얻었다. 2014년에는 영국의 정치 평론지 『프로스펙트』가 매년 선정하는 '올해의 사상가 50인' 중 9위에 오르기도 했다. 국제노동기구, 유엔식량농업기구 등 유엔 산하 기구와 세계은행, 아시아개발은행, 유럽투자은행 등 다자간 금융기구 그리고 옥스팜, 경제 정책 연구소 등 엔지오를 비롯해 여러 정부 기구 및 민간 조직에 오랫동안 자문을 제공하며 함께 일해 왔다. 지금까지 17권의 책을 썼으며, 그중 13권의 저서가 전 세계 46개국 45개 언어로 번역되어 200만 부 넘게 판매되었다. 주요 저서로 『장하준의 경제학 레시피』 『장하준의 경제학 강의』 『그들이 말하지 않는 23가지』 『나쁜 사마리아인들』 『쾌도난마 한국경제』 『국가의 역할』 『사다리 걷어차기』 등이 있다. 『장하준의 경제학 강의』는 경제사, 경제학파, 경제 부문을 망라해 설명하는 가장 쉬운 경제학 교과서로 국내 종합 베스트셀러에 오르고 주요 일간지와 서점의 올해의 책에 선정되었다.

**ECONOMICS: THE USER'S GUIDE**

Copyright © Ha-Joon Chang, 2014
All rights reserved.

Korean translation copyright © 2014 by Bookie Publishing House, Inc.
Korean translation rights arranged with Mulcahy Associates, London, UK.

HA-JOON
CHANG

# 장하준의
# 경제학 강의

장하준 지음 | 김희정 옮김

# Economics

지금 우리를 위한 경제학 사용 설명서

## The User's
## Guide

옮긴이 김희정은 서울대학교 영문학과와 한국외국어대학교 통번역대학원을 졸업했다. 현재 가족과 함께 영국에 살면서 전문 번역가로 활동하고 있다. 옮긴 책으로 『장하준의 경제학 레시피』 『장하준의 경제학 강의』 『그들이 말하지 않는 23가지』 『어떻게 죽을 것인가』 『인간의 품격』 『잠깐 애덤 스미스 씨, 저녁은 누가 차려줬어요?』 『진화의 배신』 『배움의 발견』 『랩 걸』 『완경 선언』 등 50여 권이 있다.

## 장하준의 경제학 강의

2023년 3월 30일 개정판 1쇄 발행 | 2024년 4월 19일 개정판 6쇄 발행

지은이 장하준
옮긴이 김희정
발행인 박윤우
편집 김송은 김유진 박영서 성한경 장미숙
마케팅 박서연 이건희 정미진
디자인 서혜진 이세연
저작권 백은영 유은지
경영지원 이지영 주진호

발행처 부키(주)
출판신고 2012년 9월 27일
주소 서울시 마포구 양화로 125 경남관광빌딩 7층
전화 02-325-0846
팩스 02-325-0841
이메일 webmaster@bookie.co.kr
ISBN 978-89-6051-977-0 03320

만든 사람들
편집 성한경 | 디자인 서혜진

# 감사의 말

'가능한 한 많은 사람들이 읽을 수 있는 경제학 입문서를 쓰자.' 2011년 가을, 나와 같이 일하던 편집자 윌 굿래드를 통해 펭귄 출판사에서 이런 제안을 했다. 윌은 그 후로 다른 일을 하기 위해 펭귄을 떠났지만 새로운 일을 시작하는 바쁘고 힘든 와중에도 이 책의 형태를 잡고 집필을 하는 과정에 많은 도움을 주었다.

편집을 맡아 준 로라 스티크니가 없었다면 이 책을 쓰는 것은 불가능했을 것이다. 간혹 완전히 연락을 끊기도 하고, 책의 초반부를 수없이 쓰고 다시 쓰는 작업을 되풀이하던 나를 참아 주기가 무척 어려웠을 터임에도, 나에 대한 믿음을 잃지 않고 내가 힘든 과정을 거치는 동안 친절하기 그지없는 격려와 함께 책의 내용과 형식에 관해 엄청난 양의 훌륭한 조언을 아끼지 않았다. 로라에게는 내가 생각해 낼 수 있는 어떤 감사의 말로도 충분하지가 않다.

내 출판 에이전트 아이반 멀케히 또한 이번에도 변함없이 큰 도움이 되는 조언을 아끼지 않았다. 특히 집필 작업은 탄력을 잃어 가고 책 자체에 대한 나 자신의 믿음이 흔들려 가던 당시에 그가 미완성 초고를 읽고 해 준 여러 제안들은 다시 한 번 책에 생명력을 불어넣어 주는 계기가 되었다.

미국 편집자 피터 기네이 또한 책 집필 마지막 단계에 특히 도움이

8

된 중요한 조언들을 많이 해 줬다.

많은 친구들이 도움과 격려를 보내왔지만 특히 그중 세 명에게는 더 특별한 감사의 마음을 전하고 싶다. 덩컨 그린, 윌리엄 밀버그, 데팍 나야르는 책 전체를 모두 읽고, 어떤 챕터들은 수정을 할 때마다 여러 차례 다시 읽어 주며 아주 큰 도움을 주었다. 정신적으로도 이 친구들의 응원은 수많은 위기를 극복하는 데 큰 힘이 되었다.

펠릭스 마틴은 이 책이 머릿속에 존재하는 계획에 지나지 않던 단계부터 책의 형태를 잡는 데 중요한 도움을 많이 주었다. 또 여러 장을 읽고 많은 조언을 해 주었다. 밀퍼드 베이트먼은 거의 대부분의 챕터를 읽고 유용한 조언을 아낌없이 해 주었다. 핀리 그린 또한 대부분의 챕터들을 읽고 대중에게 더 친근한 책을 만들 수 있도록 많은 도움을 주었다.

이 자리를 빌려 이 책의 계획 및 집필 단계에 유용한 코멘트를 주었던 많은 분들께 감사의 말을 전한다. 알파벳순으로 조너선 앨드리드, 안토니오 안드레오니, 존 애시턴, 로저 백하우스, 스테파니 블랑켄버그, 아디티아 차크라보티, 장하석, 빅토리아 칙, 미켈레 클라라, 게리 딤스키, 아일린 그레이블, 제프리 호지슨, 아드리아나 코코니크-미나, 데이비드 쿠체라, 코스타스 라파비차스, 이상헌, 카를로스 로페즈-고메스, 티아고 마타, 게이 믹스, 셰이머스 밀른, 디미트리스 밀로 나키스, 브렛 스콧, 제프 소머즈, 대니얼 튜더, 바스카 비라, 유안 양 등이 그들이다.

내 연구실에서 박사 과정을 밟고 있는 동시에 내 연구 조교로 일하는 밍롱 콴은 이 책에 필요한 정보를 찾고 처리하는 과정에서 엄청난 효율성과 창의성을 발휘해 주었다. 이 책에서 다루는 '실제 숫자들'의 중요성을 감안하면 밍롱의 도움은 이 책이 지금의 모습을 갖추는 데 필수 불가결한 것이었다.

이 책을 쓰는 2년 동안 아내와 딸 유나, 그리고 아들 진규는 쉽지 않은 시간을 견뎌 내야 했지만 큰 사랑과 응원을 아끼지 않았다. 아내와 유나는 많은 챕터를 읽고 도움되는 조언들을 해 줬다. 진규는 닥터 후, 명탐정 푸아로, 해리 포터 등 인생에 경제학보다 더 중요한 것들이 있다는 사실을 내가 잊지 않도록 깨우쳐 주는 존재였다.

영국의 우리 네 식구가 누리는 안정감은 한국에 있는 가족들의 사랑 덕분에 가능하다. 장인, 장모님은 사랑이 듬뿍 담긴 응원을 아낌없이 보내 주셨다.

우리 부모님은 항상 끊임없는 사랑과 격려의 근원이 되어 주셨다. 무엇보다도 부모님의 희생과 보살핌이 없었다면 지금의 나는 없었을 것이다. 이 책을 부모님께 바친다.

# 귀찮게 뭘…?

## 경제학은 왜 알아야 하는가?

# 왜 사람들은 경제학에 관심이 없는 걸까?

이 책을 집어 든 독자라면 경제학에 적어도 손톱만큼의 관심은 있는 사람일 것이다. 그러면서도 어쩌면 약간의 불안감을 떨쳐 버리지 못한 채 이 부분을 읽고 있는지 모르겠다. 경제학은 모두 어렵다고들 하는 학문 아닌가? 물리학처럼 어렵지는 않다 하더라도 머리를 쥐어짜야 할 듯한 인상을 풍기는 건 사실이다. 방송에 출연한 경제학자가 하는 말이 좀 미심쩍긴 했지만 경제학 책 한 권 제대로 읽지 않은 마당에 뭐라고 반박하기가 그래서 전문가라고 하는 사람의 말을 그냥 받아들인 경험을 한 독자들도 있을지 모르겠다.

그러나 경제학이 과연 그렇게 어려운 분야일까? 사실은 그럴 이유가 없다. 쉬운 말로 잘 설명하기만 하면 말이다. 전작 『그들이 말하지 않는 23가지』에서 나는 욕먹을 각오를 하고 경제학의 95퍼센트는 상식에 불과한데, 단지 전문 용어와 수학을 동원해서 어렵게 보이도록 한 것뿐이라는 말까지 했다.

비전문가에게 실제보다 더 어렵게 보이는 분야가 경제학뿐은 아니다. 어느 정도의 기술적 지식이 필요한 분야는, 그것이 경제가 되었든 막힌 파이프를 뚫는 배관 작업이 되었든 의학이 되었든 간에 상관없이 그 분야 사람들끼리 의사소통을 위해 쓰는 전문 용어 때문에 외부인에게는 어렵게 느껴질 수밖에 없다. 좀 더 삐딱하게 보자면 어느 정도의 전문 지식이 필요한 직업 분야에서는 자기들이 매기는 높은 요금을 정당화하기 위해 실제보다 일이 더 어렵게 보이도록 할 인센티브가 있다고 할 수도 있겠다.

이런 것들을 다 감안한다 해도 경제학은 일반인들이 이 분야를 들여다보는 것을 꺼리게 만들어 영역 보존을 하는 데 전대미문의 성공을 거두었다. 우리는 적절한 전문 지식이 없이도 온갖 일에 강한 의사 표현을 하곤 한다. 기후 변화, 동성 결혼, 이라크전쟁, 원자력 발전소 등. 그러나 평소에는 강한 의사 표현을 하는 사람도 경제 문제에서는 강한 의견은커녕 별 관심도 보이지 않기 일쑤이다. 유로화의 전망이나 중국의 불평등 혹은 미국 제조 산업의 미래를 두고 논쟁을 벌여 본 기억이 있는가? 이런 문제들은 우리가 어디 사느냐에 상관없이 생활에 커다란 영향을 준다. 좋은 쪽으로든 나쁜 쪽으로든 우리의 고용 기회, 임금, 그리고 결국 연금에까지 영향을 주는 일임에도 대부분의 사람들은 이에 관해 별로 진지하게 관심을 기울이지 않는다.

이런 묘한 상황은 부분적으로 경제 문제가 사랑, 이산, 죽음, 전쟁 등의 사건에 비해 인간의 본능적인 감정에 직접 와닿지 않는 이야기이기 때문에 벌어지는 것일 수도 있다. 그러나 주된 이유는 지난 몇십 년 사이에 물리학이나 화학처럼 경제학도 '과학'이라고 믿도록 우리가 유도되었기 때문이다. 모든 문제에 올바른 하나의 답이 존재하는 과학이기 때문에 비전문가들은 '전문가들이 합의한 결론'을 믿고 더 이상 생각을 할 필요가 없다고 말이다. 하버드대학 경제학 교수이자 가장 널리 사용되는 경제학 교과서 중의 하나를 집필한 그레고리

맨큐는 다음과 같이 말한다. "경제학자들은 과학자인 척하는 걸 좋아한다. 나도 종종 그러기 때문에 잘 안다. 학부생들을 가르칠 때 나는 의식적으로 경제학을 과학의 한 분야로 묘사한다. 내 수업을 듣는 학생들에게 두루뭉술한 학문 분야에 발을 들여놨다는 인상을 주지 않기 위해서이다."[1]

그러나 이 책 전체를 통해서 더 명확하게 드러나겠지만 경제학이 물리학이나 화학 같은 의미의 과학이 되는 것은 불가능하다. 경제학에는 여러 가지 다양한 이론이 있고, 각 이론은 복잡한 현실의 서로 다른 면에 초점을 맞추고 있으며, 서로 다른 도덕적, 정치적 가치 판단을 적용해 결국 서로 다른 결론을 내린다. 게다가 경제학 이론들은 각자 초점을 맞추는 분야에서마저 실제 세상에서 벌어지는 일을 제대로 예측하는 데 계속 실패해 왔다. 화학에서 다루는 분자나 물리에서 다루는 물체와는 달리 인간은 자유 의지를 가진 존재이기 때문이다.[2]

경제 문제에 정답이 하나만 있는 것이 아니라면 우리는 더 이상 이 문제를 전문가들 손에만 맡겨 둘 수 없다. 즉 책임 있는 시민은 모두 어느 정도 경제학적 지식을 갖춰야 된다는 의미이다. 그렇다고 해서 두꺼운 경제학 교과서를 읽으면서 특정 경제학의 시각을 무조건적으로 흡수하라는 말은 아니다. 우리에게 필요한 것은 다양한 경제학적 논쟁이 존재한다는 것을 인식하고, 특정 경제 상황과 특정 도덕적 가치 및 정치적 목표하에서는 어떤 경제학적 시각이 가장 문제 해결에 도움이 되는지를 판단할 수 있는 비판적 시각을 갖출 수 있도록 경제학을 배우는 일이다. (여기서 '어떤 경제학적 시각이 정답인지'라는 표현을 쓰지 않았다는 것을 주목해 주기 바란다.) 이를 위해서는 지금까지와는 다른 방식으로 경제학을 이야기하는 책이 필요하다. 나는 이 책이 바로 그런 책이라고 믿는다.

## 이 책은 어떻게 다른가?

이 책은 다른 경제학 입문서들과 어떻게 다른가?

첫째로 나는 독자들을 진지하게 대한다. 진심이다. 이 책은 복잡한 영구불변의 진리를 씹어서 입에 넣어 주는 그런 책이 아니다. 나는 독자 스스로 여러 접근법들의 장단점을 충분히 판단할 수 있다는 확신 아래 경제를 분석하는 서로 다른 많은 방법들을 소개할 것이다. 또 경제학의 가장 근본적인 방법론적 문제들을 논하는 것도 피하지 않을 것이다. 예를 들어 경제학이 과학이 될 수 있는지, 경제학에서 도덕적 가치관이 어떤 역할을 하는지, 혹은 해야 하는지 등을 심도 있게 다룰 것이다. 나는 서로 다른 경제학 이론들의 밑바닥에 깔린 기본적인 가정들을 설명하는 데도 최선을 다할 것이다. 독자들이 각 이론의 현실성과 타당성을 스스로 판단할 수 있도록 돕기 위해서이다. 또 경제학에 등장하는 숫자들은 어떻게 규정되는지, 그리고 어떤 방법으로 도출되는지를 설명해서 그 숫자들이 흔히 생각하는 것처럼 절대적이고 객관적이지 않다는 점을 독자들에게 설득하려는 시도도 할 것이다. 결국 그런 숫자들은 코끼리의 무게나 냄비 속 물의 온도처럼 객관적인 것이 아니기 때문이다.* 요약하자면, 나는 독자들에게 무슨 생각을 해야 하는지가 아니라 어떻게 생각하는지를 설명하려고 노력할 것이다.

그러나 경제학을 뿌리부터 심도 있게 분석하고 그 과정에 독자들을

---

* 그러나 과학자들은 이런 숫자들마저도 완전히 객관적이지 않다고 말한다. 직접 물어봐도 좋다.

16

깊게 개입시킨다 해서 결코 이 책이 어려울 것이라는 의미는 아니다. 고등학교 교육을 받은 정도의 사람이라면 이해하지 못할 부분은 없다. 내가 독자들에게 바라는 것은 그저 세상에서 실제로 벌어지는 일에 대한 궁금증과 한 번에 몇 문단을 읽어 내려갈 수 있는 정도의 참을성이다.

이 책이 다른 경제학 책과 크게 다른 점 또 한 가지는 실제 세상에 관한 정보를 많이 담고 있다는 점이다. 진정한 의미의 '세상' 혹은 '세계' 전체 말이다. 이 책에는 많은 나라들에 관한 정보가 실려 있다. 물론 모든 나라들을 평등하게 다룬다는 말은 아니다. 그러나 대부분의 경제학 서적과 달리 이 책에서는 한두 나라 혹은 부자 나라, 가난한 나라 같은 특정 형태의 나라에만 국한된 정보를 다루지 않을 것이다. 이 정보들은 대부분 숫자로 되어 있다. 세계 경제 규모가 얼마인지, 미국 혹은 브라질이 세계 경제에서 차지하는 비중이 얼마나 되는지, 중국이나 콩고는 생산량의 얼마를 투자에 돌리는지, 그리스나 독일 사람들은 얼마나 오래 일하는지 등을 이야기할 때 숫자가 빠질 수 없기 때문이다. 그러나 그 숫자들은 각 나라의 제도와 역사적 배경, 그 나라에서 주로 사용하는 정책 등을 비롯한 다양한 정보가 담긴 설명과 함께 등장할 것이다. 이 책의 마지막 페이지를 덮을 즈음에는 독자들이 실제 세상에서 경제가 어떻게 돌아가는지 어느 정도 감을 잡았다는 생각을 할 수 있도록 돕겠다는 희망으로 이 책을 쓴다.

"자, 이제 완전히 다른 걸 시작해 보자…."*

---

* 영국 코미디 드라마 〈몬티 파이선의 플라잉 서커스〉에서 자주 하는 말처럼.

# 이 책을 읽는 법

처음부터 이 책에 많은 시간을 투자하고 싶지 않은 독자들도 있을 것이라고 생각한다. 적어도 처음에는 말이다. 그래서 이 책에 얼마만큼의 시간을 투자할 용의가 있는지에 따라 책을 읽는 몇 가지 방법을 제안할까 한다.

- **10분이 있다면**: 각 장의 제목과 첫 페이지를 읽는다. 내가 운이 좋으면 그렇게 10분쯤 읽고 난 후 갑자기 이 책에 몇 시간 더 투자해도 되겠다는 생각이 드는 독자가 생길지도 모르겠다.
- **한두 시간이 있다면**: 1장과 2장, 그리고 에필로그를 읽고 나머지는 그냥 훑어 본다.
- **반나절을 할애할 수 있다면**: 표제와 부제만 읽는다. 읽는 속도가 빠른 독자라면 각 장의 도입부와 맺는말도 훑을 수 있을 것이다.
- **이 책을 모두 읽을 시간과 인내심이 있다면**: 부디 그렇게 해 주길 부탁드린다. 가장 효과적인 방법이기 때문이다. 그런 독자들을 생각하면 나도 절로 행복해진다. 그러나 개인적으로 흥미가 없는 부분은 표제와 부제만 읽고 넘어가도 된다.

# 1부

# 경제학에 익숙해지기

## 1장

# 인생, 우주, 그리고 모든 것

경제학이란 무엇인가?

경제학이란 무엇인가?

경제학에 그다지 익숙하지 않은 독자라면 경제학은 경제를 연구하는 학문이라고 생각할 것이다. 생각해 보면 화학은 화학 물질을, 생물학은 살아 있는 것을, 사회학은 사회를 연구하는 학문이 아닌가? 그러니 경제학도 경제를 연구하는 학문이라고 추측하는 것이 당연하다.

그러나 이 시대에 가장 널리 알려진 몇몇 경제학 책들에 따르면 경제학은 경제만 다루는 것이 아니다. 그들에 따르면 경제학은 '인생, 우주, 그리고 모든 것'에 관한 궁극적 질문을 다루는 학문이다. 〈호빗〉에 나오는 마틴 프리먼을 주연으로 2005년 영화화된 더글러스 애덤스의 코믹 SF 소설 『은하수를 여행하는 히치하이커를 위한 안내서』에 나오는 그 궁극적 질문 말이다.

『파이낸셜 타임스』의 저널리스트이자 베스트셀러 『경제학 콘서트』의 저자 팀 하포드에 의하면 경제학은 인생을 다루는 학문이다. 그의 두 번째 저서 『경제학 콘서트 2』의 영문판 제목이 바로 '인생의 논리(The Logic of Life)'이다.

아직까지 경제학으로 '우주'를 설명할 수 있다고 주장하는 경제학자는 나오지 않았다. 우주는 여전히 물리학자들의 소관으로 남아 있다. 경제학을 진정한 과학으로 만들고 싶은 열망을 가진 경제학자들이 수백 년 동안 역할 모델로 우러러봐 온 물리학자들 말이다.* 그러나 여기에 아주 근접한 경제학자들이 몇몇 있기는 하다. 바로 경제학이 '세상'을 다루는 학문이라고 주장하는 사람들이다. 예를 들어 로버트 프랭크의 시리즈 저서 『경제 박물학자의 귀환』의 영어 부제는 '경제학이 세상을 이해하는 데 얼마나 도움을 주는가(How Economics helps You Make Sense of Your World)'이다.

'모든 것'을 다루는 부분에서도 빠지지 않는다. 『경제학 콘서트 2』의 영어 부제는 '모든 것에 관한 새로운 경제학의 비밀을 밝힌다(Uncovering the New Economics of Everything)'이다. 현재 전 세계적으로 가장 잘 알려진 경제학 서적 중의 하나일 『괴짜 경제학』의 영어 부제에서 저자 스티븐 레빗과 스티븐 더브너는 경제학이 '모든 것의 이면(Hidden Side of Everything)'을 파헤치는 학문이라고 말한다. 로버트 프랭크도 훨씬 겸손하기는 하지만 이와 의견을 같이하는 듯하다. 그의 시리즈 첫 번째 책 『경제 박물학자』 영어 부제가 '왜 경제학은 거의 모든 것을 설명하는가(Why Economics Explains Almost Everything)' 아닌가?

자, 이 정도면 경제학은 인생, 우주, 그리고 (거의) 모든 것**을 다루는 학문이라 해도 과언이 아닐 것이다.

그러나 생각해 보면 이것은 일반인들이 경제학자들의 본업이라고 여기는 바로 그 분야에서 완전히 실패한 사람들이 주장하기에는 좀 무리가 있는 이야기 아닌가? 바로 경제를 설명하는 일 말이다.

---

* 이는 사회 과학을 물리학 등의 자연 과학처럼 표현하고 싶어하는 '물리학 선망(physics envy)'의 한 예이다.

** 사실 경제학이 정말 모든 것을 다루는 학문이라면 경제학자들의 일은 매우 쉬워진다. 『은하수를 여행하는 히치하이커를 위한 안내서』에 '궁극적 질문'의 답이 42라고 이미 나와 있기 때문이다.

2008년 금융 위기 직전까지도 대다수의 경제학 전문가들은 시장은 실패가 없고, 그나마 존재하는 시장의 사소한 결함은 현대 경제학으로 보완할 수 있다고 설파했다. 1995년 노벨 경제학상*을 수상한 로버트 루커스는 2003년에 "공황을 예방하는 문제는 이제 해결이 되었다"라고 선언했다.[1] 그렇게 대부분의 경제학자들이 전혀 예측하지 못한 상태에서 2008년 글로벌 금융 위기**가 터졌다. 그뿐만 아니라, 그들은 위기 이후 지금까지 계속되고 있는 여파에 대해서도 제대로 된 해결책을 제시하지 못하고 있다.

이 모든 것을 고려하면 경제학은 심각한 과대망상증에 사로잡혀 있는 듯하다. 자기 분야도 제대로 설명하지 못하는 마당에 (거의) 모든 것을 설명하겠다고 나서는 것은 도대체 무슨 경우란 말인가?

## 경제학은 인간의 합리적 선택에 관한 연구다?

내 말이 너무 가혹하다고 생각할 독자들도 있겠다. 어차피 앞에서 언급한 책들은 대중을 겨냥한 만큼 독자 확보 경쟁이 치열하니 출판사와 저자들이 약간의 과장을 하게 마련 아닌가? 정말 진지한 학문적 토론에서는 자신이 '모든 것'을 다루고 있다는 엄청난 주장을 하지는 않

---

• 노벨 경제학상은 진짜 노벨상이 아니다. 스웨덴의 산업가 알프레드 노벨이 19세기 말에 지정한 물리학, 화학, 생리학, 의학, 문학, 평화 부문에 주는 원래의 노벨상들과 달리 노벨 경제학상은 스웨덴 중앙은행(스베리예스 릭스방크)이 1968년에 만들었다. 공식 이름은 '알프레드 노벨 기념 스베리예스 릭스방크 경제과학상(Sveriges Riksbank Prize in Economic Science in Memory of Alfred Nobel)'이다.

•• 그러나 이 사태는 고(故) 존 케네스 갤브레이스(1908~2006) 같은 사람에게는 전혀 놀라운 일이 아니었을 것이다. 그는 진지한 표정으로 "경제학적 예측의 유일한 기능은 점성술을 점잖고 존경할 만한 분야로 보이게 하는 것이다"라고 농담하곤 했다.

겠지 하고 말이다.

이 책들의 제목이 과장된 것은 사실이다. 그러나 문제는 그 과장이 항상 특정한 방향으로 향해 있다는 것이다. 가령 '경제에 관한 모든 것은 경제학으로 설명할 수 있다'는 쪽이 아니라 대부분 '경제뿐 아니라 다른 모든 것도 경제학으로 설명할 수 있다'는 쪽 아닌가?

이런 식의 과장은 현재 경제학계의 주류를 이루고 있는 소위 신고전학파가 경제학을 규정하는 태도에서 기인한 것이다. 경제학에 대한 신고전학파의 정의는 1932년 라이어널 로빈스가 그의 저서 『경제학의 본질과 의의에 관한 소론』에서 규정한 이후 약간의 변형을 거쳐 현재까지 계속 사용되고 있다. 로빈스는 경제학을 '다른 용도로 사용이 가능한 희소성을 지닌 수단과 목적 사이의 관계로서 인간 행동을 연구하는 과학'이라고 정의했다.

이 관점에 의하면, 경제학은 다루는 주제보다 이론적 접근법에 의해 규정된다. 이들은 경제학이 **합리적 선택**rational choice을 연구하는 학문이라고 정의 내리는데, 필연적으로 희소성을 지닐 수밖에 없는 수단을 사용해 최대의 효과를 거둘 수 있는 방법을 의도적이고 체계적으로 계산해서 내리는 선택을 합리적 선택이라고 한다. 이 계산의 대상에는 직업, 돈, 혹은 무역과 같이 일반인들이 생각하는 전형적인 '경제적' 문제뿐만 아니라 1992년 노벨 경제학상을 수상한 유명한 시카고학파 경제학자 게리 베커가 많이 연구했듯이 결혼, 출산, 범죄, 약물 중독 등 모든 것이 다 포함된다. 베커가 1976년 출판한 자신의 저서에 붙인 『인간 행동에 대한 경제학적 접근』이라는 제목은 경제학이 그야말로 모든 것에 관한 학문이라고 사실상 선언한 것이다.

모든 것에 이른바 경제학적 접근법을 적용하는 것을 비판가들은

'경제학의 제국주의'라고 비난한다. 그럼에도 이 움직임은 최근에 와서 『괴짜 경제학』과 같은 책에 이르러 절정에 달했다. 『괴짜 경제학』에는 대부분의 사람들이 경제 문제라고 생각할 만한 주제는 거의 등장하지 않는다. 일본의 스모 선수, 미국의 교사, 시카고의 마약 밀매 조직, TV 퀴즈 프로그램 〈위키스트 링크〉의 출연자, 부동산 업자, 미국 남부의 인종 차별 비밀 단체 KKK 등에 대해서 이야기할 뿐이다.

이들 중 부동산 업자와 마약 밀매 조직을 제외한 나머지는 경제와 아무런 상관이 없다고 대부분의 사람들이 생각할 것이고, 책의 저자들도 이를 인정한다. 그러나 대부분의 현대 경제학자들이 볼 때 일본 스모 선수들이 서로를 돕기 위해 공모하고, 미국 교사들이 직업 평가에서 더 나은 점수를 받기 위해 학생들의 점수를 조작하는 행위는 모두 그리스가 유로화를 계속 사용해야 할 것인지, 삼성과 애플이 스마트폰 시장에서 어떤 식으로 대결을 펼치는지, 스페인의 청년 실업을 어떻게 낮춰야 하는지(이 글을 쓸 당시 55퍼센트)만큼이나 중요한 경제학적 연구 대상이 될 수 있다. 그들에게 후자와 같은 '경제적' 문제들은 경제학에서 특별 대우를 받아야 하는 주제가 아니라, 그저 경제학이 설명할 수 있는 많은 것들 중 일부일 뿐이다. 아, 깜빡했다. '모든 것'들 중의 일부일 뿐이라고 말해야 맞겠다. 다루는 주제가 아니라 이론적 접근법으로 대상을 규정하기 때문에 생긴 현상이다.

## 아니면 경제학은 경제를 연구하는 학문인가?

경제학에 대한 다른 정의도 물론 있다. 앞에서 조금씩 암시했듯이 경제를 다루는 학문이라는 정의이다. 그렇다면 경제란 과연 무엇인가?

## 경제는 돈에 관한 것이다… 과연 그런가?

대부분의 독자들이 납득할 만한 가장 직관적인 대답은 경제가 돈과 관계된 모든 것이라는 정의일 듯하다. 돈이 없는 것, 돈을 버는 것, 돈을 쓰는 것, 돈이 떨어지는 것, 돈을 모으는 것, 돈을 빌리는 것, 그리고 돈을 되갚는 것 등. 딱 맞는 것은 아니지만 '경제는 돈에 관한 것이다'라고 정의하는 것은 경제, 그리고 경제학에 대해 생각하기 위한 좋은 출발점이다.

그런데 경제가 돈에 관한 것이라고 말할 때 우리는 물리적인 돈을 이야기하는 것은 아니다. 지폐가 되었든 금화가 되었든 혹은 일부 태평양 섬들에서 돈으로 통용되던 거의 움직일 수도 없는 거대한 돌이 되었든 간에, 물리적 돈은 상징일 뿐이다. **돈money**이란 나와 같은 사회에 사는 사람들이 나에게 빚진 것, 혹은 그 사회의 자원 중 얼마만큼이 내 몫인지를 나타내는 것이다.[2]

돈을 비롯한 기타 금융에 관한 권리, 예를 들어 주식, 파생 금융 상품, 그리고 나중에 더 자세히 설명하게 될 복잡한 금융 상품들이 어떻게 만들어지고 매매되는지를 다루는 것은 금융 경제학이라고 부르는 경제학의 큰 분야 중 하나이다. 최근 들어 금융 산업이 국가 경제를 주도하는 나라가 늘어나면서 많은 사람들이 금융 경제학을 경제학과 동일시하게 되었다. 그러나 금융 경제학은 사실은 경제학의 일부분일 뿐이다.

돈 혹은 자원에 대한 권리가 만들어지는 과정은 여러 가지이다. 그리고 경제학의 많은 부분이 이 과정을 다루고 있고 혹은 마땅히 다뤄야 한다.

## 돈을 버는 가장 보편적인 방법은 직업을 갖는 것이다

물려받는 방법을 제외하면 돈을 소유할 수 있는 가장 보편적인 방법은 (자영업을 포함한) 직업에 종사해서 돈을 버는 것이다. 따라서 경제학의 많은 부분은 **직업job**에 관한 연구가 차지한다. 직업에 관해서는 다양한 각도에서 접근할 수 있다.

개별 노동자의 시각에서 직업을 이해하는 방법이 그중 한 가지이다. 취업을 하고 보수를 얼마나 받느냐 하는 것은 개인이 가진 기술과 그 기술에 대한 수요가 얼마나 많은가에 따라 좌우된다. 예를 들어 축구 선수 크리스티아누 호날두처럼 아주 흔치 않은 기술을 지닌 사람은 굉장히 높은 임금을 받을 수 있다. 반대로 자기가 가진 기술로 할 수 있는 일을 100배 빨리 하는 기계를 누군가 발명하면 그 사람은 직장을 잃을 수도 있다. 로알드 달의 『찰리와 초콜릿 공장』의 영화판에 등장하는 찰리의 아버지가 치약 뚜껑 씌우는 직업을 잃는 것처럼 말이다.\* 혹은 중국 같은 곳에서 들어오는 값싼 수입품 때문에 회사에 적자가 나서 임금이 깎이거나 노동 환경이 더 나빠지는 경우도 생길 수 있다. 예를 들자면 끝이 없다. 중요한 것은 개인적인 차원에서 직업을 이해하는 데도 기술, 기술 혁신, 국제 무역 등을 공부하는 것이 필요하다는 사실이다.

임금과 노동 환경은 또 '정치적' 결정에 깊이 영향을 받는다. 노동시장의 영역 자체와 성격이 '정치적' 결정에 의해 변할 수 있기 때문이다. ('정치적'이라는 말에 따옴표를 사용한 것은 경제학과 정치의 경계가 모호하기 때문이다. 이 문제는 11장에서 더 자세히 살펴보자.) 예를 들어 유럽연합(EU)에 동유

---

\* 원작 소설에서 찰리의 아버지가 직장을 잃은 것은 하던 일을 대신할 기계가 들어와서가 아니라 일하던 공장이 파산해서였다.

럽 국가들이 가입을 하면서 서유럽 노동 시장에 노동자의 공급이 갑자기 늘어나게 되었고, 이에 따라 서유럽 노동자들의 임금과 행동 방식에 커다란 변화가 왔다. 반대로 19세기 말에서 20세기 초부터 실시되기 시작한 아동 노동 제한은 노동 시장의 영역을 줄이는 결과를 가져왔다. 잠재 고용 인구의 많은 수가 갑자기 노동 시장에서 제외된 것이다. 노동 시간, 노동 조건, 최저 임금 등에 대한 규제는 모두 앞의 예들보다 극적인 효과는 덜하지만 역시 우리의 직업에 영향을 주는 '정치적' 결정들이다.

### 돈의 이전 문제도 경제의 상당 부분을 차지한다

직장을 구해 일을 하는 것 말고 **이전transfer**을 통해서도 돈을 손에 넣을 수가 있다. 이전은 단순히 돈을 남에게서 받는 것을 말한다. 여기에는 현금의 형태 혹은 특정한 재화(음식 등)나 서비스(초등 교육 등) 같은 현물의 형태가 있는데, 현금이 되었든 현물이 되었든 간에 다양한 방식으로 이루어질 수 있다.

먼저 '아는 사람'이 해 주는 이전이 있다. 부모가 자녀들에게 베푸는 도움, 나이 든 가족을 돌보는 행위, 결혼식 축의금 같은 이웃이 주는 선물 등을 예로 들 수 있다.

또 다른 형태의 이전으로 기부가 있다. 전혀 모르는 사람에게 자발적으로 이전하는 행위를 말한다. 사람들은 개인적으로, 혹은 (기업 또는 자발적 단체 등을 통해) 집단의 일원으로 다른 사람들을 돕는 자선 기부를 한다.

자선 기부는 사회 구성원 일부에게서 거둔 세금으로 다른 구성원들을 돕는 정부를 통한 이전에 비하면 그 양이 비교할 수 없을 정도로 적다. 따라서 경제학의 많은 부분은 자연스럽게 정부를 통한 이전을 다루게 되며, 이를 공공 경제학이라 부른다.

아주 가난한 나라에서도 극빈자들에게는 현금 혹은 이에 상응하는 식량 같은 물품을 무상으로 지급하는 정부 정책들을 찾아볼 수 있다. 그러나 이보다 더 잘사는 사회, 특히 유럽 국가에서는 정부를 통한 이전이 훨씬 더 포괄적인 범위에서 훨씬 더 대규모로 벌어진다. 바로 돈을 더 많이 버는 사람이 수입의 더 많은 부분을 세금으로 내는 **누진세 제도**progressive taxation와 극빈자나 장애인만이 아니라 모든 구성원이 최저 수입과 의료, 교육 등의 기초 서비스를 보장받는 **보편적 복지** universal welfare에 기초한 **복지 국가**welfare state이다.

### 벌거나 이전된 자원은 재화나 서비스로 소비가 된다

임금이나 이전을 통해 자원을 손에 넣고 나면 사람들은 그것을 소비한다. 우리는 일정량의 음식과 옷, 에너지, 집을 비롯해 기초적인 육체적 필요를 충족시키기 위해 **재화**goods를 소비해야 한다. 그리고 이보다 높은 단계의 정신적 욕구를 충족시키기 위해 책, 악기, 운동 기구, TV, 컴퓨터 등의 다른 재화도 소비한다. 우리는 또 버스를 타고, 머리를 자르고, 식당에서 밥을 먹고, 해외여행을 하는 등 **서비스**service도 소비를 한다.[3]

따라서 경제학의 많은 부분은 **소비**consumption에 관한 연구로 이루어져 있다. 사람들이 서로 다른 종류의 재화와 서비스에 어떤 식으로 돈을 분배하는지, 같은 종류의 다양한 재화와 서비스 중에서 선택을 할 때는 어떤 방식으로 하는지, 광고에 의해 어떻게 조종당하거나 정보를 얻는지, 기업들이 '브랜드 이미지'를 구축하기 위해 어떻게 돈을 쓰는지 등 무궁무진한 연구가 이루어지는 분야이다.

## 무엇보다도 먼저 재화와 서비스가 생산되어야 한다

애초에 재화와 서비스가 생산되지 않으면 소비도 있을 수 없다. 농장과 공장에서 생산되는 재화, 사무실과 가게 등에서 생산되는 서비스 말이다. 이것이 바로 **생산production**의 영역인데, 이를 다루는 경제학 분야는 교환과 소비를 강조하는 신고전학파 경제학이 1960년대부터 주류를 이루면서 도외시되어 왔다.

일반적으로 사용되는 경제학 교과서에서 생산 활동이 언급되기는 하지만 그 원리는 이해하기 힘들고 이해할 필요도 없는 '블랙 박스'처럼 다뤄진다. 일정량의 **노동labour**(인간의 일)과 **자본capital**(기계와 도구)이 어떻게든 합쳐지면 재화와 서비스가 생산되어 나온다는 것이다. 생산이라는 것이 노동과 자본이라는 추상적인 물질을 합치는 것만으로는 이루어질 수 없고, 수많은 자잘한 요소들이 함께 들어맞아야 이루어진다는 사실은 완전히 무시되고 만다. 공장이 실제로 어떻게 조직되는지, 노동자들을 어떻게 관리하고, 노조는 어떤 식으로 다루는지, 연구를 통해 기술을 어떻게 체계적으로 향상시키는지 등의 연구가 모두 이 분야에 해당된다. 경제에서 생산이 중요한 위치를 차지함에도 대부분의 독자들은 이런 문제를 경제학과 바로 연관짓지 않을지도 모르겠다.

대부분의 경제학자들은 이런 문제를 '다른 사람들', 즉 엔지니어들이나 경영인들 손에 맡겨 두는 것을 주저하지 않는다. 그러나 생각해 보면 어떤 형태의 경제이든 그 근간을 이루는 것은 생산이다. 사실 생산 영역의 변화야말로 사회 변혁의 가장 강력한 원동력이 되어 왔다.

현대 사회는 산업 혁명 이후 생산 영역과 관련된 일련의 기술과 제도의 변화를 통해 지금의 모습을 이루게 되었다. 따라서 경제학 전문가들과 그들의 영향을 받아 경제에 관한 시각을 형성하게 되는 비전문가들 모두가 지금보다 생산 문제에 더 많은 관심을 가질 필요가 있다.

# 맺는말―
# 경제를 연구하는 학문으로서의 경제학

나는 방법론이나 이론적 접근법이 아닌 다루는 대상으로 경제학의 영역을 규정하고 성격을 정의해야 한다고 믿는다. 다른 모든 학문 분야가 그렇듯이 말이다. 경제학이 다루는 대상은 경제여야 한다. 많은 경제학자들이 생각하는 것처럼 '인생, 우주, 그리고 모든 것(혹은 거의 모든 것)'에 관해서가 아니라 돈, 직업, 기술, 국제 무역, 세금 등을 비롯해 우리가 재화와 서비스를 생산하고, 그 과정에서 만들어진 수입을 분배하고, 그 결과 나온 생산물을 소비하는 것과 관계되는 연구를 해야 한다.

이런 식으로 경제학을 규정하기 때문에 이 책은 다른 경제학 책들과 한 가지 근본적인 차이점을 갖게 되었다.

방법론으로 경제학을 정의하는 대부분의 경제학 책들은 '경제학을 하는' 옳은 방법이 신고전학파식 접근법 단 한 가지밖에 없다고 생각하는 경향이 있다. 심지어 신고전학파 외의 다른 경제학파는 언급조차 하지 않는 경제학 책도 있다.

그러나 다루는 대상으로 경제학을 정의하는 접근법을 택한 이 책에서는 경제학을 하는 여러 가지 다양한 방법들이 존재한다는 것을 강조하고, 각 학파가 중요하게 생각하는 분야와 맹점, 장단점 등을 함께 다룰 것이다. 결국 우리가 경제학에 바라는 것은 특정 경제학 이론이 경제뿐만 아니라 모든 것을 설명할 수 있다는 것만을 끊임없이 '증명'하는 것이 아니라 다양한 경제 현상을 최대한 잘 설명해 주는 것이기 때문이다.

## 2장

# 핀에서
# 핀 넘버까지

1776년의 자본주의와 2014년의 자본주의

# 핀에서 핀 넘버까지

경제학 저술에 등장한 최초의 주인공은 무엇이었을까? 금? 토지? 금융? 아니면 국제 무역?

답은 핀이다. 신용카드의 개인 식별 번호(personal identification number, PIN)인 핀 넘버를 말하는 게 아니다. 요즘은 옷을 직접 만드는 사람이 아니면 잘 쓰지도 않는 쇠로 된 그 작은 물건을 뜻한다.

핀을 만드는 과정은 보통 최초의 경제학 서적이라고 (잘못) 알려진[1] 책의 제1장에 등장한다. 바로 1776년 출간된 애덤 스미스(1723~1790)의 『국부론』이다.

애덤 스미스는 궁극적으로 부의 양을 늘릴 수 있는 방법은 더 세세한 **분업**division of labour을 통한 생산성의 향상이라고 주장한다. 즉 생산 과정을 더 세부적이고 전문화된 공정으로 분할해야 한다는 뜻이다. 그는 이 방법으로 생산성이 향상되는 이유가 세 가지 있다고 설명한다. 첫째, 한두 가지 똑같은 임무를 반복함으로써 노동자들은 그 일을 더 빨리 해낼 수 있다(연습을 통한 숙련). 둘째, 하나의 임무를 전문적으로 하게 되면 노동자들은 물리적으로나 정신적으로나 서로 다른 임무들 사이를 이동하지 않아도 된다('전환 비용'의 감소). 마지막으로 공정을 더 세세히 분할하면 각 공정을 자동화하기가 쉽고, 따라서 인간의 한계를 벗어난 속도를 낼 수도 있다(기계화).

이 논점을 더 자세히 설명하기 위해 스미스는 열 사람이 핀을 만드는데, 한 사람이 한두 가지 일만 하는 방식으로 분업을 하면 하루에 4만 8000개의 핀을 만들 수 있다고 계산했다(1인당 4800개에 해당). 반면 노동자 한 명이 전체 공정을 처음부터 끝까지 모두 해내면 한 사람이 하루에 20개 남짓의 핀밖에 생산하지 못한다고 지적했다.

애덤 스미스는 핀의 제조 과정은 아주 '간단하고 사소한' 예에 불과하며, 다른 제품들의 제조 공정의 분업은 이보다 훨씬 복잡하다고 말했다. 그러나 그가 살던 시대에는 핀을 만들기 위해 열 사람이 분업을 한다는 것 자체가 상당히 대단한 일로 여겨졌음은 부인할 수 없다. 적어도 당시만 해도 첨단 학문 분야였던 경제학에서 '대작'으로 쓰인 저술의 첫머리를 장식할 정도로는 멋져 보였던 것이 사실이다.

그 후 2세기 반 동안 기계화와 화학적 공정의 발전에 힘입어 극적인 기술 발전이 이루어졌다. 핀 제조 산업도 예외가 아니었다. 애덤 스미스의 손자 세대에 이르러서는 노동자 1인당 생산량이 2배가 됐다. 스미스의 족적을 따르기 위해 1832년 찰스 배비지도 핀 공장을 연구했다. 컴퓨터의 개념을 창시*한 것으로 이름난 이 19세기 수학자는 노동자 1인당 하루에 8000개의 핀을 생산한다고 기록했다. 그 후 150년이 지나면서 이루어진 기술의 발전 덕에 이 숫자는 다시 100배가 늘었다. 1980년 케임브리지대 경제학자 클리퍼드 프래튼이 진행한 연구

---

* 배비지의 첫 컴퓨터는 차분 기관 혹은 미분기(difference engine)라고 불렸다. 이 이름은 공상 과학 소설에서 '스팀펑크' 장르의 고전 중 하나로 여겨지는 윌리엄 깁슨과 브루스 스털링의 책 제목이 되기도 했다.

에 따르면 당시 노동자 1인당 1일 핀 생산량은 80만 개에 달했다.[2]

핀과 같이 동일한 물건을 만드는 생산성이 엄청나게 증가한 데서 이야기가 끝나는 것이 아니다. 오늘날 우리는 애덤 스미스 시대 사람들이 하늘을 나는 기계처럼 꿈에서나 생각하던, 혹은 꿈도 꾸지 못하던 물건들을 생산하고 있다. 마이크로칩, 컴퓨터, 광학 케이블 등 우리가 핀, 아니 핀 넘버를 사용하는 데 필요한 수많은 기술들은 실로 그 시절에 생각지도 못했던 것들 아닌가?

## 모든 것이 변한다
## : 자본주의의 주체와 제도는 어떻게 바뀌었는가?

애덤 스미스가 살던 시대와 현재 우리가 사는 시대 사이에 변한 것은 물건을 어떻게 만드는가 하는 생산 기술만이 아니다. 경제 활동을 벌이는 행위자 즉 **경제 주체**economic actor와 생산을 비롯한 기타 경제 행위가 어떻게 조직되는가에 관한 규칙 즉 **경제 제도**economic institution 또한 근본적으로 달라졌다.

애덤 스미스가 '상업 사회'라고 칭한 그 시대의 영국 경제는 오늘날의 경제와 근본적으로 비슷한 점을 몇 가지 가지고 있다. 사실 그렇지 않았다면 그의 저술은 더 이상 의미가 없어졌을 것이다. 네덜란드, 벨기에, 이탈리아 일부를 제외한 당시 대부분의 다른 나라들과 달리 영국 경제는 이미 '자본주의'의 모습을 띠고 있었다.

그렇다면 **자본주의**capitalism 혹은 자본주의 경제라는 것은 무엇일까? **자급자족적 영농**subsistence farming처럼 자기 자신이 소비하기 위해서나 봉건 사회의 귀족 또는 사회주의의 중앙 계획 당국 같은 정치적 권위를 지닌 존재가 명령하는 대로 따라야 하는 정치적 의무 때문이 아니라, 이윤을 내기 위해 생산이 조직되는 경제가 자본주의 경제이다.

**이윤profit**은 시장에서 무엇을 팔아서 번 것(매출 수입이라고도 하고, 단순히 **수입revenue**이라고도 한다)에서 그것을 생산하는 데 들어간 모든 **비용cost**을 뺀 것이다. 핀 공장을 예로 들면, 핀을 팔아 들어온 수입에서 핀을 만드는 데 들어간 비용, 즉 핀의 재료가 된 철사 구입비, 노동자 임금, 그리고 공장을 빌리는 데 들어간 임대료 등을 뺀 것이 이윤이다.

자본주의는 **자본재capital goods**를 소유한 사람들, 즉 자본가들에 의해 움직인다. 자본재는 **생산 수단means of production**이라 부르기도 하는데 생산 과정에 들어가는 내구재를 말한다. 예를 들어 원자재는 자본재가 아니고, 기계는 자본재이다. 우리는 또 일상적으로 사업 등에 투자한 돈을 '자본'이라고 부른다.*

자본가는 생산 수단을 직접 소유하기도 하지만, 요즘은 생산 수단을 가진 기업의 **주식share**을 보유하는 간접적 소유 형태가 더 흔하다. 주식을 보유한다는 것은 생산 수단을 가진 기업의 전체 가치 중 주식 지분만큼을 소유한다는 의미이다. 자본가들은 상업적 원칙하에 이 생산 수단을 작동할 사람들을 고용한다. 이 사람들을 **임금 노동자wage labourer** 혹은 단순히 노동자라고 부른다. 자본가들은 재화와 서비스를 사고파는 **시장market**에서 생산한 것을 팔아 이윤을 낸다. 애덤 스미스는 시장에서 재화와 서비스를 파는 사람들 사이에 **경쟁competition**이 벌어지면 이윤을 쫓는 생산자들이 가능한 한 가장 낮은 비용으로 물건을 생산할 것이므로 모든 사람이 혜택을 받는다고 믿었다.

* 경제 이론에서는 이를 금융 자본 혹은 화폐 자본이라고 부른다.

그러나 이런 기본적인 측면을 제외하면 애덤 스미스 시대의 자본주의와 현대의 자본주의는 닮은 점이 거의 없다. 생산 수단의 개인 소유, 이윤 추구, 임금 노동, 시장 교환 등 자본주의의 핵심적 성격이 현실에 적용되는 형태가 엄청나게 달라졌기 때문이다.

## 자본가들이 다르다

애덤 스미스 시절에는 대개 자본가 한 명이 단독으로, 혹은 서로를 잘 알고 이해하는 소수의 자본가들이 합명 회사를 만들어 공장이나 농장을 소유하고 운영했다. 이 자본가들은 생산 과정에 직접 개입했다. 공장에 직접 나가 노동자들을 진두지휘하면서 욕하고 때리는 일도 다반사였다.

이와 달리 현대의 공장은 대부분 '비자연인', 즉 기업이 소유하고 운영한다. 기업은 법적인 의미에서만 '사람'이다. 그리고 기업의 주식을 사서 부분 소유권을 가지게 된 수많은 개인들의 것이다. 그러나 주식을 소유한다고 해서 그 사람이 고전적인 의미의 자본가가 되는 것은 아니다. 내가 폭스바겐사의 3억 주 중 300주를 가지고 있다고 해서 비행기를 타고 아무 때라도 독일 볼프스부르크에 있는 '내 소유'의 공장에 가서 노동자들의 노동 시간 중 '내 소유'인 100만 분의 1 동안 그들에게 이래라저래라 할 수는 없다. 대기업의 경우 소유권과 경영은 거의 완전히 분리되어 있다.

현대의 대규모 기업은 소유주들이 대부분 **유한 책임**limited liability을 진다. 유한 책임 회사나 주식회사 형태로 기업을 운영하다가 뭔가 잘못되면 주주들은 자기가 투자한 돈만 손해 보고 끝난다. 그러나 애덤 스미스 시대에 기업을 운영하던 대부분의 기업 소유주들은 무한 책임을 져야만 했다. 운영하던 기업이 실패하면 개인 자산까지 모두 팔아 빚을 갚아야 했고, 그래도 부족하면 채무자 감옥 신세를 져야 했다.* 애덤 스미스는 유한 책임 원칙에 반대했다. 기업을 소유하지 않고 유한 회사를 운영하는 사람들은 '다른 사람의 돈'**을 가지고 게임을 하는 것이나 마찬가지이고, 따라서 자기가 가진 모든 것을 걸어야 하는 사람들에 비해 운영을 철저히 하지 않을 것이라는 논리였다.

소유권의 형태와 상관없이 기업의 구조 자체도 많이 달라졌다. 애덤 스미스 시대 대부분의 기업은 규모가 작고 한 곳에서 모든 것이 생산되는 체제로, 현장 감독 몇 명과 평범한 노동자들로 이루어진 단순한 명령 체계를 가진 곳이었다. 여기에 당시 고용 경영인을 일컫는 '관리인'이 한 명 정도 있었을 것이다. 반면에 현대의 기업들은 수만 명, 심지어 전 세계에 걸쳐 수백만 명의 노동자들을 거느린 거대한 조직인 경우가 많다. 예를 들어 월마트는 210만 명을 고용하고 있고, 맥도널드는 프랜차이즈***를 포함하면 약 180만 명을 거느리고 있다. 이런 기업들은 복잡한 내부 구조와 다양한 분과, 이익 책임 단위, 반(半)자율적으로 돌아가는 조직 등으로 이루어져 있고, 복잡한 자격 요건과 임금 구조로 얽히고설킨 관료적 명령 체계에 따라 움직인다.

---

- 식민지 확장과 같은 국가적으로 중요하고 위험 부담이 큰 사업을 하는 경우(영국과 네덜란드의 동인도 회사 등)나 대규모 은행업 등 소수의 기업들은 유한 책임으로 운영하는 것이 허용되었다.
- '다른 사람의 돈'은 애덤 스미스가 직접 쓴 표현으로, 이후 유명한 연극의 제목이 되었다. 이 연극은 1991년에 대니 드비토를 주연으로 영화화되기도 했다.
- 프랜차이즈는 더 큰 기업의 브랜드와 공급선을 이용하는 독립 기업들을 말한다. 더 큰 기업들이 직접 운영하는 지사와 구분된다.

## 노동자들도 다르다

애덤 스미스 시절에는 자본가 밑에서 임금 노동자로 일하는 사람의 수가 얼마 되지 않았다. 당시 자본주의가 가장 발달했다는 서유럽에서마저도 대부분의 사람들이 농업 분야에서 일을 했다.[3] 그중 소수는 농업 자본가 밑에서 임금 노동자로 일했지만, 대다수는 소규모 자급농이거나 귀족 **지주landlord**의 땅을 빌려 농사를 지은 다음 수확물의 일정량을 소유주에게 내는 **소작인tenant**이었다.

이 시대에는 자본가들을 위해 일하는 사람들조차 많은 수가 임금 노동자가 아니었다. 이때까지도 노예들이 존재했기 때문이다. 경운기나 소처럼 노예도 자본가가 소유한 생산 수단으로 간주되었다. 특히 미국 남부와 카리브해 연안, 브라질 등의 플랜테이션에서는 노예 제도가 널리 퍼져 있었다. 『국부론』이 발간된 뒤로도 영국에서는 두 세대가 지나서야 노예 제도가 폐지됐고(1833년), 미국에서도 100년의 세월이 흐르고 많은 희생자를 낸 남북전쟁을 치르고서야 노예 제도가 폐지되었다(1865년). 브라질이 이를 폐지한 것은 1888년이었다.

자본가 밑에서 일하는 사람들 중 많은 수가 임금 노동자가 아니기도 했지만, 임금 노동자 중에서도 현대 기준에 따르면 임금 노동을 할 수 없는 사람들이 많았다. 바로 어린이들이다. 당시만 해도 아이들을 고용하는 것이 잘못됐다고 생각하는 사람은 거의 없었다. 『로빈슨 크루소』로 유명한 대니얼 디포는 1724년 출간한 『영국 주유기』에서 당시 면방직의 거점인 노리치에서는 "4~5세 정도부터 아이들이 모두 자기 먹을 것을 벌 수 있다"라고 감탄했다.[4] 귀하게 여겨졌던 인도산 면직물에 대해 1700년 수입 금지 조치가 내려진 덕이었다. 아동 노동은 그 후 제한이 되다가 결국 금지됐지만, 애덤 스미스가 1790년 사망한 이후 몇 세대가 지난 뒤였다.

현재 영국을 비롯한 부자 나라는 그때와 상황이 완전히 다르다.* 신문 배달 같은 극도로 제한된 종류의 일을 극도로 제한된 시간 동안 하는 것 말고 어린이들은 노동을 할 수 없다. 합법적인 노예도 없다. 성인 노동 인구의 10퍼센트는 **자영업자**self-employed이고, 15~25퍼센트가 정부 기관에서 일을 한다. 나머지는 모두 자본가 밑에서 일하는 임금 노동자들이다.[5]

### 시장이 달라졌다

애덤 스미스 시대의 시장은 규모 면에서 대부분 각 지역, 커 봤자 한 나라로 국한되었다. 설탕, 노예, 향신료 등 국제적으로 교역되던 몇 가지 핵심 상품과 비단, 면, 모 등 몇몇 제조업 제품만 예외였다. 이 시장에서는 수많은 소규모 기업들이 활동하면서 현대의 경제학자들이 **완전 경쟁**perfect competition이라고 부르는 상태를 이루었다. 완전 경쟁은 어떤 한 공급자도 가격에 임의로 영향을 줄 수 없는 상태를 말한다. 애덤 스미스 시대 사람들로서는 1800년 당시 80만이던 런던 인구의 2배에 달하는 노동자들을 고용하고, 약 20개이던 당시 대영제국 식민지의 6배에 해당하는 120개국에 지점을 두고 영업하는 맥도널드 같은 지금의 거대 기업은 상상조차 할 수 없었을 것이다.[6]

반면 오늘날 대부분의 시장은 대기업이 많이 지배하고, 자주 그들

---

* 자본주의가 아직 완전히 발달하지 않은 대부분의 개발도상국들은 애덤 스미스 시절 서유럽 국가들의 상황과 많이 다르지 않다. 가장 가난한 개발도상국들에서는 여전히 아동 노동이 횡행하고, 많은 사람들이 반(半)봉건주의적 지주 밑에서 소작인으로 일하고 있다. 이 나라들에서는 노동력의 30퍼센트, 많게는 90퍼센트까지도 자영업에 종사하고 이들 중 많은 수가 영세 자급농들이다.

에 의해 조작되곤 한다. 일부 대기업은 유일한 공급자로 시장을 **독점** monopoly하기도 하지만, 많은 경우 소수의 몇몇 공급자 중 하나로 시장을 **과점**oligopoly한다. 이런 독과점 상태는 한 나라에 국한되지 않고 점점 전 세계적 규모가 되어 가고 있다. 예를 들어 보잉과 에어버스 두회사는 전 세계 민간 항공기의 90퍼센트 가까이를 공급한다. 기업들은 또 유일한 소비자로 **수요 독점**monopsony을 하거나 소수의 소비자중 하나로 **수요 과점**oligopsony의 위치를 점하기도 한다.

애덤 스미스가 살던 시절의 작은 기업들과 달리 현대의 독점 혹은 과점 기업들은 시장에 큰 영향을 끼칠 수 있다. 경제학자들이 **시장 지배력**market power이라고 하는 힘을 갖게 된 것이다. 독점 기업은 이윤이 극대화되는 지점까지 가격을 올리기 위해 생산을 고의적으로 제한할 수도 있다. (이 문제의 기술적인 부분은 11장에서 다룰 예정이니 지금은 그냥 넘어가도 상관없다.) 과점 기업들은 독점 기업보다는 시장을 효과적으로 조종할 수 없지만, 상대 기업보다 낮은 가격으로 공급하는 것을 삼가는 식으로 담합해서 이윤을 극대화할 수도 있다. 이를 **카르텔**cartel이라고 부른다. 이제 대부분의 나라들은 **독점금지법**anti-trust law이라고도 부르는 **경쟁법**competition law을 제정해서 **반경쟁적 행위**anti-competitve behaviour를 금지하는데, 미국 정부가 1984년 전화 회사 AT&T를 해체한 것처럼 독점 기업을 해체하기도 하고 과점 기업들의 담합을 금지하기도 한다.

수요 독점과 수요 과점은 몇십 년 전만 해도 이론적으로는 가능하지만 현실에서는 거의 볼 수 없는 현상이었다. 그러나 오늘날 일부 수요독과점 현상은 우리 경제가 돌아가는 데서 독과점 기업들보다 더 중요한 역할을 한다. 요컨대 특정 생산물을 사들이는 몇 안 되는 수요자 중의 하나, 나아가 전 세계적으로 몇 안 되는 수요자 중의 하나로 자리 잡은 기업들은 어디서 무엇을 생산하는지에서부터 이윤의 어느 만큼을 누가 갖느냐, 소비자들이 무엇을 사느냐에 이르기까지 엄청나고 때로는 결정적인 영향을 행사한다. 월마트, 아마존, 테스코, 까르푸 등이 그 예이다.

### 돈과 금융 시스템 또한 달라졌다[7]

이제 우리는 지폐와 동전을 만들어 내는 은행은 각 나라에 하나씩만 있는 것을 당연하게 생각한다. 그런 일을 하는 곳이 바로 **중앙은행 central bank**으로 미국 연방준비제도(Federal Reserve System)와 한국은행 등이 있다. 애덤 스미스가 살던 시대 유럽에서는 대부분의 은행들이 돈을 찍어 냈고, 심지어 일부 대규모 상인들도 화폐를 발행했다.

이 지폐들은 현대적 의미의 지폐와 다르다. 각 지폐는 특정 인물에게 발행되었고, 각각 다른 가치를 지녔으며, 발행한 출납원의 서명이 들어갔다.[8] 영국의 중앙은행인 잉글랜드 은행이 액면가가 정해진 화폐를 발행하기 시작한 것은 1759년에 이르러서였다. 처음에는 10파운드 지폐만 발행되었고, 5파운드 지폐는 애덤 스미스가 죽은 지 3년 후인 1793년부터 발행되었다. 그 후 두 세대가 흐른 1853년에야 수취인의 이름과 출납원의 서명이 들어가지 않은 인쇄된 지폐가 유통되기 시작했다. 그러나 이 액면가 고정 지폐도 아직은 현대적 의미의 지폐는 아니었다. 지폐의 가치가 그 지폐를 발행한 은행이 소유한 금이나 은 같은 귀금속의 가치와 연계되어 있었기 때문이다. 이것을 **금 본위제 gold standard**(혹은 은 본위제)라고 부른다.

금(은) 본위제는 중앙은행이 발행한 지폐를 특정 중량의 금(은)과 아무 때나 교환하는 것이 가능한 통화 제도이다. 중앙은행이 자기가 발행한 화폐의 가치에 해당하는 금을 항상 보유하고 있어야 한다는 의미는 아니다. 그러나 지폐와 금의 **태환성convertibility** 때문에 각 중앙은행은 굉장히 많은 양의 금을 보유해야만 했다. 예를 들어 미국 연방준비제도는 발행한 화폐 가치의 40퍼센트에 해당하는 금을 보유했다. 그 결과 중앙은행들은 발행할 수 있는 지폐의 양을 결정하는 데 재량권을 거의 발휘할 수 없었다. 금 본위제는 1717년 영국에 최초로 도입되었다. 당시 영국 조폐공사 사장인 아이작 뉴턴*이 도입한 이 제도를 1870년대에 와서는 다른 유럽 국가들도 채택했다. 이 제도는 그 후 두 세대에 걸쳐 자본주의의 진화에 아주 중대한 역할을 했다. 이 문제는 3장에서 더 자세히 다루도록 하자.

지폐를 사용하는 것과 **은행 업무banking**, 다시 말해 은행에 돈을 저축하거나 돈을 빌리는 것은 별개의 문제이다. 은행 업무는 지폐의 사용보다도 덜 발달이 되어 있었고, 이를 이용하는 것은 극소수의 사람들뿐이었다. 『국부론』이 나온 지 거의 1세기가 지난 1860년대까지도 프랑스 인구의 4분의 3은 은행을 이용할 수 없었다. 프랑스보다 은행이 훨씬 더 발달한 영국에서조차 은행 업무는 전혀 통합되어 있지 않아서 20세기에 들어서고 한참 후까지도 각 지역에 따라 이자율이 달랐다.

기업의 주식을 사고파는 **주식 시장stock market**은 애덤 스미스가 활동하기 1~2세기 전부터 존재했다. 그러나 앞에서 언급했듯이 유한책임 회사는 극소수에 불과해 주식을 발행하는 기업의 숫자가 극도로

---

* 우리가 알고 있는 그 과학자 아이작 뉴턴이 맞다. 그는 연금술사이자 주식 투기가이기도 했다.

적었기 때문에 자본주의라는 드라마에서 주식 시장은 부차적인 역할 밖에 하지 못했다. 사실 많은 사람들이 주식 시장을 도박장 이상으로 여기지 않았다. (어떤 사람들은 아직도 그렇게 생각할 것이다.) 주식 시장에 관한 규제는 전무하다시피 했고, 그나마 있는 규제도 거의 집행되지 않았다. 주식 거래상들은 자신이 파는 주식을 발행한 기업에 대한 정보를 제대로 공개할 의무조차 없었다.

다른 금융 시장은 이보다 더 원시적이었다. 정부가 돈을 빌리고 써주는 차용증으로 누구에게나 양도가 가능한 **국채**government bond는 영국, 프랑스, 네덜란드와 같은 소수 국가에만 존재했다. (이 국채를 다루는 금융 시장이야말로 2009년 이후 세계를 뒤흔든 유로화 위기가 벌어진 곳이다.) 회사들이 발행한 차용증인 **회사채**corporate bond 시장은 영국에서조차 별로 발달하지 않은 상태였다.

오늘날 금융 산업은 고도로—일부 의견에 따르면 과도하게—발달했다. 이 금융 산업에는 은행, 주식 시장, 채권 시장뿐 아니라 선물, 옵션, 스와프 등 점점 더 비대해져 가는 파생 금융 상품 시장, 그리고 MBS, CDO, CDS 같은 이름의 복잡하고 다양한 금융 상품들을 거래하는 시장도 포함되어 있다. (당황할 필요없다. 8장에서 더 자세하게 설명할 예정이다.) 이 시스템을 지탱하는 것은 중앙은행으로, 중앙은행은 아무도 돈을 빌려주려 하지 않는 금융 위기 시에 제한 없이 돈을 빌려주는 **최종 대부자**lender of last resort 역할을 한다. 사실 애덤 스미스 시대에는 중앙은행이 없어서 금융 공황이 닥치면 대처하기가 매우 어려웠다.

그때와 달리 오늘날에는 금융 시장의 주체들이 할 수 있는 일의 한도를 규정한 많은 규칙들이 적용된다. 자기 자본의 몇 배까지 대출이 가능한지, 주식을 판매하는 기업들이 자사에 대한 정보를 어디까지

공개해야 하는지, 서로 다른 금융 기관들이 어떤 종류의 자산을 보유
할 수 있는지(예를 들어 연금 기금은 위험 자산을 보유할 수 없다) 등이 그 예이다.
이런 규칙들이 있음에도 금융 시장이 복잡 다양하고 규모가 커진 탓
에 규제가 어려워졌고, 우리는 2008년 전 세계를 강타한 금융 위기를
통해 이런 현실을 뼈아프게 배우게 되었다.

## 맺는말—
# 변화하는 실제 세상과 경제 이론들

애덤 스미스 시대와 현대를 비교하며 보았듯이 자본주의는 지난 2세
기 반 동안 엄청난 변화를 겪었다. 애덤 스미스의 기본적인 원칙 중 일
부는 아직 유효할지 모르지만 극히 일반적인 수준에서만 그러하다.

예를 들어 애덤 스미스의 세상에서처럼 이윤을 추구하는 기업들 간
의 경쟁은 현대에도 여전히 자본주의를 돌아가게 하는 중요한 원동력
일 수 있다. 그러나 이제는 더 이상 소비자들의 취향을 주어진 대로 받
아들이는 작은 익명의 기업들이 정해진 기술을 사용해서 효율성을 증
대하는 방법으로 경쟁하는 것이 아니다. 오늘날 경쟁은 거대한 다국
적 기업(초국적 기업)들 간에 벌어지고, 그들은 가격에 영향을 끼칠 뿐
아니라 아주 짧은 기간 내에 기술 자체를 변화시키기도 한다. (애플과 삼
성의 싸움이 그 좋은 예이다.) 소비자들의 취향마저 이 기업들의 브랜드 이
미지 캠페인과 광고에 의해 조종을 받는다.

어떤 경제 이론이 아무리 위대해도 그것은 특정 시간과 공간에서만
유효하다. 따라서 경제 이론을 효과적으로 적용하기 위해서는 그 이
론을 사용해서 분석하려는 특정 시장, 산업, 국가의 성격을 규정하는

기술적, 제도적 요인에 대한 지식이 필요하다. 여러 가지 경제학 이론을 그 이론이 적절하게 적용되는 맥락에 맞게 이해하려면 자본주의가 어떻게 진화했는지를 알아야 하는 것도 바로 이런 이유에서이다. 이 점을 염두에 두고 다음 장을 열어 보자.

## 3장

우리는 어떻게
여기에 도달했는가?

자본주의의 간단한 역사

린톳 선생님 자, 역사를 어떻게 정의할 수 있을까요? 러지 군?

러지 정말 제가 생각하는 대로 이야기해도 되나요, 선생님? 그래도 안 때리실 거죠?

린톳 선생님 약속할게.

러지 저한테 역사를 정의하라고 하신다면… 빌어먹을 일 하나 일어난 다음 또 빌어먹을 일이 이어지는 그런 빌어먹을 일의 연속이지요.

— 앨런 베넷, 〈히스토리 보이스〉

# 빌어먹을 일의 연속: 역사는 왜 공부할까?

많은 독자들이 역사를 멋지게 정의한 러지의 의견에 고개를 끄덕일 것이다. 〈히스토리 보이스〉는 영국 셰필드의 가난한 지역에 사는 우수한 학생들이 옥스퍼드대학 역사학과에 진학하기 위해 노력하는 과정을 그린 연극으로 2006년 영화화되기도 한 작품이다.

**경제사**economic history, 다시 말해서 세계 경제가 어떻게 진화했는지의 역사를 살펴보는 것은 아무짝에도 쓸모가 없다고 생각하는 사람들이 많다. 자유 무역이 경제 성장을 촉진하고, 높은 세율은 부의 창출을 방해하고, 불필요한 관료주의를 없애야 기업 활동이 활발해진다는 것은 2~3세기 전에 무슨 일이 벌어졌는지 살펴보지 않아도 다 알 수 있는 일 아닌가? 우리 시대에 통용되는 경제학적 지식은 논리적으로 완벽한 이론을 기반으로 하고, 현대 사회에 대한 막대한 양의 통계와 자료를 통해 증명된 것들 아닌가?

대다수의 경제학자들이 이에 동의한다. 경제사는 1980년대까지만 해도 대부분의 미국 대학 경제학과의 필수 과목이었다. 그러나 이제는 경제사 강의를 개설하지도 않는 대학들이 많다. 이론적 성향이 강한 일부 경제학자들은 경제사를 해롭지는 않지만 아무 쓸모가 없는 취미 활동 정도로 여기거나, 수학 혹은 통계학과 같은 '본격적이고 어려운' 것들을 다룰 지적 능력이 좀 부족한 사람들이 도망가듯 택하는 분야라고 간주하기도 한다.

그러나 나는 이 책에서 독자들에게 결코 짧지 않은 자본주의의 역사를 짧게나마 소개하려고 한다. 현재 벌어지는 경제 현상을 완전히 이해하는 데 그 역사는 필수적으로 알아야 할 부분이기 때문이다.

## 소설보다 더 소설 같은 현실: 왜 역사가 중요한가?

역사는 현재에 영향을 준다. 과거의 일이 현재의 일로 이어져 있을 뿐 아니라 과거에 벌어진 일들이(혹은 사람들이 알고 있다고 생각하는 과거에 대한 지식이) 현재의 결정에 영향을 끼치기 때문이다. 특정 정책을 추천할 때 역사적 사례로 뒷받침하는 경우가 많은 이유는 실제 세상에서 벌어진 사례만큼 사람들을 효과적으로 설득시킬 만한 것이 없기 때문이다. 예를 들어 자유 무역을 옹호하는 사람들은 영국, 미국이 자유 무역을 통해 차례로 경제 대국이 되었다고 말한다. 그러나 자신들이 알고 있는 역사 지식이 정확하지 않다는 것(그 이유는 뒤에서 설명할 예정이다)을 깨달으면 그토록 확신에 차서 자유 무역 정책을 추천하지는 않을 것이다. 다른 사람을 설득시키는 일 또한 더 어려워지는 것은 물론이다.

역사는 또 우리가 당연한 것으로 받아들이는 가정에 의문을 제기하도록 만들기도 한다. 현대에는 사고파는 것이 불가능한 많은 것들, 예를 들어 인간(노예), 아동 노동, 관직 등이 옛날에는 시장에서 합법적으로 거래되었다는 사실을 알고 나면, '자유 시장'의 경계가 시대를 초월하는 과학적 방법에 의해 정해진 것이라는 생각을 버리고, 우리가 현재 당연시하는 시장의 경계 또한 달라질 수 있음을 받아들이게 될 것이다. 선진 자본주의 국가들이 규제가 많고 세율이 높았던 1950년대에서 1970년대 사이에 가장 빨리 성장했다는 사실을 알고 나면, 세금과 관료주의를 줄여야 성장을 촉진할 수 있다는 견해에 곧바로 비판적인 시각을 갖게 될 것이다.

역사는 경제학 이론의 한계를 살피는 데도 유용하다. 현실은 소설보다 더 소설 같은 때가 많아서, 역사에 등장하는 수많은 국가, 기업, 개인의 경제적 성공 사례 중에는 어느 특정 경제학 이론 하나만으로 깔끔하게 설명할 수 없는 것들이 허다하다. 예를 들어 『이코노미스트』나 『월스트리트 저널』만을 읽는 사람은 싱가포르가 자유 무역 정책을 시행하고 외국인의 투자를 환영한다는 이야기만 들을 것이다. 그런 사람은 싱가포르의 경제적 성공이야말로 자유 무역과 자유 시장이 경제 발전을 이루는 지름길이라는 사실을 증명하는 사례라고 결론짓는 것이 당연하다. 그러나 싱가포르의 땅은 거의 모두 정부 소유이고, 주택의 85퍼센트가 정부가 소유한 주택개발위원회(Housing Development Board)를 통해 공급이 되며, 총생산량의 22퍼센트를 국영 기업이 담당하고(국제 평균은 10퍼센트 정도) 있다는 사실을 알고 나면 생각이 좀 달라질 것이다. 그것이 신고전학파가 되었든 마르크스주의가 되었든 케인스주의가 되었든, 자유 시장과 사회주의를 결합해서 이룬 싱가포르의 경제적 성공을 단독으로 설명할 수 있는 이론은 존재하지 않는다. 이런 사례들을 접하다 보면 경제학 이론의 힘을 맹신하지 않게 되고, 하나의 이론에만 근거해서 정책을 세우는 데에도 좀 더 조심스러워지게 될 것이다.

역사를 살펴봐야 하는 마지막이지만 중요한 이유는 사람들을 대상으로 한 '생체 실험'을 가능한 한 피해야 하는 도덕적 의무가 우리에게 있기 때문이다. 구소련과 위성 국가들의 중앙 계획 경제 정책, 그리고 그들이 다시 자본주의로 전환하는 과정에서 겪은 '빅뱅'의 경험에서부터, 대공황 직후 대부분의 유럽 국가들이 시행해 재앙으로 끝났던 '긴축' 정책, 1980년대와 1990년대 미국, 영국에서 시행한 '낙수 효과'(트리클다운) 경제 정책의 실패에 이르기까지 역사를 살펴보면 수백만, 수천만의 삶을 파괴하고 끝난 급진적인 정책 실험들이 산재해 있다. 물론 역사를 공부한다고 해서 현재의 실수를 완전히 피할 수 있다는 것은 아니다. 그러나 사람들의 삶에 영향을 끼치는 정책을 만들기 전에 역사를 교훈 삼아 실수를 피하기 위해 최선을 다해야 한다.

위에서 열거한 이유 중에서 하나라도 타당하다는 생각이 드는 독자는 이 장을 마저 읽어 주길 부탁드린다. 지금까지 안다고 생각했던 역사적 '사실'에 대한 도전들을 이 장 전체를 통해 접하고 나면 자본주의를 이해하는 방식에 조금쯤은 변화가 올 수도 있을 것이다.

# 거북이 vs 달팽이: 자본주의 이전의 세계 경제

**서유럽 경제는 정말 느리게 발달했다…**

자본주의는 서유럽, 특히 영국과 지금의 벨기에, 네덜란드가 자리한 '저지대 국가들(Low Countries)'에서 16~17세기경에 탄생했다. 당시까지도 이들과 경제 발전 정도가 비슷했던 중국이나 인도가 아니라 굳이 서유럽에서 자본주의가 발달하기 시작한 이유를 두고 오랫동안 치열한 논란이 있었다. 상업, 산업 등의 실용적인 활동을 멸시하는 중국 엘리트 계층의 태도에서부터 아메리카 대륙의 발견, 영국의 석탄 매장 패턴에 이르기까지 여러 요소가 그 원인으로 제시되었다. 그러나 지금 이 문제에 시간을 낭비할 필요는 없다. 중요한 것은 자본주의가 서유럽에서 최초로 발달하기 시작했다는 사실이다.

다른 자본주의 이전 단계 사회가 그랬듯, 자본주의가 시작되기 전 서유럽 사회는 변화 속도가 굉장히 느렸다. 수백 년 동안 거의 비슷한 기술에 의존한 농업이 사회의 중심이었고, 상업과 수공업이 조금 존재했다.

서기 1000년에서 1500년, 중세 서유럽의 **1인당 소득income per capita**은 1년에 0.12퍼센트씩 증가했다.[1] 이 말은 서기 1500년에 살던 사람들은 서기 1000년에 살던 사람들보다 수입이 82퍼센트밖에 늘지 않았다는 뜻이다. 연평균 성장률이 11퍼센트인 중국이 2002년에서 2008년까지 6년 동안 경험한 성장 수준이라고 말하면 큰 그림을 이해하기가 더 쉬울 것이다. 즉 물질적 발달 정도만 놓고 보면 현재 중국의 1년은 중세 서유럽의 83년과 맞먹는다고 할 수 있겠다. (당시 평균 수명이 24년이라는 것을 감안하면 83년이라는 세월은 3세대 반에 해당한다.)

그럼에도 전 세계 어느 지역보다 빨리 성장하고 있었다

앞에서 한 이야기 다음에 이런 이야기를 하면 믿어지지 않겠지만, 아시아와 동유럽(러시아 포함) 국가들에 비하면 서유럽 국가들의 경제 성장은 가히 일취월장이라고 할 수 있었다. 나머지 지역은 그 속도가 3분의 1인 0.04퍼센트에 불과했기 때문이다. 즉 500년 사이에 수입이 22퍼센트 증가하는 데 그쳤다는 뜻이다. 서유럽 국가들이 '거북이'처럼 움직였다면 나머지 지역 국가들은 '달팽이'처럼 움직였던 것이다.

# 자본주의의 여명: 1500~1820년

### 자본주의의 탄생: 슬로 모션으로

16세기에 자본주의가 탄생했다. 그러나 그 속도가 너무 느려서 숫자만 보고 있으면 무슨 일이 일어났는지 감지하기가 쉽지 않다. 1500~1820년 사이 서유럽의 1인당 소득 성장률은 여전히 0.14퍼센트에 지나지 않아서 거의 모든 면에서 1000~1500년 기간(0.12퍼센트)과 기본적으로 다르지 않았다.

그러나 영국과 네덜란드에서는 18세기 말에 이르러 면방직과 제철 부문을 중심으로 성장이 가속화되는 것이 눈에 띄기 시작했다.[2] 그 결과 1500년에서 1820년 사이에 영국과 네덜란드는 각각 0.27퍼센트, 0.28퍼센트의 1인당 경제 성장률을 달성하는 데 성공했다. 오늘날의 기준으로 보면 굉장히 낮지만 당시 서유럽 평균의 2배에 달하는 숫자였다. 그 이면에는 몇 가지 변화가 있었다.

## 새로운 과학, 기술, 제도의 출현

먼저 세상을 이해하는 데 좀 더 '합리적'으로 접근하는 방향으로 문화가 변화하면서 현대 수학과 과학이 탄생하기에 적합한 토양이 만들어졌다. 처음에는 아랍 문화권과 아시아에서 개념들을 많이 빌려 왔지만,[3] 16~17세기에 접어들면서 서유럽 사람들도 자신들 나름의 혁신을 보태기 시작했다. 코페르니쿠스, 갈릴레오, 페르마, 뉴턴, 라이프니츠 등 현대 과학과 수학의 아버지들이 이 시기에 등장했다. 이 같은 과학의 발전이 경제에 바로 영향을 준 것은 아니다. 그러나 이로 인해 지식이 체계화되면서 기술의 혁신을 개인에게 의존하던 경향이 줄어들고 이전도 쉬워져 새로운 기술 간의 융합이 촉진되어 경제 성장으로 이어졌다.

18세기에는 방직과 제철, 화학을 비롯한 산업 분야에 기계화된 생산 체계를 가능하게 한 몇 가지 새로운 기술이 탄생했다.* 연속 조립 라인은 19세기 초부터 퍼지기 시작했는데 이를 이용해 애덤 스미스의 핀 공장에서처럼 분업이 좀 더 세밀하게 이루어졌다. 생산량을 늘려서 더 많이 판매하고 더 많은 이익을 창출하겠다는 욕구가 이 새로운 생산 기술의 도입을 가속화시켰다. 다시 말해 자본주의적 생산 방식이 확산되기 시작한 것이다. 애덤 스미스가 분업 이론에서 주장했던 것처럼, 생산량의 증가는 더 정교한 분업을 가능하게 했고 이것이 생산성의 증가를 이끌어 결과적으로 생산량이 증가했다. 생산량 증가와 생산성 증가 사이에 선순환이 형성된 것이다.

---

* 방직 산업의 플라잉 셔틀(1733), 다축 방적기(1764), 제철 산업의 코크스 제련술(1709), 화학 산업의 대규모 황산 제조(1730년대와 1740년대)와 관련된 다양한 공정이 여기에 포함된다.

이러한 새 자본주의적 생산 현실에 맞춘 새로운 경제 제도도 도입되었다. 점점 널리 퍼지는 시장 거래를 더 쉽게 하기 위해 은행이 진화를 했고, 개인의 부로는 감당할 수 없는 규모의 자본을 필요로 하는 투자 프로젝트들이 나옴에 따라 법인 또는 유한 회사라는 개념이 만들어지면서 주식 시장도 탄생했다.

### 식민지 확장의 시작

15세기 초부터 서유럽 국가들은 세력을 바깥으로 급속하게 확장했다. 이 과정은 '발견의 시대'라는 미사여구로 포장되었으나, 식민주의를 통해 다른 나라의 땅과 자원을 무단 점거하고 점령 지역 주민들의 노동력을 착취하는 것에 불과했다.

15세기 말 아시아에 진출한 포르투갈과 아메리카 대륙에 진출한 스페인을 필두로 서유럽 국가들은 가차 없는 식민지 확장에 열을 올렸다. 이미 18세기 중반에 북미 대륙은 영국, 프랑스, 스페인의 손에 들어갔고, 스페인과 포르투갈은 각각 1810년대와 1820년대까지 중남미 대륙의 대부분을 점령했다. 인도는 영국(주로 벵골과 비하르 지방), 프랑스(남동 해안 지역), 포르투갈(고아를 비롯한 여러 해안 지역)이 나눠서 부분적으로 지배하고 있었다. 호주 또한 이 시기에 정착민들이 들어가기 시작했다. (죄수 유배 형태의 식민지는 1788년 최초로 만들어졌다). 아직은 아프리카 대부분이 식민지 지배에서 자유로웠지만 포르투갈인들이 카보베르데, 상투메프린시페 등의 여러 무인도를 중심으로 서부 해안 지역에 작은 식민지들을 형성했고, 17세기에는 네덜란드인들이 케이프타운을 점령했다.

식민지들은 자본주의 원칙에 입각해 운영되었다. 1858년까지도 인도에 대한 영국의 지배가 정부가 아닌 기업(동인도 회사)을 통해 이루어졌다는 사실이 이를 잘 상징하고 있다. 식민지들 덕분에 유럽에는 새로운 자원들이 쏟아져 들어왔다. 초기에는 화폐로 사용하기 위한 귀금속(금, 은)과 향신료(특히 후추)를 찾고자 하는 것이 팽창의 동기였다. 시간이 흐르면서 주로 아프리카에서 잡아 온 노예들을 이용한 플랜테이션들이 새로운 식민지에 만들어졌다. 미국, 브라질, 카리브해 연안에 집중된 이 플랜테이션들에서 재배한 사탕수수(설탕), 고무, 목화(면), 담배 같은 새로운 작물이 유럽에 들어왔다. 신대륙 작물 중 일부가 유럽을 비롯한 전 세계에서 재배되기 시작했고, 일부 지역에서 주식으로 자리잡기도 했다. 지금은 상상하기 힘들지만, 영국 사람들이 감자 튀김을, 이탈리아 사람들이 토마토와 폴렌타(옥수수 가루가 재료)를, 인도, 태국, 한국 사람들이 고추를 먹지 않는 세상이 있었던 것이다.

## 식민주의, 큰 상처를 남기다

16세기에서 18세기에 걸쳐 식민지에서 유입된 자원 없이 자본주의가 발달할 수 있었을지에 대한 긴 논쟁은 아직도 결론에 이르지 못하고 있다. 화폐로 사용된 귀금속, 그리고 감자, 설탕 등 추가로 늘어난 식량과 면화 등의 산업 원료가 자본주의 발달의 연료가 되었기 때문이다.[4] 식민 정복자들은 이 자원들로 인해 큰 혜택을 받았지만, 아마도 식민지가 없었어도 자본주의를 발달시킬 수 있었을 것이다. 그러나 이로 인해 식민지 사회가 입은 막대한 폐해에 대해서는 의문의 여지가 없다.

식민지 주민들은 몰살당하거나 극도로 배척되었다. 땅은 물론 땅 위, 땅 아래의 자원도 모두 빼앗겼다. 원주민들의 소외는 너무도 철저히 진행돼서 유럽인들이 아메리카 대륙에 발을 디딘 1492년 이후 이 지역에서 원주민이 국가수반으로 선출된 것은 2006년 입각한 볼리비아 대통령 에보 모랄레스가 두 번째이다. (첫 원주민 국가수반은 1858년부터 1872년까지 멕시코 대통령을 지낸 베니토 후아레스이다.)

수백만 명의 아프리카인들(통상 1200만 명으로 집계)이 유럽인들과 아랍인들 손에 붙잡혀 노예로 팔려 갔다. 이는 혹독한 항해에서 죽은 사람들은 물론 거기서 살아남아 노예가 된 사람들에게도 비극이었을 뿐 아니라 많은 아프리카 지역에서 노동력 고갈 현상을 일으켜 사회 구조가 파괴되는 결과를 낳았다. 또 임의로 그은 국경선을 경계로 하루 아침에 나라들이 만들어진 탓에 지금까지도 내분과 국제 분쟁이 끊이지 않고 있다. 아프리카 국가들의 국경선이 자로 그은 듯 똑바른 경우가 많다는 것이 바로 그 증거이다. 자연스럽게 생긴 경계는 강이나 산맥을 비롯한 지리학적 요인을 따라 생기게 마련이므로 똑바를 수가 없다.

식민주의를 자행한 국가들은 식민지 국가에서 경제적으로 더 발전한 지역에 이미 존재하는 생산 활동을 의도적으로 파괴하는 정책을 사용했다. 대표적인 예가 1700년 영국이 인도에서 생산되던 면직물인 옥양목의 수입을 금지한 정책이다. 2장에서 잠깐 언급했지만 영국 면방직 산업을 양성하기 위해 사용한 이 정책으로 인해 인도 면방직 산업은 큰 타격을 받았고, 이어 19세기 중반 기계화를 마치고 수출에 돌입한 영국산 면직물로 인해 종말을 맞고 말았다. 식민지였던 인도는 관세를 비롯한 기타 정책을 사용해서 영국산 수입품으로부터 자국의 산업을 보호할 힘이 없었다. 1835년 당시 동인도 회사 총독 벤팅크 경은 "면방직 장인들의 뼈가 인도의 대지를 하얗게 덮었다"라는 유명

한 말을 남겼다.[5]

# 1820~1870년: 산업 혁명

### 터보 엔진을 단 자본주의: 산업 혁명의 시작

1820년경부터 자본주의는 비상을 시작했다. 서유럽 지역 전체의 경제 성장 속도가 눈에 띄게 빨라지고, 서유럽 파생 사회(western offshoots)라 할 수 있는 북미와 오세아니아 등이 뒤를 이었다. 이 성장의 가속 정도가 너무도 극적이어서 1820년 이후 반세기를 우리는 산업 혁명 시대라고 부른다.[6]

이 50년 동안 서유럽의 1인당 소득은 1퍼센트 성장을 보였다. 이른바 '잃어버린 10년'이라고 부르는 기간 동안 일본의 성장률이 1퍼센트였으니 요즘과 비교하면 좋은 성적이 아니지만, 1500년에서 1820년 사이에 0.14퍼센트 성장했다는 것을 감안하면 가히 경제에 터보 엔진을 달고 고속 주행을 한 셈이었다.

### 평균 수명 17세, 주당 80시간 노동: 일부의 삶은 더욱 비참해졌다

1인당 소득이 눈부시게 증가했지만 이 시기의 초기에는 많은 사람들의 생활 수준이 오히려 떨어지는 현상이 벌어졌다. 방직공 등 한물간 기술을 지닌 숙련공들은 임금이 더 싼 비숙련공들이 조작하는 기계에 밀려 일자리를 잃었다. 이 비숙련 노동 인구에는 어린이들도 포함이 되었고, 심지어 일부 기계는 몸집이 작은 아이들을 염두에 두고 디자인되기도 했다. 공장 또는 공장에 물건을 대는 소규모 작업장에 고용된 사람들은 장시간 노동을 각오해야 했다. 주당 70~80시간은 보통이고 100시간까지 일하는 경우도 흔했고, 쉬는 날은 일요일 반나절뿐이었다.

노동 환경도 최악이었다. 면방직 공정에서 나오는 먼지로 인해 영국의 수많은 방직 공장 종사자들이 폐질환으로 죽었다. 도시 노동자들은 아주 밀집된 주거 환경을 견뎌야 했다. 한 방에 15~20명이 사는 경우도 흔했고, 화장실 하나를 수백 명이 써야 하는 것은 보통이었다. 그야말로 파리 목숨이었다. 이때 맨체스터 빈민가에 살던 사람들의 평균 수명은 17세였다.[7] 서기 1066년, 노르만 정복 당시 영국 전체의 평균 수명 24세보다 30퍼센트가 줄어든 수치이다.

### 반자본주의 운동의 발흥

자본주의가 가져온 비참한 생활상을 생각하면 다양한 형태의 반자본주의 운동이 고개를 든 것도 당연하다. 이들 중 일부는 단순히 시간을 되돌리고자 했다. 러다이트 운동이라고도 부르는 기계화 반대 운동은 1810년대 기계화 과정에서 일자리를 잃은 영국의 숙련 방직공들이 실직의 직접적인 원인이자 자본주의 발달의 상징인 기계들을 파괴하면서 시작되었다. 반자본주의 운동의 또 다른 형태는 자발적 조합 등을 통해 더 평등하고 나은 사회를 건설하려는 움직임으로 나타나기도 했다. 웨일스 출신 기업가 로버트 오언은 뜻을 같이하는 사람들끼리 모여 공동으로 일하고 거주하는 사회를 건설하려는 운동을 벌였는데, 이는 이스라엘의 키부츠와 비슷한 형태이다.

그러나 반자본주의 운동가들 중 가장 중요한 인물은 독일의 경제학자이자 혁명가로 일생의 대부분을 영국에 망명해 지냈고, 죽어서는 런던 하이게이트 공동묘지에 묻힌 카를 마르크스(1818~1883)였다. 마르크스는 목가적인 공동 생활로 자본주의 사회를 대체할 수 있다고 믿은 오언과 그의 추종자들을 '유토피아적 사회주의자'라고 불렀다. 마르크스는 자신의 접근법을 '과학적 사회주의'라고 칭하고, 새로운 사회는 자본주의의 성과를 부인하는 것이 아니라 그 성과 위에 건설되어야 한다고 주장했다. 사회주의 사회에서는 생산 수단의 개인 소유를 폐지해야 하지만, 자본주의가 성장하는 과정에서 만들어진 대규모 생산 단위를 유지해 그 높은 생산성을 최대한 이용해야 한다는 논리였다. 거기에 더해 마르크스는 사회주의 사회가 한 가지 중요한 면에서는 자본주의 기업처럼 운영되어야 한다고 제안했다. 자본주의 기업이 기업의 운영을 중앙에서 계획하듯 사회주의에서도 중앙에서 경제 활동을 계획해야 한다는 것이다. 이 개념을 **중앙 계획central planning** 이라고 부른다.

마르크스와 그의 수많은 추종자들(러시아 혁명의 지도자 블라디미르 레닌도 포함해서)은 자본가들이 가진 것을 자발적으로 포기할 리가 없으므로 사회주의 사회는 노동자들이 이끄는 혁명을 통해서만 가능하다고 믿었다. 그러나 에두아르트 베른슈타인, 카를 카우츠키 등을 위시한 '수정주의자' 혹은 사회민주주의자들이라고 부르는 일부 마르크스 추종자들은 자본주의를 완전히 폐기 처분하기보다는 의회 민주주의를 통해 문제를 해결해 나갈 수 있다고 믿고, 노동 시간 및 노동 환경의 규제와 같은 정책과 복지 국가의 개발을 주장했다.

되돌아보면 수정주의자들이야말로 역사적 흐름을 가장 잘 읽은 사람들이라고 할 수 있다. 그들이 주장한 시스템이 현재 선진 자본주의 경제 국가들이 따르고 있는 모델이기 때문이다. 그러나 당시만 해도 자본주의를 유지하면서 노동자들이 더 잘살 수 있게 될지는 의문이었다. 무엇보다 개혁에 대한 자본가들의 저항이 맹렬했다.

1870년경부터 노동자들의 상황이 눈에 띄게 나아지기 시작했다. 우선 임금이 올랐다. 적어도 영국에서만큼은 생존에 필요한 생필품을 사고도 얼마간 여유가 있을 정도로 성인 평균 임금이 증가했고, 일주일에 60시간 이하로 일을 하는 노동자들이 늘어나기 시작했다. 평균 수명도 1800년 36세에서 1860년에는 41세로 늘어났다.[8] 이 기간의 후반부에는 복지 국가의 단초마저 보이기 시작했다. 1871년 새로 통일된 독일의 오토 폰 비스마르크 총리가 도입한 산업 재해 보험이 그것이다.

## 자유 시장과 자유 무역의 신화: 자본주의 성장사의 실체

19세기에 서유럽 국가들과 서유럽 파생 사회에서 자본주의가 발달한 것은 **자유 무역free trade**과 **자유 시장free market**의 확산 덕분이라고 보는 견해가 널리 퍼져 있다. 이 나라들의 정부가 국제 무역에 세금을 부과하거나 교역 활동을 제한하지 않았고(자유 무역), 더 넓게는 시장의 활동에 개입하지 않았기(자유 시장) 때문에 자본주의가 발달할 수 있었다는 것이다. 영국과 미국은 자유 시장, 그리고 무엇보다도 자유 무역을 채택했기 때문에 다른 나라보다 앞설 수 있었다는 주장이다.

그러나 이보다 더 사실과 거리가 먼 주장도 찾아보기 힘들 것이다. 다른 서유럽 국가들뿐 아니라 영국과 미국에서도 자본주의가 발달하던 초창기에는 정부가 선두에 서서 경제 발달의 지휘자 역할을 했기 때문이다.[9]

## 보호주의의 선구자 영국

헨리 7세(재위 기간 1485~1509)부터 시작해서 튜더 왕조 군주들은 정부 개입을 통해 모방직 산업을 장려했다. 당시 모방직은 유럽의 첨단 산업이었고 플랑드르(플랜더스) 지방을 중심으로 한 저지대 국가들에서 발달한 상태였다. 영국 정부는 **관세tariff**(수입품에 대한 세금)를 통해 저지대 국가에서 생산되는 더 양질의 상품으로부터 영국 생산자들을 보호했고, 선진 방직 기술을 손에 넣기 위해 숙련공들을 스카우트하는 작전의 뒤를 봐주는 것도 마다하지 않았다. 플랜더스, 플레밍 같은 성은 당시 스카우트된 플랑드르 숙련 방직공들의 자손들이다. (이들이 없었으면 이언 플레밍의 007도, 알렉산더 플레밍이 개발한 페니실린도 없었을 것이다. 미국 만화 〈심슨 가족〉에 등장하는 네드 플랜더스도 네드 랭커셔였다면 어쩐지 맛이 떨어지는 것 같지 않는가?) 이 같은 정책은 튜더 왕조 후에도 계속되어 18세기 무렵에는 모방직 제품이 영국 수출 소득의 절반 정도를 차지하게 되었다. 이 수출 소득이 없었다면 영국은 산업 혁명에 필요한 식량과 원자재를 들여오지 못했을 것이다.

1721년 영국 역사상 최초의 총리로 임명된 로버트 월폴[10]은 광범위하고 야심 찬 산업 개발 프로그램을 도입하면서 정부 개입의 수위를 한층 더 높였다. 이 프로그램에 따라 '전략적'으로 중요한 산업에 대한 보호 관세와 보조금(특히 수출 장려 목적) 정책이 시행되었다. 영국이 18세기 후반 약진하기 시작한 것은 부분적으로 월폴의 이 산업 장려책 덕분이었다. 애덤 스미스가 영국 생산자들을 돕기 위한 보호주의나 기타 정부 개입이 필요없다고 주장한 것도, 1770년대 영국이 다른 나라들보다 너무도 월등히 앞서 있었기 때문이다. 그럼에도 영국이 완전히 자유 무역으로 방향을 튼 것은 그의 『국부론』이 나오고도 거의

1세기가 지난 1860년이었다. 바야흐로 산업 최강국으로서의 입지가 확고부동해진 다음이다. 당시 세계 인구의 2.5퍼센트에 불과하던 영국은 세계 제조업 생산량의 20퍼센트(1860년 기준), 제조업 제품 교역의 46퍼센트(1870년 기준)를 자랑하는 제조업, 교역 강국으로 떠올랐다. 중국이 현재 전 세계 제조업 생산량의 15퍼센트, 교역의 14퍼센트를 차지하고 있다는 것과 비교하면 그 규모가 가히 상상이 갈 것이다. 중국 인구는 세계 인구의 19퍼센트에 달한다.

### 보호주의의 챔피언 미국

미국의 경우는 이보다 더 흥미롭다. 영국은 식민지인 미국의 제조업 발달을 의도적으로 억제했다. 미국에서 제조업을 처음으로 시도하려 한다는 소식을 접한 대(大) 윌리엄 피트 당시 영국 총리(재임 기간 1866~1868)는 미국에서는 "말편자에 박을 못 하나도 만들지 못하도록 해야 한다"라고 말한 것으로 전해진다.

독립 후 다수의 미국인들은 미국이 영국, 프랑스 등과 어깨를 나란히 하려면 산업화를 해야 한다고 주장했다. 이들의 선봉에 선 사람이 바로 미국 경제를 최초로 책임졌던 알렉산더 해밀턴이었다. (바로 10달러짜리 지폐에 새겨진 초상화의 주인공이다.) 미국 재무부 장관에 임명된 그는 1791년 의회에 제출한 「제조업에 관한 보고서」에서 미국처럼 경제적으로 뒤진 나라들은 '유아기 단계에 있는 산업'이 성장할 때까지 더 힘센 외국 경쟁자들로부터 보호하고 양성해야 한다고 주장했다. 이것이 **유치산업론**infant industry argument이다. 해밀턴은 유치산업을 보호하기 위한 관세 부과, 보조금 지급, 사회 기반 시설(특히 운하)에 대한 공적 투자, 발명을 장려하기 위한 특허법 제정, 그리고 은행 시스템 개발 대책 등을 제안했다.

처음에는 당시 미국 정치를 장악하고 있던 노예를 소유한 남부의 지주들이 해밀턴의 계획을 저지하는 데 성공했다. 그들로선 유럽에서 품질이 더 좋고 더 싼 제조업 생산물들을 수입할 수 있는데, 이와 비교할 수 없이 열등한 '양키' 물건을 사야 할 이유가 없었다. 그러나 1812년부터 1816년까지 미영전쟁(역사상 최초로 그리고 유일하게 미국 본토가 침략을 당한 전쟁)을 겪은 후 강한 나라로 성장하기 위해서는 강한 제조업 분야가 필요하다는 해밀턴의 시각에 동조하는 미국인들이 많이 생겨났고, 관세를 비롯한 정부의 개입 없이는 그 목표를 이루는 것이 불가능하다는 것도 깨달았다. 애석한 일은 해밀턴은 자신의 비전이 실행에 옮겨지는 것을 보지 못했다는 사실이다. 그는 1804년 당시 부통령이었던 에런 버와의 결투에서 총에 맞아 숨졌다. (현직 부통령이 전직 재무부 장관을 총으로 쏘아 죽이고도 아무도 감옥에 가지 않았으니 가히 거친 시대였다.)

1816년 방향을 튼 후 미국의 무역 정책은 보호주의 색채가 점점 더 짙어졌다. 1830년에 접어들면서 미국의 평균 산업 관세는 이미 세계 최고 수준이었고, 이 자리는 2차 세계 대전이 터질 무렵까지 100년 동안 거의 아무에게도 빼앗기지 않았다. 오늘날 보호주의적이라는 이미지를 가지고 있는 독일, 프랑스, 일본 등의 관세는 당시 미국보다 훨씬 낮았다.

19세기 전반부 동안 노예 제도, 연방주의와 함께 보호무역주의는 산업이 발달한 북부와 농업이 발달한 남부 사이에 끊임없는 갈등을 일으키는 원인이었다. 이 문제는 결국 남북전쟁(1861~1865)을 거쳐 북부가 승리하면서야 마침내 해결되었다. 북부의 승리는 우연이 아니었다. 전쟁이 일어나기 전 50여 년에 걸쳐 보호주의의 장벽 뒤에서 제조업을 개발했기 때문에 전쟁을 승리로 이끌 수 있었던 것이다. 마거릿 미첼의 고전 『바람과 함께 사라지다』에서 남자 주인공 레트 버틀러가 남부 사람들에게 양키들이 전쟁에서 이길 것이라면서, 왜냐하면 그들은 "공장, 주조소, 조선소, 철광, 탄광을 가지고 있기 때문이지… 우리 남부에는 없는 것들"이라고 말한 것처럼 말이다.

### 자유 무역, 자유롭지 않은 방법으로 확산되다

자유 무역이 자본주의가 발흥한 원인은 아니다. 그러나 19세기 전반에 걸쳐 자유 무역이 널리 확산된 것은 사실이다. 그중 일부는 1860년대에 자본주의의 심장부에서도 벌어졌다. 영국이 자유 무역 정책을 채택하고 서유럽 국가들과 일련의 양자 간 **자유 무역 협정**free-trade agreement을 맺기 시작한 것이다. 양자 간 자유 무역 협정은 두 나라가 상대방 나라에서 들여오는 수입품에 대한 제한과 관세를 철폐하는 것을 말한다. 그러나 자유 무역의 확산 현상은 대부분 자본주의의 변방인 중남미와 아시아 지역에서 벌어졌다.

이는 '자유'라는 단어와 보통 잘 연관짓지 않는 행동의 결과였다. 바로 힘, 혹은 힘을 쓰겠다는 위협을 통해 벌어진 것이다. 식민 정책은 '자유롭지 않은 자유 무역'을 달성하는 가장 확실한 방법이었다. 그러나 식민 지배를 받지 않은 국가들도 많은 수가 강제로 자유 무역을 채택할 수밖에 없었다. 이 나라들은 '포함 외교(砲艦外交)'에 굴복해서 **불평등 조약**unequal treaty을 맺어야 했고, 그에 따라 **관세 자주권**tariff autonomy(자국의 관세를 정할 권리)을 비롯한 많은 권리를 빼앗겼다.[11] 보통 이런 나라들에게는 아주 낮은 수준의 획일적인 관세율을 적용하는 것만 허용되었는데, 3~5퍼센트 정도였던 이 관세율은 정부 수입에는 어느 정도 보탬이 되었지만 유치산업을 보호하기에는 부족한 수준이었다.

그중에서도 가장 악명 높은 불평등 조약은 난징 조약으로, 아편전쟁에 진 중국이 1842년 강제로 서명한 조약이었다. 그러나 불평등 조약의 시초는 1810년대와 1820년대에 독립하기 시작한 중남미 국가들과 서유럽 국가들 사이에 맺어진 것들이다. 1820년대에서 1850년대 사이에 이 밖에도 많은 나라들이 불평등 조약의 피해자 대열에 합류했다. 오스만 제국(튀르키예의 전신), 페르시아(현재 이란), 시암(현재 태국), 심지어 일본도 그중 하나였다. 중남미 국가들이 서명한 불평등 조약들은 1870년대와 1880년대에 시한이 끝났지만, 아시아 국가들이 맺은 조약들은 20세기가 시작되고도 한참 그 효력을 발휘했다.

그 원인이 직접적인 식민 지배이든 불평등 조약이든, 유치산업을 보호하고 장려할 수 있는 능력을 빼앗긴 것은 이 기간 동안 아시아와 중남미 국가들이 경제적으로 후퇴하는 커다란 요인으로 작용했다. 당시 이 지역 국가들의 1인당 소득은 아시아 지역이 -0.1퍼센트, 중남미 지역이 -0.04퍼센트로 마이너스 성장을 기록했다.

# 1870~1913년: 결정적인 하이눈 시기

### 자본주의의 성장이 가속화되다: 대량 생산의 시작

자본주의의 성장은 1870년 즈음에 속도가 붙기 시작했다. 1860년대와 1910년대 사이에 새로운 기술 혁신들이 무더기로 쏟아져 나와 이른바 중화학 공업이 발달하기 시작했다. 전기를 이용한 기계, 내연기관, 인공 염료, 화학 비료 등이 그 예이다. 타고난 재주와 실용적인 사고방식을 지닌 사람들이 개발했던 산업 혁명기의 기술과는 달리 이 시기에 나온 기술들은 과학적, 공학적 원칙들을 체계적으로 적용해서 개발된 것들이었다. 덕분에 어떤 기술이나 장치가 일단 발명되고 나면 굉장히 빠른 속도로 그것을 모방하고 혁신할 수 있게 되었다.

이와 더불어 **대량 생산 시스템**mass production system의 발명으로 인해 많은 산업 분야에서 생산 과정을 조직하는 방법도 혁명적인 변화를 거쳤다. 컨베이어 벨트를 이용한 움직이는 조립 라인과 호환이 가능한 부품이 사용되면서 생산비가 극적으로 줄어들었다. 1980년대 이후 대량 생산 시스템이 종말을 맞았다는 주장이 많이 나왔지만, 이 시스템은 오늘날에도 여전히 생산 시스템의 근간을 (전부는 아니더라도) 이루고 있다.

### 점점 거대해지는 생산 규모와 위험 부담, 불안정성에 대처하기 위한 새로운 경제 제도가 출현하다

'하이눈(highnoon)' 기간에는 유한 회사, 파산법, 중앙은행, 복지 국가, 노동법 등 현대적인 모습을 갖춘 자본주의의 기초 제도들이 등장했다. 이러한 제도적 변화는 자본주의 발전의 저변에 깔린 기술과 정치적 변화에 기인한 것이었다.

대규모 투자에 대한 수요가 점점 증가하자 이전에는 특권을 가진 기업에만 한정 허용되었던 유한 책임제가 '일반화'되었다. 다시 말해서 최소한의 조건을 충족하는 기업은 누구나 이 제도의 혜택을 받을 수 있게 된 것이다. 그 결과 선례를 찾아볼 수 없는 대규모의 투자가 쏟아지면서 유한 책임 회사는 자본주의 발달의 가장 강력한 동력으로 부상했다. 자본주의를 칭송하던 사람들보다도 먼저 유한 책임 회사의 무한한 가능성을 감지한 마르크스는 이 제도를 '자본주의적 생산의 가장 발달한 형태'라고 불렀다.

1849년 영국이 제도를 개혁하기 전까지만 해도 파산법은 파산한 기업인을 처벌하는 데 중점을 두어, 사업을 하다가 망하면 최악의 경우에는 채무자 감옥에 가야 했다. 그러나 19세기 후반부에 도입된 새로운 파산법에서는 기업 운영에 실패하더라도 사업을 재정비하는 동안 채권자에 대한 이자 지불 의무를 면제해 주고(1898년 도입된 미국 연방파산법 11조처럼), 또 채권자들이 채무의 일부를 삭감해 주도록 강제해서, 파산한 기업인에게 제2의 기회를 주었다. 기업 활동에 따르는 위험이 훨씬 줄어든 것이다.

기업들의 규모가 커지면서 은행들도 커졌다. 이와 함께 은행 하나가 잘못되면 금융 시스템 전체가 흔들릴 위험도 증가했다. 이런 문제를 해소하기 위해 중앙은행이 설립되어 최종 대부자 역할을 하게 되었다. 1844년 영국의 중앙은행이 된 잉글랜드 은행이 최초의 중앙은행이다.

노동자들의 열악한 상황 때문에 사회주의적 선동이 빈발하고, 개혁을 요구하는 압력이 늘어나면서 1870년대에 들어서서는 산업 재해 보험, 건강 보험, 노령 연금, 실업 보험 등 다수의 복지 및 노동 관련 법들이 제정되었다. 10세에서 12세 이하 어린아이들의 고용을 금지하는 법을 다수의 국가들이 채택했고, 그보다 나이 든 아이들의 노동 시간을 제한하기도 했다. (처음에는 제한 시간이 1일 12시간이었다!) 또한 여성들의 노동 환경과 시간을 규제하는 법률도 도입되었다. 그러나 불행히도 이런 조치는 기사도 정신이 아니라 여성에 대한 폄하에서 나온 것이었다. 남성과는 달리 여성은 지적 능력이 떨어져서 자신에게 불리한 노동 계약을 맺을 가능성이 높고, 따라서 그들 자신으로부터 보호해야 한다는 논리였다. 이런 복지 제도 및 노동법은 자본주의의 가장 극심한 폐해를 어느 정도 누그러뜨리는 역할을 했고, 빈곤층의 생활을 약간이나마 향상시켰다.

제도의 변화는 경제 성장을 가져왔다. 유한 책임 회사와 채무자에게 우호적인 파산법은 기업 활동의 위험을 줄여서 부의 창출을 권장하는 효과를 낳았다. 중앙은행의 설립은 경제적 안정을, 노동 및 복지법 제정은 정치적 안정을 강화해 투자를 장려했고 결과적으로 성장을 촉진시켰다. 서유럽의 1인당 소득 증가율은 1820~1870년에 1퍼센트이던 것이 하이눈 기간인 1870~1913년에는 1.3퍼센트로 성장 속도가 가속화되었다.

### 그다지 자유롭지 않았던 '자유주의'적 황금기

자본주의의 하이눈 기간은 최초로 **세계화**globalization가 시작된 때라고도 종종 거론이 된다. 처음으로 세계 경제 전체가 하나의 생산 및 교환 시스템으로 통합이 되었다는 뜻이다. 많은 논평가들이 이 기간에 채택된 **자유주의**liberal 경제 정책 덕에 재화, 자본, 노동이 별 정책적 규제를 받지 않고 국경을 넘나들었기 때문에 세계화가 가능했다고 주장한다. 또 국제 무대의 이러한 자유주의와 함께 각국은 국내 경제 정책에도 **자유방임주의**laissez-faire 정책을 사용했다고 해석한다(이 용어들의 정의에 대해서는 75쪽 상자 참조). 기업 활동에 자유를 최대한 허용하고, 정부가 세금으로 거두어들인 수입만큼 지출을 하는 **균형 재정**balanced budget을 목표로 삼은 동시에 금 본위주의를 채용한 것이 주요 원인이었다는 주장이다. 그러나 현실은 이보다 훨씬 더 복잡했다.

## '리버럴': 세상에서 가장 헷갈리는 용어?

아마도 '리버럴(liberal)'이라는 단어보다 더 많은 혼돈을 불러일으켜 온 말을 찾기도 어려울 것이다. 19세기까지는 이 용어가 명시적으로 사용되지는 않았지만 **자유주의**liberalism의 배경이 된 사상의 근원은 17세기 토머스 홉스, 존 로크 같은 사상가까지 거슬러 올라갈 수 있다. 자유주의의 고전적인 의미는 개인의 자유에 우선을 두는 입장을 가리킨다. 경제학적으로는 개인이 자신의 재산을 이용할 권리, 특히 돈을 벌기 위해 재산을 이용할 권리를 보호하는 것을 의미한다. 이 견해에 따르면, 이상적인 정부는 그런 권리를 행사하는 데 도움이 되는 법과 질서 등 최소한의 조건만을 제공하는 정부이다. 이런 정부 혹은 국가를 **최소 국가**minimal state라고 부른다. 당시 자유주의자들이 즐겨 사용한 유명한 슬로건이 '레세페르(laissez-faire)', 즉 자유방임이었던 까닭에 자유주의를 레세페르 독트린 혹은 자유방임주의라고 부르기도 한다.

오늘날 자유주의는 언론의 자유 등을 포함한 개인의 정치적 권리를 강조한다는 의미에서 민주주의를 옹호하는 태도와 동일시된다. 그러나 20세기 중반까지만 해도 대부분의 자유주의자들은 민주주의 옹호자가 아니었다. 개인의 권리보다 전통과 사회적 위계질서를 우선시해야 한다는 보수적인 견해에는 그들도 반대했지만, 모든 사람에게 개인의 권리를 누릴 자격이 있다고는 생각하지 않았다. 예를 들어 여성은 지적 능력이 떨어지기 때문에 투표할 자격이 없다고 생각했다. 또 가난한 사람들에게도 투표권을 줄 수 없다고 주장했는데, 가난한 계층은 개인의 재산을 몰수하고자 하는 정치인들에게 투표할 것이라고 믿었기 때문이다. 애덤 스미스는 정부라는 것이 "사실은 빈민들로부터 부자들을, 또는 재산을 가지지 않은 자들로부터 가진 자들을 방어하기 위해 만들어졌다"라고 공개적으로 인정하기도 했다.[12]

여기에 혼돈이 더 가중된 이유는 미국에서는 '리버럴'이라는 용어가 진보적 혹은 좌편향적인 견해를 가리키기 때문이다. 테드 케네디나 폴 크루그먼과 같은 미국의 '리버럴'들은 유럽에서는 사회민주주의자라고 불렸을 것이다. 반면 유럽에서는 독일의 자유민주당을 지지하는 정도의 사람들을 가리킬 때 '리버럴'이라는 말을 사용한다. 그런 사람들은 미국에서는 '자유지상주의자'라는 의미의 **리버테리언libertarian**이라고 부른다. '자유주의자'라고 번역되는 '리버럴'이라는 단어가 유럽과 미국에서 상당히 다른 의미로 사용되는 셈이다.

거기에 더해 **네오-리버럴리즘neo-liberalism**, 즉 **신자유주의**라는 용어까지 나와서 우리를 혼란스럽게 만든다. 신자유주의는 1980년대 이후 경제학의 주류로 자리잡은 견해를 가리키는데, 고전적 자유주의에 상당히 가깝지만 완전히 똑같지는 않다. 경제학적으로 이 견해는 약간의 수정을 거친 고전적 최소 정부를 옹호한다. 가장 중요한 차이점은 신자유주의에서는 화폐 발행권을 중앙은행이 독점해야 한다는 사실을 받아들이는 데 반해 고전적 자유주의에서는 화폐의 발행도 경쟁을 해야 한다고 믿는다는 점이다. 정치적으로도 고전적 자유주의자들과 달리 신자유주의자들은 공개적으로 민주주의에 반대하지 않는다. 그러나 많은 신자유주의자들이 개인의 재산권과 자유시장을 지키기 위해서라면 민주주의를 희생할 용의가 있다.

신자유주의는 **워싱턴 컨센서스Washington Consensus** 견해라고 부르기도 한다. 특히 개발도상국들에서 많이 쓰이는 이 워싱턴 컨센서스라는 말은 세계에서 가장 강력한 경제 조직이자 모두 워싱턴 DC에 본부를 둔 세 개의 조직, 즉 미국 재무부, 국제통화기금(IMF), 세계은행이 모두 강하게 이 이데올로기를 지지한다는 뜻에서 생겼다.

1870~1913년 기간에 국제 무대에서 보편적인 자유주의는 그 모습을 찾아보기 힘들었다. 오히려 실제로는 자본주의의 중심지 서유럽과 미국에서는 보호 무역이 줄어들기는커녕 늘어났다.

1865년 남북전쟁이 끝난 후 미국은 이전보다 보호 무역을 더 강화했다. 1860년대와 1870년대에 FTA를 맺었던 대부분의 서유럽 국가는 보통 기한이 20년이던 조약이 만료하자 재협정을 맺지 않고 관세를 크게 올렸다. 이 조처들은 부분적으로 신대륙(특히 미국과 아르헨티나)과 동유럽(러시아와 우크라이나)에서 들어오는 값싼 수입 농산물로부터 농업을 보호하기 위한 것이었지만, 새로 시작한 중화학 공업을 보호하고 장려하려는 목적도 있었다. '새 보호주의'를 채택한 전형적인 나라가 독일과 스웨덴으로, 독일에서는 이 조치를 '철강과 호밀의 결혼'이라 불렀다.

독립 직후 맺었던 불평등 조약 기간이 1870년대와 1880년대에 만료하자 중남미 국가들은 30~40퍼센트에 이르는 상당히 높은 보호 관세를 도입했다. 그러나 그 외 다른 '주변' 지역들에서는 위에서 언급했던 강제적 자유 무역이 널리 확산되었다. 유럽 강대국들은 '아프리카 쟁탈전'이라는 말이 생길 정도로 눈에 띄게 아프리카 점령 경쟁에 열을 올렸고, 다수의 아시아 국가도 식민지가 되었다. 말레이시아, 싱가포르, 미얀마는 영국 손으로, 캄보디아, 베트남, 라오스는 프랑스 손으로 들어갔다. 대영제국은 산업의 힘을 등에 업고 엄청나게 팽창해서 '해가 지지 않는 대영제국'이라는 유명한 말을 낳았다. 독일, 벨기에, 미국, 일본 등 그때까지는 식민지 점령에 별 성과가 없던 나라들마저 이 대열에 끼어들었다.[13] 이 시기를 '제국주의의 시대'라고 부르는 데는 다 이유가 있는 것이다.

핵심 자본주의 국가들에서는 국내적으로도 정부의 개입이 줄어든 것이 아니라 눈에 띄게 늘었다. 물론 재정 정책에서는 균형 재정 원칙을, 통화 정책은 금 본위제를 채택해 자유시장주의를 강력히 신봉하고 실행에 옮기는 경향을 보이기는 했지만, 동시에 정부의 역할 또한 이 시기에 엄청나게 강화되었다. 노동 규제, 사회 복지 제도, 사회 기반 시설에 대한 공적 투자(주로 철도. 그리고 운하), 교육(특히 미국과 독일) 등의 분야에서 정부의 개입이 늘어난 것이다.

따라서 자유주의적 황금기라고 일컫는 1870~1913년은 우리가 생각하는 것만큼 자유주의적이 아니었다. 핵심 자본주의 국가들에서는 국내외 정책을 막론하고 자유주의 경향이 줄어들고 있었기 때문이다. 정작 자유주의는 약소국 중심으로 확산되었고, 그것도 선택한 것이 아니라 식민주의와 불평등 조약 등을 통해 강제된 것이었다. 주변 국가 중 유일하게 급속한 성장을 보인 곳은 중남미 국가들로, 불평등 조약이 만료한 다음 강력한 보호주의 정책을 채택한 나라들이었다.[14]

# 1914~1945년: 파란의 시기

**자본주의, 발을 헛딛다: 1차 대전, 그리고 자유주의적 황금기의 종말**

1914년 발발한 1차 대전은 자본주의의 한 시대가 끝났음을 알리는 신호탄이었다. 1848년 유럽을 휩쓴 혁명, 1871년 파리 코뮌 등 빈곤층이 반란을 일으킬지 모른다는 끊임없는 위기감과 1872~1896년의 장기 침체(Long Depression) 같은 경제적 문제 등에도 불구하고 세계 대전 발발 전까지 자본주의는 상승과 팽창만을 거듭하는 듯했다.

1차 대전(1914~1918)은 여기에 찬물을 끼얹었다. 자본주의의 물결을 타고 전 세계적으로 상업적 상호 관계의 그물이 점점 더 촘촘해지면서 나라들 간의 관계가 너무도 복잡하게 얽혀서 사람들은 1차 대전 발발 직전까지도 전쟁이 터진다는 것은 (불가능하지는 않더라도) 극도로 가능성이 낮을 것이라고들 생각했다.

1차 대전의 발발은 어떻게 보면 그다지 놀라운 일이 아니었다. 하이눈 시기의 세계화가 시장의 힘이 아니라 제국주의의 힘으로 진행된 탓에 주요 자본 국가들 사이의 경쟁이 언제라도 무력을 동반한 갈등이 되어 터질 수 있는 일촉즉발의 상황이었기 때문이다. 일부에서는 한술 더 떠서 자본주의가 끊임없는 외적 팽창 없이는 더 이상 지탱할 수 없는 단계까지 진행되었고, 더 이상 팽창할 곳이 없어지면 조만간 종말을 맞을 것이라는 주장까지 제기되었다.

## 자본주의의 라이벌이 등장하다: 러시아 혁명과 사회주의의 탄생

위의 견해는 1917년 러시아 혁명을 주도한 블라디미르 레닌이 저서 『제국주의론』(원제: 『제국주의, 자본주의의 최고 단계』)에서 역설한 것이 가장 대표적이다. 러시아 혁명은 자본주의 신봉자들에게 1차 대전보다 더 큰 충격을 안겨 주었다. 자본주의의 초석이 되는 모든 요소를 뒤엎은 경제 시스템이 혁명 후에 모습을 드러냈기 때문이다.

러시아 혁명 후 10여 년 사이에 기계, 공장 건물, 토지 등의 생산 수단에 대한 개인의 소유권이 폐지되었다. 1928년 감행된 농업 집단화는 더 큰 변화를 가져왔다. 쿨라크라고 부르던 제정 러시아 시대의 부농들 소유의 땅을 압수해서 국영 농장(솝호스)이 만들어졌고, 소농들은 이름만 빼고는 모든 면에서 국영 농장이나 다름없는 집단 농장(콜호스)에 강제로 가입해야만 했다. 시장은 결국 폐지되었고, 제1차 5개년 경제 계획이 시작된 1928년부터는 그 자리에 본격적인 중앙 계획 경제가 들어섰다. 1928년 당시 소련은 명백히 자본주의가 아닌 경제 시스템을 운영하고 있었다. 생산 수단의 개인 소유, 이익 추구라는 동기 부여, 시장 등이 없이 돌아가는 경제 시스템 말이다.

자본주의의 또 다른 초석인 임금 노동 문제는 이보다 상황이 더 복잡했다. 물론 소련의 노동자들은 이론적으로는 임금 노동자가 아니었다. 국유 혹은 조합 등을 통해 생산 수단을 모두 함께 소유하고 있었기 때문이다. 그러나 실제로는 자본주의 경제의 임금 노동자들과 거의 차이가 없었다. 기업이나 더 광범위한 경제 운영에 대한 영향력은 여전히 거의 행사할 수 없었고, 일상적인 노동 환경 또한 자본주의와 다름없는 위계적 관계에 얽매여 있었다.

소련식 사회주의는 거대한 경제적(그리고 사회적) 실험이었다. 그때까지 어떤 경제도 중앙에서 세운 계획에 따라 운영된 적이 없었다. 마르크스가 상세한 부분을 아주 모호하게 언급하고 넘어갔기 때문에 소련은 이 아무도 가지 않은 길을 가면서 일이 닥치는 대로 임기응변식 대응을 하지 않을 수 없었다. 심지어 카를 카우츠키를 비롯한 마르크스주의자들마저 소련의 앞날에 회의적인 사람이 많았다. 마르크스에 따르면 사회주의는 가장 발달한 자본주의 경제에서 태어나게 되어 있었다. 그런 경제 시스템은 대기업과 대기업 카르텔에 의해 이미 고도의 계획 경제 형태를 띠고 있어서 완전 계획 경제 시스템 바로 직전 단계까지 가 있기 때문이다. 그러나 소련은 심지어 연방 내에서 좀 더 개발이 된 유럽 지역조차 자본주의가 거의 발달하지 않은 후진 경제로, 사회주의가 자연 발생적으로 태어날 환경과는 거리가 멀었다.

그러나 소련의 초기 산업화는 큰 성공을 거두어 모든 사람을 놀라게 했다. 이 성공은 2차 대전 중 나치 독일군의 동부 전선 진군을 막아내면서 더욱 크게 주목받았다. 1928년에서 1938년 사이에 1인당 소득은 연간 5퍼센트 비율로 증가했다. 당시 다른 나라의 연간 성장률 1~2퍼센트와 비교하면 실로 눈부신 성장이었다.[15]

사실 이 성장은 정치적 탄압과 1932년의 기아*로 수백만 명이 목숨을 잃은 대가로 얻은 것이었다. 그러나 당시만 해도 기아의 규모와 심각성은 잘 알려지지 않은 상태여서 많은 사람들이 소련의 경제 성적에 크게 매료되었다. 특히 1929년 대공황으로 자본주의의 질주에 제동이 걸린 상태였으므로 소련의 성공은 더욱 빛나 보였을 것이다.

### 자본주의, 우울증에 빠지다: 1929년 대공황

자본주의 신봉자들에게 더 큰 타격을 준 것은 사회주의의 부상보다 대공황이었다. 특히 1929년 월스트리트의 붕괴로 시작된 악명 높은 대공황으로 가장 큰 고통을 받은 미국에서는 더욱 그랬다. 1929년과 1932년 사이 미국의 생산량은 30퍼센트가 떨어지고, 실업은 3퍼센트에서 24퍼센트로 8배나 증가했다.[16] 1929년 대공황 이전 수준의 생산량을 회복한 것은 1937년이 되어서야 가능했다. 독일과 프랑스도 큰 타격을 받아 생산량이 각각 16퍼센트, 15퍼센트 떨어졌다.

대공황에 대한 견해 중 신자유주의 경제학자들이 퍼뜨려서 영향력을 얻게 된 것이 하나 있다. 문제가 크긴 했지만 충분히 제어할 수 있

---

* 간단히 이야기하자면 1932년의 기아 사태는 1928년 농업 집단화 이후 농촌에서 너무 많은 식량을 빼내 가서 생긴 것이었다. 급속도로 증가하는 도시 인구를 먹이고, 수출을 통해 산업화에 필요한 선진 기계를 사들일 외화를 벌어들이는 데 모두 곡물이 필요했기 때문이다.

는 정도의 금융 위기가 대공황이 된 것은 미국이 1930년 스무트-홀리 관세법(Smoot-Hawley Tariff Act)을 통과시켜 보호주의를 채택하면서 촉발된 '무역 전쟁'으로 세계 무역 질서가 무너졌기 때문이라는 주장이다. 그러나 자세히 살펴보면 이 주장은 허점투성이다. 먼저 스무트-홀리 법으로 관세가 올라간 정도가 그다지 크지 않다. 미국 평균 산업 관세를 37퍼센트에서 48퍼센트로 올리는 데 그쳤기 때문이다. 이 법 때문에 대규모 관세 전쟁이 벌어진 것도 아니었다. 이탈리아, 스페인 등 몇몇 경제 약소국들을 제외하면 스무트-홀리 관세법이 채택된 후에도 보호주의는 크게 증가하지 않았다. 무엇보다도 중요한 것은 1929년 이후 국제 무역이 무너진 주요 이유는 관세 인상이 아니라 핵심 자본주의 국가 정부들이 균형 재정에 집착하면서 벌어진 국제적 수요의 급락이라는 것이 여러 연구에서 밝혀졌다.[17]

1929년 월스트리트 붕괴나 2008년 세계 금융 위기 같은 거대한 금융 위기가 벌어지고 나면 민간 부문 지출이 감소한다. 부채 회수가 잘되지 않으니 은행들은 대출을 줄이고, 돈을 빌리는 것이 어려워지니 기업들과 개인들은 지출을 줄이게 마련이다. 그렇게 되면 이들에게 재화와 서비스를 판매하는 다른 기업들과 개인들(예를 들어 소비자들에게 판매하는 기업들, 다른 기업들에 기계류를 판매하는 기업들, 기업들에 노동 서비스를 파는 노동자들 등)에 대한 수요가 줄어든다. 경제 전체의 수요가 급격히 감소하게 되는 것이다.

이런 상황에서 일정 수준의 수요를 유지할 수 있는 경제 주체는 정부밖에 없다. 정부는 들어오는 수입보다 더 많은 지출을 함으로써 수요를 창출할 수 있는데, 이 과정에서 재정 적자를 감수해야 한다. 그러나 대공황 시기를 풍미했던 균형 재정에 대한 강한 신념으로 인해 이런 정책은 실행에 옮겨지지 않았다. 경제 활동이 줄어들면 세수도 줄기 때문에 정부가 재정 균형을 유지하는 방법은 지출을 줄이는 길뿐이었고, 따라서 수요의 급강하에 제동을 걸 마지막 장치마저 쓰지 않은 결과를 낳았다.[18] 설상가상으로 금 본위제로 인해 중앙은행은 자국 통화의 가치 하락 우려 때문에 통화 공급을 늘리지 못했다. 통화 공급의 제한으로 대출은 더욱 어려워졌고, 그 결과 민간 부문의 경제 활동이 위축되면서 수요는 더욱 줄어들었다.

### 개혁이 시작되다: 선두에 선 미국과 스웨덴

대공황은 자본주의 역사에 지워지지 않을 흔적을 남겼다. 이 상처와 함께 자유방임주의 원칙에 대한 거부감이 널리 퍼지고, 자본주의를 개혁하려는 진지한 시도가 고개를 들었다.

자본주의 개혁은 공황이 가장 심하고 오래 지속되었던 미국에서 제일 광범위하게 이루어졌다. 새로 취임한 프랭클린 델러노 루스벨트 대통령의 지휘 아래 시도된 1933∼1934년의 이른바 제1차 뉴딜 정책에서는 상업 은행과 투자 은행을 분리하도록 했고(1933년 글래스-스티걸법), 예금 보험을 마련해서 은행들이 파산해도 소액 예금주들이 보호를 받도록 보장하는가 하면, 주식 시장에 대한 규제를 강화했다(1933년 연방유가증권법). 그뿐만 아니라 농업 신용 대출 제도를 확장 강화하고, 농산물 최저 가격 보장제를 도입했으며, 사회 기반 시설을 확충했다. (이때 지어진 후버 댐은 1978년 고 크리스토퍼 리브 주연의 영화 〈슈퍼맨〉에 등장했다.) 1935∼1938년에 실시된 제2차 뉴딜 정책에서는 노령 연금과 실업 보험을 도입한 사회보장법(1935년), 노조를 강화한 와그너 법(1935년) 등 더 깊숙한 개혁 정책들이 실행되었다.

상당한 개혁을 단행한 또 하나의 나라는 스웨덴이었다. 스웨덴에서는 실업률을 25퍼센트까지 치솟게 한 자유주의적 경제 정책에 대한 대중의 불만이 팽배한 분위기에 힘입어 1932년 사회민주당이 정권을 잡았다. 소득세가 처음으로 도입되었는데, 이제는 소득세의 대명사가된 나라치고는 놀라울 정도로 늦은 시작이었다. (영국은 1842년, 그리고 세금에 대한 거부감으로 유명한 미국조차 1913년 소득세 징수를 시작했다.) 소득세 수입은 1934년 실업 보험을 설립하고 노령 연금 액수를 높이는 등 복지 국가를 확장하는 한편, 농업 신용 대출을 확장하고 최저 가격을 보장하는 등 소규모 농장들을 지원하는 데 사용되었다. 1938년에는 전국 규모로 중앙화된 노동조합연맹과 경영자연합이 살트셰바덴 협정을 맺어 산업 평화를 조성했다.

다른 나라의 개혁 조치는 미국과 스웨덴만큼 급진적이지는 않았다. 그러나 그들이 행한 개혁은 2차 대전 후에 벌어질 현상들의 전조가 되었다.

**자본주의, 주춤거리다: 성장이 저조해지고 사회주의가 더 높은 성과를 내다**

1914~1945년 기간의 혼란은 2차 대전의 발발로 그 정점에 이르렀고, 전쟁은 군인과 민간인들의 목숨 수천만을 앗아 갔다. (많게는 6000만 명까지 추산하는 통계도 있다). 전쟁은 19세기 초 이후 가속적으로 증가하던 경제 성장률이 처음으로 역행하는 결과를 낳았다.[19]

# 1945~1973년: 자본주의의 황금기

## 자본주의, 성장·고용·안정 모든 면에서 좋은 성과를 내다

2차 대전이 끝난 1945년부터 1973년 제1차 오일 쇼크가 오기 전까지의 기간을 흔히들 '자본주의의 황금기'라고 부른다. 이 시기에 역사상 가장 높은 성장률을 이루어 냈다는 것을 감안하면 가히 어울리는 명칭이다. 1950년에서 1973년 사이 서유럽의 1인당 소득 성장률은 연간 4.1퍼센트라는 놀라운 기록을 세웠다. 미국은 이보다는 느리지만 선례를 찾아볼 수 없는 2.5퍼센트를 기록했고, 서독은 5.0퍼센트를 달성해서 '라인강의 기적'이라는 별명을 얻었다. 일본은 이보다 더한 8.1퍼센트를 기록해 이후 반세기 동안 동아시아에서 일어날 '경제 기적'의 선구자가 되었다.

황금기에 이루어 낸 것은 높은 성장률만이 아니었다. 노동자 계층의 가장 큰 걱정거리인 실업은 서유럽, 일본, 미국과 같은 선진 자본주의 국가에서는 거의 사라지다시피 했다(10장 참조). 이 국가들의 경제는 생산량(따라서 고용), 가격, 금융 등 여러 면에서도 무척 안정적이었다. 이전 시기에 비해 생산량의 부침이 훨씬 적었는데, 이는 경제가 하향 곡선을 그릴 때는 정부 지출을 늘리고 상향 곡선을 그릴 때는 지출을 줄이는 방식인 케인스식 재정 정책의 공이 컸다.[20] 물가 상승률도 상대적으로 낮았다.[21] 그에 더해 금융 부문의 안정성도 굉장히 높았다. 황금기 동안 은행 위기를 겪은 나라는 거의 없었다. 이와는 대조적으로 2000년대 중반 몇 년을 제외하면 1975년 이후에는 매년 예외 없이 5~35퍼센트의 나라들이 은행 위기를 겪었다.[22]

어느 기준으로 봐도 황금기는 놀라운 시기였다. 영국 총리 해럴드

맥밀런이 "이렇게 좋았던 적은 여태껏 없었다"라고 한 발언은 전혀 과장이 아니었다. 이전에도 이후에도 없었던 이 같은 좋은 경제 실적의 원인에 대해서는 지금까지도 논란이 계속되고 있다.

### 황금기를 이루어 낸 요인들

일부에서는 2차 대전이 끝난 후 상업적으로 이용되기를 기다리는 기술이 전례 없이 많이 쌓여 있어서 황금기의 경제 성장에 추진제로 작용했다고 지적한다. 컴퓨터, 전자 기기, 레이더, 제트 엔진, 인공 고무, 레이더 기술을 응용한 마이크로웨이브 등 전쟁 중 군용으로 개발된 수많은 신기술들이 민간 용도로 사용될 잠재력을 가지고 있었다. 전쟁이 끝나면서 이 기술들을 이용한 막대한 투자가 이루어졌다. 처음에는 전후 재건, 그다음에는 전쟁 중 견뎌야 했던 내핍 생활에 대한 반작용으로 늘어난 소비자들의 수요를 충족시키기 위해서였다.

황금기에는 또 경제 발전을 더욱 용이하게 만든 몇 가지 주목할 만한 변화가 국제 경제 체제에 일어났다.

1944년 미국 뉴햄프셔주 브레턴우즈에서 회동한 2차 대전 승전국들은 전후 국제 금융 시스템을 주도할 두 개의 중요한 기관을 설립했다. '브레턴우즈 기구'라는 별명을 얻게 된 이 두 기관은 국제통화기금(IMF)과 세계은행으로 더 잘 알려진 국제부흥개발은행(IBRD)이다.[23]

IMF는 **국제 수지|balance of payment** 위기를 겪는 국가들에 단기 자금을 제공하기 위해 설립되었다. (국제 수지란 한 나라가 전 세계와 벌이는 경제 교류의 입출금 내역을 말한다. 12장에서 더 자세히 다룰 예정이다.) 국제 수지 위기는 한 나라가 다른 나라로부터 받는 돈보다 (재화와 서비스를 수입하고 내는 대금 등) 그들에게 지급할 돈이 훨씬 많아 아무도 더 이상 그 나라에 돈을

빌려주려 하지 않을 때 생긴다. 그렇게 되면 보통 금융 공황이 닥치고 심각한 불황이 뒤를 잇는다. 이런 나라들에 비상 대출을 해 줌으로써, IMF는 위기에 봉착한 나라가 어려움을 극복하고 부작용을 최소화하도록 돕는 것이다.

세계은행은 '프로젝트 대출'을 위해 만들어졌다. 댐 건설 등의 특정 프로젝트에 쓸 돈을 빌려주고, 민간 부문 은행보다 더 긴 상환 기간 혹은 더 낮은 이자율(때로 두 가지 모두)을 제공하기 때문에 세계은행에서 돈을 빌리는 나라들은 더 공격적인 투자를 할 수 있다.

전후 경제 체제의 세 번째 버팀목은 1947년 서명된 관세 무역 일반 협정(GATT)이었다. 1947년에서 1967년 사이 GATT는 '라운드'라고도 부르는 협상을 여섯 차례 주도해 주로 부자 나라들의 관세를 삭감하는 데 성공했다. 경제 발전 단계가 비슷한 나라들 사이에 관세를 삭감하자 시장이 더 넓어지고 그 결과 경쟁이 더 치열해지면서 생산성이 향상되는 긍정적인 효과가 생겼다.

유럽에서는 향후 지대한 영향을 미칠 새로운 형태의 국제 통합을 위한 실험이 벌어지고 있었다. 이 움직임은 서독, 프랑스, 이탈리아, 네덜란드, 벨기에, 룩셈부르크 6개국이 모여 1951년 유럽석탄철강공동체(ECSC)를 만드는 것으로 시작해 로마 조약을 통해 1957년 자유 무역 협정체인 유럽경제공동체(EEC)를 결성하는 것으로 절정에 이르렀다.[24] 1973년 영국, 아일랜드, 덴마크가 유럽공동체(EC)로 이름을 바꾼 이 공동체에 추가로 가입했다. 시장을 통합함으로써 역사적으로 경쟁과 전쟁으로 얼룩졌던 유럽 지역에 평화를 가져온 EEC는 회원국들의 경제 발전에 공헌을 했다.

그러나 자본주의 황금기의 원인에 대해 가장 영향력 있는 설명은 경제 정책과 제도를 개혁해 **혼합 경제 체제**mixed economy를 탄생시키고 운용했기 때문이라는 이론이다. 자본주의와 사회주의의 장점을 섞었다는 의미이다.

대공황 이후 자유방임주의적 자본주의로는 한계가 있다는 사실이 널리 받아들여졌고, 규제되지 않은 시장의 결함에 대처하기 위해 정부가 능동적인 역할을 해야 한다는 데에 합의가 이루어졌다. 이와 동시에 2차 대전을 치르는 동안 실시되었던 경제 계획이 성공을 거둔 것을 목격한 후 정부 개입의 실효성에 대한 회의적인 태도가 많이 줄어들었다. 또 많은 유럽 국가에서 파시즘에 맞서 싸우는 데 큰 역할을 한 좌파 성향의 당들이 선거에 승리해 복지 국가와 노동권 보장을 더 강화했다.

정책과 제도에 나타난 이러한 변화는 사회적 평화 조성, 투자 촉진, 사회 이동성 증진, 기술 혁신 장려 등을 가능하게 해 자본주의가 황금기를 구가하는 데 공헌했다. 이 부분은 아주 중요하므로 좀 더 자세히 살펴보도록 하자.

### 자본주의, 리믹스되다: 친노동 정책과 제도의 도입

2차 대전 직후 유럽 국가들은 철강, 철도, 은행, 에너지(석탄, 핵, 전기) 등 주요 산업 분야의 사유 기업들을 국유화하거나 새로운 **공기업**public enterprise 혹은 **국영 기업**state-owned enterprise을 세웠다. 생산 수단을 공적으로 관리하는 것이 사회민주주의의 핵심이라는 유럽 사회주의 운동의 신념을 반영한 것이다. 이 신념은 영국 노동당 강령 4조에 명시되어 있는 것으로도 유명하다. (그러나 토니 블레어가 '신노동당New Labour'이라는 기치 아래 진행한 변신 과정에서 이 조항은 삭제되었다.) 프랑스, 핀란드, 노르웨이, 오스트리아 등에서는 사기업들이 투자하기에 너무 큰 위험이 따르는 첨단 산업에 공기업들이 공격적인 투자를 감행한 것이 황금기의 높은 성장률을 이루는 데 크게 기여한 것으로 평가되고 있다.

19세기 말에 최초로 도입된 복지 정책들도 광범위하게 강화되었다. 영국의 국민보건서비스(NHS, National Health Service)처럼 일부 국가에서는 기초 서비스의 제공을 국가가 관리하는 시스템을 갖췄다. 이런 복지 정책의 재원은 국가 수입 대비 세금의 비중을 많이 늘리는 방법으로 마련했다. 복지 제도가 좋아지면서 사회 계층 간 이동이 더 쉬워졌고, 이는 자본주의 체제의 정당성을 강화하는 역할을 했다. 그 결과 얻어진 사회적 평화는 장기 투자를 촉진했고, 이에 따라 성장이 촉진되는 선순환이 생겼다.

### 조련되는 자본주의: 정부, 다양한 방법으로 시장을 제어하고 그 형태를 다듬다

대공황의 교훈을 거울삼아, 선진 자본주의 국가들은 의도적으로 **경기 역행적 거시 경제 정책**countercyclical macroeconomic policy을 시행했다. 케인스식 정책이라고도 알려진 이 정책은 경제가 어려울 때 정부지출을 늘리고 중앙은행의 통화 공급도 늘리는 반면, 경제가 상향 곡선을 그리는 동안에는 지출과 통화 공급을 줄이는 것이다(4장 참조).

대공황을 겪으면서 규제되지 않은 금융 시장이 잠재적으로 위험하다는 인식이 생기면서 금융 규제도 강화되었다. 미국처럼 투자 은행과 상업 은행을 분리하는 정도까지 간 나라는 얼마 되지 않지만, 모든 나라가 은행과 금융 투자자들의 활동을 어느 정도 규제하는 제도를 마련했다. 이 시기 은행가는 점잖지만 조금 따분한 사람들이라는 이

미지를 가지고 있었고, 액션 영웅 같은 이미지의 요즘 금융업 종사자들과는 달랐다.[*]

다수의 정부들이 **선별적 산업 정책**selective industrial policy을 채용해서 무역 보호와 보조금 등의 다양한 방법으로 특정 '전략' 산업을 의도적으로 장려했다. 미국 정부는 공식적으로는 산업 정책이 없다는 입장을 고수했지만 컴퓨터는 국무부, 반도체는 해군, 항공기는 공군, 인터넷은 방위고등연구계획국, 제약 및 생명 공학은 국립보건원이 지원하는 등의 형태로 첨단 산업에 막대한 액수의 연구비를 보조해서 특정 분야의 발전에 큰 영향을 끼쳤다.[25] 프랑스, 일본, 한국 등과 같은 나라의 정부는 특정 산업을 장려하는 데서 그치지 않고, 경제 개발 5개년 계획 등을 통해 개별 산업에 대한 정책들을 명시적으로 상호 조율하였다. 이런 식의 경제 개발 계획은 소련의 중앙 계획 경제와 구분하기 위해 **유도 계획**indicative planning이라고 부르기도 한다.

### 새로운 여명: 개발도상국도 마침내 경제 발전의 대열에 끼어들다

자본주의의 황금기에는 많은 식민지들이 독립했다. 1945년 독립한 한국(1948년 남과 북으로 분단)을 시작으로 1947년 인도(그 후 파키스탄이 분리)에 이어 대부분의 식민지 국가들이 독립을 획득했다. 많은 경우 지배국에 맞선 무력 항쟁을 통해 쟁취한 것이었다. 사하라 이남 아프리카 국가들의 독립은 이보다 좀 더 늦어서 1957년 독립한 가나가 최초

---

[*] 폴 크루그먼은 2009년 이렇게 말했다. "30년도 더 된 옛날 내가 경제학 석박사 과정을 밟을 당시만 해도 동료들 중 가장 야망이 없는 친구들이나 금융계로 진출할 생각을 했다. 그때에도 투자 은행의 보수는 교직이나 공직보다 더 높았지만 그리 많이 차이가 나지 않았다. 그런 것과 상관없이 금융업이 따분하다는 것은 누구나 아는 사실이었다." ―'Making banking boring', 『뉴욕 타임스』, 2009년 4월 9일.

였고, 절반 정도가 1960년대 전반부에 독립했다. 어떤 나라들은 훨씬 더 늦어 앙골라와 모잠비크가 1975년 포르투갈로부터, 나미비아가 1990년 남아프리카공화국으로부터 독립했고, 아직 식민지 상태에서 독립을 기다리고 있는 나라들도 있다. 그러나 식민 지배를 받았고 현재 개발도상국이라 부르는 나라들의 대부분은 황금기가 끝나기 전에 독립했다.

독립을 한 나라들은 대부분 식민 시대에 강제로 시행해야 했던 자유 시장, 자유 무역 정책을 거부했다. 중국, 북한, 북베트남, 쿠바 등 일부는 전면적인 사회주의 국가가 되었다. 그러나 대부분은 기본적으로 자본주의 체제를 유지하면서 정부가 주도하는 산업화 전략을 추진했다. 그들이 따른 전략은 **수입 대체 산업화**import substitution industrialization 전략이라 부르는데, 수입하던 제조업 제품을 자국이 만든 제품으로 대체하기 때문이다. 수입 대체는 수입을 제한해서 더 강한 외국 경쟁자들로부터 국내 생산자들을 보호하고(유치산업 보호), 자국 내에서 활동하는 외국 기업들의 활동을 강력하게 제한하는 방법 등을 통해 추진되었다. 이들 정부는 또 민간 부문 생산자들에게 보조금을 지급하고, 위험성이 커서 민간 부문 투자자들이 꺼려 하는 산업에는 공기업을 설립했다.

이 나라들의 독립이 1945년에서 1973년 이후까지 오랜 기간에 걸쳐 이루어졌기 때문에 '황금기 동안 개발도상국들의 경제 활동'에 대해 이야기하는 것은 불가능하다. 그래서 대부분의 경우에는 1960~1980년 기간을 보는 것으로 대신한다. 세계은행 자료에 따르면 이 기간에 개발도상국들의 1인당 소득은 연간 3퍼센트씩 성장했다. 3.2퍼센트의 성장을 기록한 선진국들과 비슷한 속도로 발전했다

는 의미이다. 한편 한국, 대만, 싱가포르, 홍콩 등은 7~8퍼센트의 1인
당 연간 소득 증가율을 기록해서 '기적'적인 성장을 이뤘다. 이는 그
전의 일본, 그 후의 중국과 함께 인류 역사상 가장 높은 성장률이다.

　주목해야 할 점은 당시 성장 속도가 다른 곳보다 느렸던 개발도상국
지역들조차 이 기간 동안에는 상당한 발전을 이루었다는 사실이다.
1960~1980년 사이 연간 1인당 소득 증가율이 1.6퍼센트를 보였던
사하라 이남 아프리카 국가들은 세계에서 가장 발전 속도가 느린 지
역이었다. 같은 기간에 중남미는 3.1퍼센트로 그 2배, 동아시아 국가
들은 5.3퍼센트로 3배 이상 성장했다. 그러나 1.6퍼센트의 성장률은
결코 무시할 수 없는 정도의 발전이다. 산업 혁명 기간 서유럽 국가들
의 1인당 소득 증가율이 1퍼센트였다는 것을 상기해 보라.

### 중도: 자본주의는 적절한 정부 개입하에서 가장 잘 돌아간다

　자본주의의 황금기 동안 정부의 개입은 부자 나라들의 국제 무역 부
문만을 제외하고 모든 나라의 모든 부문에서 대단히 많이 늘었다. 이
렇게 강도 높은 정부 개입에도 불구하고 부자 나라들과 개발도상국들
모두가 이전보다 훨씬 높은 경제 성장을 기록했다. 곧 이야기하겠지
만 1980년대에 정부 개입이 상당히 줄어든 뒤로는 이 시기의 경제 실
적을 능가한 시기가 없다. 자본주의의 황금기는 자본주의의 잠재력이
정부 정책에 의해 제대로 규제되고 자극될 때 극대화된다는 것을 증
명한 것이다.

# 1973~1979년: 과도기

황금기는 1971년 미국이 달러-금의 태환을 중지하면서 무너지기 시작했다. 대공황을 겪으며 금 본위제가 거시적 경제 운용의 융통성을 방해한다는 인식에서 브레턴우즈 체제에서는 과거의 금 본위제를 폐지했다. 그러나 통화 체제는 여전히 궁극적으로 금에 근본을 두고 있었다. 다른 주요 화폐의 환율이 모두 미국 달러화와 고정되어 있었고 달러화는 금과 어느 때라도 교환이 가능했기 때문이다(금 1온스당 35달러). 물론 이것은 '달러는 금이나 다름없이 믿을 수 있다'라는 가정에 기초한 것이었다. 미국이 세계 총생산량의 절반을 생산하고, 전 세계적으로 항상 달러화가 부족하며, 모든 사람이 미국 물건을 사고 싶어 하던 시절에는 충분히 타당한 가정이었다.

그러나 전후 재건기를 지나 다른 나라의 경제들이 빠르게 발전하면서 이런 가정은 점점 근거를 잃어 갔다. 미국 달러가 금이나 다름없이 믿을 수 있는 화폐가 아니라는 것을 사람들이 일단 깨닫고 나자 달러화를 금으로 바꾸려는 수요가 늘어났고, 이로 인해 미국의 금 보유고가 더욱 줄어들면서 달러화의 신용도도 더 떨어졌다. 1959년까지만 해도 금 보유고의 절반에 지나지 않던 미국의 공식 부채(달러화와 재무부 단기 증권 즉 국채를 합한 것)는 1967년에 금 보유고의 1.5배로 치솟았다.[26]

1971년 미국이 달러화에 대한 금 태환을 폐기하자, 그 후 1~2년 사이에 다른 나라들도 자국의 화폐를 달러화에 고정 환율로 연동하던 관행을 폐기했다. 그 결과 세계 경제는 불안정해졌다. 시장 분위기에 따라 화폐 가치가 부침을 거듭하고, 화폐의 가치가 상승 하락하는 동안 차익을 노리고 투자하는 환투기의 위험에 점점 더 크게 노출되었기 때문이다.

자본주의의 황금기는 1973년 1차 오일 쇼크가 닥치면서 종말을 고했다. 원유를 생산하는 석유수출국기구(OPEC)의 가격 담합으로 인해 원유 가격이 하루 아침에 4배나 치솟았다. 1960년대부터 많은 나라에서 서서히 높아 가던 물가 상승률은 오일 쇼크가 터지면서 천정부지로 뛰어올랐다.

이보다 더 주목할 점은 이후 몇 년 동안 **스태그플레이션stagflation**으로 특징지어지는 시대가 도래했다는 사실이다. 이 시기에 새로 만들어진 이 용어는 불경기(stagnation)에는 가격이 떨어지고, 호황 때는 가격이 오른다(inflation)는 오래된 경제학적 규칙이 깨졌음을 보여 준다. 대공황 때처럼 긴 불경기는 아니지만 경기가 나빠지는데 가격은 빠르게 올라서 1년에 10~15퍼센트, 심지어 25퍼센트의 물가 상승률을 기록했기 때문이다.[27]

1979년 2차 오일 쇼크는 높은 물가 상승률과 함께 영국, 미국과 같은 주요 자본주의 국가에 신자유주의를 신봉하는 정부들이 들어서는 결과를 낳음으로써 황금기에 진정으로 종지부를 찍었다.

혼합 경제 모델을 비판하는 자유 시장 경제학자들은 이때를 완전한 실패의 시대로 묘사한다. 그러나 이것은 현실을 오도하는 것이다. 선진 자본주의 국가들의 성장률이 황금기와 비교해서는 줄었을지 모르지만, 1973~1980년 사이에 2퍼센트를 기록한 연간 1인당 소득 증가율은 2차 대전 이전의 어느 시대(1.2~1.4퍼센트)보다 높았고, 심지어 신자유주의가 풍미한 향후 30년(1980~2010 사이 1.8퍼센트)과 비교해도 약간 높다.[28] 평균 4.1퍼센트였던 실업률은 3퍼센트였던 황금기에 비해 높기는 하지만 그 차이가 그다지 크지는 않다.[29] 그러나 이후 급격한 변화를 가져오기에 충분할 정도로 이 시기의 경제 실적에 대한 불만이 쌓인 것이 사실이다.

# 1980년~현재: 신자유주의의 흥망

### 철의 여인: 마거릿 대처와 영국 전후 타협 체제의 종말

마거릿 대처가 1979년 영국 총리로 선출되면서 커다란 전환점이 찾아왔다. 2차 대전 후 보수당이 노동당과 맺었던 '물렁한' 타협을 파기한 대처 총리는 혼합 경제 시스템을 과격하게 허물기 시작했고, 그 과정에서 타협을 모르는 태도로 '철의 여인'이라는 별명을 얻었다.

대처 정부는 고소득자에 대한 소득세율을 낮추고 교육, 주택, 교통 부문을 중심으로 정부 지출을 삭감하는가 하면, 노동조합의 권한을 줄이는 법안을 도입하고 **자본 통제**|capital control(자금의 국제적 흐름에 대한 규제)를 폐지했다. 대처 정부의 가장 상징적인 정책은 **민영화** **privatization**였다. 국영 기업을 개인 투자자들에게 매각한 이 민영화 정책으로 가스, 수도, 전기, 철강, 항공, 자동차, 그리고 저소득층을 위한 공영 주택의 일부가 개인에게 팔려 나갔다.

또 물가를 잡기 위해 이자율을 올려 경기를 위축시키고 이를 통해 수요를 줄이는 정책을 썼다. 높은 이자율에 매혹된 외국 자본이 들어오면서 영국 파운드화의 가치가 치솟아 영국 수출품의 가격 경쟁력이 파괴되었다. 그 결과 소비자와 기업이 긴축을 하면서 1979년부터 1983년 사이에 깊은 불황이 찾아왔다. 실업자 수는 330만에 달했다. 제임스 캘러헌이 이끄는 노동당 정부하에서 실업자가 100만 명 선을 넘어섰다는 점을 이용해 광고 회사 사치&사치를 고용해서 "Labour isn't working"*이라는 유명한 슬로건을 내걸어 정권을 잡은 당이라는 사실을 생각하면 더 아이러니하다.

이미 경쟁력의 하락으로 어려움을 겪고 있던 영국 제조업계는 불황기 동안 완전히 파괴되고 말았다. 맨체스터, 리버풀, 셰필드와 같은 전통 산업의 중심지와 북잉글랜드 및 웨일스에 자리한 탄광촌들은 그야말로 황폐해졌다. 폐광 위기에 직면한 그림리라는 가상 탄광촌 이야기를 담은 영화 〈브래스드 오프〉가 요크셔의 광산 도시 그라임소프를 모델로 했다는 것은 잘 알려진 사실이다.

## 로널드 레이건과 미국 경제의 리메이크

배우 출신이자 전 캘리포니아 주지사였던 로널드 레이건은 1981년 미국 대통령으로 선출된 뒤 마거릿 대처보다 한술 더 뜨는 정책들을 추진했다. 레이건 정부는 고소득자들에 대한 세율을 공격적으로 깎으면서 이 조치로 부자들이 투자 이익 중 더 많은 부분을 가질 수 있기 때문에 투자 의욕을 촉진해서 부의 창출을 독려할 것이라고 주장했다. 부자들이 부를 더 많이 축적하면 더 많이 소비할 것이고, 이로 인해 일자리가 더 늘어나 더 많은 사람들의 수입이 증가할 것이라는 논리였다. 이것을 **낙수 효과(트리클다운) 이론**trickle-down theory이라고 부른다. 부자들의 세금을 깎는 동시에 레이건 정부는 가난한 사람들에 대한 보조금을 삭감(특히 주택 보조 부문에서)하고 최소 임금을 동결하면서, 그것이 더 열심히 일할 동기를 부여하기 위한 것이라고 설명했다.

---

• '노동당 정권은 더 이상 작동하지 않는다' '노동당 정권하에서는 일자리가 없다'는 중의적인 의미의 문구에 실업자가 길게 줄을 선 사진을 선보여 심각한 실업 문제를 강조한 선거 캠페인이었다.—옮긴이

그러나 가만히 생각해 보면 이해가 되지 않는 논리이다. 왜 일을 더 열심히 하도록 하기 위해 부자들은 더 부자로 만들고, 가난한 사람은 더 가난하게 만들어야 한다는 것일까? 이해가 되든 안 되든 이 논리는 **공급 경제학**supply-side economics이라고 불리며 향후 30년 동안, 아니 그 이후까지도 미국 경제 정책의 기본 신념으로 자리 잡았다.

영국에서와 마찬가지로 물가를 잡기 위해 이자율 인상이 감행되었다. 1979년에서 1981년 사이 이자율은 연간 10퍼센트에서 20퍼센트 이상으로 2배 넘게 올랐다. 이미 일본을 비롯한 외국 경쟁사들에 자리를 내주기 시작하던 미국 제조 산업의 상당 부분은 이렇게 높은 이자율로 인한 금융 비용을 감당할 수가 없었고, 미국 중서부에 자리하고 있던 전통적인 산업의 중심부는 '러스트 벨트(rust belt)'(녹슨 지대)라는 별명이 붙을 정도로 쇠퇴했다.

이 시기에 진행된 금융 규제 완화는 현재 미국의 금융 체제를 이루는 기초가 되었다. 규제 완화로 인해 기존 경영진의 의사에 반해 기업이 다른 기업에 인수되는 **적대적 인수**hostile takeover가 급속도로 늘어나면서 미국 기업 문화가 달라졌다. '기업 사냥꾼'이라고도 부르는 이 매수자들은 기업의 **자산 수탈**asset stripping에만 관심이 있는 경우가 많아서 인수한 기업의 장기적 생존과는 상관없이 가치 있는 자산을 분리해 팔아 치우는 사례가 늘었다. 1987년에 나온 영화 〈월스트리트〉에서 고든 게코가 외친 "탐욕은 좋은 것이다"라는 대사는 이 시기의 시대정신을 그야말로 잘 표현한 것이다. 적대적 인수의 대상이 되는 운명을 피하기 위해 기업들은 이전보다 더 빨리 수익을 내야만 했다. 그렇지 않으면 참을성 없는 주주들이 주식을 팔아 치우고 그에 따라 주가가 떨어져 적대적 인수의 대상이 되기가 쉬워지기 때문이다. 기업들이 이익을 가장 빨리 내는 방법은 **다운사이징downsizing**이었다. 장기적으로 기업 발전에 방해가 되더라도 당장 필요한 부분을 제외한 모든 고용과 투자를 축소하는 관행이 생긴 것이다.

## 제3세계 부채 위기와 제3세계 산업 혁명의 종말

1970년대 말과 1980년대 초 미국이 유지한 고이자율 정책은 미국 중앙은행인 연방준비제도이사회 당시 의장 폴 볼커의 이름을 따 볼커 쇼크라고 부르기도 한다. 이 정책의 여파를 가장 길게 감수해야 했던 곳은 미국이 아니라 개발도상국들이었다.

1970년대 말, 1980년대 초 대부분의 개발도상국은 부분적으로는 산업화에 필요한 재정 때문에, 또 부분적으로는 오일 쇼크 이후 비싸진 원유를 수입하기 위해 외채를 많이 빌려야 했다. 그런 상황에서 미국의 이자율이 2배로 치솟자 국제 이자율도 같은 비율로 급등했고, 결국 1982년 멕시코를 필두로 해서 많은 개발도상국들이 외채 상환을 이행하지 못하는 사태가 벌어졌다. 이것을 **제3세계 외채 위기Third World Debt Crisis**라고 부른다.[*]

경제 위기에 봉착하자 개발도상국들은 브레턴우즈 기구인 IMF와 세계은행에 손을 벌려야만 했다. 이들은 돈을 빌려주는 조건으로 **구조조정 프로그램structural adjustment programme**의 시행을 요구했다. 이 프로그램의 핵심은 예산을 삭감하고, 공영 기업을 민영화하고, 규제 특히 국제 무역에 대한 규제를 완화하는 등 정부의 역할을 줄이는 것이었다.

---

* 당시만 해도 선진 자본국을 제1세계, 사회주의 국가들을 제2세계, 개발도상국들을 제3세계라고 불렀기 때문이다.

이러한 구조 조정 프로그램의 결과는 실망 그 자체였다. 모든 필요한 '구조' 조정을 한 후에도 대부분의 국가들이 1980년대와 1990년대 내내 성장률의 극적인 감소를 경험해야만 했다. 카리브해 연안국을 포함한 중남미 국가들의 1인당 소득 증가율은 1960~1980년 3.1퍼센트에서 1980~2000년 0.3퍼센트로 떨어졌다. 사하라 이남 아프리카 국가들의 1인당 소득은 마이너스 증가율을 보여 2000년 소득이 1980년 소득보다 13퍼센트나 낮았다. 그 결과 '제3세계 산업 혁명'은 사실상 종말을 맞았다. 제3세계 산업 혁명은 케임브리지대학 경제학자인 아지트 싱 박사가 탈식민지화 이후 몇십 년간 개발도상국들이 겪은 개발 과정을 묘사하기 위해 만들어 낸 용어였다.

1980년대와 1990년대에 신자유주의 정책을 쓰고도 상대적으로 좋은 성적을 낸 나라는 칠레뿐이지만, 이것도 피노체트 독재(1974~1990)라는 엄청난 인명의 희생을 딛고 올린 경제적 성과였다.[30] 이 기간 동안 경제적 성공을 거둔 다른 나라들은 모두 광범위한 정부의 개입과 점진적인 개방 전략을 쓴 곳이었다. 일본과 한국, 대만, 싱가포르 등 동아시아의 호랑이(혹은 용. 좋아하는 동물로 골라잡아도 된다), 그리고 중국이 좋은 예이다.

### 벽이 무너져 내리다: 사회주의의 몰락

그러던 중 1989년 역사적인 변화가 찾아왔다. 그해 소련(소비에트 연방)이 와해되기 시작했고 베를린 장벽이 무너졌다. 1990년 독일이 재통일되었고, 대부분의 동유럽 국가들이 공산주의를 포기했다. 1991년에는 소련마저 스스로 연방을 해체했다. 1978년 이후 중국도 점차적으로, 그러나 매 단계 확신에 찬 발걸음으로 개방을 추진해

왔고, 1975년 공산주의로 통일이 된 베트남도 1986년 '도이모이(Doi Moi)'라는 이름의 문호 개방 정책을 채택했다. 북한과 쿠바 같은 완고한 국가들을 제외하고 사회주의 블록은 거의 사라지고 만 것이다.

사회주의 경제의 문제는 이미 잘 알려져 있었다. 점점 더 다양해지는 경제를 중앙에서 계획해서 제어하는 어려움, 실적과 보수 사이의 미약한 상관관계로 인한 동기 부여 문제, 표면적으로는 평등을 부르짖지만 정치적 결정에 따라 받게 되는 불평등의 확산 등 문제는 무궁무진했다(9장 참조). 그러나 사회주의를 가장 강력히 비판하는 사람들마저도 사회주의 블록이 그렇게 빨리 내폭할 것이라고는 예상하지 못했다.

근본적인 문제는 소련과 동유럽 사회주의 국가들이 2류 기술을 가지고 대체 경제 체제를 건설하려고 했다는 점이다. 물론 비정상적으로 큰 비율로 쏟아부은 재정적 지원에 힘입어 우주 공학이나 무기 산업처럼 세계 최고의 기술을 지닌 분야도 있기는 했다. (어찌 되었든 우주에 처음으로 사람을 쏘아올린 것도 1961년 소련이었지 않은가.) 그러나 자국민들에게 2류 소비재밖에 공급할 수 없다는 것이 분명해지자 국민들이 들고 일어났다. 그런 2류 소비재의 대표적인 예가 플라스틱 차체로 만들어진 동독제 트라반트라는 자동차로, 이 차는 베를린 장벽이 무너지자 곧바로 박물관에 전시될 정도로 질이 낮았다.

그 후 10여 년 동안 동유럽의 사회주의 국가들은 앞다퉈 자본주의 경제로 변신하는 데 온 정신을 쏟았다. 많은 사람들은 이 '이행'이 신속하게 이루어질 수 있다고 생각했다. 공영 기업을 민영화하고 시장 체제를 다시 도입하면 되는 일 아니던가? 결국 시장이라는 것은 인간이 만든 제도 중 가장 '자연스러운' 제도가 아닌가? 어떤 사람들은 이

이행이 신속하게 이루어지는 것이 필수적이라고 주장했다. 구엘리트층이 다시 힘을 모아 변화에 저항할 시간을 주지 말아야 한다는 논리였다. 대부분의 국가들이 '빅뱅'식 개혁 방법을 채택해서 하루아침에 자본주의 경제로 바꾸려고 했다.

그 결과는 대부분의 국가에 글자 그대로 재앙이었다. 유고슬라비아는 와해되어 전쟁과 인종 청소라는 비극으로 치달았고, 소비에트연방에 속해 있던 많은 수의 공화국들이 심각한 경기 침체에 빠져들었다. 러시아에서는 경제 체제의 붕괴에 따른 높은 실업률과 경제적 불안감 때문에 스트레스, 알코올 중독을 비롯한 건강 문제가 극심해져서 이행 이전 사회와 비교해 사망자가 수백만 명가량 더 늘었다는 추산도 나왔다.[31] 많은 나라에서 구엘리트층이 당 기관원에서 기업인으로 단순히 '옷만 갈아입고' 나서서 부패한 방법과 '내부자 거래' 등을 통해 민영화 과정에서 국유 자산을 싼 값에 사들이는 등 자기 배만 불리는 현상이 벌어졌다. 폴란드, 헝가리, 체코공화국, 슬로바키아 등의 중유럽 국가들은 좀 더 점차적인 개혁을 추구한 데다가 더 나은 기술 인력을 가지고 있는 덕에 큰 실패를 겪지 않았고, 특히 2004년 EU에 가입한 후 사정이 더 나아졌다. 그러나 이들 국가들의 이행 과정마저도 굉장한 성공이라고 하기는 어렵다.

사회주의 블록의 패망은 '자유 시장 승리주의'가 풍미하는 시대를 열었다. 당시(지금은 아니다) 미국 신보수주의 사상가 프랜시스 후쿠야마 같은 사람들은 '역사의 종언'(세상의 종말이 아니니 놀라지 마시길)을 선언하기까지 했다. 인류가 자본주의라는 최선의 경제 시스템을 마침내 찾았다는 의미에서 나온 말이었다. 자본주의도 여러 가지 종류가 있고 저마다 강점과 약점이 있다는 사실은 당시 승리감에 도취된 분위기 속에서 잠시 잊혔다.

## 하나의 세상을 향하여, 준비가 되었든 안 되었든: 세계화와 새로운 경제 질서

1990년대 중반에는 신자유주의가 전 세계로 퍼졌다. 대부분의 구사회주의 국가들은 '빅뱅' 개혁이나, 중국과 베트남처럼 점차적이고 꾸준한 개방과 규제 완화를 통해 자본주의 경제 체제에 흡수되었다. 이때에는 이미 대부분의 개발도상국에서 시장 개방과 자유화가 상당 수준 진행된 후였다. 대부분의 국가에서는 이 과정이 구조 조정 프로그램 때문에 급속도로 진행되었지만, 인도처럼 자발적인 정책 변화를 통해 점차적인 자유화를 시행한 나라도 몇 있었다.

이즈음에 맺어진 몇몇 중요한 국제 협정은 글로벌 통합의 새 장을 여는 신호탄 역할을 했다. 1994년 미국과 캐나다, 멕시코 사이에 북미 자유무역협정(NAFTA)이 맺어졌다. 선진국들과 개발도상국 사이에 맺어진 최초의 협정이었다. 1995년 GATT의 우루과이 라운드가 끝나면서 GATT를 확장한 세계무역기구(WTO)가 탄생했다. WTO는 특허권과 상표 등의 지식재산권(지적재산권) 보호, 서비스의 교역 등 GATT보다 더 많은 영역에 관여하고 더 강력한 제재 권한을 가지게 되었다. EU의 경제 통합은 1993년 재화, 서비스, 사람, 돈의 자유로운 이동을 표명하는 이른바 '네 가지 이동의 자유'와 함께 '단일 시장' 프로젝트가 완성되고, 1995년 스웨덴, 핀란드, 오스트리아°가 가입하면서 진일보했다. 이 모든 요인들이 모여서 (완전히 자유롭지는 않지만) 더 자유로

---

• 냉전 기간 동안 '중립국' 입장을 고수한 이 나라들은 서유럽 국가임에도 EU와 거리를 유지해 왔다.

운 무역에 가까운 국제 무역 시스템이 탄생한 것이다.

또한 세계화는 시대를 규정하는 개념으로 떠올랐다. 국제 경제를 통합하려는 움직임은 물론 16세기부터 있었지만, 세계화를 옹호하는 사람들은 세계화가 이제 완전히 새로운 단계에 진입했다고 주장했다. 이는 통신 기술(인터넷)과 교통수단(항공 여행, 컨테이너 수송)의 혁명적인 발전으로 '거리의 종말(death of distance)'이 오면서 가능해진 것이다. 세계화를 외치는 사람들은 각국이 이 새로운 현실을 받아들여 국제 무역과 투자에 자국을 완전히 개방하고, 국내 경제 또한 자유화하는 것 이외에 선택의 여지가 없다고 주장했다. 피할 수 없는 이 물결을 거부하는 나라는 기술의 진보를 되돌려 구시대로 돌아갈 수 있다고 믿는 '현대의 러다이트주의자'들이라고 조롱당했다. 『국경 없는 세상(The Borderless World)』 『세계는 평평하다(The World Is Flat)』 『하나의 세상을 향하여, 준비가 되었든 안 되었든(One World, Ready or Not)』 등의 책 제목들은 모두 이즈음의 시대정신을 요약한 것들이다.

### 종말의 시작: 아시아 금융 위기

1980년대 말과 1990년대 초의 희열감은 오래가지 못했다. 이 '멋진 신세계'의 모든 게 안녕하지 못하다는 첫 번째 징후는 1995년 멕시코 금융 위기였다. 자유 시장 정책을 받아들이고 북미자유무역협정을 맺은 멕시코가 동아시아 국가들에 이어 기적의 경제 성장을 이룰 것이라는 비현실적인 기대감으로 멕시코의 금융 자산에 투자한 사람들이 너무 많았던 것이다. 새로 맺은 자유 무역 파트너의 경제가 파탄을 맞는 것을 원치 않았던 미국과 캐나다, 그리고 IMF에 의해 멕시코는 긴급 구제되었다.

1997년 아시아 금융 위기가 터지면서 더 큰 충격이 들이닥쳤다. 그때까지 성공가도를 달리던 아시아 국가들, 이른바 'MIT'라고 부르던 말레이시아, 인도네시아, 태국, 한국의 금융 부문에 문제가 생긴 것이다. 비현실적인 기대감을 타고 현실적인 수준을 훨씬 넘도록 가격이 오른 **자산 거품asset bubble**이 붕괴한 탓이었다.

이 나라들은 다른 개발도상국 지역들보다는 훨씬 조심스럽게 개방화를 추진했지만, 1980년대 말과 1990년대 초에 들어서는 상당히 급진적인 금융 시장 개방을 감행했다. 규제가 줄어들자 이 나라의 은행들은 상대적으로 이자율이 낮은 부자 나라로부터 공격적으로 돈을 빌려 왔다. 부자 나라들도 수십 년 동안 훌륭한 경제 실적을 보여 온 이들에게 돈을 대출해 주는 것이 위험하다고는 전혀 생각하지 않았다. 외국 자본이 더 많이 들어오면 올수록 아시아 국가들 내의 자산 가격은 올라갔고, 그럴수록 이 나라들의 기업과 개인은 더 비싸진 자산을 담보 삼아 더 많은 돈을 빌렸다. 얼마 가지 않아 이 모든 과정은 계속 오르기만 하는 자산 가격으로 더 많은 대출을 정당화하고, 쏟아져 들어오는 돈 덕분에 가격은 더 오르는 순환 고리가 형성되었다. (어디서 많이 들어 본 이야기 아닌가?) 결국 그 자산 가격이 지속 불가능하다는 것이 분명해지자 돈이 빠져 나가기 시작했고 금융 위기가 닥친 것이다.

아시아 금융 위기는 해당 국가들에 커다란 상처를 남겼다. (1인당) 5퍼센트 성장을 '불황'이라고 여기는 나라들에서 총생산량이 줄어든 것이다. 1998년 인도네시아의 총생산량은 16퍼센트가 떨어졌고, 다른 나라들도 6~7퍼센트 감소했다. 수천만 명의 사람들이 일자리를 잃었다. 복지 정책이 잘 갖추어 있지 않아 일자리를 잃으면 곧 극빈자 생활로 이어지는 나라들에서 이런 일이 벌어진 것이다.

IMF와 부자 나라들은 금융 위기를 맞은 아시아 국가들에 구제 금융을 제공하는 대신 수많은 정책 변화를 요구했다. 모두 시장을 자유화하는 것, 특히 금융 시장을 자유화하는 방향의 변화들이었다. 아시아의 금융 위기와 바로 그 뒤를 이은 브라질, 러시아 위기로 인해 해당 국가들은 시장 지향적 방향으로 떠밀렸지만, 바로 이 위기들 때문에 냉전 종식 이후 팽배했던 자유 시장의 승리감에 대한 회의론이 처음으로 움트기 시작했다. 글로벌 금융 시스템을 개혁해야 한다는 진지한 토론이 벌어졌는데, 대부분이 2008년 금융 위기 후 벌어졌던 토론과 유사한 논의였다. 『파이낸셜 타임스』의 마틴 울프나 자유무역주의 경제학자 자그디시 바그와티 등 세계화의 선봉에 섰던 사람들마저 자유로운 자본의 이동에 의문을 제기하기 시작했다. 새 글로벌 경제 시스템의 모든 것이 안녕하지는 않았던 것이다.

### 헛된 기대: 닷컴 붐에서 '대안정'까지

위기가 일단 진정되고 나자 글로벌 금융 개혁에 대한 토론도 잠잠해졌다. 미국에서는 오히려 반대 방향을 향한 큰 움직임이 일어났다. 뉴딜의 상징으로 상업 은행과 투자 은행을 분리했던 1933년의 글래스-스티걸 법이 1999년에 폐지된 것이다.

2000년 또 한순간의 위기가 찾아왔다. 이른바 닷컴 거품이 미국에서 붕괴된 것이다. 가까운 장래에 어떠한 이윤도 낼 전망이 없는 인터넷 회사들의 주식 가치가 말도 되지 않게 높은 수준으로 거래되다가 순식간에 폭락하고 말았다. 연방준비제도가 개입해 이자율을 공격적으로 낮추고 다른 부자 나라들의 중앙은행도 같은 조치를 취하면서 이에 따른 위기감은 금방 잦아들었다.

그 이후 21세기 초 부자 나라들, 특히 미국에서는 모든 일이 잘 풀리는 듯했다. 성장률은 눈부시다고는 할 수 없지만 양호했고 부동산, 주식 등 자산 가격은 영원히 오르기만 할 것처럼 보였다. 물가 상승률도 낮은 수준으로 유지되었다. 2006년 2월부터 2014년 1월까지 연방준비제도이사회 의장을 지낸 벤 버냉키를 비롯한 경제학자들은 경제학이라는 과학이 마침내 **경기의 극심한 부침**boom and bust을 정복하고 '대안정(great moderation)'을 유지하는 법을 찾았다고 이야기했다. 1987년 8월부터 2006년 1월까지 연방준비제도이사회 의장이었던 앨런 그린스펀은 '마에스트로'라는 별명과 함께 존경의 대상이 되었다.\* 인플레이션이나 금융 문제 없이 영속적인 경제 호황을 유지하는 연금술사와 같은 기술을 지녔다는 것이다.

2000년대 중반에 접어들면서 전 세계는 이전 20년 동안 '기적적'인 성장을 거듭해 온 중국의 존재를 마침내 피부로 느끼기 시작했다. 1978년 경제 개혁을 시작할 때만 해도 중국 경제는 세계 경제의 2.5퍼센트밖에 차지하지 않았다.[32] 전 세계 제조업 수출에서도 단 0.8퍼센트만을 기록해 거의 영향력이 없었다.[33] 2007년 이 숫자들은 각각 6퍼센트, 8.7퍼센트로 상승했다.[34] 상대적으로 천연자원이 별로 없는데 초고속 성장을 거듭하면서 중국은 세계의 식량, 지하자원, 연료를 엄청나게 흡수하기 시작했고, 전 세계는 성장하는 중국의 무게를 점점 더 많이 느끼게 되었다.

중국의 성장은 아프리카와 중남미의 원자재 수출국들에 활력을 불어넣어 마침내 1980년대와 1990년대의 퇴보를 어느 정도 만회하게

---

• '마에스트로'는 워터게이트로 유명한 밥 우드워드가 집필한 그린스펀 전기의 제목이기도 하다.

해 주었다. 중국은 또 일부 아프리카 국가의 주요 대출국이자 투자국 역할을 했고, 이 덕분에 아프리카 국가들은 브레턴우즈 기구, 그리고 미국, 유럽 각국 등 기존 원조국들과 협상에 임할 때 좀 더 당당한 태도를 취할 수 있게 되었다. 그동안 신자유주의로 그다지 재미를 보지 못했던 중남미 국가들 중 많은 나라가 이 기간에 신자유주의 정책과 이별을 했다. 브라질(룰라), 볼리비아(모랄레스), 베네수엘라(차베스), 아르헨티나(키르치네르), 에콰도르(코레아), 우루과이(바스케스) 등이 대표적인 예이다.

### 벽에 금이 가기 시작하다: 2008년 세계 금융 위기

2007년 초 '서브프라임'이라는 듣기 좋은 이름이 붙은 담보 대출의 채무 불이행을 우려하는 사람들이 경종을 울리기 시작했다. (서브프라임이라 쓰고 '채무 불이행 가능성이 높은'이라고 읽는다.) 서브프라임은 미국 금융 회사들이 집값이 계속 오를 것이라는 가정하에 안정적인 수입이 없거나 신용이 좋지 않은 사람들에게까지 갚을 능력 이상의 돈을 빌려준 대출 상품을 말한다. 최악의 상황이 되더라도 집을 팔면 대출금은 회수할 수 있다고 생각한 것이다. 그뿐 아니라, 수천 아니 수십만 건의 이 고위험 담보 대출 상품들이 MBS니 CDO니 하는 '합성' 금융 상품으로 묶여 저위험 자산으로 팔려 나갔다. (아직은 이것들이 무엇인지 자세히 알 필요가 없다. 8장에서 자세히 설명할 예정이다.) 채무자 한 사람이 채무 불이행을 할 확률보다 다수의 채무자들이 동시에 신용 위기를 겪을 확률이 훨씬 낮다는 가정하에 여러 대출 상품을 한데 묶어 위험 등급을 낮게 매긴 것이다.

처음에는 문제가 되는 미국의 담보 대출이 500억 내지 1000억 달러 정도로 추산되었다. 작은 액수는 아니지만 시스템에서 쉽게 흡수하지 못할 정도는 아니었다(고 당시 많은 사람들이 주장했다). 그러나 2008년 여름, 베어 스턴스와 리먼 브러더스의 파산으로 진짜 위기가 닥쳐 왔다. 거대한 금융 공황이 전 세계를 휩쓸었다. 금융계에서 가장 신망이 높은 회사들마저 석연찮은 합성 금융 상품을 만들어 팔고 대량으로 사들여 큰 위기에 처했다는 사실도 드러났다.

### '케인스주의의 봄'과 자유시장주의의 맹렬한 귀환

금융 위기에 대한 주요 선진국들의 첫 반응은 대공황 직후와 매우 달랐다. 그들이 취한 거시 경제 정책은 막대한 예산 적자를 낸다는 의미에서 케인스식이었다. 적어도 줄어든 세수입에 맞춰 지출을 줄이지 않는 나라가 많았고, 일부 국가는 정부 지출을 늘리기까지 했기 때문이다. (중국이 가장 공격적으로 이 정책을 시행했다.) 영국의 로열 뱅크 오브 스코틀랜드 같은 주요 금융 기관과 미국의 제너럴모터스(GM), 크라이슬러 같은 산업체가 공적 자금으로 구제되었다. 각국의 중앙은행들은 역사상 가장 낮은 수준까지 이자율을 낮췄다. 예를 들어 영국의 잉글랜드 은행은 1694년 은행이 생긴 이래 최저 수준으로 이자율을 깎았다. 더 이상 이자율을 낮추지 못할 수준에까지 이르자 은행들은 **양적 완화**quantitative easing라고 알려진 조처를 취했다. 양적 완화란 중앙은행이 돈을 새로 찍어서 주로 국채를 매수하는 방법으로 시중에 돈을 푸는 것을 말한다.

그러나 얼마 가지 않아 자유시장주의가 맹렬한 기세로 귀환했다. 2010년 5월이 그 회귀점이었다. 영국에서 보수당이 이끄는 연립 정부가 선출되고, 그리스에 대한 유로존의 구제 금융 프로그램이 시작되면서 균형 재정 원칙이 다시 돌아온 것이다. 지출을 큰 폭으로 삭감하는 **긴축austerity** 예산이 영국과 이른바 PIIGS 국가(포르투갈, 이탈리아, 아일랜드, 그리스, 스페인)에서 시행되었다. 2011년 미국에서는 공화당이 오바마 정부를 압박해 막대한 지출 삭감 프로그램을 받아들이도록 했고, 주요 유럽 국가들은 2012년 유럽 재정 협정을 맺어서 반(反)적자 편향성을 다시 한 번 확인함으로써 자유시장주의 쪽으로 상황을 더 몰아갔다. 이 모든 나라, 특히 영국에서는 정치적 우파들이 균형 예산을 핑계로 항상 하고 싶어 했던 복지 국가의 급진적인 축소까지 감행했다.

### 결과: 잃어버린 10년?

2008년 금융 위기의 여파는 처참했고, 아직도 그 후유증의 끝이 보이지 않는다. 위기가 터지고 4년이 지난 2012년 말 OECD* 회원 34개국 중 22개국의 1인당 생산량이 2007년 수준보다 더 낮았다.** 물가 상승 효과를 제거한 후 수치로 보면, 2012년 1인당 국내총생산은 2007년보다 그리스는 26퍼센트, 아일랜드는 12퍼센트, 스페인은 7퍼센트, 영국은 6퍼센트가 더 낮았다. 다른 나라들보다 위기를 더 잘 극복했다는 미국마저도 1.4퍼센트 낮았다.

---

• 풀어서 경제협력개발기구라고도 하는 OECD는 Organization for Economic Cooperation and Development의 약자로, 파리에 본부를 두었으며, 선진국과 몇몇 개발도상국을 회원으로 하는 기구이다. 1961년 대부분의 서유럽 국가들과 튀르키예, 미국, 캐나다를 회원국으로 창립되었다. 1970년대 중반에는 일본, 핀란드, 호주, 뉴질랜드가 추가로 가입했다. 1990년대 중반 이후 몇몇 구소련 체제의 사회주의 국가들(헝가리, 에스토니아 등)과 비교적 잘사는 개발도상국들(멕시코, 칠레)도 가입했다.

•• 이 글을 쓸 당시(2014년 1월)까지 2013년 통계는 아직 나오지 않은 상황이다. 그러나 OECD 데이터에 기초해서 작성된 잠정 집계에 따르면, 2013년 3분기의 1인당 생산량이 2007년보다 낮은 나라가 OECD 회원국 34개국 중 19개국에 달했다.

이 나라들 중 다수는 긴축 예산을 집행하고 있어서 경제 회복 전망이 그다지 밝지 않다. 경제가 정체된(혹은 쇠퇴하는) 상황에서 정부가 지출을 급격히 줄이면 회복을 저해하기 때문이다. 이런 현상은 대공황때 이미 목격한 바 있다. 따라서 이 나라들이 2007년의 경제 수준을 회복하려면 족히 10년은 걸릴지도 모른다. 어쩌면 이 나라들은 일본이 1990년대에, 중남미가 1980년대에 경험했던 '잃어버린 10년'의 한가운데를 헤매고 있는 것일 수도 있다.

금융 위기로 인해 가장 상황이 나빴을 때는 세계적으로 8000만 명의 실업자가 추가로 생겼다는 추산도 있다. 스페인과 그리스에서는 위기 전에 8퍼센트였던 실업률이 2013년 여름에는 각각 26퍼센트, 28퍼센트로 치솟았다. 청년 실업률은 55퍼센트를 웃돌았다. 실업 문제가 그나마 '덜 심각'하다는 영국이나 미국마저도 공식 실업률이 한참 높을 때는 8~10퍼센트에 달했다.

### 너무 조금, 너무 늦게?: 개혁의 전망

위기의 규모에 비해 정책 개혁은 더디게 진행되었다. 위기의 원인이 금융 시장의 과도한 자유화였음에도 불구하고 금융 개혁은 미미했고, 그 도입에 몇 년씩 유예 기간이 주어졌다. (반면 훨씬 더 엄격했던 뉴딜 금융 개혁은 1년 안에 시행되었다.) 지나치게 복잡한 금융 상품의 거래를 포함한 몇 분야에서는 그나마 미미하고 점차적인 개혁마저도 행해지지 않고 있다.

물론 상황이 변할 수도 있다. 생각해 보면 대공황 후 미국과 스웨덴에서 시행된 개혁도 몇 년간의 저조한 경제 실적과 고난을 겪은 후에야 도입되었다. 사실 네덜란드, 프랑스, 그리스 등에서는 유권자들이

2012년 봄 선거에서 긴축 재정을 지지하는 당을 투표로 몰아냈다. 이탈리아의 유권자들도 2013년 비슷한 일을 해냈다. EU는 금융 거래세, 금융 부문 보너스 상한제 등 많은 사람들이 예상했던 범위를 넘어선 수준의 엄격한 금융 규제를 도입했다. 초부유층의 도피처라는 이미지가 강한 스위스에서는 2013년 성적이 그저 그런 최고 경영진들에게 높은 보상을 금지하는 법을 통과시켰다. 금융 개혁과 관련해서 앞으로 나아갈 길이 멀지만, 위기 전에는 불가능하다고 간주되었던 변화들이 이처럼 실제로 벌어지고 있는 것이다.

## 4장

# 백화제방

경제학을 '하는' 방법

고객이 원하면 어느 색의 차든 가질 수 있다. 그 색이 검은색이기만 하면.

— 헨리 포드

백화제방 백가쟁명. 온갖 꽃이 같이 피고, 온갖 학파가 논쟁을 벌이게 하라.

— 마오쩌둥

# 모든 반지 위에 군림하는 절대반지?
## : 경제학의 다양한 접근법

대부분의 경제학자들이 말하는 것과 달리 경제학에는 한 가지, 즉 신고전학파 경제학만 있는 것이 아니다. 이 장에서 소개하는 학파만도 아홉 가지나 된다.*

그러나 이 학파들이 서로 타협할 수 없는 적대 관계에 있는 것은 아니다. 사실 각 학파의 경계선은 그다지 명확하지 않다.[1] 그러나 경제를 개념화하고 설명하는 데, 혹은 경제학을 '하는' 데 서로 뚜렷이 구

* 신리카도학파, 중남미 구조학파, 페미니스트 경제학파, 생태주의 경제학파 등 규모가 작은 학파까지 하면 이보다 더 많다. 또 개발주의 전통의 다양한 분파처럼 일부 학파의 분파까지 독립적인 학파로 치면 숫자는 더 늘어난다.

별되는 다양한 길이 있음을 아는 것은 중요하다. 그리고 어느 학파도 다른 학파보다 더 우월하다고 주장할 수 없고, 자기들만이 진실을 독점하고 있다고는 더더욱 말할 수 없다.

그 이유 중 하나는 이론이라는 것 자체의 성질 때문이다. 물리학과 같은 자연 과학을 포함해 모든 학문의 이론은 어느 정도는 추상적 개념을 도입해야 하기 때문에 복잡한 실제 세상의 모든 면을 포착할 수 없다.[2] 모든 것을 설명할 수 있는 이론은 존재하지 않는다는 뜻이다. 각 이론은 어떤 것을 중요하게 보고 어떤 것을 무시하는지, 현상과 사물을 어떤 식으로 개념화하는지, 그것들의 관계를 어떻게 분석하는지에 따라 각각 강점과 약점을 가지고 있다. 다른 이론보다 모든 것을 더 잘 설명할 수 있는 이론, 『반지의 제왕』을 인용하자면 '모든 반지를 지배하는 절대반지'[3]는 없다.

이와 더불어 자연 과학자들이 연구하는 대상과 달리, 인간은 자유의지와 상상력을 지닌 존재이다. 외부 환경에 단순히 반응하지 않는 것이다. 인간은 유토피아를 상상하기도 하고, 다른 사람들을 설득하고, 사회를 달리 조직하는 등의 노력으로 자기가 처한 외부 환경 자체를 바꾸려고 시도하고, 종종 성공을 거두기도 한다. 카를 마르크스는 이를 다음과 같이 멋지게 표현했다. "인간은 역사를 자기 손으로 만든다."* 경제학을 포함해서 인간을 연구 대상으로 하는 모든 학문 분야는 이론의 예측 능력에 한계가 있다는 사실을 겸허하게 받아들여야 한다.

게다가 자연 과학과 달리 경제학은 가치 판단이 들어가는 학문이

---

* 이 말 바로 뒤에 다음과 같이 덧붙였다. "스스로 선택한 상황에서 역사를 만드는 것은 아니다." 우리가 환경을 바꾸는 동시에 환경의 산물임을 강조한 것이다.

다. 신고전학파 경제학자들은 자신들이 '가치 중립적'인 과학을 한다고 말하지만 말이다. 앞으로 계속 이야기하겠지만, 기술적 개념과 건조한 숫자에도 온갖 종류의 가치 판단이 깃들어 있다. 잘산다는 것이 무엇인지, 소수 의견을 어떻게 처리할 것인지, 무엇을 사회 발전이라고 규정할 것인지, 어떻게 '공공선'을 달성하는 것이 도덕적인지 등에 관해서 말이다.[4] 특정한 정치적, 윤리적 시각에서는 어떤 이론이 다른 이론보다 더 '옳을'지라도 또 다른 시각에서 봤을 때는 그렇지 않을 수도 있다.

## 경제학파 칵테일: 이 장을 읽는 방법

독자들이 여러 경제학파를 모두 알게 되면 더할 나위 없이 좋겠지만, 바닐라 아이스크림 한 종류만 있는 줄 알았다가 아홉 가지 종류의 아이스크림을 한꺼번에 맛보라고 권유받으면 상당히 당황스러우리라는 것을 나도 안다.

단순하게 설명하려고 애썼지만, 그래도 이야기가 너무 복잡하게 들릴 수 있음을 인정한다. 그래서 각 학파를 소개할 때 제일 먼저 그 학파의 주장을 한 문장으로 요약했다. 물론 이 요약은 너무도 단순화한 것이지만 적어도 지도도 없이, 아니 요즘식으로 말하면 스마트폰도 없이 새로운 도시로 걸어 들어갈 때 처음 느끼는 두려움을 극복할 수 있도록 도와줄 것이다.

하나 이상의 경제학파에 대해 알아보겠다고 마음먹은 독자들에게도 두세 개 이상은 부담스러울 수 있다. 그런 독자들을 위해 다음에 나오는 상자 안에 두 개에서 네 개 정도로 된 경제학파 '칵테일'을 만들

# 경제학파 칵테일

---

재료

A 오스트리아학파  B 행동주의학파  C 고전학파

D 개발주의 전통  I 제도학파  K 케인스학파  M 마르크스학파

N 신고전학파  S 슘페터학파

---

- 자본주의의 활력과 생존 능력에 관한 다양한 견해를 맛보려면 CMSI

- 개인을 개념화하는 여러 방법을 맛보려면 NAB

- 집단, 특히 계급이 어떻게 이론화되는지를 맛보려면 CMKI

- 경제 요소를 따로따로 다루는 것보다 시스템 전체를 이해하려면 MDKI

- 개인과 사회가 어떻게 상호 작용을 하는지에 관심이 있으면 ANIB

- 자유 시장을 옹호하는 다양한 견해를 맛보려면 CAN

- 왜 가끔은 정부 개입이 필요한지를 알고 싶으면 NDK

- 시장 말고도 경제에 중요한 것이 훨씬 더 많다는 것을 배우기 위해서는 MIB

- 기술 발전과 생산력 향상이 어떻게 이루어지는지를 공부하려면 CMDS

- 기업이 왜 존재하는지, 어떻게 작동하는지를 알고 싶으면 SIB

- 실업과 불황에 관한 논쟁을 알고 싶으면 CK

---

주의  재료 하나만을 단독으로 섭취하는 것은 금물. 터널 비전(좁은 시야), 오만
과 같은 부작용이 올 수 있으며 심하면 뇌사에 이르기도 함.

어 두었다. 각 칵테일은 특정 주제를 더 잘 설명하도록 만들어졌다. CMSI나 CK 같은 칵테일은 재료들의 날카로운 의견 차이로 인해 매운 타바스코 소스를 많이 넣은 블러디 메리 같은 느낌일 것이고, MDKI 나 CMDS는 럼주에 여러 과일 주스를 넣은 플랜터스 펀치처럼 다양한 맛이 서로를 보완하는 느낌이 들 것이다.

그런 칵테일을 한두 가지 맛보고 나서 메뉴 전체를 모두 맛보고 싶은 마음이 생겼으면 하는 것이 나의 바람이다. 물론 메뉴 전체를 다 맛보지 않고 한두 가지 칵테일만 맛보아도 경제학을 '하는' 방법이 그저 하나만 있는 게 아니라는 사실을 알게 될 것이다.

## 고전학파

**한문장요약** 시장은 경쟁을 통해 모든 생산자를 감시하기 때문에 그냥 내버려 두면 된다.

오늘날의 경제학계는 신고전학파가 주류를 이루고 있다. 짐작하겠지만 신고전학파 이전에 고전학파가 있었고, 신고전학파는 자신들이 고전학파의 후계자라 주장한다. (나중에 설명하겠지만 고전학파의 맥을 잇는 것으로 말하자면 마르크스학파도 신고전학파 못지않게 정당성을 가지고 있다.)

고전학파 경제학(당시에는 경제학이 **정치 경제학**political economy이라고 불렸으니 고전학파 정치 경제학이라고 해야겠다)은 18세기 말에 시작되어 19세기 말까지 경제학의 주류를 이루었다. 이 학파의 창시자는 우리가 이미 살펴봤던 애덤 스미스(1723~1790)이다. 그의 사상은 19세기 초 거의 비슷한 시기에 살았던 세 명의 경제학자에 의해 더 발전되었다. 데

이비드 리카도(1772~1823), 장바티스트 세(1767~1832)*, 토머스 로버트 맬서스(1766~1834)가 그들이다.

## 보이지 않는 손, 세의 법칙, 자유 무역: 고전학파의 주된 논점

고전학파는 경제 주체들이 각자의 이익을 추구하다 보면 사회적으로 이익이 되는 국부의 극대화라는 결과를 낼 수 있다고 주장한다. 이 역설적인 결과는 시장에서 일어나는 경쟁의 힘 덕분에 가능하다. 생산자들은 이윤을 내려고 노력하는 과정에서 더 싸고 더 나은 제품을 만들게 되고, 궁극적으로 최저 비용으로 생산할 수 있게 되어 국민 경제의 생산량을 최대화한다. **보이지 않는 손invisible hand**이라고 하는 이 개념은 경제학 역사상 가장 영향력 있는 비유가 되었다. 그러나 정작 스미스 자신은 『국부론』에서 이 개념을 한 번밖에 언급하지 않고, 자신의 이론을 설명할 때 그다지 크게 부각시키지 않았다.**

대부분의 고전학파 학자는 공급이 수요를 창출한다는 이른바 '세의 법칙'을 신봉했다. 이 법칙은 모든 경제 활동이 생산물의 가치에 해당하는 임금, 이윤 등의 소득을 수반하기 때문에 수요 부족으로 인한 불황은 있을 수 없다고 주장한다. 모든 불황은 전쟁이나 대형 은행의 파산 같은 외적인 요인 때문이라는 것이다. 또 시장은 그 성격상 불황을 야기할 수 없기 때문에, 가령 정부가 의도적으로 적자 지출을 하는 식으로 시장에 개입하는 것은 자연의 순리를 방해하는 행위라고 비난한

---

• 세는 한국에서 영어식 발음인 '세이'로, '세의 법칙'도 '세이의 법칙'으로 흔히 알려져 있다.—옮긴이

•• 대부분의 다른 고전학파 경제학자들과 달리 애덤 스미스는 사람들이 이기적인 의도 외에도 공감, 열정, 사회 규범 고수 같은 다른 의도를 가지고 있음을 인정했다. 『국부론』의 자매편인 『도덕감정론』에서 이런 의도를 주로 다뤘다.

다. 바로 이 논리 때문에 더 짧고 더 약하게 지나갈 수 있는 불황들이 고전학파 경제학 시절에는 불필요하게 길어졌다.

고전학파는 정부가 보호주의나 규제 등 어떤 형태로든 시장을 제한하는 것에 반대했다. 리카도는 **비교 우위**comparative advantage론이라고 부르는 국제 무역에 관한 새로운 이론을 만들어 자유 무역 논리를 더욱 강화했다. 비교 우위론은 일련의 가정하에 한 나라가 다른 나라보다 더 싸게 생산할 수 있는 것이 아무것도 없어도 자유 무역을 하면 두 나라 모두 생산량을 최대화할 수 있다는 이론이다. 각 나라는 '비교' 우위를 가진 제품에 특화해 그것을 수출하면 된다는 것인데, 더 효율적인 나라는 상대적으로 비용 우위가 가장 큰 제품에, 덜 효율적인 나라는 상대적으로 비용 열위가 가장 작은 제품에 특화해야 한다는 것이다.*

고전학파는 자본주의 경제가 리카도의 말을 빌리자면 '세 계급의 공동체들', 즉 자본가, 노동자, 지주 계급으로 구성되어 있다고 본다. 이 학파에서 특히 리카도는 국민 소득의 가장 큰 부분이 자본가(이윤)에게 분배되는 것이 장기적으로 모든 사람에게 이롭다고 강조한다. 자본가들만이 소득을 재투자해서 경제 성장을 촉진하는 유일한 계급이기 때문이라는 것이다. 노동자 계급은 저축하고 투자하기에는 너무 가난하고, 지주 계급은 수입(지대)을 하인을 고용한다든지 하는 '비생산적인' 사치품 소비에 사용해 버린다. 리카도와 추종자들은 영국

---

• 비교 우위론에서 '비교(comparative)'라는 단어는 한 나라가 잠재적으로 생산할 수 있는 제품들 간의 비교라는 의미이다. 같은 제품을 생산하는 데 한 나라가 다른 나라보다 더 효율적일 수 있다는 가능성은 '우위(advantage)'라는 단어에 이미 반영되어 있다. 이 이론에 대한 더 자세한 설명은 『나쁜 사마리아인들』의 3장 '여섯 살 먹은 내 아들은 일자리를 구해야 한다!'를 참조하라.

의 인구가 계속 늘어남에 따라 점점 더 질이 나쁜 땅에 농사를 지어야 하고, 그에 따라 비옥한 땅의 지대(地代)는 계속 올라갈 것이라고 봤다. 이 때문에 국민 소득에서 이윤이 차지하는 비율이 점차 감소하면서 투자와 성장을 위협한다는 것이다. 리카도는 당시 곡물 생산자를 보호하던 곡물법을 철폐하고, 비옥한 땅이 아직 풍부한 외국에서 값싼 식량을 들여와 국민 소득 중 이윤으로 돌아가는 부분을 더 늘리고 그것을 투자해서 경제를 키워 나가야 한다고 주장했다.

### 계급 분석과 비교 우위: 고전학파와 현대 경제의 관련성

이제는 그 이론을 고수하는 사람이 거의 없는 오래된 학파이지만, 고전학파는 현대 경제를 이해하는 데 아직도 유의미하다.

경제 체제가 개인보다 계급으로 구성되어 있다는 개념은, 개인의 행동이 자신이 생산 체제 안에서 차지하는 위치에 얼마나 영향을 많이 받는지를 보게 해 준다. 대부분의 경제학자들이 계급이라는 개념을 사용하지 않거나 적극적으로 계급의 존재를 부정하지만, 마케팅 회사들이 판매 전략을 세울 때 아직도 계급 구분을 사용한다는 사실은 계급이 여전히 큰 의미를 지니고 있음을 보여 준다.

리카도의 비교 우위론은 한 나라의 기술을 이미 정해진 것으로 가정하고 시작하는 정적 이론이라는 한계가 분명히 있지만, 여전히 국제 무역에 한해 가장 뛰어난 이론 중 하나이다. 또 헤크셰르–올린–새뮤얼슨 이론(Heckscher-Ohlin-Samuelson theory)*이라고 부르는 신고전학

---

* 이 개념을 만든 스웨덴의 경제학자 엘리 헤크셰르, 베르틸 올린, 그리고 이 이론을 완성한 미국의 경제학자(이자 20세기 가장 유명한 경제학 교과서의 저자이기도 한) 폴 새뮤얼슨의 이름을 딴 것이다. (헤크셰르는 한국에서 '헥셔'라는 영어식 발음으로 흔히 알려져 있다.—옮긴이)

파판 비교 우위론보다 훨씬 더 현실적이다. 헤크셰르-올린-새뮤얼슨 이론에서는 모든 나라가 기술적, 조직적으로 모든 것을 생산할 능력이 있다고 가정하고 논의를 시작한다. 각 나라가 특화할 제품을 다르게 선택하는 것은 단지 제품마다 생산에 필요한 자본과 노동의 조합이 다르고, 나라마다 가지고 있는 자본과 노동의 상대적인 양이 다르기 때문이라는 것이다. 이러한 가정은 결국 비현실적인 결론으로 이어진다. 즉 과테말라가 BMW 같은 차를 만들지 않는 것은 생산할 능력이 없어서가 아니라 그것을 생산하는 것이 경제적이지 않아서인데, BMW를 생산하려면 자본이 많이 들고 노동력은 조금 드는 반면 과테말라는 노동력은 풍부하고 자본은 조금밖에 없기 때문이라고 말이다.

### 틀리기도 하고, 시대에도 뒤떨어진: 고전학파의 한계

고전학파의 이론 중 일부는 간단히 말하자면 틀렸다. '세의 법칙'을 너무 고수한 나머지, 불황이나 실업처럼 전반적인 경제 상태와 관련된 **거시 경제적macroeconomic** 문제를 해결할 능력이 없었다. 개별적 경제 주체 차원의 문제를 다루는 **미시 경제적microeconomic** 이론 역시 무척 제한적이었다. 시장의 무제한 경쟁이 왜 사회적으로 바람직한 결과를 내지 못할 수도 있는지를 설명하는 이론적인 도구가 없었던 것이다.

일부 고전학파 이론은 논리적으로는 틀리지 않더라도 현재에 적용하기에는 한계가 있다. 지금과는 완전히 다른 세상을 모델로 했기 때문이다. 고전학파 경제학이 표방한 많은 '철칙들'은 결국 쇠처럼 단단하지 않다는 것이 드러났다. 예를 들어 고전학파 경제학자들은 인구의 급증으로 인해 지대가 올라가고, 그에 따라 산업 이윤이 낮아져서 결국은 투자가 멈출 것이라고 생각했는데, 이는 식량 생산 및 산아 제한 기술이 얼마나 발달할지 알지 못했고 또 알 수도 없었기 때문이다.

# 신고전학파

**한 문장 요약** 각 개인은 자신이 무엇을 하는지 잘 알고 행동하므로, 시장이 오작동할 때를 제외하고는 가만 놔두는 것이 좋다.

신고전학파 경제학은 1870년대 윌리엄 제번스(1835~1882)와 레옹 발라(1834~1910)*의 연구를 토대로 형성되기 시작해 1890년 앨프리드 마셜의 『경제원론』이 출간되면서 확고히 자리를 굳혔다.

마셜이 활동하던 즈음에 신고전학파 경제학자들은 전통적으로 사용되었던 '정치 경제학'에서 '경제학'으로 이 분야의 이름을 바꾸는 데도 성공했다. 이 변화를 통해 신고전학파는 자신들의 분석에서 주관적 가치 판단을 포함한 정치적(따라서 윤리적) 측면을 제거하고, 순수 과학을 지향한다는 선언을 한 것이다.

### 수요적 요인, 개인, 교환: 고전학파와 다른 점

신고전학파는 고전학파의 계승자를 자처하면서도 '신(Neo)'을 붙여 구분해야 할 만큼 고전학파와 다르다고 생각했다. 두 학파의 주요 차이점은 다음과 같다.

신고전학파 경제학자들은 재화의 가치를 결정하는 데서 소비자가

---

• 발라는 한국에서 흔히 영어식 발음인 '왈라스'로 알려져 있다.─옮긴이

제품에 내리는 주관적인 평가에 의해 좌우되는 수요 조건의 역할을 강조한다. 반면 고전학파 경제학자들은 재화의 가치가 공급 조건, 즉 생산 비용에 의해 결정된다고 생각했다. 이 비용은 제품을 생산하는 데 들어간 노동 시간으로 측정했는데, 이것을 **노동 가치설labour theory of value**이라고 한다. 신고전학파 경제학자들은 제품의 가치(그들은 이것을 가격이라고 불렀다)는 잠재적 소비자가 그 제품을 얼마나 가치 있게 생각하는지에도 달려 있다고 강조했다. 어떤 제품이 생산하기가 어렵다고 해서 더 가치 있는 것은 아니라는 말이다. 마셜은 이 개념을 더 다듬어 공급 조건이 바뀌기 어려운 단기간에는 수요 조건이 가격을 결정하는 데 더 중요한 반면, 수요가 더 많은(적은) 제품을 더 많이(적게) 생산하도록 시설 투자를 더(덜) 할 수 있는 장기간에는 공급 조건이 더 중요하다고 주장했다.

고전학파가 뚜렷이 다른 계급들이 모여 경제를 구성한다고 생각한 데 반해 신고전학파는 경제가 합리적이고 이기적인 개인들로 구성되어 있다고 생각한다. 신고전학파 경제학에서는 개인을 상당히 일차원적인 존재로 본다. 개인을 '기쁨을 추구하는 기계(pleasure machine)'라고 부르며, 아주 협소한 물질적 의미에서 최대의 기쁨(**효용utility**)과 최소의 고통(**비효용disutility**)을 누리기 위해 최선을 다하는 것으로 규정한다. 5장에서 더 자세히 논의하겠지만, 이러한 일차원적인 인간관은 신고전학파의 설명력을 극도로 제한한다.[5]

신고전학파는 경제학의 초점을 생산에서 소비와 교환으로 옮겼다. 고전학파, 특히 애덤 스미스는 경제 체제의 심장부에 생산이 자리 잡고 있다고 생각했다. 2장에서 보았듯이, 스미스는 생산 조직에 일어나는 변화가 경제를 어떻게 변환시키는가에 깊은 관심을 가지고 있었다. 그는 사냥, 유목, 농업, 상업 등 주된 생산 방식의 변화에 따라 사회가 단계적으로 발전한다는 역사관을 가지고 있었다. (이 개념은 마르크스에 의해 더 발전했는데 잠시 후 자세히 논의하겠다.) 이와는 대조적으로 신고전학파 경제학은 경제 체제를 '독립 의지를 가진' 소비자의 선택에 의해 궁극적으로 돌아가는 교환 관계의 그물로 본다. 실제 생산 과정이 어떻게 조직되고 변화하는지에 관한 논의는 거의 없는 것이다.

**이기적 개인과 자기 균형 회복력이 있는 시장: 신고전학파와 고전학파의 유사점**

이런 차이점에도 불구하고 신고전학파는 고전학파의 중심적인 생각 두 가지를 계승하고 발전시켰다. 첫째, 경제 주체들은 이기적인 동기에서 움직이지만, 시장의 경쟁으로 인해 그들의 행위가 전체적으로는 사회에 이로운 결과를 만들어 낸다는 생각이다. 또 다른 하나는 시장이 스스로 균형을 유지한다는 생각이다. 고전학파와 마찬가지로, 자본주의 또는 (신고전학파 경제학자들이 선호하는 명칭을 빌리자면) 시장 경제는 자동적으로 균형을 이루는 성향이 있기 때문에 그냥 두는 것이 최상이라고 신고전학파는 결론짓는다.

이러한 자유방임주의적 결론은 20세기 초 사회의 개선을 객관적으로 판단하는 기준을 제시하기 위해 고안된 중요한 이론적 발전에 의해 더 강화되었다. 바로 파레토 기준이다. 빌프레도 파레토 (1848~1923)는 독립 의지를 가진 모든 개인의 권리를 존중한다면 사회 구성원 가운데 누구의 상황도 나빠지지 않으면서 일부의 상황이 나아져야만 그 사회적 변화를 개선이라고 부를 수 있다고 주장했다. '다수의 이익'이라는 명목하에 더 이상 개인의 희생이 없어야 한다는 견해인데, **파레토 기준**Pareto criterion이라 부르는 이 개념은 현대 신고전학파 경제학에서 사회의 개선 여부를 판단하는 기준으로 자리 잡았다.[6] 그러나 불행하게도 실제 세상에서 누구에게도 피해를 입히지 않는 변화란 거의 존재하지 않는다. 따라서 파레토 기준은 사실상 현상을 유지하고 어떤 것에도 개입하지 않는 자유방임주의적 태도를 정당화하는 처방이 되고 말았다. 파레토 기준을 채용함으로써 신고전학파는 굉장히 보수적인 성향을 띠게 되었다.

### 반(反)자유 시장 혁명: 시장 실패 접근법

절대 끊어질 수 없을 것처럼 보였던 신고전학파 경제학과 자유 시장 정책 옹호는 1920년대와 1930년대에 나온 두 가지 이론적 발전으로 인해 갈라지게 되었다. 아직도 잘못 알고 신고전학파 경제학과 자유 시장주의 경제학을 동일시하는 사람들이 있지만, 이 두 이론이 발전한 후로는 사실상 그것이 불가능해졌다.

둘 중 더 근본적인 영향을 끼친 이론은 후생 경제학(welfare economics), 다른 표현으로 **시장 실패 접근법**market failure approach으로, 케임브리지대학의 아서 피구 교수가 1920년대에 개발했다. 피구는 시장 가격이 진정한 사회적 비용 및 편익을 반영하는 데 실패하는 경우가 종종 발생한다고 주장했다. 예를 들어 공장을 가동하면 공기와 물이 오염될 수 있는데, 공기와 물은 시장 가격이 책정되어 있지 않으므로 (값을 치르지 않고 소비하는) 자유재로 간주할 수 있다. 그러나 공해가 '과다 생산'되면 환경이 파괴되고, 결과적으로 사회 전체가 고통받게 된다.

문제는 일부 경제 활동의 결과에 시장 가격이 매겨져 있지 않아 경제적 결정을 하는 데 반영되지 않는다는 점이다. 이를 **외부 효과**

externality라고 부른다. 앞에서 언급한 공해 문제의 경우는 **부정적 외부 효과negative externality**로 정부가 공장에 세금이나 규제를 적용해 공해를 덜 발생시키도록 강제하는 것이 정당하다고 할 수 있다. 과다한 공장 폐수 유출에 벌금을 매기는 것이 한 예이다. 이와 반대로 **긍정적 외부 효과positive externality**를 가져오는 경제 활동도 있다. 기업의 연구개발(R&D)이 좋은 예이다. 연구개발 활동은 다른 사람들도 이용할 수 있는 새로운 지식을 만들어 냄으로써 해당 기업이 거두는 수익보다 더 많은 가치를 창출한다. 이 경우 연구개발 활동에 보조금을 지급하는 정부의 정책이 정당화될 수 있다. 피구의 외부 효과 외에 다른 형태의 시장 실패들도 나중에 추가되었는데, 이에 관해서는 11장에서 자세히 이야기하겠다.

시장 실패론보다 영향력은 작지만 그 못지않게 중요한 이론의 수정이 1930년대에 있었는데, **보상 원칙compensation principle**이 바로 그것이다. 이 이론은 사회 변화로 혜택을 본 사람들의 이익 총합이 손해를 본 사람들에게 보상하고도 남을 정도로 크다면, 파레토 기준에 어긋난다 하더라도 그 사회는 개선된 것이라고 주장한다. 보상 원칙은 일부 구성원에게 피해를 입히더라도 그 피해를 완전히 보상해 줄 수 있는 변화는 지지함으로써, 신고전학파 경제학자들이 파레토 기준에 따른 극단적 보수주의에서 벗어날 수 있는 이론적 근거를 마련해 주었다. 물론 문제는 실제로 이러한 보상이 이루어지는 경우가 굉장히 드물다는 사실이다.*

## 반(反)혁명: 자유 시장 견해의 부활

이러한 수정을 거치면서 신고전학파는 자유 시장 정책을 고수할 이유가 없어졌다. 사실 1930년대에서 1970년대에는 많은 신고전학파 경제학자가 자유시장주의자가 아니었다. 신고전학파 경제학자 대다수가 자유 시장적 경향을 보이는 오늘날의 분위기는, 이 학파에 자유 시장의 한계를 가려낼 이론이 없거나 약해서가 아니라 1980년대 이후 정치 이데올로기가 변화한 것이 큰 이유이다. 사실 신고전학파 신봉자가 자유 시장 정책을 거부할 이론적 근거는 1980년대 이후 더 확장되었는데, 조지프 스티글리츠, 조지 애컬로프, 마이클 스펜스 등이 주도한 **정보 경제학**information economics의 발달 덕분이다. 이 이론은 시장에서 교환하는 당사자들 중 한쪽은 알고 있는 정보를 다른 쪽은 알지 못하는 **비대칭 정보**asymmetric information 상황이 왜 시장 오작동을 촉발하거나 아예 시장의 존재 자체를 없애는지를 설명한다.[7]

그러나 이와 동시에 1980년대 이후 많은 신고전학파 경제학자들이 시장 실패의 가능성을 부인하는 이론들 또한 개발했다. 거시 경제학의 '합리적 기대(rational expectation)' 이론이나 금융 경제학의 '효율적 시장 가설(efficient market hypothesis)' 등이 그 예로, 이 이론들은 기본적으로 사람들은 자신이 무엇을 하는지 잘 알고 행동하므로 정부가 개입해서는 안 된다고 주장한다. 좀 더 전문 용어를 써서 말하면, 경제 주체들은 합리적이므로 시장에서 나오는 결과는 항상 효율적이라는 것이다. 이와 동시에 **정부 실패**government failure 이론이 더 발전하면서 정부가 시장보다 더 크게 실패할 수 있기 때문에 시장 실패 자체로는

---

• 자동차와 섬유 산업에 종사하는 미국 노동자들이 피해를 입을 것이란 전망에도 불구하고 미국의 많은 신고전학파 경제학자들이 캐나다, 멕시코와 북미자유무역협정(NAFTA)을 맺는 데 찬성했다. 교역량 증가로 국가적 이익이 늘어 NAFTA로 손해 보는 사람들에게 보상을 하고도 남을 정도로 충분하다는 것이었다. 그러나 불행히도 이로 인해 손해를 본 사람들에 대한 보상은 완전히 이루어지지 않았다. 따라서 이는 파레토 개선이라고 부를 수 없다.

정부의 개입을 정당화할 수 없다는 주장이 힘을 얻었다. (이 문제는 11장에서 더 자세히 다룬다.)

## 정확성과 융통성: 신고전학파의 강점

신고전학파는 고유의 강점들을 가지고 있다. 어떤 현상을 분석해 개인 단위까지 내려가서 분석하는 덕분에 고도의 정확성과 명확한 논리를 가진다. 융통성 또한 가지고 있다. '우파' 마르크스주의자나 '좌파' 오스트리아학파는 나오기 힘들겠지만, 신고전학파에는 조지프 스티글리츠, 폴 크루그먼 같은 '좌파' 경제학자들이 있는가 하면 제임스 뷰캐넌이나 게리 베커처럼 극단적인 '우파' 경제학자들도 있다. 조금 과장해서 말하자면, 머리만 좋으면 어떤 정부 정책, 어떤 기업 전략, 어떤 개인의 행동도 신고전학파 경제학으로 정당화할 수 있다.

## 비현실적 개인, 현 상황에 대한 과도한 수용, 생산 부문 무시: 신고전학파의 한계

신고전학파는 사람들이 이기적이고 합리적이라는 것을 지나치게 강하게 가정한다. 동료를 위해 자신의 몸을 던져 총알을 막는 군인에서부터, 금융 호황이 절대 끝나지 않으리라는 동화를 (적어도 2008년 전까지는) 믿은 고등 교육을 받은 은행가와 경제학자에 이르기까지, 이 가정에 반하는 증거가 너무도 많다(자세한 이야기는 5장 참조).

또 신고전학파 경제학은 현 상황을 과도하게 수용한다. 개인의 선택을 분석할 때 저변에 깔린 사회 구조, 즉 돈과 권력의 분배 구조를 주어진 것으로 받아들이는 것이다. 이 때문에 신고전학파 경제학은 근본적인 사회 변화 없이 가능한 선택만 고려하게 된다. 예를 들어 많은 신고전학파 경제학자들, 심지어 좌파 성향의 '리버럴'한 폴 크루그먼조차 가난한 나라 공장의 저임금 정책을 비판해서는 안 된다고 주장한다. 저임금 노동이라도 하지 않으면 다른 선택은 실업밖에 없기 때문이다. 이 논리는 맞다. 만약 우리가 저변에 깔린 사회 경제적 구조를 그대로 받아들인다면 말이다. 그러나 일단 우리가 기꺼이 구조 자체를 바꾸겠다고 나선다면 저임금 노동 말고도 여러 가지 선택을 할 수 있다. 새로운 노동법을 만들어 노동자 권리를 강화하고, 토지 개혁을 통해 더 많은 사람이 농촌에 머물게 하여 저임금 공장 노동자의 공급을 줄이고, 산업 정책을 시행해 고숙련 고임금 직장을 창출한다면, 사람들이 할 수 있는 선택은 저임금과 실업 사이가 아니라 저임금과 고임금 사이가 될 수 있다.

이와 더불어 신고전학파는 교환과 소비에 초점을 맞추기 때문에 생산 영역을 무시한다. 그러나 생산은 우리 경제의 큰 부분이자 다른 많은 경제학파에서 얘기하듯 가장 중요한 부분이기도 하다. 신고전학파의 이런 맹점을 두고, 1992년 노벨 경제학상을 수상한 제도학파 경제학자 로널드 코스는 '숲 가장자리에서 도토리와 산딸기를 교환하는 외톨이 인간들'을 분석하는 데나 맞는 이론이라고 비아냥거렸다.

## 마르크스학파

한문장요약 자본주의는 경제 발달의 막강한 동력이지만, 사유 재산이 더 이상의 발전을 가로막는 장애물이 되면서 저절로 무너질 것이다.

마르크스 경제학파는 1840년대에서 1860년대 사이 발표된 카를 마르크스의 저서를 토대로 발전했다. 그의 저술 활동은 지적 동반자이자 재정적 후원자였던 프리드리히 엥겔스(1820~1895)와 함께 집필해 1848년에 출판된 『공산당 선언』으로 시작되어 1867년 『자본론』 1권이 나오면서 절정에 달했다.[8] 그의 이론은 19세기 말과 20세기 초에 독일, 오스트리아, 그 뒤 소련에서 더 발전했다.[*] 더 최근에는 1960년대와 1970년대 미국과 유럽에서 더 정교해졌다.

### 노동 가치론, 계급, 생산: 고전학파의 진정한 계승자

앞에서 언급했듯이 마르크스학파는 고전학파의 많은 요소를 계승했다. 고전학파를 계승했다고 자처하는 신고전학파보다 고전학파 이론을 진정으로 계승한 것이 마르크스학파이다. 마르크스학파는 노동 가치론을 채택한 반면 신고전학파는 이 이론을 노골적으로 부정한다. 또 마르크스학파는 생산에 초점을 맞추는 반면 신고전학파에서는 소비와 교환이 주 관심 대상이다. 마르크스학파는 경제 체제가 개인보다는 계급으로 이루어졌다고 주장하는데, 이는 신고전학파가 거부한 또 하나의 고전학파적 요소이다.

고전학파 경제학을 발전시키는 과정에서 마르크스와 그의 추종자들은 이복형제인 신고전학파와는 많이 다른 경제학을 만들어 냈다.

### 경제학의 중심으로서의 생산

고전학파의 생산에 기초한 경제관에서 한 걸음 더 나아가, 마르

---

• 러시아 혁명 전 마르크스 경제학을 이끈 인물은 카를 카우츠키(1854~1938), 로자 룩셈부르크(1871~1924), 루돌프 힐퍼딩(1877~1941) 등이다. 소련 마르크스 이론의 주요 인물은 블라디미르 레닌(1870~1924), 예브게니 프레오브라젠스키(1886~1937), 니콜라이 부하린(1888~1938) 등이다.

크스학파는 엥겔스가 말했듯이 '생산이 사회 질서의 기초'라고 주장한다. 모든 사회는 경제를 **하부 구조base**로 삼아 그 위에 건설된다. **생산 양식mode of production**이라고 부르기도 하는 이 하부 구조는 **생산력forces of production**(기술, 기계, 인간의 기능)과 **생산관계relations of production**(재산권, 고용 관계, 분업) 등으로 이루어진다. 이 기반 위에 문화, 정치, 인간 생활의 기타 측면으로 이루어진 **상부 구조superstructure**가 세워지는데, 상부 구조는 하부 구조인 경제가 운영되는 방식에 영향을 미친다. 이런 의미에서 마르크스는 아마도 경제에서 제도가 하는 역할을 체계적으로 탐구한 첫 경제학자로, 제도학파 경제학의 전조가 되었다고 할 수 있다.

마르크스학파는 애덤 스미스의 '발전 단계' 이론을 더 발전시켜서 사회가 일련의 생산 양식에 의해 규정된 역사적 단계를 거쳐 진화한다고 보았다. 즉 원시 공동체('부족' 사회), (그리스와 로마처럼 노예에 기초한) 고대 생산 양식, (땅에 묶인 준노예 신분의 농노를 부리는 지주 제도에 기초한) 봉건 사회, 자본주의 사회, 공산주의* 사회의 순서로 발달한다는 것이다. 자본주의는 인류가 공산주의라는 궁극적 단계에 이르기 직전 단계라고 보았다. 경제 문제가 역사적 성격을 띠었다는 점을 인식한 것은 신고전학파와 대조된다. 신고전학파에서는 무인도에 난파해 고립된 로빈슨 크루소, 중세 유럽의 7일장에서 거래하는 사람들, 탄자니아의 자급자족형 영세 농민, 21세기의 부유한 독일 소비자 등이 경험하는 효용 극대화라는 '경제' 문제가 시대와 장소에 상관없이 보편적인 것이

---

* 어떤 해석은 공산주의를 두 단계로 나누기도 한다. 사회주의라고 부르는 첫 단계는 중앙 계획에 따라 운영되는 경제 체제를 가진다. 두 번째 혹은 더 높은 단계인 '순수 공산주의'에서는 국가의 존재가 저절로 시들어 사라져 버리게 된다. 이 책에서는 공산주의와 사회주의를 구분하지 않고 쓴다.

라고 본다.

## 계급 투쟁과 자본주의 체제의 붕괴

마르크스학파는 계급에 기초해서 사회를 보는 고전학파의 견해를 한 단계 더 발전시켰다. 이들은 **계급 투쟁class conflict**이 역사를 움직이는 힘의 중심이라고 본다. 이 견해는 『공산당 선언』에 실린 다음과 같은 선언으로 잘 요약된다. "지금까지 존재한 사회의 역사는 계급 투쟁의 역사이다." 이와 더불어 마르크스학파는 고전학파와 달리 노동자 계급을 수동적 존재로 보지 않고 능동적으로 역사를 진보시키는 역할을 한다고 봤다.

고전학파 경제학자들은 노동자들을 생물학적 충동마저 제어하지 못하는 단순한 존재로 인식했다. 경제가 발전하고 노동에 대한 수요가 늘어나 임금이 올라가자마자 노동자들은 더 많은 자녀를 가지게 되고, 이 때문에 임금이 생존을 겨우 유지할 정도의 최저 수준으로 다시 떨어지고 만다는 것이다. 고전학파 경제학자들은 노동자들이 억제력을 배워 출산을 멈추지 않는 한 그들의 삶은 비참하기만 할 것이며, 노동자들의 저열한 본성을 감안할 때 그러지 않을 가능성이 없다고 결론지었다.

마르크스의 견해는 완전히 달랐다. 그에게 노동자는 고전학파 경제학에서 그리는 힘없는 '군중'이 아니라 사회 변화를 가져오는 활성제 같은 존재였다. 그의 말을 인용하면 '자본주의의 무덤을 파는 사람'인 노동자들은, 점점 커져 가고 복잡해져 가는 공장의 가혹한 위계질서 안에서 조직력과 규율을 키운 존재들이다.

마르크스는 노동자들이 원하면 아무 때나 혁명을 일으켜 자본주의를 무너뜨릴 수 있다고는 믿지 않았다. 시기가 무르익는 것이 중요했다. 그리고 그 시기는 자본주의가 충분히 발달해서 체제가 요구하는 기술(생산력)과 제도적 기반(생산관계) 사이의 갈등이 고조되었을 때 온다고 주장했다. 좀 더 설명하자면 다음과 같다.

끊임없는 경쟁에서 살아남기 위해 투자와 혁신을 해야 하는 자본가들의 노력에 힘입어 기술은 계속 발달하고, 분업이 점점 더 '사회적'이 되어 가면서 자본주의 기업들은 서로의 공급자와 수요자가 되어 상호 의존도가 커진다. 이에 따라 기업 간 활동을 조정할 필요가 더 커지는 반면 생산 수단은 개인 소유여서 이런 조정이 불가능하지는 않지만 극도로 어렵다. 그 결과 체제 안에서 엄청난 모순과 갈등이 생기고, 결국은 체제 자체가 붕괴되고 만다. 자본주의는 사회주의로 대체되고, 노동자들이 공동으로 소유한 모든 관련 기업의 활동은 중앙 계획 당국이 전적으로 조정하게 된다.

## 치명적 흠이 있으나 여전히 유용한: 기업, 노동, 기술의 발전에 관한 이론

마르크스학파는 치명적 흠을 많이 가지고 있다. 무엇보다 자본주의가 제 무게를 이기지 못하고 스스로 붕괴할 것이라는 예측이 실현되지 않았다. 자본주의는 마르크스학파가 예견한 것보다 훨씬 자기 수정 능력이 뛰어난 것으로 판명되었다. 사회주의가 실현된 나라도 마르크스가 예언한 것처럼 자본주의가 가장 발달한 사회가 아니라 러시아, 중국처럼 자본주의가 거의 발달하지 않은 곳이었다. 마르크스학파는 정치적 프로젝트와 너무 얽히는 바람에 그 추종자들은 마르크스가 말한 것은 무엇이든, 한발 더 나아가 소련에서 내리는 마르크스에 대한 해석을 맹목적 신앙처럼 받아들이게 되었다. 자본주의를 대체할 시스템을 어떻게 조직해야 하는지에 관한 이론이 극도로 부족했다는 것 또한 사회주의 블록이 무너지면서 증명되었다. 이외에도 약점은 끝이 없다.

그러나 이러한 한계에도 불구하고 마르크스학파는 자본주의 체제가 어떻게 작동하는지를 이해하는 데 매우 유용한 통찰력을 제시한다. 마르크스는 자본주의의 두 가지 주요 제도의 차이점에 주의를 기울인 최초의 경제학자이다. 위계질서가 뚜렷하고 계획에 따라 움직이는 기업, 그리고 (형식적으로는) 자유롭고 자발적인 시장 말이다. 그는 자본주의 경제의 기업을 시장이라는 무질서한 바다에 떠 있는 합리적 계획의 섬이라고 비유했다. 이에 더해 당시 '주식 합명 회사'라는 이름으로 부르던, 유한 책임을 가진 다수의 주주가 소유하는 대규모 기업이 자본주의를 이끄는 주체가 될 것이라고 예견했다. 대부분의 자유 시장 경제학자들이 유한 책임이라는 개념 자체를 여전히 반대하고 있던 시대에 나온 혜안이었다.

대부분의 다른 경제학자들과 달리 마르크스와 그의 추종자들은 노동을 소비에 들어가는 돈을 마련하기 위해 견뎌야 하는 비효용이 아니라 그 자체가 의미 있는 것으로 취급했다. 마르크스는 노동이 인간에게 내재한 창의성을 표현할 수 있는 길이라고 믿었다. 이를 막는 위계적 자본주의 기업들을 비난하고, 점점 세세하게 분할되는 분업 과정에서 견뎌야 하는 비인간적이고 정신을 마비시킬 정도로 지루한 반복 노동의 악영향을 강조했다. 애덤 스미스 또한 더 세세한 분업이 갖는 생산성 향상이라는 장점을 찬양하면서도, 조각조각 나뉜 일을 하는 과정이 개별 노동자들에게 끼치는 부정적인 효과를 우려했다는 점은 주목할 만하다.

　마지막으로, 마르크스는 자본주의 발달 과정에서 기술 혁신이 갖는 중요성을 진정으로 이해하고 이를 이론의 중심 요소로 삼은 최초의 주요 경제학자였다.

# 개발주의 전통

**한문장요약** 후진 경제에서는 모든 것을 시장에 맡겨 놓으면 개발이 불가능하다.

## 무시된 전통

　고전학파보다 더 오래되었지만, 거의 아는 사람이 없고 경제 사상사 책에서조차 잘 언급되지 않는 지적 전통이 있다. 내가 개발주의 전통이라 이름 붙인 이 지적 흐름은 16세기 말, 17세기 초에 시작되었으며 고전학파보다 약 2세기 앞서 있다.

　이 전통을 '학파'라고 부르지 않는 이유는 학파에는 보통 뚜렷한 창시자와 그 추종자들이 있고 명백한 핵심 이론이 있는 반면, 개발주의 전통은 이 모든 것이 분산되어 있는 데다 사상에 영감을 준 원천도 다양하고 지적 혈통도 복잡하기 때문이다.

　이는 지적 순수성보다는 실제 세상에서 부딪치는 문제를 푸는 데에 관심을 가진 정책 입안자들이 이 전통을 시작했기 때문이다.* 개발주

---

・　루이 14세 시절 재무 장관을 지낸 프랑스의 장바티스트 콜베르(1665~1683) 등 몇몇은 아직까지도 그들이 시행한 정책으로 기억되고 있으나, 대부분은 잊혔다. 헨리 7세나 로버트 월폴 같은 사람들은 역사에 남았지만 경제 정책 때문은 아니다.

의 전통을 따르는 경제학자들 중에 중요한 독창적인 지적 공헌을 한 사람들도 있지만, 그들은 대부분 실용적이고 절충적인 방식으로 다양한 원천에서 요소를 끌어 왔다.

그렇다고 해서 이 지적 전통이 여느 학파보다 덜 중요하다는 것은 결코 아니다. 분명 개발주의는 실제 세상에 끼친 영향력 면에서는 경제학에서 가장 중요한 지적 전통이다. 사실 18세기 영국에서부터 19세기 미국과 독일, 그리고 오늘날의 중국에 이르기까지 인류 역사상 성공을 거둔 모든 경제 발전은 신고전학파 경제학의 협소한 합리주의나 계급 없는 사회를 꿈꾸는 마르크스의 비전이 아니라, 바로 이 개발주의 전통의 힘을 빌려서 이루어졌다.[9]

## 경제적 후진성을 극복하기 위한 생산 능력의 증진

개발주의 전통은 경제적으로 뒤처진 국가들이 경제 발전을 하고 선진국을 따라잡도록 돕는 데 초점을 맞추고 있다. 이 전통에 속하는 경제학자들에게 경제 발전은 원유나 다이아몬드 같은 천연자원을 발견해서도 달성할 수 있는 단순한 소득 증가를 이루는 것이 아니다. 그들에게 경제 발전이란 더 고급스러운 **생산 능력productive capability**, 즉 기술과 조직을 사용하고 또 새로이 개발해서 생산할 수 있는 힘을 취득하는 것이다.

개발주의 경제학자들은 첨단 제조 산업과 같은 특정 경제 활동이 다른 산업보다 한 나라의 생산 능력을 개발하는 데 더 유리하다고 주장한다. 그러나 이런 경제 활동은 이미 선진국 기업들이 점유하고 있는 분야라 후진국에서 자연 발생적으로 발달할 수 없다고 본다. 후진 경제에서는 관세, 보조금, 규제 같은 정부의 개입이 없으면, 자유 시장의 힘으로 인해 그 나라가 이미 잘하는 천연자원이나 저임금에 의지한 저생산성 경제 활동으로 끊임없이 회귀하게 될 것이기 때문이다.[10] 개발주의에서는 어떤 경제 활동과 정책이 바람직하고 적절한지는 시기와 사회적 맥락에 달려 있다고 강조한다. 18세기의 섬유 산업처럼 과거의 첨단 산업이 현재는 사양 산업일 수도 있고, 자유 무역처럼 선진국에 좋은 정책이 경제적으로 덜 발달한 나라에는 좋지 않을 수도 있다는 의미이다.

### 개발주의 전통의 첫 가닥들: 중상주의, 유치산업론, 독일 역사학파

개발주의 정책이 처음 시행된 것은 그보다 더 오래되었지만(예를 들어 영국 헨리 7세 때: 재위 기간 1485~1509), 개발주의 전통의 이론적 저술은 16세기 말에서 17세기 초 조반니 보테로, 안토니오 세라 등의 이탈리아 르네상스 경제학자들에게서 시작되었다. 이들은 정부가 제조업 활동을 장려해야 한다고 강조했다.

17세기와 18세기의 개발주의 경제학자들은 **중상주의자**mercantilist들로 알려져 있다. 이들은 요즘에는 무역 수지 흑자(수출이 수입보다 많은 경우)를 내는 데만 초점을 맞춘 것처럼 묘사되고 있다. 그러나 실제로는 많은 수가 정책 개입을 통해 생산성 높은 경제 활동을 증진하는 데 더 관심이 있었다. 적어도 이들 중 더 수준 높은 학자들은 무역 수지 흑자가 그 자체로 중요한 것이 아니라, 고생산성 경제 활동의 발달이라는 경제적 성공의 결과라는 점에서 중요하다고 생각했다.

18세기 말부터 무역 수지 흑자에 치중하는 중상주의적 색채를 벗은 개발주의 전통은 생산에 더 명확히 초점을 맞추었다. 그리고 3장에서 언급한 알렉산더 해밀턴의 유치산업론의 탄생과 함께 큰 발전을 이루었다. 해밀턴의 이론은 독일 경제학자 프리드리히 리스트가 한 걸음 더 발전시켰는데, 리스트는 오늘날 유치산업론의 아버지로 흔히 오인되곤 한다.[11] 리스트가 활약하던 19세기 중반에 생겨난 독일 역사학파는 20세기 중반까지 독일 경제학계를 풍미했다. 이 학파는 미국의 경제학계에도 큰 영향을 끼쳤다.* 역사학파는 물질적 생산 체계가 법을 비롯한 사회 제도와 영향을 주고받으면서 어떻게 변화했는지 그 역사를 이해하는 것이 중요하다고 강조했다.[12]

## 현대의 개발주의 전통: 개발 경제학

개발주의 전통은 1950년대와 1960년대에 (알파벳순으로) 앨버트 허시먼(1915~2012), 사이먼 쿠즈네츠(1901~1985), 아서 루이스(1915~1991), 군나르 뮈르달(1898~1987) 등에 의해 그 현대적 모습을 갖추게 되었다. 이들의 이론은 개발 경제학이라 불린다. 이들과 추종자들은 아시아, 아프리카, 중남미 등 주로 자본주의의 주변부 나라들에 관해 저술 활동을 벌이면서 이전의 개발주의 전통을 더 다듬었을 뿐 아니라 혁신적인 새 이론들을 덧붙였다.

그중 가장 중요한 혁신은 허시먼의 이론으로, 그는 다른 산업과 특히 더 밀접한 **연관 효과**linkage를 내는 산업 분야가 있다고 지적했다. 즉 어떤 산업들은 다른 산업에 비해 훨씬 더 많은 산업 분야와 제품을 사고판다는 것이다. 자동차와 철강 산업이 대표적인 예인데, 정부가 이런 산업을 찾아서 계획적으로 양성하면 시장에 맡겨 두는 것보다

---

• 미국경제학회(American Economic Association)를 초기에 이끈 존 베이츠 클라크(1847~1938)와 리처드 일리(1854~1943)는 독일 역사학파 경제학자 빌헬름 로셔(1817~1894)와 카를 크니스(1821~1898) 밑에서 공부했다.

경제가 더 잘 성장할 것이라고 주장했다.

　최근에는 일부 개발 경제학자들이 경제의 생산 능력을 기르는 투자로 유치산업 보호 정책을 보완해야 한다고 강조했다.[13] 그들은 보호 무역은 그 나라 기업에 생산성을 높일 수 있는 공간을 마련해 줄 뿐이라며, 실제로 생산성을 높이려면 교육, 훈련, 연구개발에 의도적으로 투자해야 한다고 주장했다.

### 보기보다 대단한: 개발주의 전통에 대한 평가

　앞에서도 지적했지만 개발주의 전통의 가장 큰 약점은 일관성을 갖추고 전체를 아우르는 이론이 없다는 점이다. 인간은 본능적으로 모든 것을 설명할 수 있다고 주장하는 이론에 자연스럽게 끌리게 마련인 만큼, 개발주의 전통은 신고전학파나 마르크스학파처럼 더 일관성 있고 자신감 넘치는 학파에 비해 열등해 보이기 쉽다.

　이 전통은 또 정부의 능동적인 역할에 찬성하는 다른 경제학파에 비해 정부 실패 논쟁에 더 취약하다. 특히 폭넓은 정책을 추천하는 관계로 정부의 행정력을 분산시킬 가능성이 높기 때문이다.

　그러나 이러한 약점에도 불구하고 개발주의 전통은 더 주목할 가치가 있다. 이 전통의 가장 큰 약점으로 꼽히는 절충주의는 사실 강점이 될 수도 있다. 복잡다단한 세상을 설명하는 데는 어쩌면 절충적인 이론이 더 유용할 수도 있기 때문이다. 3장에서 살펴본, 자유 시장 정책과 사회주의 정책을 독창적으로 결합해 성공한 싱가포르가 좋은 예이다. 이와 더불어 개발주의 전통이 실제 세상을 바꾼 변화의 기록을 감안하면 이 지적 전통이 겉보기보다 더 대단한 이론인 것은 확실하다.

# 오스트리아학파

**한문장요약** 모든 것을 충분히 아는 사람은 없으므로, 아무한테도 간섭하면 안된다.

### 오렌지만 과일인 것은 아니다: 자유 시장 경제학의 여러 가지 형태

신고전학파 경제학자들이 모두 자유 시장 경제학자는 아니다. 그리고 자유 시장 경제학자들이 모두 신고전학파 경제학자인 것도 아니다. 오스트리아학파 경제학자들은 대부분의 신고전학파 경제학자들보다 자유 시장을 훨씬 더 열렬히 지지한다.

오스트리아학파는 카를 멩거(1840~1921)에 의해 19세기 말에 시작되었고, 루트비히 폰 미제스(1881~1973)와 프리드리히 폰 하이에크(1899~1992)에 의해 그 영향력이 오스트리아 너머로 퍼져 나갔다. 그리고 1920년대와 1930년대에 중앙 계획 경제의 실현 가능성을 두고 마르크스 경제학자들과 벌인 이른바 '계산 논쟁(Calculation Debate)' 때문에 국제적으로 주목받게 되었다.[14] 1944년 하이에크는 『노예의 길』을 통해 개인의 근본적인 자유를 잃게 만드는 정부 개입의 위험성을 열정적으로 경고해 대중에게 엄청난 영향을 끼쳤다.

오늘날 오스트리아학파는 (주류인) 신고전학파의 자유 시장 분파와 같은 자유방임적 진영에 속하며, 그들과 비슷하지만 좀 더 극단적인 정책을 추천하곤 한다. 그러나 오스트리아학파는 방법론 면에서는 신고전학파와 많이 다르다. 이 두 학파의 동맹은 경제학보다는 정치적인 이유에서 나온 것이다.

## 복잡성과 제한된 합리성: 자유 시장에 대한 오스트리아학파의 변론

오스트리아학파는 개인의 중요성을 강조하지만, 신고전학파 경제학과 달리 개인을 합리적 원자로 보지 않는다. 오스트리아학파는 인간의 합리성은 극도로 제한되어 있는 것으로 본다. 인간이 합리적으로 행동하는 것은 우리가 사회적 규범을 아무런 의문도 제기하지 않고 받아들임으로써 자발적, 무의식적으로 자신의 선택 범위를 제한하기 때문에 가능하다고 주장한다. 하이에크는 "관습과 전통은 본능과 이성 사이에 놓여 있다"라고 목소리를 높였다. 예를 들어 대부분의 사람들이 도덕적 규범을 존중할 것이라고 가정하기 때문에 우리는 사기 당할 확률을 계산하기보다는 가능한 시장 거래의 비용과 이득을 계산하는 데 정신적 에너지를 사용할 수 있다.

오스트리아학파는 또 세상이 고도로 복잡하고 불확실하다고 주장한다. 이 학파의 추종자들이 계산 논쟁에서 지적한 대로 아무도, 심지어 누구에게 무슨 정보라도 요구할 수 있는 전능한 사회주의 국가의 중앙 계획 기구조차도 복잡한 경제 체제를 운영하는 데 필요한 정보를 모두 얻을 수는 없다. 오직 경쟁이 허용된 시장에서 일어나는 **자생적 질서**spontaneous order를 통해서만, 예측 불가능하고 복잡한 세상의 변화에 반응해 수많은 경제 주체가 만드는 다양하고 변화무쌍한 계획이 서로 조화를 이룰 수 있다.

따라서 오스트리아학파는 신고전학파에서 주장하듯 인간이 완벽하게 합리적이고 모든 것을 다 알아서가 아니라(혹은 적어도 필요한 것은 다 알아낼 수가 있어서가 아니라), 우리가 그다지 합리적이지 못하고 본질적으로 '알래야 알 수 없는' 것이 세상에 너무도 많기 때문에 자유 시장이 가장 좋은 경제 체제라고 주장한다. 자유 시장을 옹호하는 이런 식의 변호는, 인간이 엄청나게 합리적이라는 가정과 세상의 모든 정보를 '알 수 있다'는 비현실적인 믿음에 기초한 신고전학파의 변호 방식보다 훨씬 현실적이다.

## 자생적 질서 vs 구축된 질서: 오스트리아학파의 한계

의도적으로 질서를 만들어 낼 수 있는 우리의 능력이 제한되어 있기 때문에 시장의 자생적 질서에 맡기는 것이 더 낫다는 오스트리아학파의 주장은 100퍼센트 옳다. 그러나 자본주의는 의도적으로 '구축된 질서'로 가득 차 있다. 유한 책임 회사, 중앙은행, 지식재산권법 등 19세기 말까지 존재하지 않다가 뒤늦게 도입된 제도들이 그 예이다. 서로 다른 자본주의 경제마다 다른 다양한 제도와 그에 따라 달라지는 경제 실적 또한 많은 부분이 자생적이라기보다는 의도적으로 구축된 질서의 결과이다.[15]

더욱이 시장 그 자체도 (자생적이라기보다는) 구축된 질서이다. 시장은 특정 행위는 금지하고, 어떤 것들은 억제하고, 또 어떤 것들은 장려하기 위해서 의도적으로 만든 규칙과 규제 등에 기초한다. 의도적인 정치적 결정에 따라 시장의 경계가 여러 번 수정되었다는 사실을 상기하면 이 점이 더 쉽게 이해될 것이다. 이것은 오스트리아학파가 인정하지 않거나, 더 나아가 인정하기를 거부하는 사실이다. 노예, 아동 노동, 일부 향정신성 의약품 등 한때는 시장에서 합법적으로 교환했던 것들을 이제는 시장에서 거래할 수가 없다. 이와 동시에 이전에는 시장에서 팔 수 없었는데 정치적 결정 덕분에 지금은 판매하는 것들도 있다. 공동체가 공동으로 소유하기 때문에 사고팔 수 없었던 영국의 공동 녹지 코먼스(Commons)는 16세기에서 18세기 사이에 인클

로저(enclosure)를 통해 사유지가 되었고, 탄소 배출권 시장은 1990년대 들어서야 만들어졌다.[16] 시장을 자생적으로 생긴 질서라고 부름으로써 오스트리아학파는 자본주의 경제의 본질을 심각하게 왜곡 해석했다. 정부 개입에 관한 입장도 너무 극단적이다. 오스트리아학파는 법과 질서를 유지하고, 특히 사유 재산을 보호하는 것 이외의 어떤 정부 개입도 사회주의를 향한 '미끄러운 내리막길(slippery slope)'의 단초가 된다고 보는데, 이는 하이에크의『노예의 길』에 가장 명시적으로 드러나 있다. 이 시각은 이론적으로 설득력이 없을 뿐 아니라 역사적으로도 증명되지 않았다. 각 나라마다, 그리고 한 나라 안에서도 시장과 정부가 결합하는 수준은 엄청나게 다양하다. 같은 미국 내에서도 초콜릿은 초등 교육보다 훨씬 더 시장 중심적인 방법으로 소비자에게 도달한다. 한국은 의료 공급을 영국보다 훨씬 더 시장 원리에 의존하지만, 상수도와 철도는 그 반대이다. '미끄러운 내리막길'이라는 것이 존재했다면 이런 다양성은 없었을 것이다.

## (신)슘페터학파

한문장요약 **자본주의는 경제 발달의 막강한 동력이지만, 기업이 대형화하고 관료주의화하면서 쇠락하게 되어 있다.**

조지프 슘페터(1883~1950)는 경제학 역사에 거대한 족적을 남긴 인물은 아니다. 그러나 그의 이름을 딴 슘페터학파 혹은 신슘페터학파*가

---

• '신'이라는 접두어를 붙여야 하는지에는 논쟁의 여지가 있다. 슘페터학파와 신슘페터학파의 차이는 가령 고전학파와 신고전학파의 차이보다 훨씬 더 작다.

생길 만큼 사상은 독창적이었다. (애덤 스미스도 자기 이름을 딴 학파는 갖지 못하지 않았는가.)

오스트리아학파와 마찬가지로 슘페터도 마르크스학파의 그림자를 완전히 벗어나지 못했다. 심지어 1942년 출간된 그의 걸작 『자본주의, 사회주의, 민주주의』에서도 앞의 네 개 장은 마르크스에 관한 내용이다.[17] 유명한 케인스학파 경제학자 조앤 로빈슨은 슘페터를 '형용사만 바꾼 마르크스'라고 일갈해서 화제가 되기도 했다.

### 창조적 파괴의 돌풍: 슘페터의 자본주의 발달 이론

슘페터는 기술 발달이 자본주의의 원동력 역할을 한다고 강조한 마르크스의 이론을 더 발전시켜, 새로운 생산 기술 · 제품 · 시장을 창조하는 기업가의 **혁신innovation**을 통해 자본주의가 발달한다고 주장했다. 혁신에 성공한 기업가는 각자의 시장에서 일시적으로 독점권을 누리면서 이례적인 이윤을 거두게 되는데, 이를 슘페터는 **기업가 이윤entrepreneurial profit**이라고 불렀다. 시간이 흐르면 경쟁자들이 그 혁신을 모방해서 모두의 이윤을 '정상' 수준으로 끌어내리게 된다. 한때 애플 아이패드가 독점했던 태블릿 컴퓨터 시장에 지금 얼마나 다양한 상품이 있는지를 생각해 보라.

슘페터는 기술 혁신을 동력으로 한 이러한 경쟁이 신고전학파 경제학에서 말하는 가격 경쟁보다 훨씬 더 강력하고 중요하다고 생각했다. 신고전학파 경제학에서는 '이미 존재하는' 기술을 이용하되 효율성을 높여 가격을 낮추는 방법으로 생산자들이 경쟁한다고 설명한다. 반면 슘페터는 가격을 통한 경쟁과 혁신을 통한 경쟁 간의 효과 차이는 "문을 몸으로 밀쳐 여는 것과 폭격하는 것만큼이나 크다"라고 주장했다.

이 문제에 관해 슘페터는 선견지명이 있었다. 그는 아무리 확고히 자리 잡은 기업이라도 장기적으로 '창조적 파괴의 돌풍(gales of creative destruction)'에서 안전한 곳은 하나도 없다고 주장했다. 한때 분야를 주도했던 IBM이나 GM, 코닥과 같은 기업의 쇠락과 파산은 혁신을 통한 경쟁의 힘을 잘 보여 준다.

**슘페터는 왜 자본주의의 쇠락을 예언했고, 왜 틀렸는가?**

자본주의의 역동성에 확고한 신념을 가졌던 슘페터였지만, 자본주의의 미래에는 낙관적이지 않았다. 『자본주의, 사회주의, 민주주의』에서 그는 기업의 규모와 ('기업 연구소'가 나타나는 등) 기술 혁신의 과학적 원칙을 응용하는 범위가 점점 커지면서, 자신이 비아냥거리는 어조로 '경영자 타입'이라고 부른 전문 경영인들에게 기업가들이 자리를 내주고 있다고 관측했다. 기업 경영이 관료화되면서 자본주의는 역동성을 잃게 될 수밖에 없는데, 궁극적으로 자본주의의 역동성은 기업가라고 부르는 카리스마 넘치는 영웅들의 비전과 추진력에 기대고 있기 때문이다. 슘페터에 따르면, 이런 과정에서 자본주의는 마르크스가 예언한 것처럼 급사하는 것이 아니라 서서히 시들어 사회주의로 탈바꿈한다는 것이다.

그러나 슘페터의 예언은 실현되지 않았다. 자본주의는 그가 점쳤던 우울한 죽음을 맞는 대신 사실상 '더' 역동적으로 변했다. 그가 이렇게 부정확한 예측을 한 것은 기업가 정신이 기업가뿐 아니라 기업 안과 밖의 수많은 주체가 참여하는 집단적 노력으로 빠르게 바뀌고 있다는 것을 깨닫지 못했기 때문이다.

복잡한 현대 산업에서 일어나는 기술 발전의 많은 부분은 생산 과정에서 나타나는 문제를 해결하려는 실용적인 노력이 낳은 **점진적 혁신 incremental innovation**을 통해 나온다. 즉 생산 라인의 노동자들까지 혁신에 참여한다는 의미이다. 사실 일본의 자동차 회사들, 특히 토요타 같은 회사는 혁신 과정에 공장 노동자들의 조언을 최대한 활용하는 생산 방법을 사용해 큰 덕을 보았다. 제임스 와트나 토머스 에디슨 같은 천재들이 (거의) 혼자서 새로운 기술을 완성하는 시대는 지났다. 그뿐이 아니다. 혁신을 할 때 기업은 정부, 대학, 자선 재단 같은 다양한 비상업적 주체가 제공하는 연구 기금과 연구 결과에 의지한다. 이제는 사회 전체가 혁신에 참여하는 것이다.

혁신 과정에 참여하는 '다른 선수들'의 역할을 제대로 감안하지 않았기에 슘페터는 개인 기업가들의 역할이 줄어들면서 자본주의가 역동성을 잃고 시들 것이라는 잘못된 결론에 이르렀다.

다행히도 (간혹 신슘페터학파라고 불리는) 그의 지적 계승자들은 기업, 대학, 정부 등 혁신 과정에서 다양한 주체의 상호 작용을 분석하는 **국가 혁신 시스템national system of innovation**이라는 접근법을 통해 슘페터 이론의 한계를 극복했다.˙ 그러나 (신)슘페터학파는 기술과 혁신에 너무 초점을 맞춰 노동, 금융, 거시 경제 등의 다른 경제 문제를 상대적으로 무시했다는 비판을 받기도 한다. 공평하게 말하자면 특정 문제에 초점을 맞추는 것은 다른 학파들도 마찬가지이나, 슘페터학파는 다른 학파에 비해 특히 더 초점이 협소하다.

---

• 간혹 진화 경제학이라고도 부르는 이 학파의 대표적 학자들로는 (알파벳순으로) 마리오 치몰리, 조반니 도시, 고(故) 크리스토퍼 프리먼, 벵트 오케 룬드발, 리처드 넬슨, 시드니 윈터 등이 있다.

# 케인스학파

**한문장요약** 개인에게 이로운 것이 전체 경제에는 이롭지 않을 수도 있다.

슘페터와 같은 해에 태어났고, 자기 이름을 딴 경제학파를 가지는 영광을 누린 또 한 명의 경제학자가 바로 존 메이너드 케인스(1883~1946)이다. 지적 영향력으로만 보면 두 사람은 비교가 되지 않는다. 케인스는 20세기의 가장 중요한 경제학자라고 해도 과언이 아니다. 그는 거시 경제학 분야를 창시하여 경제학에 대한 정의를 바꾸었는데, 거시 경제학이란 경제의 각 부분을 단순히 더하는 것이 아니라 경제 전체를 하나의 단위로 보고 분석하는 경제학 분야이다.

케인스 이전에는 대부분의 사람들이 "민간인의 가정에서 통하는 신중한 선택이 왕국 전체에 통하지 않을 리가 없지 않는가"라는 애덤 스미스의 의견에 동의했다. 어떤 사람들은 지금도 같은 의견을 가지고 있다. 영국의 총리 데이비드 캐머런은 2011년 10월에 영국인 모두가 신용카드 빚을 갚도록 노력해야 할 것이라고 말했다. 그의 조언대로 지출을 줄이고 빚을 갚는 사람들이 너무 늘어나면 영국 경제 전체의 수요가 급락할 수 있는데도 말이다. 한 사람이 하는 지출은 곧 다른 사람의 소득이라는 원리를 이해하지 못한 것인데, 결국 캐머런 총리는 고문단의 압력으로 이 곤혹스러운 발언을 취소했다.

케인스는 이런 견해를 반박하면서 시장에서 수요와 공급이 자동으로 균형을 이루게 되어 있는데, 어떻게 해서 실업자, 가동을 쉬는 공장, 팔리지 않는 물건이 공존하는 상황이 오랜 기간 계속될 수 있는지를 설명하려고 했다.

## 왜 실업이 생기는가?: 케인스학파의 설명

케인스는 한 사회가 생산하는 모든 것을 소비하지는 않는다는, 생각해 보면 명백한 사실에서 이론을 시작한다. 생산된 것이 모두 팔리고, 노동자들의 노동 서비스를 포함해서 생산에 투입된 모든 자원이 활용되는 **완전 고용full employment** 상태가 이루어지려면, 생산과 소비의 차이, 즉 저축이 투자가 되어야 한다.

불행하게도 저축과 투자의 액수가 같다는 보장은 없다. 특히 투자하는 사람과 저축하는 사람이 다를 때는 더욱 그렇다. 자본가들이 대부분 자신의 저축에서 투자를 하고, 노동자들은 임금이 너무도 적어서 저축을 할 수 없었던 자본주의 초기와는 상황이 달라졌다. 이는 투자의 수익이 바로 나지 않고, 따라서 투자하는 사람이 미래에 대해 어떤 기대를 하느냐에 따라 투자의 양이 달라지기 때문이다. 그리고 이 기대는 합리적 계산보다는 심리적 요인에 더 큰 영향을 받는다. 미래는 **불확실성uncertainty**으로 가득 차 있기 때문이다.

불확실성은 단순히 미래에 무슨 일이 벌어질지 정확히 모른다는 뜻만은 아니다. 어떤 일들에 대해서는 여러 가지 가능한 상황이 벌어질 확률들을 상당히 정확하게 계산할 수 있다. 경제학자들은 이를 **위험** 또는 **리스크risk**라고 부른다. 사실 죽음, 화재, 자동차 사고 등 사람들의 삶과 관계된 여러 리스크를 계산하는 능력은 보험 산업의 토대이다. 그러나 어떤 상황이 벌어질 확률은커녕 어떤 상황들이 가능한지도 모르는 경우가 수없이 많다. 놀랍게도 이 불확실성을 가장 잘 설명한 것은 조지 W. 부시 대통령의 첫 임기 동안 국방 장관을 지낸 도널드 럼즈펠드이다. 2002년 아프가니스탄의 상황을 브리핑하는 기자 회견에서 그는 이렇게 말했다. "알려진 기지수들이 있다. 우리가 알고 있다는 것을 알고 있는 것들이다. 알려진 미지수들이 있다. 우리가 모른다는 사실을 알고 있는 것들이다. 그러나 알려지지 않은 미지수들이 있다. 우리가 모른다는 것조차 모르는 것들 말이다." 이 '알려지지 않은 미지수(unknown unknowns)'라는 표현이야말로 케인스의 불확실성 개념을 가장 잘 요약하고 있다.

## 완전 고용을 위한 능동적 재정 정책: 케인스학파의 해결책

불확실한 세상에서는 투자자들이 갑자기 미래를 비관적으로 생각해 투자를 줄일 수도 있다. 그런 상황에서는 저축이 필요한 것보다 더 많이 생길 수 있다. 이를 전문 용어로 '저축 과잉(savings glut)'이라고 한다. 고전학파 경제학자들은 저축 과잉이 되면 저축에 대한 수요가 감소해서 (대출 가격이라고도 할 수 있는) 이자율이 떨어지고, 이에 따라 투자하기에 더 매력적인 조건이 형성되므로 조만간 과잉 상태가 해소된다고 생각했다.

그러나 케인스는 그렇지 않다고 주장했다. 투자가 줄어들면 전체적으로 지출이 줄어들고 따라서 소득이 줄어든다. 한 사람의 지출은 다른 사람의 소득이기 때문이다. 소득이 줄어들면 저축도 줄어든다. 저축은 결국 소비를 하고 남은 것이기 때문이다. 소득이 줄어들었다고 그에 비례해서 소비가 줄어들지는 않는다. 소비는 생존에 꼭 필요한 필수품과 습관에 의해 좌우되기 때문이다. 결국 저축은 줄어든 투자 수요에 맞춰서 같이 줄어든다. 잉여 저축이 이런 식으로 줄어들면 이자율을 낮춰야 하는 압력이 생기지 않고, 따라서 투자에 대한 추가적 자극도 생기지 않는다.

케인스는 완전 고용이 가능할 정도로 투자가 이루어지려면 새 기술, 금융 시장의 들뜸 등의 특별한 사건으로 잠재적 투자자들의 **야성적 충동animal spirits**(행동하지 않는 쪽보다 행동하는 쪽으로 기우는 본능적 욕구)이 자극을 받아야만 한다고 생각했다. 그가 보기에는, 완전 고용을 지탱하기에 부족한 **유효 수요effective demand**(실제 구매력으로 뒷받침되는 수요) 수준에서 저축과 투자가 균형을 이루는 것이 정상적인 상태였다. 따라서 완전 고용을 달성하기 위해서는 정부가 적극적으로 지출해 수요 수준을 올려야 한다고 주장했다.[18]

### 경제학에서 돈이 제대로 된 역할을 맡다: 케인스학파의 금융 이론

케인스 경제학파에서는 팽배한 불확실성 때문에 고전(그리고 신고전)학파에서처럼 돈이 단순한 회계 단위나 편리한 교환 수단 이상의 의미를 지닌다. 돈은 재무 상황을 신속하게 바꿀 수 있도록 **유동성 liquidity**을 확보하는 수단이다.

이런 점을 감안하면 금융 시장은 투자할 돈을 공급하는 수단일 뿐 아니라 같은 투자 프로젝트에 대해 사람들이 가진 견해차를 이용해 돈을 벌 수 있는 장소, 다시 말해서 **투기speculation**의 장이기도 하다. 이 시장에서는 자산을 사고파는 것이 그 자산에서 나올 궁극적 수익보다는 미래에 대한 예측, 그리고 더 중요하게는 다른 사람들이 어떤 예측을 할 것인지에 대한 예측에 따라서도 좌우될 수 있다. 케인스는 이를 '평균적 견해에 대한 평균적 견해(the average opinion about the average opinion)'라고 표현했다. 케인스에 따르면 이것이 금융 시장에서 자주 목격되는 군중 심리의 기초가 되기 때문에 금융 시장은 금융 투기와 거품, 그리고 거품이 꺼지는 위험을 내재하고 있다.[19]

이러한 분석에 기초해서 그가 투기의 힘으로 돌아가는 금융 시스템의 위험을 경고한 것은 유명하다. "기업이 큰 물줄기를 이루고 투기가 그 위를 떠다니는 거품일 때는 투기도 별다른 해가 없다. 그러나 기업이 투기라는 소용돌이 위에 떠다니는 거품이 된다면 상황은 심각해진다. 한 나라의 자본 개발이 도박의 부산물로 생긴 것이라면 작동을 잘할 가능성이 희박하다." 케인스는 뭘 알고 하는 말이었다. 자신이 투기에 크게 성공한 사람이었기 때문이다. 자선 단체에 엄청난 기부를 하고 나서도 그의 재산은 요즘 화폐 가치로 따지면 거의 1500만 달러(약 160억 원)에 달했다.[20]

## 20세기에 걸맞은 경제 이론 그리고 그 이상?

케인스학파는 고전학파나 신고전학파보다 20세기의 선진 자본 사회에 더 적절한 경제학 이론을 구축했다.

케인스식 거시 경제 이론은 19세기 말 이후 예금자와 투자자가 구조적으로 분리되어 저축과 투자가 동량이 되는 것이 힘들어지고, 그에 따라 완전 고용을 달성하기가 더 어려워졌다는 사실을 인식한 데서 출발했다.

이와 더불어 케인스학파는 현대 자본주의 사회에서 금융이 하는 중요한 역할을 제대로 강조한다. 고전학파는 이론이 형성될 무렵 금융 시장이 아직 원시적 단계에 머물러 있었기 때문에 금융에 그다지 큰 관심을 기울이지 않았다. 신고전학파는 케인스가 살던 때와 비슷한 상황에서 발전했지만, 불확실성을 인정하지 않는 성향 때문에 돈이 별로 중요한 요소가 아니라고 생각했다. 이와는 대조적으로 케인스 이론에서는 금융이 핵심적인 역할을 한다. 이 때문에 1929년 대공황과 2008년 글로벌 금융 위기와 같은 현상을 이해하는 데 케인스 이론이 그토록 유용했던 것이다.

### 결국 우리는 모두 죽는다: 케인스학파의 약점

그러나 케인스 스스로 "장기적으로는 우리 모두 죽는다"라는 유명한 말로 요약했듯이, 케인스학파는 단기적인 문제에 너무 많이 주의를 기울인다는 비판을 면하기 어렵다.

물론 고전학파 경제학자들이 주장하는 것처럼 장기적으로는 기술이나 인구 변동 등과 같은 '근본적인' 힘이 모든 문제를 해결할 것이라는 희망에만 의존해 경제 정책을 구사할 수 없다고 강조한 케인스의 견해는 절대적으로 옳다. 그럼에도 케인스학파는 거시 경제의 단기적 변수에 초점을 맞춘 탓에 기술 발전이나 제도 변화와 같은 장기적 문제에 상당히 취약하다.[21]

# 제도학파: 신제도학파? 구제도학파?

한문장요약 개인이 사회적 규칙을 바꿀 수 있다 해도 결국 개인은 사회의 산물이다.

19세기 말부터 일단의 경제학자들이 당시 지배적인 영향력을 행사하던 고전학파 및 신고전학파에 반발하기 시작했다. 개인은 사회의 산물이라는 개인의 사회적 성격을 과소평가하고, 심지어 무시한다는 점에 반론을 제기한 것이다. 이들은 개인에게 영향을 주고 개인을 만든다고까지 할 수 있는 **제도**institution, 즉 사회적 규칙을 분석해야 한다고 주장했다. 이 집단을 제도학파라고 부르는데, 1980년대 이후 발달한 신(New)제도 경제학파와 구분하기 위해 구(Old)제도 경제학파라고도 한다.

## 개인은 사회의 산물이다: 제도학파의 탄생

제도학파의 탄생은 합리적이고 이기적인 개인이라는 개념에 의문을 제기하면서 명성을 얻은 소스타인 베블런(1857~1929)으로 거슬러 올라갈 수 있다. 그는 인간의 행동은 본능, 습관, 신념 등 여러 층의 동기에 기반을 두고 있고, 이성은 그중에서도 가장 마지막 층이라고 주장했다. 또 인간의 합리성은 시공을 막론하고 변함없는 것이 아니라, 우리가 관찰하는 특정 개인을 둘러싼 공식적 규칙(법, 기업 내규 등)과 비공식적 규칙(사회 관습, 상거래 관습 등)으로 이루어진 제도에 의해 형성된다고 강조했다. 사회 제도는 구성원들의 행동에 영향을 끼치는 것에 그치지 않고 그 구성원들의 본질을 변화시키고, 그렇게 변화한 구성원들이 다시 제도를 바꾸게 된다고 베블런은 믿었다.[22]

이처럼 제도를 강조한 베블런의 이론에 기초를 두고 마르크스학파와 독일 역사학파의 이론에서 알게 모르게 많은 것을 차용하여, 20세기 초 미국 경제학자들을 중심으로 다른 학파와 뚜렷이 다른 경제학파가 등장했다. 1918년 베블런의 축복하에 그의 제자이자 당시 그룹을 이끌던 웨슬리 미첼(1874~1948)을 수장으로 한 제도학파가 공식적으로 탄생했다.*

• 이 학파와 많은 공통점을 가진 경제학계의 거두 존 코먼스(1862~1945)는 1920년대 중반 공식적으로 자신이 제도학파의 일원이라고 선언했다. 미국 경제학의 창시자이자 존 베이츠 클라크 메달에 이름을 빌려준 존 베이츠 클라크의 아들 존 모리스 클라크(1884~1963) 또한 중요한 제도학파 경제학자이다.

이 학파가 가장 빛을 발한 것은 뉴딜인데, 많은 제도학파 경제학자들이 뉴딜 정책의 설계와 실행에 참여했다. 요즘은 뉴딜이 케인스주의에 입각한 프로그램이라고 널리 알려져 있지만, 생각해 보면 케인스의 명작 『고용, 이자, 화폐에 관한 일반 이론』은 1936년에야 출간이 되었다. 이는 제2차 뉴딜이 시작되고 1년 후이다(1차 뉴딜은 1933년 시행). 3장에서 언급했듯이 뉴딜은 거시 경제 정책보다는 금융 규제, 사회 복지, 노동조합 및 수도, 가스, 전기 등의 공익사업 규제 등 제도에 관한 부분이 훨씬 많았다. 1953년에서 1956년까지 미국 대통령 경제고문단장을 지내고, 1970년부터 1978년까지 연방준비제도이사회 의장을 지낸 아서 번스와 같은 제도학파 경제학자들은 2차 대전 후까지도 미국의 경제 정책을 만드는 데 중요한 역할을 했다.

### 개인은 사회에 의해서만 결정되는 것이 아니다: 제도학파의 쇠망

1960년대 이후 제도학파는 사양길에 접어들었다. 1950년대 미국에서 신고전학파 경제학이 힘을 얻기 시작한 것도 부분적인 이유였다. 신고전학파는 경제학은 개인에 바탕을 둔 이론, 보편적 가정, 추상적인 모델을 사용해야 한다는 좁은 시각을 가지고 있었기에, 제도학파를 그냥 다른 정도가 아니라 지적으로 열등한 것으로 취급했다.

그러나 제도학파에 내재한 약점 또한 쇠망에 한몫했다. 제도 자체가 생겨나고 지속되고 변화하는 다양한 메커니즘을 완전히 이론화하는 데 실패했기 때문이다. 제도학파는 제도를 공식적인 집단 결정 과정(예를 들어 입법) 혹은 역사의 산물(예를 들어 문화적 관습)이라고만 생각했다. 그러나 제도는 다른 식으로 형성되는 경우도 많다. 합리적 개인 간의 상호 관계에서 나오는 자발적 질서이기도 하고(오스트리아학파와 신제도학파 경제학), 복잡한 현상에 대처하기 위해 개인과 조직이 인식 장치를 형성하는 과정에서 나오기도 하고(행동주의학파), 기존의 권력 관계를 유지하려는 노력의 결과로 나오기도 한다(마르크스학파).

또 하나의 큰 문제는 제도학파의 일부 경제학자들이 개인의 사회적 성격을 강조하는 것이 지나쳐 급기야 구조 결정론으로 흘렀다는 것이다. 그들은 사회적 제도와 제도가 구성하는 구조가 전부이며, 개인은 자신이 살고 있는 사회에 의해 완전히 결정된다고 보았다. 2차 대전이 끝나고 얼마 지나지 않은 당시 (기울어 가는) 미국의 제도학파를 주도하던 클래런스 에어스가 다음과 같은 악명 높은 발언에서 보여 주었듯 말이다. "개인이란 없다."

### 거래 비용과 제도: 신제도학파 경제학의 탄생

1980년대부터 더글러스 노스, 로널드 코스, 올리버 윌리엄슨 등을 필두로 신고전학파와 오스트리아학파의 성향을 띤 한 무리의 경제학자들이 신제도학파 경제학이라고 알려진 새로운 제도학파 경제학을 만들었다.[23]

이들은 제도학파라는 이름을 채택함으로써, 개인만 보고 그들의 행동에 영향을 주는 제도는 보지 않는 전형적인 신고전학파 경제학자들과 궤를 달리한다는 것을 분명히 했다. 동시에 '신(New)'이라는 접두어를 사용함으로써, 이제는 구제도학파라고 불리기 시작한 기존의 제도학파 경제학과도 결별을 선언했다. 이들이 구제도학파와 갈라지는 지점은 개인의 의식적 선택에서 어떻게 제도가 탄생하는지를 분석한 점이다.[24]

신제도학파의 주요 개념은 **거래 비용**transaction cost이다. 신고전학파 경제학에서는 재료비와 임금 등 생산 비용만이 유일한 비용이라고 생각한다. 그러나 신제도학파는 경제 활동을 조직화하는 데도 비용이 든다는 것을 강조한다. 어떤 학자들은 거래 비용을 시장 교환 자체에 관련된 것으로 국한해, 가격을 비교하고 물건을 사는 데 시간과 돈을 소비하고 간혹 가격을 깎기 위해 협상을 벌이는 등의 활동에 들어가는 비용으로 본다. 다른 학자들은 거래 비용을 좀 더 넓게 규정해 '경제 체제를 운영하는 데 드는 비용' 전체로 본다. 이는 시장 교환뿐 아니라 교환이 벌어진 후 그 계약 관계를 유지하는 데 들어가는 비용도 포함한다는 뜻이다. 따라서 이 넓은 정의에 따르면, 절도를 막기 위한 경찰 활동, 법원 운영, 심지어 계약서에 명시된 노동 서비스를 최대한으로 끌어내기 위해 노동자들을 감독하는 데 들어가는 비용까지 모두 거래 비용에 포함된다.

**제도는 제한만 하는 요소가 아니다: 신제도학파의 공헌과 한계**

거래 비용이라는 개념을 사용함으로써 신제도학파는 흥미로운 이론과 사례 연구를 광범위하게 개발해 왔다. 대표적인 예는 이른바 '시장' 경제에서 왜 이토록 수많은 경제 활동이 시장이 아니라 기업 안에서 벌어지는가 하는 질문이다. 간단히 답하자면, 시장에서 거래하려면 정보를 찾아 처리하고 계약을 실행하는 비용이 비싼 경우가 많은데, 이 경우 기업 내의 위계적 명령 체계에 따라 일을 처리하는 것이 훨씬 더 효율적이라는 것이다. 또 다른 흥미로운 사례는 (어떤 재산으로 소유권자가 무엇을 할 수 있는지를 규정한) **재산권**property right의 정확한 성격이 투자 패턴, 생산 기술의 선택과 기타 경제적 결정에 끼치는 영향을 분석한 것이다.

이렇게 중요한 공헌을 했음에도, 신제도학파는 '제도학' 이론으로서 치명적인 한계를 가지고 있다. 이들은 기본적으로 제도를 개인의 무한한 이기적 행동에 제약을 가하는 도구로 본다. 그러나 제도는 '제약'할 뿐 아니라 '가능'하게도 한다. 예를 들어 교통 규칙처럼 많은 경우 제도는 개인의 자유를 제약하여 구성원 전체가 더 많은 것을 할 수 있게 해 준다. 대부분의 신제도학파 경제학자가 이런 제도의 역할을 부인하지는 않을 것이나, 분명하게 밝히지 않은 채 제도를 계속 제약으로만 이야기하여 제도에 대한 부정적인 이미지를 조장했다. 더 중요한 것은 신제도학파가 제도의 '형성적(constitutive)' 역할을 보지 못했다는 사실이다. 제도는 단지 개인의 행동을 제약하는 것에 그치는 것이 아니라 개인의 동기를 형성하기도 한다. 제도의 역할에서 이 중대한 측면을 놓치고 있기 때문에, 신제도학파는 완전한 제도 경제학이라고 할 수가 없다.

## 행동주의학파

한문장요약 인간은 충분히 똑똑하지 않기 때문에 규칙을 통해 의도적으로 선택의 자유를 제한해야 한다.

인간이 항상 합리적이고 이기적으로 행동한다는 신고전학파의 가정과 달리, 행동주의는 인간 행동을 있는 그대로 연구하려 한다는 의미에서 그런 이름이 붙었다. 행동주의학파는 이 접근 방법을 경제 제도와 조직의 연구에까지 확장한다. 예를 들어 기업을 어떻게 조직하고, 금융 규제를 어떤 식으로 만들어야 최선의 결과를 도출할 수 있는지에 관한 연구들 말이다. 따라서 행동주의학파는 제도학파와 근본적인 연관성이 있고, 실제로 양쪽을 모두 추종하는 학자도 많다.

행동주의학파는 지금까지 살펴본 경제학의 여러 학파 중 가장 최근에 생겼지만, 대부분의 사람들이 생각하는 것보다는 더 오래되었다. 이 학파가 최근 주목을 받게 된 것은 행동 재무학(behavioural finance)과 실험 경제학 분야를 통해서이다. 그러나 행동주의의 시발점은 1940년대와 1950년대, 특히 1978년 노벨 경제학상을 수상한 허버트 사이먼(1916~2001)의 연구로 거슬러 올라간다.*

### 인간 이성의 한계, 그리고 개인과 사회를 위한 규칙의 필요성

사이먼이 내세운 주된 개념은 **제한된 합리성bounded rationality**이다. 그는 인간이 무제한적인 정보 처리 능력 혹은 신과 같은 합리성을 가졌다고 가정한 신고전학파를 비판한다. (그는 이것을 '올림포스적 이성'이라고 불렀다.)

사이먼은 인간이 비합리적인 존재라고 주장하지는 않는다. 그러나 우리가 합리적이려고 노력하지만 그럴 수 있는 능력은 너무도 제한되어 있고, 특히 이렇게 복잡한 세상(케인스식으로 말하자면 불확실성이 팽배한 상황)에서는 더욱 제한적일 수밖에 없다고 본다. 우리가 결정을 내리는 데 가장 큰 장애가 되는 것은 정보의 부족이 아니라, 가지고 있는 정보를 처리할 수 있는 능력의 한계라는 뜻이다.

---

• 『그들이 말하지 않는 23가지』 Thing 16에서 나는 허버트 사이먼을 마지막 르네상스형 인간이라 불렀다. 그의 획기적 연구는 경제학에만 국한되지 않았다. 사이먼은 인공 지능(AI) 연구와 경영 기법의 일종인 오퍼레이션 리서치의 아버지이다. 또 행정학의 고전 가운데 하나인 『행정 행동론』(1947년)을 썼으며, 인지 심리학의 권위자였다. 사람들이 어떻게 생각하고 행동하는지를 좀 아는 사람이었음이 분명하다.

사이먼은 우리가 이렇게 제한된 합리성을 가졌기 때문에 자신의 정신적 능력을 경제적으로 사용하기 위해 '지름길'을 발달시킨다고 주장한다. **휴리스틱스**heuristics 혹은 직관적 사고라고 부르는 이것은 여러 가지 형태로 나타난다. 어림짐작, 상식, 전문가의 판단 등이 그 예이다. 이 정신적 도구들의 근본에는 패턴을 인식하는 능력이 자리 잡고 있어서, 엄청나게 많은 대안들을 무시하고 우리 능력으로 다룰 수 있는 적은 수의 가장 유력한 몇 가지 가능성만을 고려하게 만든다. 사이먼은 이런 정신적 접근법을 쓰는 가장 좋은 예로 체스 명인들을 든다. 그들은 이길 가능성이 별로 없는 경로는 신속하게 배제하고, 가장 좋은 결과를 거둘 수 있는 수(手)에 집중하는 능력이 뛰어나다고 말이다.

일부 가능성에만 집중하는 것은 그 결과로 얻은 결정이 최상은 아닐 수 있지만, 우리가 제한된 합리성을 가지고 복잡하고 불확실한 세상을 헤쳐 나아갈 수 있게 해 준다. 따라서 인간은 신고전학과 경제학의 주장처럼 최선의 선택이 아니라 **최소한의 필요를 충족시키는 선택** satisfice, 즉 '그만하면 괜찮은(good enough)' 선택을 하게 된다고 사이먼은 주장한다.[25]

## 시장 경제 vs 조직 경제

개인의 의사 결정 과정을 연구하는 데서 출발했지만, 행동주의학과의 관심은 이보다 훨씬 넓다. 이들은 복잡한 세상에서 제한된 합리성을 가지고 살아가기 위해 규칙을 만들어 결정 과정을 단순화하는 것은 단지 개인만이 아니라고 생각한다.

우리는 제한된 합리성을 보상하기 위해 사회 제도뿐 아니라 **조직의 일상적 규칙**organizational routine도 구축한다. 개인 수준의 휴리스틱스와 마찬가지로, 조직과 사회의 규칙도 우리가 누리는 선택의 자유를 제한하지만 더 나은 선택을 하도록 돕는다. 복잡한 문제를 단순화해 주기 때문이다. 행동주의학파에서 특히 강조하는 점은, 일정한 규칙이 있으면 당면한 문제에 관련된 다른 주체들의 행동을 더 예측하기 쉽다는 사실이다. 모두 같은 규칙을 따라 특정 방식으로 행동할 것이기 때문이다. 이 점은 오스트리아학파도 강조하는 부분으로, '전통'이 합리성의 기초로서 중요하다고 말해 표현은 조금 다르지만 결국 같은 의미이다.

행동주의 관점을 채용하면 현재 주류를 이루고 있는 신고전학파의 시각에서 보는 것과는 전혀 다른 경제의 모습이 보이기 시작한다. 신고전학파 경제학자들은 보통 현대 자본주의 경제를 '시장 경제'라고 묘사한다. 그러나 행동주의학파는 시장이 경제의 작은 부분일 뿐이라고 본다. 1990년대 중반 허버트 사이먼은 미국 내 경제 활동의 80퍼센트 정도가 시장이 아닌 조직, 즉 기업이나 정부의 내부에서 일어난다고 추산했다.[26] 따라서 현대 자본주의 경제를 **조직 경제**organization economy라고 부르는 것이 더 적절하다고 주장했다.

### 감정, 충성심, 공평함이 왜 중요한가?

행동주의학파는 또 감정, 충성심, 공평함과 같은 인간의 성질들이 왜 중요한지에 대해 설득력 있는 이유를 제시했다. 다른 경제학파, 특히 신고전학파와 마르크스학파에서는 이런 성질들을 경제학과 아무 관계가 없거나 사람들의 합리적 선택을 방해하는 요소로 치부해 버린다.

제한된 합리성 이론은 우리의 감정이 왜 합리적 의사 결정을 방해하는 요소가 아니라, 많은 경우에 우리의 (제한적인) 합리적 선택 과정에

도움이 되는지를 설명한다. 사이먼에 따르면 우리는 제한된 정신적 자원을 당면한 문제 중 가장 중요한 것을 해결하는 데 집중해야 하는데, 감정이 바로 이런 집중력을 제공한다는 것이다. 행동주의학파는 또 조직이 잘 돌아가기 위해서는 구성원의 충성심이 핵심적인 요소라고 주장한다. 충성심 없는 구성원이 많으면 조직은 그들의 이기적 행동을 감시하고 처벌하는 데 너무 많은 비용을 들여야 하기 때문이다. 이런 의미에서 공평함은 굉장히 중요하다. 조직이나 사회의 구성원이 불공평한 대우를 받고 있다고 느끼면 그 조직이나 사회에 충성심을 갖기가 어려울 것이다.

## 개인에게 과도하게 집중한다?: 행동주의학파에 대한 평가

행동주의학파는 가장 최근에 생긴 경제학파임에도 인간의 합리성과 동기에 관한 이론을 완전히 다시 생각하도록 만들었다. 행동주의학파 덕분에 우리는 인간이 어떻게 생각하고 행동하는지를 더 정교하게 이해할 수 있게 되었다.

인간 사회를 개인에서 시작해, 아니 그보다 더 낮은 단계인 사고 과정에서부터 거슬러 올라가면서 이해하려고 한 행동주의학파의 시도는 강점인 동시에 약점으로 작용하기도 한다. '미시적'인 수준에 너무 초점을 맞춘 나머지 이들은 종종 더 큰 경제 체제를 보는 눈을 잃고 만다. 사실 그럴 필요는 없다. 무엇보다 사이먼은 경제 체제에 관해서도 수많은 저작을 남겼다. 그러나 행동주의 경제학자들은 대부분 개인에게 너무 초점을 맞췄고, 특히 실험 경제학(인간이 합리적이고 이기적인지를 제어된 실험을 통해 증명하려는 학파) 혹은 신경 경제학(두뇌 활동과 특정 행동 방식의 연관성을 증명하려는 학파)이 그런 우를 많이 범했다. 이와 더불어 행동주의학파는 인간의 인지와 심리에 초점을 맞추고 있기 때문에 기술이나 거시 경제 문제에는 별로 할 말이 없다.

# 맺는말 ─
# 어떻게 경제학을 더 나은 학문으로 발전시킬까?

### 지적 다양성을 유지하고, 사상의 이종 교배를 권장하자

경제학에 여러 가지 접근법이 있음을 인식하는 것만으로는 충분하지 않다. 이러한 다양성을 보존하고, 나아가 권장해야 한다. 각 학파가 서로 다른 측면을 강조하고 서로 다른 관점을 제시한다는 사실을 감안하면, 단순히 한두 개가 아니라 여러 학파를 아는 것은, 경제라는 복잡한 대상을 더 풍부하고 더 균형 잡힌 시각으로 이해하게 해 준다. 특히 장기적인 관점에서 보면, 다양한 이론적 접근법을 가진 학문 분야가 단일한 지적 성향을 가진 학문 분야보다 변화하는 세계에 훨씬 더 잘 적응할 것이다. 다양한 유전자 풀을 가진 생물 집단이 충격에서 더 잘 회복하는 것과 같은 이치이다. 사실 우리는 지금 그 증거를 목격하고 있다. 주요 국가의 정부가 2008년 글로벌 금융 위기가 터진 직후 자유 시장 경제학을 버리고 케인스학파의 정책을 채택하지 않았다면 전 세계는 1929년의 대공황 같은 큰 시련을 겪었을 것이다.

나는 여기서 한발 더 나아가 다양성을 유지하는 것만으로는 충분하지 않다고 주장한다. 우리는 단순히 백 가지 꽃이 피게만 해서는 안 된다. 그 꽃들을 이종 교배해야 한다. 각 경제학파는 서로에게 배움으로써 큰 혜택을 볼 수 있고, 경제에 대한 우리의 이해도 더욱 깊게 해 줄 것이다.

지적으로 명백히 가까운 일부 학파는 이미 이종 교배를 해 왔다. 개발주의 전통과 슘페터학파는 서로 영향을 주고받아 큰 소득을 거뒀다. 개발주의 전통은 기술 개발을 거대한 맥락에서 이해할 수 있는 이론을, 슘페터학파는 어떻게 기술 혁신이 일어나는지에 관한 더 자세한 이론을 서로에게 제공한 것이다. 마르크스학파와 제도학파, 행동주의학파가 상호 작용하기 시작한 것은 오래되었다. 기업의 내부 작동과 특히 기업 내 자본가-노동자 관계에 관해 때로는 적대적인 분위기 속에서도 영향을 주고받았다. 케인스학파와 행동주의학파는 심리적 요소를 강조한다는 점에서 항상 공통분모가 있었지만, 최근에는 행동 재무학이라는 새로운 분야에서 특히 주목할 만한 이종 교배가 이루어지고 있다.

그러나 이종 교배는 대부분의 사람들이 전혀 통하지 않는다고 생각하는 학파 사이에서도 일어날 수 있다. 정치적으로 큰 차이를 보이는 고전학파(우파), 케인스학파(중도), 마르크스학파(좌파)가 모두 사회를 계급에 기초해 분석하는 시각은 공유한다. 오스트리아학파와 케인스학파는 1930년대부터 앙숙 관계를 유지해 왔지만, 세상이 무척 복잡하고 불확실한 반면 이에 대처하는 우리의 합리성은 극도로 제한적이라는 데에서는 (행동주의학파 및 제도학파와 함께) 의견을 같이한다. 그런가 하면 일부 오스트리아학파 경제학자들은 제도학파와 행동주의학파를 상대하고 싶지 않은 좌파라고 생각할지 모르지만, 인간이 (제도학파의 말을 빌리자면) 본능, 습관, 신념, 이성 등으로 만들어진 복합적인 존재라는 인식은 공유하고 있다.

경제학자뿐 아니라 우리 모두가 어떻게 경제학의 발전에 이바지할 수 있을까?

지적 다양성과 여러 경제학의 이종 교배를 주장하는 내 의견에 동의하는 독자라도 '그게 나랑 무슨 상관인가?' 하고 생각할 수 있다. 사실이 책을 읽는 독자들 중 전문 경제학자가 되어 경제학의 다양성을 보존하고 증진할 기회를 갖게 될 사람은 극소수에 불과할 것이다.

그러나 다른 사람이 내린 결정의 수동적인 피해자가 되지 않으려면 우리 모두 경제학을 하는 다양한 접근법을 이해하고 있어야만 한다. 최저 임금, 아웃소싱, 사회 복지, 먹거리의 안전성, 연금 등 우리 삶에 영향을 끼치는 모든 경제 정책과 기업의 결정 뒤에는 어떤 경제학 이론이 있게 마련이다―그 결정에 영감을 제공하든지, 더 흔하게는 힘을 가진 자들이 어차피 하고 싶었던 행위를 정당화하든지 하면서 말이다.

다양한 경제 이론이 있다는 것을 알아야만 힘 있는 사람들이 "대안은 없다"라고 할 때(마거릿 대처가 큰 논란을 불러일으킨 정책을 실행하면서 말했듯) 그것이 잘못되었다고 말할 수 있다. 이른바 '적대적 분파들' 사이에 얼마나 공통점이 많은지를 알게 되면, 모든 것을 흑백으로 가르면서 논쟁을 극단으로 몰고 가려는 자들에게 효과적으로 맞설 수 있다. 경제학 이론들이 서로 다른 이야기를 하는 것은 부분적으로 서로 다른 도덕적, 정치적 가치관에 근거하기 때문임을 이해하고 나면, 경제학을 제대로 알게 되고, 다시 말해서 옳고 그름이 확실한 '과학'이 아닌 정치적 논쟁으로서의 경제학을 토론할 자신감을 얻게 된다. 그리고 일반 대중이 이런 문제에 관한 의식을 확실히 드러낼 때에야 비로소 전문 경제학자들이 과학적 진리의 수호자를 자처하면서 지적인 으름장을 놓을 생각을 하지 못하게 될 것이다.

따라서 다양한 경제학을 알고 각각의 장점과 단점을 이해하는 것은 전문 경제학자들만 가질 수 있는 비전(秘傳)이 아니다. 그것은 경제학을 배우는 데 필수적인 요소이자, 경제학이 인류의 행복에 이바지하도록 만드는 공동의 노력에 일조하는 일이다.

## 부록: 경제학파 비교

|  | 고전학파 | 신고전학파 |
|---|---|---|
| 경제는 …으로 만들어졌다 | 계급 | 개인 |
| 개인은 …이다 | 이기적이고 합리적인 존재 (그러나 합리성은 계급에 의해 결정됨) | 이기적이고 합리적인 존재 |
| 세상은 …하다 | 확실('철칙'이 존재한다) | 계산 가능한 리스크가 존재하는 확실한 세상 |
| 경제에서 가장 중요한 분야는 …이다 | 생산 | 교환과 소비 |
| 경제에 변화를 가져오는 것은… | 자본 축적(투자) | 개인의 선택 |
| 추천하는 정책 | 자유 시장 | 자유 시장 혹은 개입주의 (시장 실패와 정부 실패에 관한 각 경제학자의 관점에 따라 달라짐) |

| 마르크스학파 | 개발주의 전통 | 오스트리아학파 |
| --- | --- | --- |
| 계급 | 강한 의견은 없으나, 계급에 더 중점을 두는 경향이 있음 | 개인 |
| 이기적이고 합리적 존재, 단 사회주의를 위해 싸우는 노동자들은 제외 | 강한 의견 없음 | 이기적이지만 다른 요소도 많이 작용하는 존재(단지 전통을 이의 없이 받아들이기 때문에 합리적이 될 수 있다고 봄) |
| 확실('운동의 법칙'이 존재한다) | 불확실하지만, 그다지 강한 의견은 없음 | 복잡하고 불확실 |
| 생산 | 생산 | 교환 |
| 계급 투쟁, 자본 축적, 기술 발달 | 생산 능력의 발달 | 전통에 뿌리를 둔 개인의 선택 |
| 사회주의 혁명과 중앙 계획 | 정부의 일시적 보호 정책과 개입 | 자유 시장 |

|  | 슘페터학파 | 케인스학파 |
|---|---|---|
| 경제는…으로 만들어졌다 | 별다른 의견 없음 | 계급 |
| 개인은 …이다 | 강한 의견 없으나, 비합리적 기업가 정신을 강조 | (습관과 야성적 충동에 의해 움직이는) 그다지 합리적이지 않은 존재, 이기적인 면에 관해서는 애매한 입장 |
| 세상은 …하다 | 강한 의견은 없으나, 복잡하다는 의견 | 불확실 |
| 경제에서 가장 중요한 분야는 …이다 | 생산 | 애매한 견해, 그러나 일부는 생산에 관심을 둠 |
| 경제에 변화를 가져오는 것은… | 기술 혁신 | 애매한 견해, 경제학자마다 다름 |
| 추천하는 정책 | 애매함(어차피 자본주의는 고사할 운명이다) | 능동적 재정 정책과 빈곤층을 위한 소득 재분배 |

| 제도학파 | 행동주의학파 |
|---|---|
| 개인과 제도 | 개인, 조직, 제도 |
| (본능, 습관, 신념, 이성 등) 여러 층위를 가진 존재 | 제한된 합리성을 지닌, 여러 층위를 가진 존재 |
| 복잡하고 불확실 | 복잡하고 불확실 |
| 강한 의견 없으나, 신고전학파보다 생산을 더 강조 | 강한 의견 없으나, 생산을 강조하는 경향 |
| 개인과 제도의 상호 작용 | 강한 의견 없음 |
| 애매하며, 경제학자에 따라 다름 | 강한 의견은 없으나, 정부 개입을 수용하는 편임 |

## 5장

# 드라마티스
# 페르소나이

경제의 등장인물

사회라는 것은 존재하지 않는다. 개인으로서의 남자, 여자, 그리고 가족
이 있을 뿐이다.
— 마거릿 대처


기업은 더 이상 정부에 로비를 하지 않아도 된다. 그들이 바로 정부이다.
— 짐 하이타워


# 주인공은 개인

### 경제에 관한 개인주의적 관점

현재 주류를 이루고 있는 신고전학파에서 보는 경제학은 '선택의
과학'이다(1장에서 살펴본 대로). 이 관점에 따르면 모든 선택은 자신 혹은
기껏해야 자기 가족의 복지를 최대화하는 데만 관심 있는 이기적 개
인이 하는 것이다. 이때 모든 개인은 '합리적 선택'을 한다는 것, 즉 주
어진 목적을 달성하는 데 비용 효과가 가장 높은 방법을 택한다는 것
이 이들의 주장이다.

소비자로서 각 개인은 자신이 무엇을 좋아하는지에 관해 스스로 형
성한 **선호 체계**preference system를 가지고 있다. 이 선호 체계를 사용하
고 여러 물건의 시장 가격을 고려해 효용을 극대화할 수 있는 재화와

서비스의 조합을 선택한다. 이렇게 개인 소비자가 내린 선택은 시장 메커니즘을 통해 모두 합산이 되고, 그 합산 결과를 보고 생산자는 자신이 생산하는 재화나 서비스의 수요가 가격에 따라 어떻게 달라지는지를 알 수 있다(**수요 곡선demand curve**). 생산자가 각 가격에서 공급할 의사가 있는 재화나 서비스의 양은 이윤 극대화를 목표로 한 생산자의 합리적 선택에 따라 결정된다(**공급 곡선supply curve**). 이런 선택을 할 때 생산자는 어떤 기술들이 있는가, 각 기술은 투입 요소들을 어떤 식으로 조합하는가, 그리고 각 투입 요소의 가격은 얼마인가 등을 고려해서 생산 비용을 결정한다. 수요 곡선과 공급 곡선이 만나는 곳에서 시장은 **균형equilibrium**을 이룬다.

개인이 주인공으로 등장하는 경제 이야기는 이렇게 전개된다. 때로 소비자를 '가계', 생산자를 '기업'이라 부르지만, 본질적으로는 개인의 연장선상에 있다. 이들은 모두 단일하고 일관성 있는 선택의 주체로 인식된다. 일부 신고전학파 경제학자들은 게리 베커의 선구적 연구 결과에 영향을 받아 '가계 내부 협상(intra-household bargaining)'을 거론하기도 한다. 그러나 이것은 합리적 개인이 궁극적으로 자신의 효용을 극대화하는 과정을 개념화한 것이지 서로 사랑하고, 증오하고, 공감하고, 상처를 주고, 책임을 느끼는 실제 가족 구성원 간에 벌어지는 행위가 아니다.

### 경제에 관한 개인주의적 관점의 매력과 한계

개인주의적 관점은 우리 경제를 이론화하는 유일한 방법은 아니지만(4장 참조), 1980년대 이후 학계의 주류로 군림해 왔다. 강력한 정치적, 도덕적 호소력이 있다는 것이 그 이유 중의 하나이다.

무엇보다도 이 개인주의적 관점은 개인의 자유를 강조하는 우화이다. 개인은 적절한 가격만 지불할 용의가 있으면 무엇이든 원하는 것을 얻을 수 있다. 그것이 유기농 식품이나 공정 무역 커피 같은 '윤리적' 상품이든 (1983년 양배추 인형, 1998년 퍼비 열풍처럼) 며칠 지나면 까맣게 잊어버릴 아이들의 크리스마스 선물이든 상관없이 말이다. 또 아동 노동으로 만드는 축구공이든 첨단 기계로 만드는 마이크로칩이든 개인은 돈 되는 것이라면 뭐든지 이윤을 극대화하는 방법을 사용해 생산할 수 있다. 왕, 교황, 경제부 장관을 막론하고, 개인이 무엇을 원해야 하는지, 무엇을 생산해야 하는지에 개입할 수 있는 권위를 가진 존재는 없다. 이런 개념을 바탕으로 많은 자유 시장 경제학자들이 개인 소비자가 가진 선택의 자유와 더 넓은 의미의 정치적 자유 사이에 떼려야 뗄 수 없는 상관관계가 있다고 주장했다. 하이에크의 사회주의 비판서 『노예의 길』과 밀턴 프리드먼이 자유 시장 체제를 열정적으로 옹호한 『선택할 자유』 등은 유명한 예이다.

게다가 개인주의 관점은 시장 메커니즘에 역설적이지만 굉장히 강력한 도덕적 정당화 근거를 제공한다. 이 관점에 따르면, 우리는 모두 개인적으로 자신에게 유리한 선택만을 하지만 그 결과 사회의 복지가 극대화된다. 개인이 '선하게' 행동하지 않아도 경제는 효율적으로 돌아가고 모든 구성원이 혜택을 입는다는 것이다. 한발 더 나아가, 바로 개인이 '선하지 않고' 효용과 이윤을 극대화하는 가차 없는 선택을 하기 때문에 경제가 효율적으로 돌아가고 모든 사람이 혜택을 입는다고 주장한다. 애덤 스미스가 한 다음의 유명한 발언도 이 관점을 보여 주는 고전적 선언이다. "우리가 밥을 먹을 수 있는 것은 푸줏간 주인이나 양조장 주인이 마음이 좋아서가 아니라 그들 자신의 이익을 추구하기 때문이다."

　이런 정당화는 매력적이기는 하나, 심각한 문제를 안고 있다. 정치적인 면에서 볼 때 한 나라의 정치적 자유와 경제적 자유의 연관성은 선명하지 않다. 수많은 독재자가 극도로 자유시장주의에 경도된 정책을 사용한 반면, 스칸디나비아 국가들처럼 민주 국가이면서 높은 세금과 많은 규제로 인해 경제적 자유가 그다지 크지 않은 경우도 많기 때문이다. 사실 개인주의 관점을 신봉하는 많은 사람들이 경제적 자유를 지키기 위해서라면 정치적 자유를 희생하는 쪽이 낫다고 생각한다. (바로 이 때문에 하이에크가 칠레의 피노체트 독재 정권을 찬양한 것이다.) 도덕적인 면에서도 문제가 있기는 마찬가지이다. 신고전학파의 개인주의적 관점에 기본을 둔 시장 실패에 관해 4장에서 설명했듯이, 시장에서 아무런 규제 없이 자신의 이익만을 추구하는 행태는 사회적으로 바람직한 경제적 결과를 도출하는 데 실패하는 경우가 많다.

　이러한 한계들이 개인주의적 관점이 부상하기 전부터 이미 잘 알려져 있었다는 사실을 감안하면, 현재 이 관점이 맹위를 떨치는 이유는 적어도 부분적으로는 사상의 정치학으로 설명할 수 있다. 개인주의적 관점은 다른 관점, 특히 마르크스나 케인스의 관점처럼 계급에 기본을 두는 관점에 비해, 돈과 권력을 소유하고 따라서 더 큰 영향력을 가진 세력으로부터 훨씬 더 많은 지지와 인정을 받는다. 재산권, 노동권 등 기존의 사회 구조를 이미 주어진 것으로 받아들이고 현재 상황에

---

* 이렇게 말하면 사람들의 경제적 지위와 그들이 지지하는 사상의 관계를 단순화하는 우를 범하게 된다. 예를 들어 워런 버핏, 조지 소로스 등을 비롯한 수많은 부자들이 개인적으로 피해를 볼 수 있는 정책을 지지해 왔다. 또 이렇게 이야기하게 되면 돈과 권력이 사상에 미치는 영향을 과장하는 것이다. 그럼에도 개인주의적 관점이 순전히 지적인 강점 때문에 오늘날 주류가 된 것이 아님을 아는 것이 중요하다.

의문을 제기하지 않기 때문이다.*

# 진짜 주인공은 조직: 경제적 의사 결정의 현실

일부 경제학자들, 특히 허버트 사이먼, 존 케네스 갤브레이스 등은 경제적 의사 결정의 이상보다는 현실에 주의를 돌렸다. 이들은 개인주의적 관점이 적어도 19세기 말 이후로는 현실과 괴리되기 시작했다고 지적했다. 그때부터는 가장 중요한 경제 행위의 주체가 개인이 아니라 기업, 정부, 노동조합, 그리고 국제기구 등 복잡한 내부 의사 결정 구조를 가진 큰 조직들이기 때문이다.

### 개인이 아니라 기업이 가장 중요한 경제적 의사 결정자

현대 사회에서 가장 중요한 생산자는 기업이다. 수십만, 심지어 수백만 명의 노동자를 수십 개 나라에 거느리고 있는 대기업들 말이다. 현재 200개 대기업이 전 세계 생산량의 10퍼센트를 생산해 내고 있다. 공산품 국제 무역의 30~50퍼센트가 **기업 내 거래**intra-firm trade인 것으로 추산된다. 여러 나라에 지부를 둔 **다국적 기업**multinational corporation 혹은 **초국적 기업**transnational corporation 내에서 투입물과 생산물을 서로 이전하는 것이다.[1] 태국 촌부리에 있는 토요타 엔진 공장에서 생산한 제품을 일본이나 파키스탄에 있는 조립 공장에 '판매'하는 것은 통계에는 태국의 수출로 잡힐지 몰라도 진정한 의미의 시장 거래는 아니다. 이런 식으로 거래된 제품의 가격은 일본에 있는 토요타 본부에서 결정하는 것이지, 시장에서 경쟁의 힘으로 결정되는 것이 아니기 때문이다.

## 기업의 결정은 개인의 결정과는 다른 과정을 거친다

법적으로 따지자면 대기업이 내리는 결정도 CEO나 이사회 의장 등의 개인으로 거슬러 올라갈 수 있다. 그러나 이들에게 주어진 힘이 아무리 막강하다 해도 개인이 자신을 위해 결정하는 것과 같은 방식으로 회사를 위한 결정을 내릴 수는 없다. 그렇다면 기업의 결정은 어떻게 내려지는 걸까?

기업이 내리는 결정의 가장 근본에는 주주가 있다. 보통 우리는 주주가 기업을 '소유'한다고 말한다. 간단한 정의로는 틀린 말이 아니지만 엄격한 의미에서 이 말은 사실이 아니다. 주주는 주식을 소유함으로써 기업 경영과 관련된 일정 권리를 갖게 된다. 내가 내 컴퓨터나 내 젓가락을 소유한다고 말할 때와 같은 의미에서 주주들이 기업을 소유하는 것이 아니다. 주식에 '우선주'와 '보통주'라는 두 가지 종류가 있다는 것을 설명하면 더 잘 이해될 것이다.

**우선주**preferred share를 가진 주주는 기업이 '유보'하지 않고 주주들에게 나누어 주는 이윤, 즉 **배당**dividend을 받을 때 우선권을 갖는다. 그러나 이러한 우선권은 기업의 주요 결정에 관여하는 투표권을 포기하는 대가로 주어진다. 최고 경영진으로 누구를 임명할 것인지, 그들의 보수는 얼마를 줄 것인지, 다른 기업과 합병이나 인수를 할 것인지 등을 결정하는 투표권 말이다. 이런 안건에 투표할 권리를 가진 주식은 **보통주**ordinary share라고 부른다. 보통주를 가진 주주들은(의사 결정권을 감안하면 '보통'과는 거리가 멀지만) 투표를 통해 집단적으로 의사 결정을 한다. 이 투표는 1주 1표제를 따르는 것이 관례이다. 그러나 어떤 나라에서는 일부 주식이 다른 주식보다 더 많은 투표권을 가지기도 한다. 스웨덴에는 1000표의 투표권을 가진 주식도 있다.

## 주주들은 누구인가?

과거의 자본가와 달리 요즘에는 주주 한 사람이 과반수의 주식을 가지고 있는 대기업이 아주 드물다. 포르셰-폭스바겐 그룹 주식의 50퍼센트를 약간 넘는 양을 보유한 포르셰-피에히 가문이 그 드문 예 중의 하나이다.

하지만 **지배 주주dominant shareholder**가 있는 대기업은 지금도 상당히 많다. 기업의 미래를 결정하기에 충분한 양의 주식을 보유한 이런 주주들은 **지배 지분controlling stake**을 가지고 있다고 말하는데, 일반적으로 투표권을 가진 주식의 20퍼센트 이상이 지배 지분에 해당한다.

페이스북 주식의 28퍼센트를 가진 마크 저커버그가 지배 주주의 한 예이며, 스웨덴의 발렌베리 가문은 사브(40퍼센트), 일렉트로룩스(30퍼센트), 에릭슨(20퍼센트)의 지배 주주이다.

대부분의 대기업에는 지배 주주가 없다. 지분이 너무 많은 사람에게 분산되어 있어서 어떤 주주도 혼자서 효과적으로 통제할 수가 없는 것이다. 예를 들어 2012년 현재 토요타의 가장 큰 대주주인 저팬 트러스티 서비스 뱅크(Japan Trustee Services Bank)가 가지고 있는 토요타 주식은 전체의 10퍼센트를 약간 넘는다. 그다음 대주주 둘이 각각 6퍼센트를 보유하고 있다. 이 세 주주가 행동을 같이한다 해도 전체 투표수의 4분의 1을 넘지 못하는 것이다.


## 소유권과 경영의 분리

이렇게 소유권이 분산되면서 세계 유수의 대기업 대부분에서 실질적 경영권이 기업에 별다른 지분을 가지지 않은 전문 경영인들의 손으로 넘어갔다. **소유와 경영의 분리separation of ownership and control**라고 부르는 현상이 나타난 것이다. 이로 인해 **주인-대리인 문제principal-agent problem**가 생겨났다. 이는 대리인(전문 경영인)이 주인(주주)의 이익보다는 자기 자신의 이익을 추구하는 방향으로 기업을 운영하는 현상을 말한다. 다시 말해 전문 경영인은 이윤보다 매출량을 극대화하거나 사내 관료 체계를 지나치게 부풀릴 수도 있다. 경영자의 지위가 매출량으로 측정되는 기업의 크기나 거느린 직원 수에 비례하기 때문이다. 3장에서 본 고든 게코가 영화 〈월스트리트〉에서 꼬집은 관행이 바로 이런 것이다. 영화에서 게코는 자기가 인수하려던 어느 회사에 부사장만 33명이나 되는데 아무도 그들이 무슨 일을 하는지 모른다고 지적한다.

많은 친시장주의적 경제학자들, 특히 마이클 젠슨과 2013년 노벨 경제학상을 수상한 유진 파마는 경영인의 이익을 주주의 이익과 더 밀접하게 연관시키면 주인-대리인 문제를 완전히 없애거나 줄일 수 있다고 주장했다. 이들이 제시한 방법은 두 가지였다. 하나는 기업 인수를 더 쉽게 해서 주주들을 만족시키지 못하는 경영진을 쉽게 교체할 수 있게 하자는 것이다. (고든 게코를 또다시 떠올리지 않을 수 없다.) 또 하나는 경영진의 월급을 경영하는 기업의 주식(스톡옵션)으로 지급해서 주주 입장에서 생각하도록 만들자는 것이다. 이 아이디어는 1981년 제너럴일렉트릭(GE)의 CEO이자 회장으로 취임한 잭 웰치가 만든 **주주 가치 극대화 shareholder value maximization**라는 용어에 잘 요약되어 있다. 이 개념은 영미 기업에서 시작되어 점차 전 세계의 기업 부문을 지배하게 되었다.

### 노동자와 정부 또한 기업의 의사 결정에 영향을 끼친다

미국과 영국에서는 흔치 않지만, 노동자와 정부 또한 기업의 의사 결정에 중대한 영향을 끼친다.

　노동조합의 활동(잠시 후 더 자세히 얘기하겠다)과 별도로 독일, 스웨덴 등 일부 유럽 국가의 노동자들은 노동자 대표가 회사의 이사회에 공식 참여해 기업 경영에 영향력을 행사한다. 특히 독일의 대기업은 이사회가 두 단계로 나뉘어 있다. **공동 결정 시스템co-determination system**이라고 알려진 이 체제에서는 다른 나라의 이사회와 같은 '경영 이사회(managerial board)'가 기업 합병이나 공장 폐쇄 등의 중요한 결정을 할 때 '감독 이사회(supervisor board)'의 승인을 받아야 한다. 감독 이사회는 경영진에서 선출한 의장이 캐스팅 보트를 쥐고 있기는 하지만 구성원의 절반이 노동자 대표들이다.

　정부 또한 주주 자격으로 대기업의 의사 결정에 영향을 미칠 수 있다. 정부가 민간 기업의 주식을 보유하는 관행은 사람들이 생각하는 것보다 훨씬 더 널리 퍼져 있다. 세계에서 가장 큰 제지 업체인 스토라 엔소(Stora Enso)의 주식 가운데 25퍼센트는 핀란드 정부가 보유하고 있다. 독일에서 두 번째로 큰 은행인 코메르츠방크 또한 주식의 25퍼센트가 정부 소유이다. 이외에도 예는 많다.

　노동자와 정부는 개인 주주나 전문 경영진과는 목적이 다르다. 노동자들은 실업을 줄이고 고용 안정성을 높이는 한편 노동 환경을 향상시키기를 원한다. 정부는 기업이 법적으로 책임지지 않아도 되는 집단의 이익도 고려해야 하는데, 예를 들어 공급 업체, 지역 공동체는 물론 환경 운동 단체까지 생각한다. 그 결과 노동자와 정부가 경영에 강하게 개입하는 기업은 주주와 전문 경영진이 주도하는 기업과는 행동 양식이 다르다.

## 폭스바겐과 현대 기업 의사 결정의 복잡성

독일의 자동차 제조 업체 폭스바겐은 현대 기업이 직면하는 의사 결정의 복잡성을 보여 주는 좋은 예이다. 이 기업은 포르셰-피에히 가문이 과반 대주주로 지배 지분을 가지고 있다. 법적으로는 이 가문이 원하면 어떤 결정이라도 모두 관철시킬 수 있다. 그러나 실제로는 일이 그런 식으로 처리되지 않는다. 독일의 다른 기업처럼 폭스바겐도 두 단계 이사회 시스템으로 노동자의 발언권이 강하다. 또 주식의 20퍼센트는 정부가 보유하고 있다. 더 정확히 말하자면 니더작센주 정부 소유이다. 그 결과 폭스바겐의 의사 결정은 주주, 전문 경영진, 노동자, 그리고(정부 소유를 통해) 국민이 협상하는 복잡한 과정을 거쳐 이루어진다.

극단적인 예이긴 하지만, 폭스바겐은 기업의 의사 결정이 개인의 의사 결정과 얼마나 다른 방식으로 이루어지는지를 잘 보여 준다. 기업이 결정을 내리고 선택하는 복잡한 과정을 이해하지 않고는 우리는 현대 경제를 이해할 수 없다.

## 기업의 소유 및 경영의 대안적 형태: 협동조합

일부 대기업은 사용자(소비자 또는 예금자)나 고용인 혹은 독립적인 중소기업들이 소유한 **협동조합**cooperative의 형태를 띤다.

**소비자 협동조합**consumer cooperative인 슈퍼마켓 체인 코오프(Coop)는 스위스에서 두 번째로 큰 소매 업체이다. 영국의 소비자 협동조합 코옵(Co-op)은 영국에서 다섯 번째 규모를 자랑하는 슈퍼마켓 체인이다. 소비자 협동조합은 소비자들이 구매력을 한데 모아 공급자들과 가격을 협상해 더 나은 가격으로 물건을 구매한다. 물론 소비자를 모아 공급자에게 할인을 끌어내는 것은 월마트에서 그루폰까지 수많은 소매 업체가 사용하는 관행이다. 그러나 다른 조건이 동일할 때 협동조합은 할인으로 인한 혜택을 소비자들에게 더 많이 안겨 줄 수 있다는 차이가 있다. 주주에게 배당을 할 필요가 없기 때문이다.

**신용 협동조합**credit union은 예금자들이 모여 만든 협동조합이다. 세계적으로 신용 협동조합에 가입한 사람들의 수는 2억 명에 달한다. 세계에서 가장 큰 규모를 자랑하는 은행 중 일부는 신용 협동조합으로 네덜란드의 라보뱅크, 프랑스의 크레디 아그리콜 등이 있다. 이 두 은행은 모두 농민들의 저축 협동조합(savings cooperative)으로 출발했다.

**생산자 협동조합**producer cooperative에는 두 가지 형태가 있다. 노동자들이 직접 소유한 노동자 협동조합, 독립적인 생산자들이 자원을 한데 모아 특정한 활동을 같이하기로 합의해서 만든 생산자 협동조합이 그것이다.

스페인의 몬드라곤 협동조합은 2010년 현재 거의 7만 명에 달하는 노동자–조합원이 100개가 넘는 협동조합에서 일하며, 연간 매출 수입이 190억 달러에 달하는 거대 기업이다.[2] 매출량과 고용 규모 모두다 스페인에서 일곱 번째 규모를 자랑하는 몬드라곤은 세계에서 가장큰 협동조합이기도 하다. 또 다른 유명한 노동자 협동조합은 영국의 존루이스 파트너십으로, 존 루이스 백화점과 영국에서 여섯 번째로 큰 슈퍼마켓 체인 웨이트로즈를 소유하고 있다. 2011년 현재 조합원이 8만명이 넘고, 연 매출액 140억 달러로 몬드라곤과 비슷한 규모이다.

독립 생산자들이 선택적으로 협업하는 협동조합의 가장 보편적인예는 낙농가들의 협동조합이다. 이들은 소는 각자 소유하지만, 우유와 유제품은 함께 가공하고 판매한다. 루어팍 버터와 락토 프리 우유를 생산하는 스웨덴–덴마크 낙농 협동조합 아를라, 미국 미네소타에 있는 낙농 협동조합 랜드 오'레이크스, 인도 낙농 협동조합 아물 등이 가장 유명한 예이다.

### 1인 1표: 협동조합의 의사 결정 원칙

협동조합은 회원제로 운영되는 조직이기 때문에 기업들이 표방하는 1주 1표 원칙이 아니라 1인 1표 원칙을 기본으로 의사 결정이 이루어진다. 이런 원칙 때문에 주주들이 소유하는 기업에서는 상상하기 힘든 결정이 많이 이루어진다.

몬드라곤 협동조합 그룹은 임금 규칙으로 유명하다. 이 규칙에 따라 고위 경영직을 맡은 노동자-조합원의 보수가 가장 일선에서 일하는 노동자-조합원의 최저 임금의 3~9배를 넘지 않는다. (정확한 비율은 각 협동조합의 노동자-조합원들이 투표를 통해 결정한다.) 노동자들의 '평균'(최저가 아니라) 임금보다 적어도 300~400배나 많은 미국 최고 경영진들의 보수와 비교해 보라.* 어떤 협동조합은 직무 순환제를 운영해 모든 노동자가 여러 단계의 직책을 경험할 수 있도록 한다.

### 많은 노동자가 더 이상 개인으로서 의사 결정을 하지 않는다

현대 경제에서는 적어도 노동자들 중 일부는 더 이상 개인적으로 경제적 결정을 하지 않는다. 많은 노동자가 **노동조합trade union**에 가입해 있다. 노동조합은 개인적으로 협상하면 서로 경쟁 관계에 놓일 수도 있는 노동자들을 단체로 묶어 함께 협상함으로써 노동자들이 고용주로부터 더 높은 임금과 더 나은 노동 환경을 얻어 내도록 돕는다.[3]

---

* 그 가치를 계산하기 힘든 스톡옵션까지 포함하면 1000배까지 차이가 난다는 계산도 있다.

어떤 나라에서는 꼭 필요한 기술과 직장 조직의 변화를 방해한다는 이유로 노동조합이 비생산적이라 간주되고, 어떤 나라에서는 자연스러운 비즈니스 동반자로 여겨지기도 한다. 예를 들면 스웨덴 자동차 제조 업체 볼보는 1997년 아시아 금융 위기 직후 삼성중공업의 중장비 사업을 인수했을 때 노동자들에게 노조를 만들라고 요청한 것으로 전해진다. (삼성은 그때나 지금이나 '무노조' 정책으로 악명이 높다.) 스웨덴 경영인들은 대화 상대인 노조 없이 어떻게 기업을 경영해야 하는지 몰랐던 것이다!

협동조합처럼 노동조합도 회원제 조직으로 의사 결정은 1인 1표 원칙을 따른다. 기업 단위의 노조가 내린 결정은 보통 국가 단위의 노조로 결집이 되는데, 남아프리카공화국의 COSATU(Congress of South African Trade Unions)와 영국의 TUC(Trades Union Congress)가 그 예이다. 국가 단위 노조가 하나 이상인 나라도 많다. 보통 정치적, 종교적 성향에 따라 나뉜 경우들이다. 예를 들어 한국은 두 개의 국가 단위 노조가 있고, 프랑스는 다섯 개나 된다.

일부 국가에서는 기업 단위 노조가 산업 단위 노조로 다시 조직된다. 가장 유명한 예는 독일의 금속노동자조합인 IG 메탈과 미국 자동차노동자조합인 UAW(United Auto Workers) 등이다. IG 메탈의 경우 영향력이 (가장 중요한 자동차 산업을 포함한) 금속 관련 산업을 넘어서까지 미친다. 가장 강력한 노조로서 그들의 결정이 다른 노조들이 따르는 선례가 되기 때문이다.

## 일부 노조는 국가 정책에까지 영향을 미친다

스웨덴, 핀란드, 노르웨이, 아이슬란드, 오스트리아, 독일, 아일랜드, 네덜란드 등 많은 나라에서는 노조가 국가 차원의 의사 결정에서 주요 주체로 공공연히 인정받고 있다. 이 나라들에서는 임금, 노동 환경, 훈련 등의 '뻔한' 분야뿐 아니라 복지 정책, 인플레이션 조절, 산업 구조 개혁 등에 관한 정책을 결정하는 데도 노조가 참여한다.

일부 국가에서 이런 구조가 만들어진 것은 노조에 가입한 노동자의 비율이 굉장히 높기 때문이다. 아이슬란드, 핀란드, 스웨덴은 노동자의 70퍼센트 이상이 노조에 가입되어 있다. 이 숫자가 미국은 11퍼센트에 그친다는 것을 감안하면 엄청난 비율이다. 그러나 '조직률'이라고 부르는 노조 가입률만으로는 이런 구조를 완전히 설명할 수 없다. 예를 들어 이탈리아(35퍼센트)와 영국(25퍼센트)은 독일과 네덜란드(모두 20퍼센트 이하)보다 노조 가입률이 더 높지만, 노조가 국가 정책 결정에 끼치는 영향력은 훨씬 적다. 결국 정치 시스템(예를 들어 정당들이 노조와 얼마나 강하게 연계되어 있는지)과 정치 문화(예를 들어 합의적인지 대립적인지) 또한 중요하다는 의미이다.


## 정부는 경제에서 가장 중요한 등장인물이다

(이 글을 쓸 당시) 사실상 무정부 상태인 콩고민주공화국과 소말리아를 제외하면, 대부분의 나라에서는 경제 무대에서 정부가 가장 중요한 등장인물이다. 이 문제는 11장에서 더 자세히 살펴볼 예정이니, 여기서는 그냥 큰 그림만 짚고 넘어가자.

대부분의 나라에서 정부는 단연 가장 많은 수의 노동자를 고용하는 고용주이다. 어떤 경우에는 이 숫자가 국가 노동력의 25퍼센트에 달한다.* 정부 지출도 국민 생산량의 10퍼센트에서 55퍼센트에 해당하며, 더 잘사는 나라일수록 이 비율이 높아지는 경향이 있다. 많은 나라에서 정부는 국영 기업을 보유하고 운영한다. 평균적으로 국영 기업이 국가 생산량의 10퍼센트 정도를 생산해 내는데, 싱가포르와 대만은 15퍼센트가 넘는다. 정부는 또 시장을 만들고 없애고 규제함으로써 경제의 다른 등장인물들의 행동 방식에 영향을 주기도 한다. 탄소 배출권을 사고파는 시장을 새로 만들고, 노예 제도를 철폐하여 시장을 없애는가 하면, 노동 시간이나 환경과 관련된 다양한 입법으로 시장을 규제하는 것 등이 그 예이다.

### 정부의 의사 결정: 타협 또 타협(그리고 로비)

정부의 의사 결정 과정은 소유 구조가 가장 복잡한 거대 기업의 의사 결정 과정보다도 훨씬 더 복잡하다. 기업보다 훨씬 다양한 목적을 가진 훨씬 더 많은 주체의 이익을 고려하면서 훨씬 더 많은 일을 해내야 하기 때문이다.

일당 독재 국가조차 기업들이 다수결로 결정하듯 소수 의견을 무시해 버릴 수가 없다. 폴 포트 치하의 캄보디아처럼 아주 극단적인 경우를 제외하면 어디에나 정치적 당파가 존재하고 그들 간의 경쟁이 아주 치열할 수 있다. 요즘의 중국처럼 말이다.

민주 국가에서는 의사 결정 과정이 이보다 훨씬 더 복잡하다. 이론적으로는 다수당이 자신들의 의견을 사회에 강요할 수 있다. 가끔 정말로 그럴 때도 있지만, 많은 나라에서 여러 개의 독립된 정당이 연합해 의회의 과반수를 구성하기 때문에 항상 타협하지 않으면 안 된다.

---

* 미국 민간 부문에서 고용 규모가 가장 큰 월마트의 노동자 수가 미국 노동력의 약 1퍼센트인 140만 명에 지나지 않는다는 것을 알고 나면 정부의 고용 규모를 짐작할 수 있을 것이다.

덴마크의 TV 미니시리즈 〈킬링(The Killing)〉이나 〈보르겐(Borgen)〉처럼 정당 대표들이 밤낮 협상하고, 싸우고, 타협하는 정치 드라마를 보는 사람이라면 누구나 이 점을 이해할 것이다.

정치인이 전반적인 정책 방향을 정한 다음에도 세부 정책은 공무원과 관료 들이 만들고 실행해야 한다. 이들 또한 나름의 결정 원칙을 가지고 있는데, 이 원칙들은 의회에서처럼 협상을 통하는 것이 아니라 기업에서처럼 위계를 따른다.

정치인과 관료는 특정 정책이 채택되기를 원하는 온갖 종류의 집단으로부터 로비를 받는다. 그중에는 오직 하나의 목표를 이루기 위해 만들어진, 환경과 같은 특정 문제에 집중하는 캠페인 그룹도 있다. 일부 국가에서는 노동조합이 정치인에게 직접 영향력을 행사하기도 한다. 그러나 가장 큰 영향력을 가진 것은 기업이다. 미국과 같이 기업 로비에 관한 규제가 약한 나라에서는 기업의 영향력이 막강하다. "기업은 더 이상 정부에 로비를 하지 않아도 된다. 그들이 바로 정부이다." 미국의 정치 평론가 짐 하이타워의 이 말은 다소 과장되었지만 현실과 아주 먼 이야기는 아니다.

### 돈을 가진 국제기구: 세계은행, 국제통화기금 등

어떤 국제기구들은—어떻게 표현해야 할까?—'돈줄'을 쥐고 있기 때문에 중요하다. 주로 부자 나라 정부가 소유하는 세계은행과 기타 '지역적(regional)' 다자간 은행*은 개발도상국에 돈을 빌려준다. 이 은행들은 민간 부문의 은행보다 더 나은 조건(낮은 이자율, 긴 상환 기간)으로

---

• 가장 중요한 지역적 다자간 은행은 아시아개발은행(ADB), 아프리카개발은행(AfDB), 그리고 미주개발은행(IDB) 등이다.

대출을 한다. 국제통화기금(IMF)은 민간 시장에서 돈을 빌릴 수 없는 금융 위기를 겪는 나라에 단기간 대규모 대출을 해 준다.

세계은행과 IMF, 그리고 이와 유사한 다자간 금융 기관은 대출을 해 주는 나라에 특정 경제 정책을 채택할 것을 요구한다. 물론 어떤 대출이건 대출에는 항상 조건이 붙게 마련이다. 그러나 세계은행과 IMF 는 대출을 받는 나라를 진정으로 돕기보다는 부자 나라가 좋다고 생각하는 조건을 부과한다는 비판을 많이 받는다. 이들이 1원 1표 원칙을 따르는 '기업'이기 때문이다. 주식의 과반수를 부자 나라가 보유한 탓에 무엇을 할지를 결정하는 것도 부자 나라들이다. 무엇보다도 중요한 것은 미국이 세계은행과 IMF에서 사실상 거부권을 가지고 있다는 사실이다. 가장 중요한 결정에는 85퍼센트 이상의 찬성을 얻어야 하는데, 미국이 18퍼센트의 주식을 보유하고 있기 때문이다.

## 규칙을 정하는 국제기구: 세계무역기구와 국제결제은행

어떤 국제기구들은 규칙을 정할 수 있기 때문에 힘이 있다.[4] 금융 규제에 관한 국제 규범을 정하는 국제결제은행(BIS)이 그 한 예이다. 그러나 규칙을 정하는 국제기구 중 타의 추종을 불허할 정도로 중요한 기관은 세계무역기구(WTO)이다.

WTO는 국제 무역, 국제 투자는 물론 특허, 저작권 등의 지식재산권 보호에 이르기까지 국제적 경제 상호 작용에 관한 규칙을 정하는 기구이다. 주목할 만한 사실은 1국 1표 원칙에 입각한 유일한 국제기구라는 점이다. 따라서 이론적으로는 수적으로 우세한 개발도상국이 WTO가 어떻게 활동할지를 정할 수 있다. 그러나 불행히도 현실적으로는 투표까지 가는 경우가 거의 없다. 말을 듣지 않는 가난한 나라들에 원조를 줄이겠다는 식의 속이 빤히 들여다보이는 협박을 하는 등 부자 나라들이 온갖 종류의 비공식적 영향력을 행사해서 투표를 피하기 때문이다.

### 특정 사상을 지지하는 국제기구: 유엔 기구와 국제노동기구

어떤 국제기구는 특정 사상에 정당성을 부여함으로써 우리 경제생활에 영향력을 행사한다. 각종 유엔 기관이 바로 여기에 속한다.

예를 들면 유엔산업개발기구(UNIDO)는 산업 개발을 장려하고, 유엔개발계획(UNDP)은 세계적으로 빈곤을 줄이는 것을 목표로 하고, 국제노동기구(ILO)[5]는 노동자 권리 향상을 고취한다.

이 기구들은 주로 각자 맡은 영역의 문제에 대해 공개 토론을 진행하고, 자신들이 지지하는 생각을 채용하고자 하는 나라에 기술적으로 지원하는 식으로 활동한다. 때로 선언문이나 조약을 발표하기도 하는데 이를 준수하는 것은 어디까지나 자발적이고 강제성이 없기 때문에 별다른 힘을 발휘하지 못한다. 예를 들어 ILO가 이민 노동자의 권리를 보호하는 조약을 발표했지만, 이민을 받는 나라 중 여기에 조인을 한 나라는 거의 없다. (닭에게 복날을 경축하라고 할 수는 없는 법이다.)

돈이나 규칙을 정할 힘이 없는 이 기구들이 지지하는 쟁점들은 IMF나 세계은행, WTO 등이 미는 안건에 비해 훨씬 추진되기 힘들다.

# 개인조차도 이론과는 다르다

개인주의적 관점을 가진 경제학 이론은 조직들의 역할을 과소평가하거나 심지어 무시함으로써 경제적 의사 결정의 현실을 왜곡하는 경향이 있다. 더 심각한 것은 개인주의적 이론이라면서도 개인에 대한 이해마저 그다지 깊지 않다는 사실이다.

### 분열된 개인: 사람은 '다중 자아'를 가지고 있다

개인주의 경제학자들은 개인이 원자처럼 더 이상 쪼갤 수 없는 가장 작은 사회 단위라고 강조한다. 물론 물리적인 의미로는 맞는 말이다. 그러나 철학자, 심리학자는 물론이고 심지어 일부 경제학자까지도 개인이 더 이상 분열될 수 없는 존재인지에 관해 오래전부터 논쟁을 거듭해 왔다.

꼭 정신분열증 환자가 아니더라도 한 사람이 자기 안에 서로 상반된 선호를 가지고 있는 일은 흔하다. 이 **다중 자아**multiple-self 문제는 널리 퍼져 있다. 용어는 익숙하지 않을지 모르지만 우리 대부분이 경험해 본 것이다.

우리는 같은 사람이라도 상황이 달라지면 완전히 다르게 행동하는 것을 종종 목격한다. 집안일을 아내와 나눠서 하는 문제에는 매우 이기적인 남자가 전쟁에 나가서는 전우를 위해 기꺼이 목숨을 희생한다. 이런 현상은 한 사람이 다수의 역할을 하기 때문에 벌어진다. 이 남자는 남편과 군인이라는 복수의 역할을 수행한 것이다. 사람들은 맡은 역할에 따라 기대되는 바도 다르고 행동도 달라진다.

때로는 의지가 약해서 그럴 수도 있다. 우리는 종종 뭔가를 나중에 하겠다고 결심하지만 정작 그 시간이 되면 하지 않는다. 고대 그리스의 철학자들이 특히 이 문제를 많이 고민했고, 심지어 이 현상을 일컫는 아크라시아(akrasia)라는 용어까지 만들었다. 예를 들어 건강하게 생활하겠다고 결심해 놓고는 맛있는 디저트 앞에서 의지가 무너질 때가 많다. 이런 상황이 벌어질 것에 대비해 우리는 '또 다른 나 자신'이 목소리를 내지 못하도록 방도를 마련해 놓기도 한다. 오디세우스가 세이렌에게 홀리지 않도록 배의 돛대에 자기를 묶어 달라고 요청한 것처럼 말이다. 레스토랑에서 식사하기 전, 다이어트 중이니 디저트를 먹지 않겠다고 좌중에게 미리 선언해 나중에 체면상 어쩔 수 없이 디저트를 주문하지 않도록 해 본 경험이 독자 여러분에게도 있을 것이다. (집에 가서 초콜릿 쿠키로 보상하면 되니까.)

### 사회에 뿌리박은 개인: 개인은 사회에 의해 형성된다

다중 자아 문제는 개인이 원자가 아니라는 것을 보여 준다. 더 쪼개질 수 있기 때문이다. 한 개인이 다른 개인으로부터 완전히 분리될 수 없다는 점에서도 개인은 원자가 아니다.

개인주의적 전통을 따르는 경제학자들은 개인의 선호가 어디에서 생겨나는지를 묻지 않고, '독립 의지를 가진' 개인의 내부에서 생겨난 궁극적인 자료로 취급할 뿐이다. 이 개념은 "취향은 논란의 대상이 아니다 (De gustibus non est disputandum)"라는 라틴어 격언에 잘 요약되어 있다.

그러나 우리가 가진 선호는 가족, 이웃, 교육, 사회적 계급 등 우리가 몸담고 있는 사회 환경에 크게 영향받아 만들어진다. 성장 배경과 생활 환경이 다르면 소비하는 것이 다를 뿐 아니라 '원하는' 것도 다르다. 이런 **사회화**socialization 과정이 있기 때문에 개인을 서로에게서 분리할 수 있는 원자로 취급할 수 없는 것이다. (멋진 용어를 쓰자면) 개인은 사회에 뿌리박고(embedded) 있다. 개인이 사회의 산물이라면 "사회라는 것은 존재하지 않는다. 개인으로서의 남자, 여자, 그리고 가족이 있을 뿐이다"라고 말한 마거릿 대처 총리는 심각한 오류를 범한 것이다. 사회 없이 개인은 있을 수 없다.

1980년대에 방영된 BBC 방송국의 컬트 SF 코미디 〈레드 드워프〉에서 주인공 데이브 리스터가 죄책감이 가득한 표정으로, 와인바에 한번 갔었다고 고백하는 장면이 나온다. 빈둥거리기 좋아하는 성격의 리버풀 노동자 계급 출신인 리스터는 자기가 한 짓이 무슨 범죄 행위나 된 것처럼 행동했다. (물론 그의 친구들이 이 사실을 알았으면 '계급의 배반자'라고 비난했을 것이다.) 영국의 빈곤층 출신 청소년 가운데 일부는 수십 년 동안 정부가 대학 진학을 독려하는 정책을 추진했음에도 '유니(uni)'•는 자기와 상관없는 것으로 치부해 버린다. 또 대부분의 사회에서 여성은 과학, 공학, 법학, 경제학 같은 '딱딱한' 분야는 자기와 안 맞다고 생각하도록 사회화되어 왔다.

문학과 영화에도 이 문제는 반복적으로 등장한다. 조지 버나드 쇼의 희곡 『피그말리온』을 바탕으로 영화화된 〈마이 페어 레이디〉, 윌리 러셀의 연극과 영화 〈리타 길들이기〉, 마르셀 파뇰의 책과 영화 〈마르셀의 여름〉 등은 모두 교육, 그리고 그 결과 경험하게 되는 다른 라이프스타일로 인해 주인공이 출신 계급과 다르게 변하는 모습을 그리고 있다. 달라진 주인공은 주변 사람들이 원하는 것, 그리고 자신이 예전에 원했던 것과는 다른 것을 원하게 된다.

물론 사람은 자유 의지를 가졌고, 자기와 환경이 같은 사람이 원하고 선택할 만한 것과 다른 선택을 할 수 있고, 그렇게 하기도 한다. 〈리타 길들이기〉에서 리타가 대학 학위를 따기로 선택한 것처럼 말이다. 그러나 환경은 우리가 누구이고, 무엇을 원하며, 무엇을 할지 선택하

•  대학을 뜻하는 속어로 영국 노동자 계급에서 주로 쓰는 말이다.—옮긴이

는 데 강한 영향을 끼친다. 개인은 그가 속한 사회의 산물이다.

## 쉽게 영향을 받는 개인: 개인은 고의적으로 조작된다

우리의 선호에 영향을 끼치는 것은 환경뿐만이 아니다. 우리의 생각과 행동이 자신들이 원하는 식으로 형성되기를 원하는 사람들의 고의적인 조작에 영향을 받기도 한다. 정치 선전, 교육, 종교적 가르침, 대중 매체 등 인간 삶의 모든 측면에는 어느 정도 이런 조작이 담겨 있다.

가장 잘 알려진 예는 광고이다. 1960년대와 1970년대에 널리 알려졌던 자유 시장 경제학자 조지 스티글러의 연구를 이어받은 일부 경제학자들은 광고가 선호를 조작하기보다는 기본적으로 특정 제품의 존재와 가격, 특징에 관한 정보를 제공한다고 주장했다. 그러나 대부분의 경제학자들은 1958년 존 케네스 갤브레이스가 쓴 독창적이고 중요한 저서 『풍요한 사회』에 나오는 광고의 정의에 동의한다. 이 책에서 갤브레이스는 광고의 대부분은 잠재 수요자가 광고를 보기 전보다 본 후에 그 상품을 더 갖고 싶게 만들거나, 자신이 필요한지도 몰랐던 상품을 사고 싶게 만드는 역할을 한다고 평가했다.

광고는 특정 상품을 유명 인사나 스포츠팀(자기가 응원하는 축구팀이나 야구팀 유니폼에 어떤 회사의 로고가 새겨져 있는지 모르는 사람은 없을 것이다), 혹은 멋진 라이프스타일과 연관 짓는다. 우리의 잠재의식에 영향을 미치도록 기억을 촉발하는 장치를 사용하기도 한다. 또 시청자가 가장 영향받기 쉬운 시간대에 방송되기도 한다. (밤 9시에서 10시 사이에 간식 광고가 많은 것도 이 때문이다.) 영화 〈트루먼 쇼〉에서 가차 없이 풍자했던, 요즘 더 잦아지는 영화나 드라마의 간접 광고(PPL)는 말할 나위도 없다. 〈트루먼 쇼〉에서 출연자가 뜬금없이 "니카라과 산꼭대기에서 딴 100퍼센트 천연 코코아빈이 들어갔다"라고 외치던 '모코코아'라는 상품은 아직까지도 내 기억에 선명하다.

개인의 선호는 자유 시장 이데올로기의 선전으로 더욱 근본적인 수준에서 조작되기도 한다. 이 이데올로기는 자신의 이윤 추구 활동에 대한 제약을 될 수 있는 대로 최소화하려는 사람들이 전파한다. (결국 다시 사상의 정치학으로 돌아왔다.) 기업과 돈 많은 개인은 미국의 헤리티지 재단이나 영국의 경제문제연구소(Institute of Economic Affairs) 같은 시장주의 이데올로기를 생산해 내는 싱크탱크에 재정 지원을 많이 한다. 또 자유 시장을 옹호하는 정당과 정치인에게 정치 후원금도 기부한다. 일부 대기업은 친기업적인 매체를 골라 광고를 주기도 한다.

일단 가난한 사람들에게 가난은 자신의 잘못이고, 돈을 많이 번 사람은 그럴 만한 노력을 기울였기 때문이며, 열심히 노력하면 자신도 부자가 될 수 있다고 설득하는 데 성공하면 부자들이 살기가 훨씬 쉬워진다. 그렇게 설득당한 가난한 사람들은 많은 경우 자기의 이익과 상반되는데도 부의 재분배를 촉진하는 세금과 복지 지출을 낮추고 기업 규제와 노동자 권리를 줄일 것을 요구하기 시작한다.

단지 소비자로서의 선호뿐 아니라 납세자, 노동자, 투표자로서 개인의 선호도 고의로 조작될 수 있고 자주 그렇게 된다. 개인은 개인주의 경제 이론에서 묘사하듯 '독립 의지를 가진' 존재가 아닌 것이다.

## 복잡한 개인: 개인은 이기적이기만 한 존재는 아니다

개인주의 경제 이론에서는 개인이 이기적이라고 가정한다. 이것이 합리적 개인이라는 가정과 합쳐지면 결국 모든 개인이 하고 싶은 대로 하도록 두어야 한다는 결론에 이를 수밖에 없다. 누구든 각자 자기에게 가장 좋은 것이 무엇인지, 자기의 목표를 어떻게 성취할 수 있는지를 잘 알기 때문이다.

경제학자, 철학자, 심리학자, 그리고 다른 사회 과학자 들은 이기적 개인이라는 가정에 수세기 동안 의문을 품었다. 관련 문헌이 막대하고, 이론적으로는 중요하지만 쓸데없이 복잡한 이야기들도 많다. 여기서는 중요한 몇 가지만 짚고 넘어가자.

먼저 이기적이라는 개념을 너무 단순하게 정의했고, 여기에는 개인은 자신이 한 행동의 장기적, 체계적 결과를 이해할 능력이 없다는 암묵적인 전제가 깔려 있다. 19세기 유럽의 자본가들 중 일부는 아동 노동 금지를 주장했다. 그런 규제가 자신의 이익에 위배된다는 것을 알면서도 말이다. 그들은 아이들을 교육시키지 않고 노동으로 내몰면 장기적으로 노동력의 질이 떨어지고 자신을 포함한 자본가 모두가 피해를 입게 된다는 점을 이해했다. 다시 말해 사람들은 **현명한 이기심** enlightened self-interest을 발휘할 수 있고, 발휘해 왔다.

때때로 우리는 아무 이유 없이 관대하게 행동하기도 한다. 다른 사람들을 걱정하고 타인을 돕기 위해 자신의 이익을 해치는 행동도 한다. 자선 단체에 기부를 하고, 자선 행사에서 자원봉사를 하며, 곤란한 처지에 처한 생면부지의 타인을 돕는다. 불타는 건물에 갇힌 할머니를 구하기 위해 불길 속으로 뛰어드는 소방관, 물에 빠진 아이를 구하기 위해 거친 파도에 몸을 던지는 행인 등은 자기가 죽을 수 있다는 것을 알면서도 그런 일을 한다. 이에 관한 증거는 무궁무진하다. 이기적 인간이라는 모델에 대한 맹목적인 믿음으로 눈을 가린 사람이 아니라면 보지 않을 수 없을 정도로 산재해 있다.[6]

인간은 복잡한 존재이다. 그렇다, 대부분의 사람들은 많은 경우 이기적으로 행동한다. 그러나 그와 동시에 애국심이나 계급 결속감, 이타주의, 정의감, 정직성, 이데올로기에 대한 신념, 의무감, 희생정신, 우정, 사랑, 미의 추구, 쓸데없는 호기심 등 다른 동기에 의해서도 움직인다. 인간의 동기를 묘사하는 단어가 이렇게 많다는 사실 자체로도 우리가 얼마나 복잡한 생물인지를 알 수 있다.

### 갈팡질팡하는 개인: 개인은 그다지 합리적이지 않다

개인주의 경제학 이론에서는 개인이 합리적이라고 가정한다. 이는 개인이 미래에 일어날 수 있는 모든 일을 예상하고, 그 각각의 일이 일어날 가능성을 복잡하게 계산하며, 자신의 선호를 정확히 파악하고 있어서 결정을 내려야 하는 모든 경우에 항상 최선의 선택을 할 수 있다는 뜻이다. 이 가정 역시 '사람들은 자기가 무슨 일을 하고 있는지 잘 알고 행동하기 때문에' 간섭하지 말고 그냥 두는 것이 가장 좋다는 메시지를 품고 있다.

개인주의 경제학 모델은 아무도 가져 보지 못한 종류의 합리성을 우리가 가지고 있다고 가정한다. 허버트 사이먼은 이를 '올림포스적 이성' 혹은 '초합리성'이라 불렀다. 이 모델을 옹호하는 사람들은 어느 이론의 저변에 깔린 가정이 현실적이든 아니든 상관없이, 모델이 사건을 정확하게 예측하기만 하면 된다고 변호한다. 이런 식의 변호는 요즘 같은 세상에서는 공허하게 들린다. 초합리성을 가정하고 만들어진 효율적 시장 가설(efficient market hypothesis)이라는 경제학 이론을 믿은 정책 입안자들이 금융 시장에 아무 규제도 필요 없다고 생각한 것이 바로 2008년 글로벌 금융 위기의 중요한 원인이었기 때문이다.

단순히 이야기하자면 문제는 인간이 그다지 합리적이지 않다는 것이다. 달리 표현하면 인간은 제한된 합리성만을 가지고 있다.* 비합리적 행동을 예로 들자면 끝이 없다. 우리는 결정을 내릴 때 본능과 감정에 너무도 쉽게 좌우된다. 요행 심리, 정신적 공황, 군중 심리 등은 모두 우리 마음속에 한자리씩 차지하고 영향력을 발휘하는 것들이다. 우리의 결정은 질문을 '어떻게 하느냐'에도 많이 영향을 받기 때문에 질문이 주어지는 방식에 따라 (그러지 말아야 하지만) 같은 문제인데도 다른 결정을 할 때가 있다. 또 우리는 새로운 정보에 더 민감하게 반응하고 기존 정보에는 둔감해지는 경향이 있다. 이런 행동은 금융 시장에서 자주 목격할 수 있다. 인간은 보통 직관적이고 휴리스틱(지름길)한 방법으로 사고를 하고, 따라서 논리적인 사고를 잘 하지 않는다. 무엇보다도 우리는 우리 자신의 합리성을 과신한다.

## 맺는말—
## 불완전한 개인만이 진정한 선택을 할 수 있다

개인을 제한된 합리성, 복잡하고 모순되는 동기, 잘 속는 특성, 사회화, 심지어 내부적 갈등 등을 모두 지닌 굉장히 불완전한 존재라는 개념으로 보면 역설적이게도 개인 하나하나가 더 큰 의미를 지니게 된다.

개인이 사회의 산물이라는 것을 인정하기 때문에, 우리는 사회적 관습과 지배 이데올로기, 또는 계급적 배경에 반(反)한 선택을 하는 사람의 자유 의지를 더 깊이 존경하게 된다. 인간의 합리성이 제한적이

---

* 이에 관한 증거는 엄청나게 많으며, 이 주제를 다룬 읽기 쉬운 책도 많다. 피터 우벨의 『욕망의 경제학』, 조지 애컬로프와 로버트 실러의 『야성적 충동』, 심리학자이자 2002년 노벨 경제학상을 수상한 대니얼 카너먼의 『생각에 관한 생각』 등이 그런 책이다.

라는 사실을 받아들이고 나면, 모든 사람이 실패할 것이라 생각하는 (그러나 성공하면 혁신이라 부르는) '비합리적'인 사업을 시작하는 기업가의 용기에 더 큰 박수를 보낼 수 있다. 다시 말해 인간의 불완전함을 인정한 다음에야 우리는 '진정한' 선택을 이야기할 수 있는 것이다. 어느 길이 최선의 선택인지를 항상 알고 있는 완벽한 인간이 운명적으로 내리는 기계적인 선택이 아니라 진정한 선택 말이다.

'진정한' 선택을 강조한다고 해서 우리가 원하기만 하면 어떤 선택이든 할 수 있다는 뜻은 아니다. 자기계발서 등에서는 원하면 어떤 것이든 이룰 수 있고 무엇이든 될 수 있다고 말할지 모르지만, 현실적으로 사람들의 **선택 범위choice set**는 굉장히 제한적이다. 이것은 이용할 수 있는 자원이 너무 적어서일 수 있다. 마르크스가 극적으로 표현했듯 초기 자본주의 사회의 노동자들은 혹독한 조건에서 주당 80시간을 일하느냐 아니면 굶어 죽느냐 중에서 선택을 해야만 했다. 먹고살 다른 방법이 없었기 때문이다. 선택 범위가 제한적인 또 다른 이유는 앞에서 언급했듯이 사회화 과정과 고의적 조작을 통해 우리가 원하고 생각하는 것의 범위를 제한하도록 학습되었기 때문일 수도 있다.

위대한 소설과 영화에서처럼, 현실의 경제 사회에는 복잡하고 단점이 많은 개인과 조직이라는 등장인물들이 살고 있다. 모든 이론화 과정이 그렇듯이 개인과 조직을 이론화하기 위해서는 어느 정도 일반화와 단순화를 해야 하지만, 지금의 주류 경제 이론은 그 정도가 너무 심하다.

개인의 다면적이고 제한적인 본성을 감안하고, 복잡한 구조와 내부 의사 결정 메커니즘을 지닌 대규모 조직의 중요성을 인식할 때만이 비로소 우리는 실제 경제에서 벌어지는 선택의 복잡성을 이해하는 이론을 만들 수 있을 것이다.

# 진도 나가기

　1부는 경제학에 익숙해지는 과정이었다. 지금까지 경제학이 무엇인지, 경제가 무엇인지, 어떻게 경제가 현재의 모습이 되었는지, 경제를 연구하는 방법이 얼마나 다양한지, 그리고 경제의 주요 등장인물이 누구인지 살펴봤다.

　경제에 조금 익숙해졌으니, 이제 실제 세상의 경제를 이해하는 데 경제학을 어떻게 '사용'할지를 알아보자.

# 2부

경제학 사용하기

## 6장

# "몇이길 원하십니까?"

## 생산량, 소득, 그리고 행복

언제: 1930년대 어느 해

어디서: 소비에트연방 국가계획위원회 고스플란(Gosplan)의 사무실

무엇을: 통계실장 채용을 위한 면접시험

면접관들이 첫 번째 후보에게 질문을 한다. "동지, 2 더하기 2는 무엇이요?" 후보의 대답. "5입니다."

면접관 중 가장 높은 간부가 너그러운 미소를 지으며 말한다. "동지, 혁명적 열성은 높이 사오만, 이 자리는 셈을 할 줄 아는 사람이 필요하오." 후보는 정중하게 문 밖으로 안내된다.

두 번째 후보의 답은 '3'이었다. 면접관 중 가장 어린 간부가 벌떡 일어나 소리쳤다. "저놈을 체포하라! 혁명의 성과를 깎아내리다니! 이런 식의 반혁명적 선전 공세는 좌시할 수 없다!" 후보는 경비들에게 끌려 나갔다.

같은 질문을 접한 세 번째 후보의 답. "물론 4입니다." 면접관 중 가장 학자티가 나는 간부가 후보에게 형식 논리에 집착하는 부르주아적 과학의 한계에 대해 따끔하게 연설을 했다. 그는 수치감으로 고개를 떨군 채 걸어 나갔다.

그 자리는 결국 네 번째 후보에게 돌아갔다.

그의 답은 무엇이었냐고?

"몇이길 원하십니까?"

# 생산량

생산량 통계가 노골적으로 '조작'되는 일은 드물다. 소련의 스탈린 독재기나 중국 마오쩌둥의 대약진 운동 때처럼 정치적으로 극도로 예외적인 상황이 아니고는 사회주의 국가에서도 생산량에는 손대지 않는 편이다. 그렇지만 한 경제 체제의 생산량을 포함하여 경제학에 나오는 어떤 숫자도 물리학이나 화학 같은 자연 과학의 측정 결과처럼 생각하고 대해서는 안 된다.

경제학자들이 가장 선호하는 생산량 측정법은 **국내총생산gross domestic product**, 즉 **GDP**이다. 간단히 말하면 일정 기간 동안 한 나라 안에서 생산된 모든 것의 금전적 가치를 합한 것이다. 보통은 기간을 1년으로 잡지만, 분기별이나 월별로 산출하기도 한다.

'간단히'라고 말한 이유는 '생산물(GDP의 P, product)'이라는 말의 정의를 짚고 넘어가야 하기 때문이다. 국내총생산을 계산할 때 우리는 생산량의 **부가 가치value added**를 더한다. 부가 가치란 각 생산자의 최종 생산량에서 중간에 쓰인 투입량을 뺀 가치를 말한다. 빵과 케이크를 파는 제과점의 1년 매출액이 3000만 원이더라도 밀가루, 버터, 달걀, 설탕 같은 각종 원자재와 연료, 전기 등의 **중간 투입물intermediate input**을 사는 데에 2000만 원이 들었다면 제과점은 1000만 원의 가치만 부가적으로 생산한 것이다.

중간 투입물의 가치를 빼지 않고 각 생산자의 최종 생산량만을 더하면 어떤 부분은 두 번 세 번 계산되어 실제 생산량이 크게 부풀려진다. 제과점 주인이 방앗간에서 밀가루를 샀는데 제과점과 방앗간의 생산

량을 그대로 더하면 제과점에서 산 밀가루 가격이 두 번 계산되는 셈
이다. 방앗간 주인은 농부에게서 밀을 샀으니 제과점, 방앗간의 생산
량에 농부의 생산량까지 보태면 농부가 방앗간에 팔고 다시 제과점으
로 팔려 간 밀의 가격은 세 번 계산된다. 그래서 '부가된' 가치만을 더
해야 제대로 된 생산량이 나오는 것이다.

'총(GDP의 G, gross)'은 또 무슨 뜻일까? 전체 그림에서 빼는 것이 가
능한데 아직 빼지 않은 것이 있다는 의미이다. 예를 들어 참치 통조림
에는 총중량과 실중량이 표기되어 있다. 실중량은 총중량에서 기름이
나 생수를 뺀 참치 살만의 무게를 말한다. 이처럼 생산량의 경우에는
생산하는 과정에서 자본재가 소비되면서 하락한 가치를 빼야 한다.
주로 기계가 자본재에 해당하는데, 다시 제과점을 예로 들면 오븐, 반
죽기, 빵 자르는 기계 등을 말한다. 자본재, 즉 기계는 빵 만드는 밀가
루처럼 '소비'되지 않고 생산물에 직접 들어가지도 않지만 계속 사용
함에 따라 마모되어 경제적 가치가 떨어진다. 이를 가리켜 **감가상각**
depreciation이라 한다. 국내총생산에서 자본재의 감가상각을 뺀 것을
**국내순생산**net domestic product, 즉 **NDP**라고 부른다.

### 국내순생산(NDP)

국내순생산은 생산에 필요한 중간 투입물과 자본재 등을 모두 빼고
계산한 수치이기 때문에 국내총생산보다 한 나라의 경제가 생산한 결
과를 더 정확하게 알려 준다. 그러나 보통 국내순생산보다 국내총생
산을 더 많이 쓰는 이유는 감가상각을 계산하는 방법에 의견 일치가

•   한 기업의 부가 가치는 대략 매출액의 3분의 1이다. 엄청나게 단순화하여 어림한 측정
    법이지만 알아 두면 편리하다.

이루어지지 않았기 때문이다. (현재 몇 가지 의견이 충돌을 거듭하고 있다는 정도로만 알고 넘어가자.) 따라서 '순(net)'을 명확히 규정하고 정의하기가 애매한 상태이다.

그렇다면 '국내(GDP, NDP의 D, domestic)'는 무슨 뜻일까? 여기서는 한 나라의 국경 안을 의미한다. 한 나라 안에 있는 생산자가 모두 그 나라 국민이거나 그 나라에 등록된 기업이 아닐 수도 있다. 뒤집어 생각하면 모든 생산자가 자국에서 생산 활동을 하는 것은 아니라는 의미도 된다. 외국에 공장을 지어 생산하는 기업도 많고, 외국에서 일자리를 얻어 일하는 사람도 많지 않은가. 한 나라의 국경 안에서 나오는 생산량이 아니라, 한 나라의 국민과 그 나라에 등록된 기업이 생산한 생산량 전체는 **국민총생산gross national product**, 즉 **GNP**라고 한다.

### 국민총생산(GNP)

미국이나 노르웨이 같은 나라는 국내총생산과 국민총생산이 거의 비슷하다. 외국 기업이 많이 들어와 있는 반면 자국 기업은 외국에 많이 진출하지 않은 캐나다, 브라질, 인도의 경우는 국민총생산보다 국내총생산이 10퍼센트 이상 더 높다. 국내에서 영업하는 외국 기업보다 외국에 진출한 자국 기업이 더 많은 스웨덴, 스위스는 국민총생산이 국내총생산보다 더 커서 2010년 집계에 따르면 각각 2.5퍼센트, 5퍼센트 차이가 났다.

보통 국내총생산이 국민총생산보다 더 자주 쓰인다. 단기적으로 볼 때 한 나라 안의 생산 활동 수준을 더 정확히 알려 주는 지표이기 때문이다. 그러나 경제의 장기적 저력을 측정하기에는 국민총생산이 더 효과적이다.

한 나라가 다른 나라보다 국민총생산이나 국내총생산이 더 높지만 단순히 인구가 더 많아서 그럴 수도 있다. 따라서 한 나라의 경제가 얼마나 생산적인지를 알고 싶으면 국내총생산이나 국민총생산을 **1인당** per capita 수치로 봐야 한다. 사실은 이보다 좀 더 복잡하지만 여기까지만 이야기하자. 더 관심 있는 독자는 각주를 참조해 주기 바란다.*

### 국내총생산과 국민총생산이라는 잣대의 한계

국내총생산과 국민총생산이라는 잣대의 중요한 한계는 생산량의 가치를 시장 가격으로 계산한다는 점이다. 엄청난 양의 경제 활동이 시장 밖에서 벌어지기 때문에 이런 활동의 생산량 가치도 어떻게든 계산에 포함이 되어야 한다. 이 과정을 전문 용어로 '귀속시킨다 (imputed)'고 표현한다. 예를 들어 개발도상국에서는 많은 농부가 자기가 생산한 농산물 대부분을 자체 소비하는 영세한 자급농이다. 이 경우 이들이 생산했지만 시장에 내다팔지 않은(자체 소비한) 양을 추산하여 이에 해당하는 시장 가치를 전체 생산량에 귀속시켜야 한다. 또 다른 예는 자기 소유의 집에 사는 사람들의 주거비이다. 주택 소유자의 주거비는 시장 가격에 해당하는 '월세'를 자기 자신에게 내는 것으로 계산한다. 시장을 통해 거래되는 재화나 서비스와 달리 시장 밖에 있는 생산물의 가치에는 추측의 요소가 들어가기 때문에 정확도가 떨어질 수밖에 없다.

---

* 한 나라의 진정한 생산성이 궁금하다면, 1인당 생산량보다 일정량을 생산하기 위해 사람들이 얼마나 일을 했는지를 봐야 한다. 따라서 1인당 국내총생산이 아니라 노동 시간당 국내총생산을 보는 것이 더 정확한 생산성의 지표이다. 그러나 노동 시간에 대한 통계는 없는 경우가 많기 때문에 1인당 수치로 그 나라의 생산성을 판단하는 것이다.

이보다 더 큰 문제는 시장 밖에서 생산되면서 총생산량 계산에 아예 들어가지 않는 분야도 있다는 사실이다. 바로 가사 노동이다. 조리, 청소, 육아 및 노약자 돌보기 등 가사 노동은 국내총생산이나 국민총생산에 포함되지 않는다. 그래서 경제학자들 사이에서는 자신이 고용한 가사 도우미와 결혼하면 국가의 총생산량을 줄이는 것이라는 '농담'을 하곤 한다. 흔히 쓰이는 핑계는 가사 노동의 가치를 계산해서 귀속시키기가 어렵다는 것이지만, 그다지 납득이 가지 않는 이야기이다. 자기 소유의 집에 사는 것까지 포함해 다른 온갖 종류의 시장외 경제 활동은 추산하고 있지 않은가? 가사 노동의 대부분을 여성이 감당하고 있는 현실이기 때문에 이러한 관행으로 인해 여성의 노동은 엄청나게 과소평가되고 있다. 많은 연구가 가사 노동의 가치를 국내총생산의 30퍼센트 수준으로 추정하고 있다.

## 실제 숫자

### 왜 실제 숫자가 필요한가?

'숫자'를 다루는 학문이라는 널리 알려진 인상과 달리, 요즘 경제학과 학생들이 배우는 경제학에는 별로 숫자가 나오지 않는다. 경제학 학위를 가진 사람이 자기 나라의 국내총생산이나 평균 노동 시간 같은 '뻔한' 숫자도 모르는 경우가 허다하다.

물론 이런 숫자를 많이 외우고 다닐 수는 없다. 사실 인터넷이 발달한 요즘에는 언제라도 쉽게 찾아볼 수 있기 때문에 그런 숫자를 하나도 기억할 필요가 없다. 그러나 나는 이 책을 읽는 독자들이 다만 어떤 숫자를 찾아봐야 하는지를 알기 위해서라도 '실제 숫자'들과 어느 정도 익숙해지는 것이 중요하다고 믿는다. 이에 더해, 현실의 우리 경제가 어떤 모습을 하고 있는지 감을 잡아야 한다. 우리가 중국의 국내총생산을 이야기할 때 그것은 수백억 달러일까 수천조 달러일까? 남아프리카공화국의 실업률이 세계에서 가장 높은 수준이라고 말할 때 그것은 15퍼센트일까 30퍼센트일까? 인도 국민 중 빈곤 속에 사는 사람의 비율이 높다고 하면 20퍼센트일까 아니면 40퍼센트를 말하는 것일까? 따라서 이 장을 비롯한 모든 장에서 나는 가장 중요한 실제 숫자를 몇 개씩 소개할 예정이다.

### 세계의 생산량은 대부분 소수의 몇 개 나라에서 나온다

세계은행 집계에 따르면 2010년 각국의 국내총생산(GDP)을 모두 합한 세계 GDP는 63조 4000억 달러였다. GDP 기준 상위 5개국은 미국(세계 GDP의 22.7퍼센트), 중국(9.4퍼센트), 일본(8.7퍼센트), 독일(5.2퍼센트), 프랑스(4.0퍼센트)였다.* 이 다섯 나라가 세계 총생산량의 절반을 차지한 것이다.

세계은행 기준에 따라 1인당 소득이 1만 2276달러 이상인 '고소득 국가'의 GDP 총합은 2010년 44조 9000억 달러를 기록했다.** 이는 세계 경제의 70.8퍼센트에 해당하는 숫자이다. 나머지 지역, 즉 개발도상국들의 GDP 총합은 18조 5000억 달러로 세계 GDP의 29.2퍼센트

---

* 각국의 국내총생산(GDP)은 미국 14조 4000억 달러, 중국 5조 9000억 달러, 일본 5조 5000억 달러, 독일 3조 3000억 달러, 프랑스 2조 5000억 달러였다.
** 이 정의에 따르면 일반적으로 부자 나라라고 생각하지 않는 나라들 중 일부도 '고소득 국가'로 분류된다. 동구권의 구사회주의 국가 몇몇(폴란드, 헝가리, 크로아티아, 슬로바키아)과 산유국 두 곳(사우디아라비아, 리비아)이 그렇다. 그러나 전체 구도를 바꿀 정도로 큰 규모는 아니다.

였다. 이 숫자의 3분의 2인 66.6퍼센트는 중국, 브라질, 인도, 러시아, 멕시코 등 5대 개발도상국이 생산했다.* 나머지 개발도상국은 모두 합쳐 6조 3000억 달러를 생산해서 전 세계 GDP의 10퍼센트를 차지하는 데 그쳤다.

대부분의 개발도상국들은 세계에서 가장 잘사는 나라들의 생산량에 비하면 적은, 정말로 아주 적은 양을 생산하는 데 그친다

중앙아프리카공화국이나 라이베리아 등 인구가 약 500만에서 1000만 정도인 아주 가난하고 작은 개발도상국의 GDP는 보통 10억 달러에서 20억 달러 정도 된다. 2010년에 14조 4000억 달러였던 미국 GDP의 0.01퍼센트도 되지 않는 숫자이다.

세계은행 기준에 따라 2010년 1인당 GDP가 1005달러 이하인 '저소득(low-income) 국가'에 해당하는 35개국은 GDP를 다 합쳐도 4200억 달러에 그친다. 세계 경제의 0.66퍼센트, 미국 경제의 2.9퍼센트밖에 안 되는 것이다.

콜롬비아, 남아프리카공화국 등 이보다 인구가 더 많고(3000만~5000만) 중간 정도의 소득을 기록하는 개발도상국의 GDP는 3000억~4000억 달러 정도이다. 이는 워싱턴주나 미네소타주 등 중간 정도 되는 미국 주의 GDP와 같은 규모에 불과하다.**

1인당 GDP를 따져도 그 차이는 엄청나다. 이 숫자는 바로 다음에

---

• 각국의 GDP는 중국이 5조 9000억 달러, 브라질이 2조 1000억 달러, 인도가 1조 7000억 달러, 러시아가 1조 5000억 달러, 멕시코가 1조 달러이며, 총합은 12조 2000억 달러였다.

•• 세계은행은 2010년 1인당 국민총소득이 3975달러 이상이면 상층 중간 소득 국가, 1005달러 이하이면 저소득 국가로 분류했다.

살펴볼 1인당 소득과 비슷하므로(이론적으로는 동일하지만 실제로는 다를 때도 많다), 여기서는 그냥 그 차이가 500배 이상이라고만 일단 알아두자.

# 소득

### 국내총소득(GDI)

국내총생산(GDP)은 생산량의 합이지만 소득의 합으로도 볼 수 있다. 생산에 참여한 모든 사람이 공헌한 만큼 소득을 얻기 때문이다. (이 소득이 '공정'한지 아닌지는 또 다른 문제이다.) 제과점의 예로 다시 돌아가 보면 밀가루, 달걀을 비롯한 기타 중간 투입물의 가격을 지불한 후 부가적으로 얻은 가치(돈)는 직원들의 임금, 투자자들의 이윤, 대출 이자, 수입에 자동적으로 포함되는 간접세(부가 가치세) 등으로 분배될 것이다.

이 소득의 합을 **국내총소득**gross domestic income, 즉 **GDI**라고 부른다. 이론적으로 국내총소득과 국내총생산은 동일해야 한다. 같은 숫자를 더하면서 각도만 달리해서 볼 뿐이기 때문이다. 그러나 실제로는 이 두 숫자가 살짝 다른데, 두 통계에 쓰이는 자료가 취합되는 경로가 다른 탓이다.

### 국민총소득(GNI)과 1인당 국민총소득

국민총소득(GNI)와 국내총소득(GDI)의 관계는 국민총생산(GNP)과 국내총생산(GDP)의 관계와 같다. 한 국가의 국경 안에서 생산 활동을 하는 사람의 수입을 모두 더한 국내총소득(GDI)과 달리 **국민총소득** **gross national income**, 즉 **GNI**는 그 나라 시민권자의 소득을 모두 합한 결과이다. 세계은행은 국민총생산과 국내총소득이 아니라 국내총생산과 국민총소득을 발표한다. 벌어들이는 돈을 측정하는 척도인 소득은 그 소득을 가져가는 사람의 국적에 따라 측정하는 것이 더 낫고, 산출량을 측정하는 척도인 생산량은 그 생산 활동이 어디서 벌어졌느냐에 따라 측정하는 것이 더 낫다는 논리에서이다.

일반적으로 1인당 소득은 국민총소득(생산량 기준으로 하면 국민총생산)으로 측정하는 것이 한 나라의 생활 수준을 나타내는 가장 좋은 척도라고 간주된다. 그러나 가장 좋다고 해서 충분히 좋다는 의미는 아니다.

제일 두드러지는 문제는 1인당 국민총소득이 평균 소득만을 측정한다는 점이다. 평균은 어떤 나라에서는 개인 간, 집단 간의 편차가 크고 어떤 나라에서는 그것이 작다는 것을 은폐한다. 숫자로 간단히 예를 들자면, A국과 B국이 모두 1인당 소득이 5000달러이고 인구가 10명이라고 하자. 두 나라 모두 국민총소득은 5만 달러이다. 그러나 A국은 한 사람이 4만 5500달러를 벌고, 나머지 9명이 각각 500달러만 버는 데 비해 B국은 한 사람이 9500달러를 벌고, 나머지 9명이 각각 4500달러를 번다고 하자. 1인당 국민총소득이 5000달러라고 하면 B국의 생활 수준은 비교적 잘 표현한 것이지만, A국의 상황은 완전히 잘못 묘사하는 것이 된다. 전문 용어를 쓰자면, 평균 소득은 소득 분배가 더 평등한 나라의 생활 수준을 나타내는 데 좀 더 적절한 지표라고 말할 수 있다. (이 문제는 9장에서 더 자세히 살펴보자.)

## 서로 다른 가격 수준 조정하기: 구매력 평가(PPP)

나라마다 다른 가격 수준을 반영하기 위해 국민총소득(혹은 국내총생산)을 조정하는 경우가 많다. 덴마크 크로네화와 멕시코 페소화의 환율은 1크로네당 2.2페소 정도이다. 그러나 2.2페소로 멕시코에서 살 수 있는 재화와 서비스는 덴마크에서 1크로네로 살 수 있는 것보다 훨씬 많다. (그 이유는 금방 설명하겠다.) 따라서 이 두 화폐의 공식 환율은 멕시코의 실제 생활 수준을 과소평가하도록 만든다.

문제는 시장 환율은 갤럭시폰이나 국제 은행 서비스 등 국제적으로 교역이 되는 재화와 서비스의 수요와 공급에 의해 결정된다는 사실이다. 반면 일정 액수의 돈으로 특정 국가에서 살 수 있는 재화와 서비스는, 외식을 하거나 택시를 타는 등 국제적으로 거래되지 않는 것까지 포함한 모든 재화와 서비스의 가격에 의해 결정된다.[1]

이 문제를 해결하기 위해 경제학자들은 '국제 달러(international dollar)'라는 개념을 만들어 냈다.

이 허구의 통화는 **구매력 평가purchasing power parity**(PPP)라는 개념에 근거를 두고 여러 나라의 소득을 변환해 생활 수준을 측정할 수 있도록 해 준다. 구매력 평가는 '소비 바스켓(consumption basket)'이라고 부르는 공통적으로 지정한 몇 가지 재화와 서비스를 얼마나 많이 살 수 있는지로 그 나라 화폐의 가치를 측정하는 방법이다.

이렇게 변환하고 나면 서비스 부문의 임금이 비싼 나라들(미국, 싱가포르처럼 값싼 이민 노동자가 대거 유입되는 나라를 제외한 부자 나라들)은 시장 환율로 계산한 것보다 구매력 평가 소득이 상당히 낮아진다. 반면 서비스 부문 임금이 낮은 가난한 나라들은 시장 환율 소득보다 훨씬 높은 구매력 평가 소득을 기록한다.*

덴마크와 멕시코를 비교한 위의 예를 다시 사용하자면, 2010년 덴마크의 1인당 구매력 평가 소득은 시장 환율 소득보다 30퍼센트 정

---

* 엄격히 말하자면 이 두 가지 소득 수치를 직접 비교할 수 없다는 것을 명심하자.

도 낮았다(4만 140달러 vs 5만 8980달러). 이에 비해 멕시코의 1인당 구매력 평가 소득은 시장 환율 소득보다 약 60퍼센트 높았다(1만 5010달러 vs 9330달러). 6배가 넘는 소득 격차가 구매력 평가 조정을 거친 뒤 생활 수준 격차 3배 이하로 줄어든 것이다.

구매력 평가 조정은 사용하는 방법과 자료에 큰 영향을 받는데, 특히 모든 나라가 똑같은 재화와 서비스를 소비한다는 용감한 가정에 의존하고 있기 때문이다. 따라서 방법과 자료를 달리하면 그 결과가 그냥 조금 다른 정도가 아니다. 2007년 세계은행이 구매력 평가 소득을 추정하는 방법을 바꾸자, 하루아침에 중국의 1인당 구매력 평가 소득은 7740달러에서 5370달러로 44퍼센트 급락했고, 싱가포르의 소득은 3만 1710달러에서 4만 8520달러로 53퍼센트 급상승했다.

**소득 통계는 구매력 평가 조정을 거친 후에도 생활 수준을 완전히 반영하지 못한다**

구매력 평가 조정을 해도 1인당 국민총생산이나 1인당 국민총소득 등 소득에 관한 통계 수치는 생활 수준을 완전히 반영하지 못한다. 그 이유는 여러 가지가 있다.

뻔하지만 아주 중요한 이유는 우리가 금전적 소득에만 의존해서 살지 않는다는 사실이다. 인간은 정치적 자유, 활기찬 공동체 생활, 자아실현 등 돈으로 살 수 없는 많은 것을 원한다. 금전적 소득이 증가한다 해서 이런 무형의 요소들이 더 좋아진다는 보장이 없을뿐더러 오히려 희생당할 때도 있다. 예를 들어 일을 더 오래, 더 강도 높게 해서 소득이 올라갔다면 공동체 생활이나 자아실현에 쏟는 시간과 에너지는 더 줄어들었을 것이다.

또 다른 이유는 앞에서도 지적했지만 소득 통계에는 육아 및 간호를 포함한 가사 노동의 가치가 반영되지 않는다는 사실이다. 그러나 가사 노동은 어린이, 노약자 같은 사람들에게는 가장 중요한 것이다.

돈으로 살 수 있는 것들마저도 우리는 소비자로서 종종 바람직하지 않은 선택을 하곤 한다(5장에서 이미 살펴본 것처럼). 독자들 중에도 광고에 현혹되거나 이웃에 대한 체면 때문에 필요한 줄도 모르던 제품이나 서비스를 구매한 경험이 많이 있을 것이다. 살 때 잠깐 흥이 난 것 말고는 이런 물건들은 우리의 행복감이나 복지에 아무런 도움이 되지 않는다.

설령 우리가 완벽하게 합리적인 소비자라고 해도 **위치재positional goods**가 존재하는 이상 소득으로는 진정한 생활 수준(혹은 행복이나 만족감)을 측정할 수 없다.[2] 위치재는 잠재적 소비자 중 극소수만 구매할 수 있다는 사실 때문에 가치가 상승하는 재화를 말한다.* 우리 각자의 소득이 올라가더라도 다른 사람들도 소득이 증가해 우리보다 더 부유해지고 돈을 더 지불할 수 있다면, 우리는 여전히 제일 좋은 위치에 있는 집이나 렘브란트 그림은 살 수 없고, 좋은 직장을 얻는 데 필수적인 엘리트 교육도 받지 못할 수 있다. 이런 문제는 부자 나라에서 더 심각한데, 필수품보다 고급품이나 사치품이 위치재가 되는 경향이 있기 때문이다.

---

* 미국의 컬트 TV 드라마 〈빅뱅 이론〉의 주인공인 나이가 들어서도 철이 안 든 물리학자 셸던은 친구 라지에게 왜 하워드가 친구들 앞에서 휴대전화로 여자친구와 닭살 행각을 벌이는지를 설명하면서 이렇게 말한다. "경제학에 위치재라는 개념이 있어. 다른 사람이 갖지 못한다는 사실 하나 때문에 그것을 가진 사람에게 소중한 물건이 된다는 뜻이야. 이 용어는 1976년 프레드 허시가 만들었는데 그 전까지만 해도 정확성이 떨어지는 '얼레리 꼴레리'라는 표현이 쓰였어."—시즌 3, 에피소드 15 '대형 강입자 충돌'. 위치재의 개념을 정립한 허시의 기념비적 저작은 『사회적 성장의 한계』라는 책이다.

이러한 한계가 있다고 해서 소득이 생활 수준을 측정하는 데 중요하지 않다는 것은 아니다. 특히 가난한 나라에서 소득이 늘어나는 것은 긍정적인 현상이다. 그런 나라에서는 돈을 조금 더 번다는 것은, 굶느냐 아니면 밥을 제대로 먹느냐, 위험한 환경에서 몸이 으스러질 정도로 노동을 하느냐 아니면 그냥 고단한 일을 하느냐, 혹은 아이가 한 살에 죽는 것을 봐야 하느냐 아니면 제대로 성장하는 것을 지켜볼 수 있느냐의 경계를 넘게 해 주는 일일 수 있기 때문이다. 잘사는 나라에서는 소득 증가가 생활 수준에 미치는 긍정적인 영향이 이보다는 확실하지 않다. 그러나 그런 나라도 소득이 증가하면 사람들의 생활 수준이 올라가는 데 도움이 된다. 돈을 현명하게 잘 쓰면 말이다. 예를 들어 한 나라의 소득이 증가하면, 기존의 물질적 소비 수준을 그대로 유지한 채 전체적으로 노동 시간을 줄여서 가족, 친구들과 더 많은 시간을 보내도록 장려할 수 있고, 성인 교육을 늘릴 수도 있다.

## 실제 숫자

실제 세상의 소득은 어느 정도나 될까? 여기서는 1인당 소득 통계를 살펴보자. 이론적으로 총소득과 똑같은 국내총생산, 국민총생산 등 국민 전체나 나라 전체 규모의 숫자는 이미 많이 봤기 때문이다.

**우리가 부자 나라라고 알고 있는 나라는 보통 1인당 소득이 4만 달러 이상이다**

세계은행에 따르면 2010년 1인당 (국민총)소득이 가장 높은 나라는 모나코(19만 7460달러)였고, 그다음이 리히텐슈타인(13만 6540달러)이었다. 그러나 이 두 나라는 인구가 각각 3만 3000명, 3만 6000명에 불과한 조세 도피처이다. 인구가 50만 이하인 나라를 제외하면 1인당 (국민총)소득이 8만 5380달러를 기록한 노르웨이가 세계에서 가장 부자 나라이다.

아래의 표 6.1에 부자 나라를 모았다. 대부분 서유럽과 그 파생 국가이다. 아시아 국가도 몇몇 있는데, 일본과 싱가포르가 상위권에 있고, 동유럽 국가 한둘과 함께 가까스로 한국이 턱걸이로 들어가 있다.

표 6.1 가장 부유한 나라들의 소득(2010년 1인당 국민총소득)

단위: 달러

| 소득 범위 | 국가(소득순) |
|---|---|
| 50,001 이상 | 노르웨이(85,380), 스위스(70,350), 덴마크(58,980) |
| 45,001~50,000 | 스웨덴(49,930), 네덜란드(49,720), 핀란드(47,170), 미국(47,140), 벨기에(45,420) |
| 40,001~45,000 | 호주(43,740), 독일(43,330), 프랑스(42,390), 일본(42,150), 캐나다(41,950), 싱가포르(40,920) |
| 30,001~40,000 | 영국(38,540), 이탈리아(35,090), 스페인(31,650) |
| 20,001~30,000 | 뉴질랜드(29,050), 이스라엘(27,340), 그리스(27,240) |
| 15,001~20,000 | 한국(19,890), 체코공화국(17,870), 슬로바키아(16,220) |

자료: 세계은행, 「세계개발보고서(World Development Report), 2012」

가장 가난한 4개국에서는 한 사람이 하루 평균 1달러도 벌지 못한다

다른 극단에 부룬디가 있다. 1인당 소득이 160달러인 부룬디는 2010년 세계에서 가장 가난한 나라로 기록되었다. 가장 가난한 나라 몇 곳은 1인당 평균 소득이 하루 1달러도 안 되는, 연간 365달러 이하였다.

세계은행 기준대로 하면 1인당 소득이 1000달러 이하인 나라는 공식적으로 '저소득' 국가로 분류된다(정확한 커트라인은 1005달러). 다른 각종 국제 조약과 기구도 이들을 **후진 개발도상국**least-developed country이라 부른다.

표 6.2 가장 가난한 나라들의 소득(2010년 1인당 국민총소득)

단위: 달러

| 소득 범위 | 국가(소득 역순) |
|---|---|
| 300 이하 | 부룬디(160), 콩고민주공화국(180), 라이베리아(190) |
| 301~400 | 말라위(330), 에리트레아(340), 시에라리온(340), 니제르(360), 에티오피아(380), 기니(380) |
| 401~500 | 모잠비크(440), 토고(440), 중앙아프리카공화국(460), 짐바브웨(460), 우간다(490), 네팔(490) |
| 501~600 | 탄자니아(530), 르완다(540), 부르키나파소(550), 말리(600) |
| 601~800 | 방글라데시(640), 아이티(650), 베냉(750), 캄보디아(760), 타지키스탄(780) |
| 801~1,000 | 키르기스스탄(880) |

자료: 세계은행, 「세계개발보고서(World Development Report), 2012」

표 6.2에는 후진 개발도상국들이 나열되어 있다. 대부분 아프리카에 있고, 네팔, 방글라데시, 캄보디아, 타지키스탄, 키르기스스탄 등 아시아 국가도 소수 포함되어 있다. 중남미 국가는 아이티 단 하나였다.

2010년 가장 부자 나라인 노르웨이의 1인당 소득은 가장 가난한 나라인 부룬디보다 자그마치 534배가 많았다. 이보다 덜 극단적인 미국(4만 7140달러로 위에서 8위)과 에티오피아(380달러로 밑에서 8위)를 비교해도 그 차이는 124배나 된다.

### 가난한 나라도 다 같은 것은 아니다: 개발도상국 사이의 격차

이 두 극단 사이에 대부분의 나라가 자리한다. 세계은행이 중간 소득(middle-income) 국가라고 분류하는 나라들인데, 사람들은(나를 포함해서) 이 나라들을 개발도상국 혹은 그냥 가난한 나라라고 부른다. 그러나 가난도 가난 나름이어서 다 같은 것이 아니다.

표 6.3에 일부 개발도상국을 모았다. 이 표를 보면 어느 나라가 어느 범주에 들어가는지를 알 수 있고, 개발도상국 사이에 존재하는 격차 또한 눈으로 확인할 수 있을 것이다.

개발도상국의 가장 위에는 1인당 소득 8001달러에서 1만 달러 범주에 들어가는 브라질과 멕시코가 자리한다. 이 나라들은 표 6.2에 등장한 가장 가난한 나라들보다 1인당 소득이 50배에서 60배 정도 많지만, 가장 잘사는 나라들과의 차이는 10배 이상 나지 않는다.

'개발도상국'이라는 단어를 들으면 우리가 보통 떠올리는 인도네시아, 이집트, 스리랑카, 필리핀, 인도, 가나 같은 나라들은 대부분 1인당 소득 1001달러에서 3000달러 구간에 들어간다. 그러나 이들도 가장 가난한 나라들에 비하면 1인당 소득이 5배에서 10배나 더 높다.

구매력 평가 조정을 거치면 생활 수준의 격차가 생산성의 격차만큼 극심하지 않다는 것을 알 수 있다

생산성이 아닌 생활 수준을 더 정확히 파악하려면 각 나라의 소득 (생산량)을 구매력 평가로 조정할 필요가 있다. 조정 후 결과를 보면 순위가 상당히 많이 바뀐다.

구매력 평가 조정을 거치고 나면 6만 3850달러의 룩셈부르크가 세

## 표 6.3 일부 개발도상국의 소득(2010년 1인당 국민총소득)

단위: 달러

| 소득 범위 | 국가(소득순) |
|---|---|
| 8,001~10,000 | 칠레(9,940), 러시아(9,910), 튀르키예(9,500), 브라질(9,390), 멕시코(9,330), 아르헨티나(8,450) |
| 6,001~8,000 | 말레이시아(7,900), 코스타리카(6,580), 불가리아(6,240), 남 아프리카공화국(6,100) |
| 4,001~6,000 | 콜롬비아(5,510), 에콰도르(4,510), 알제리(4,460), 중국 (4,260), 태국(4,210), 튀니지(4,070) |
| 3,001~4,000 | 앙골라(3,960), 엘살바도르(3,360) |
| 2,001~3,000 | 인도네시아(2,580), 이집트(2,340), 스리랑카(2,290), 필리핀 (2,050) |
| 1,001~2,000 | 볼리비아(1,790), 인도(1,340), 가나(1,240), 베트남(1,100), 파 키스탄(1,050) |
| 1,000 이하 | 후진 개발도상국 |

자료: 세계은행, 「세계개발보고서(World Development Report), 2012」

계에서 가장 부자 나라로 부상하고, 그 뒤를 노르웨이, 싱가포르, 쿠웨이트, 스위스, 미국 등이 잇는다.* 가난한 나라들은 구매력 평가 조정을 하고 나면 1인당 소득이 상당히 많이 올라가는데, 이 나라들에서는 국제적으로 교역하지 않는 서비스와 일부 재화의 값이 상대적으로 싸기 때문이다. 구매력 평가 조정 후 세계 최빈국 3개국은 콩고민주공화국(310달러), 라이베리아(330달러), 부룬디(390달러)이다.**

구매력 평가를 사용하면 부자 나라와 가난한 나라의 소득 격차가 시장 환율에 바탕을 둔 소득 격차보다 줄어든다. 2010년 1인당 국민총소득이 가장 높은 나라와 가장 낮은 나라의 격차는 534배(노르웨이와 부룬디)에서 '단' 206배(룩셈부르크와 콩고민주공화국)로 줄어들었다.

## 행복

중요한 것을 모두 측정할 수는 없고, 측정할 수 있는 것이 모두 중요한 것도 아니다: 행복을 측정하는 것이 가능한가? 행복을 측정해야 하는가?

일부 경제학자들은 금전적 소득으로 생활 수준을 측정하는 방법의 한계를 인정하고, 사람들에게 얼마나 행복한지를 직접 묻는 방법을 사용했다. 이 '행복도' 연구로 인해 생활 수준을 측정하는 것과 관련된 수많은 문제를 극복할 수 있게 되었다. 생활 수준 측정에 무엇을 포함해야 하는지, 우리의 생활 수준에 영향을 주지만 측정하기 어려운

---

- • 구매력 평가 조정을 거친 1인당 소득은 노르웨이 5만 7130달러, 싱가포르 5만 4700달러, 쿠웨이트 5만 3630달러, 스위스 4만 9180달러, 미국 4만 7020달러였다. 그 뒤를 네덜란드 4만 2590달러, 덴마크 4만 140달러, 스웨덴 3만 9600달러 등이 잇는다.
- •• 에리트레아 540달러, 니제르 700달러, 중앙아프리카공화국 760달러, 토고 790달러, 시에라리온 830달러 등이 이들 뒤를 잇는다.

것들에 어떤 가치와 비중을 둬야 하는지(여전히 '정치적 자유 지수' 등을 거론하는 사람들이 있지만) 등의 문제 말이다. 이런 종류의 연구 중 가장 잘 알려진 것이 갤럽 행복도 조사(Gallup Happiness Survey)와 세계 가치관 조사(World Values Survey)이다.

많은 사람들이 행복을 측정하는 것이 가능한지, 그리고 측정을 꼭 해야 하는지에 의문을 제기한다. 소득보다 행복이 개념적으로 더 나은 척도라고 해서 우리가 꼭 그것을 측정해야 한다는 의미는 아니다. 행복도 측정 분야의 권위자인 영국 경제학자 리처드 레이어드는 행복을 측정하려는 시도를 다음과 같이 변호한다. "무엇이 중요하다고 생각하면 그것을 측정하려고 시도해야 한다."[3] 그러나 이런 의견에 동의하지 않는 사람들도 많다. 그중 한 사람이 알베르트 아인슈타인인데, 그는 다음과 같은 유명한 명언을 남겼다. "중요한 것을 모두 측정할 수는 없고, 측정할 수 있는 것이 모두 중요한 것도 아니다."

사람들에게 현재 자기가 느끼는 행복도가 1부터 10까지 중 어느 정도인지를 물어서 행복도를 양적으로 측정했다고 가정해 보자. 그 결과 A국은 6.3, B국은 7.8이 나왔다 하더라도 1인당 소득 160달러, 혹은 8만 5380달러 같은 숫자에 비하면 객관성이 턱없이 낮다. 게다가 그 소득 통계마저 객관적이지 않다는 것을 우리는 이미 이야기하지 않았는가.

**적응된 선호와 허위의식: 자신의 행복도에 대한 사람들의 판단에 완전히 의존할 수 없는 이유**

더 중요한 사실은 자신의 행복도에 대한 사람들의 판단을 믿을 수 있는지가 확실하지 않다는 점이다. 사람들은 종종 자신의 처지를 좀 더 견디기 쉽도록 상황을 재해석한다. 이런 **적응된 선호**adaptive preference 에는 여러 종류가 있다. 자기가 얻을 수 없는 것은 그다지 좋지 않을 것 이라고 믿어 버리는 '신 포도''는 그중 가장 고전적인 예이다.

억압을 받거나 착취나 차별을 당하는 사람들 중 많은 수가 자신이 행복하다고 답한다. 그리고 그 답이 거짓말은 아니다. 그들 가운데 많 은 사람들이 자신의 상황을 향상시킬 수 있는 변화에 반대하기도 한 다. 예를 들어 20세기 초 유럽의 많은 여성들이 여성에게 투표권을 허 용하는 것에 반대했다. 또 그들 중 어떤 사람들은 부당한 상황을 지속 시키고 잔혹한 행위를 하는 데 직접 가담하기도 한다. 영화 〈장고: 분 노의 추격자〉에서 새뮤얼 L. 잭슨이 연기한 스티븐이라는 노예가 다 른 노예들을 탄압하는 데 앞장섰듯이 말이다.

이들은 억압자/차별자의 가치관을 받아들였기 때문에(전문 용어로는 '내재화'하여) 자신이 행복하다고 생각한다. 마르크스주의자들은 이를 **허위의식**false consciousness이라 부른다.

## 〈매트릭스〉와 행복도 연구의 한계

행복도 연구를 방해하는 허위의식의 문제는 1999년 워쇼스키 남매 의 영화 〈매트릭스〉에서 가장 잘 다뤄졌다. 영화에는 허위의식으로 경 험하는 행복한 삶은 받아들일 수 없다고 생각하는 모피어스 같은 인 물이 등장한다. 반면 사이퍼 같은 인물은 위험하고 힘든 레지스탕스 의 현실보다 허위의식 속에서라도 행복하게 사는 삶을 택한다. 사이 퍼의 선택이 완전히 틀렸다고 누가 말할 수 있을까? 모피어스에게 사

---

• 여우가 따 먹을 수 없는 높은 곳에 매달린 포도를 보고, 어차피 시어서 맛이 없을 거라 고 자위하는 이솝 우화에서 나온 말이다.—옮긴이

람들을 '구출'해서 불행하게 만들 권리가 있다고 할 수 있을까?

허위의식 문제는 확실한 해결책이 없는 실로 어려운 문제이다. 물론 사람들이 행복하다고 답한 설문 결과가 나왔다고 해서 불평등하고 잔혹한 일이 자행되는 사회를 용인해서는 안 된다. 그러나 억압받는 여성이나 기아에 허덕이는 가난한 소작농이 스스로가 행복하다고 느낄 때, 그들에게 행복해하면 안 된다고 말할 권리를 가진 사람이 있을까? 누군가에게 '진실'을 말해 줌으로써 그들을 비참하게 만들 권리를 가진 사람이 있을까? 이런 문제에 쉬운 답은 없다. 그러나 한 가지 확실한 것은 사람들이 얼마나 잘 사는지를 '주관적인' 행복도 조사 결과에만 의존할 수는 없다는 사실이다.

## 좀 더 객관적인 측정법을 사용하는 행복도 연구

대부분의 행복도 연구는 이제 주관적인 행복도 측정법의 한계를 인정하고 어느 정도 주관적 평가와 함께 (소득 수준, 평균 수명 같은) 더 객관적인 척도를 복합적으로 사용한다.

이런 연구의 좋은(그리고 상당히 포괄적인) 예가 2011년부터 나오기 시작한 OECD의 행복 지수(Better Life Index)이다. 이 조사는 삶의 만족도에 대한 사람들의 주관적인 판단을 고려하는 동시에 10개의 더 객관적인(완전히 객관적이라고 할 수 없지만) 지표를 포함한다. 여기에는 소득 및 직장에서부터 공동체 생활 및 일과 여가의 균형 등이 포함되어 있고, 각각의 지표는 한 개 이상의 요소로 구성되어 있다.

행복도 지수에 더 많은 요소를 포함시키면 개념적으로는 받아들이기가 더 쉽지만, 숫자로 환산된 결과를 납득하기는 더 어려워진다. 행복도 지수에 우리 삶의 더 많은 측면을 포함시키려고 할수록 숫자로 표현하기가 (불가능하진 않더라도) 극도로 어려운 것들을 점점 더 많이 고려해야 한다. OECD 행복 지수에 포함되어 있는 시민적 참여도와 공동체 생활의 질이 그런 예들이다. 게다가 포함하는 요소의 수가 늘어날수록 각 요소의 비중을 결정하기가 더 어려워진다. 흥미롭게도 OECD 행복 지수는 이러한 어려움을 공개적으로 인정하고, 해당 웹사이트를 방문하는 사람들이 직접 판단한 뒤 각 요소의 비중을 스스로 정해 자신의 행복 지수를 만들게 하고 있다.

## 실제 숫자

행복도 지수의 숫자는 그것이 완전히 주관적이든 혹은 더 객관적인 지표를 포함하고 있든 그 자체로는 별 의미가 없다. 서로 유형이 다른 행복도 지수를 평행 비교하는 것도 불가능하다. 이 지수들을 가지고 할 수 있는 일은 지수 하나를 선택해서 개별 국가들의 행복도 지수가 해가 지나면서 어떻게 달라지는지를 추적해 보거나, 이보다는 조금 신뢰도가 떨어지지만 나라별 순위를 매겨 보는 것이다.

각각의 행복도 지수는 사용하는 측정 지표가 서로 상당히 다르다. 그래서 같은 나라도 지수에 따라 순위가 많이 다를 수 있다. 그러나 스칸디나비아 국가들(특히 덴마크), 호주, 코스타리카 등의 일부 나라는 다른 나라들보다 더 많은 지수에서 상위권을 차지한다. 또 멕시코와 필리핀 같은 나라는 주관적인 요소에 더 비중을 둔 행복도 지수에서 더 나은 성적을 기록하는데, 이 나라 국민들이 다른 나라 사람들보다 '허위의식'이 더 강하다는 의미로 해석될 수도 있다.

# 맺는말—
# 경제학에 나오는 숫자가 절대 객관적일 수 없는 이유

경제학에서 어떤 개념을 정의하고 측정하는 것은 물리학이나 화학에서 하는 정의와 측정 작업처럼 객관적일 수 없다. 생산량이나 소득처럼 겉보기에 가장 간단할 것 같은 경제학적 개념도 산출하는 데 각종 어려움이 따른다. 거기에 수많은 가치 판단이 들어가기 때문이다. 생산량 통계에 가사 노동을 포함시키지 않는 것이 한 가지 예이다. 기술적인 문제도 많다. 특히 시장 외 경제 활동의 가치를 귀속시키는 것과 구매력 평가가 그렇다. 가난한 나라의 경우에는 자료의 질에도 문제가 있을 수 있다. 일선에서 자료를 모으고 처리하는 데 필요한 재정적, 인적 자원이 부족하기 때문이다.

숫자 자체에 이의를 제기하지 않는다 하더라도 생산량이나 소득 통계가 생활 수준을 정확히 나타낸다고 말하기는 어렵다. 특히 대부분의 사람들이 식량, 식수, 주거, 기초 의료 서비스와 교육 등 **기본적 필요basic needs**를 충족한 상태에서 사는 부자 나라들은 더욱 그렇다. 또 구매력, 노동 시간, 생활 수준을 결정하는 비금전적인 요인, (조작이나 군중 심리에 영향받은) 비합리적인 소비 행위, 위치재 등이 초래하는 차이도 고려해야 한다.

행복도 연구들은 이런 문제들을 피하려고 노력을 하지만, 그들은 나름대로의 더 심각한 문제들을 가지고 있다. 바로 행복은 측정이 불가능하다는 것과 (특히 허위의식으로 인한) 적응된 선호의 문제이다.

물론 이렇게 문제가 있다고 해서 경제학에서 숫자를 사용하면 안 된다는 말은 아니다. 생산량, 성장률, 실업률, 불평등 수준 등에 관한 주요 숫자를 모르고서는 우리는 실제 세상의 경제를 제대로 이해할 수 없다. 그러나 이 숫자들이 무엇을 말해 주고, 무엇을 말해 주지 않는지를 항상 명심해야 한다.

## 7장

# 세상 모든 것은
# 어떻게 만들어지는가?

생산의 세계

적도기니는 잊힐 운명을 가지고 태어났다 해도 과언이 아니다. 국민 수가 70만을 겨우 넘는, 아프리카 대륙에서 인구가 가장 적은 나라이다. 땅 면적으로도 여섯 번째로 작으니[1] 피라미라고 할 수 있겠다. 누가 이렇게 작은 나라에 관심이나 있겠는가? 설상가상으로 이름이 비슷한 나라가 적어도 다섯 개는 된다. 이웃에 있는 그냥 기니, 기니비사우를 비롯해 태평양에 있는 파푸아뉴기니, 남미에 있는 가이아나와 프랑스령 기아나까지 말이다.

그러나 적도기니가 이 세상에서 가장 알려지지 않은 나라 중 하나라는 오명을 씻지 못하고 있는 것은 결코 노력이 부족해서는 아니다. 사실 2010년 1인당 국내총생산 2만 703달러를 기록한 적도기니는 아프리카에서 가장 부자 나라이며, 지난 20~30년 동안 세계에서 가장 빠른 경제 성장률을 기록한 나라 중 하나이다. 1995년에서 2010년 사이 적도기니의 1인당 국내총생산은 매년 18.6퍼센트 증가했다. 매년 '단' 9.1퍼센트 성장률을 보여 국제적으로 성장의 슈퍼스타로 등극한 중국의 2배이다.

솔직히 말해서, 이렇게 하고도 세계의 주목을 받지 못했으니 도대체 뭘 더 해야 하는 것일까? 미국을 침공해야 할까? 스칼릿 조핸슨을 대통령으로 선출하면 될까? 나라 전체를 분홍색으로 칠하기라도 해야 할까? 세상은 정말로 불공평하다.

# 경제 성장과 경제 발전

## 생산 능력 증가를 의미하는 경제 발전

적도기니가 중국보다 더 빠르게 성장했는데도, 우리는 왜 '중국의 경제 기적'만 귀가 닳도록 듣고 '적도기니의 경제 기적'은 들어 보지도 못했을까?

두 나라의 규모가 다른 것이 한 가지 이유가 될 수 있다. 아무리 잘해도 우리는 작은 나라에는 별 관심을 보이지 않는 경향이 있다. 그러나 대부분의 사람들이 적도기니의 엄청난 소득 향상을 진지하게 생각하지 않는 이유는 그 성장이 천연자원의 발견으로 인한 것이기 때문이다. 1996년에 굉장히 규모가 큰 유전을 발견한 것 말고 이 나라 경제에서 변한 것은 거의 없다. 원유가 없다면 적도기니는 예전처럼 세계에서 가장 가난한 나라 중의 하나로 전락하고 말 것이다.[2] 생산할 수 있는 것이 아무것도 없기 때문이다.

원유, 광물, 농산물 등 천연자원에 의존한 성장이 모두 적도기니의 성장과 같은 종류라는 말은 아니다. 19세기 미국의 경제 성장은 농산물과 광물을 포함한 풍부한 천연자원의 혜택을 크게 받았다. 세계에서 가장 풍부한 삼림 자원을 보유한 핀란드는 20세기 들어서도 한참을 목재 수출에 크게 의존했다. 호주의 경제 성장은 아직도 광물 수출이 큰 몫을 차지하고 있다.

이런 나라들과 적도기니가 다른 것은 경제 성장이 생산 능력의 증가로 이루어진 것이 아니라는 점이다. 가장 대조적인 예가 바로 미국이다.[3] 19세기 후반 미국은 세계에서 가장 강력한 산업 국가로 급격히 부상하고 있었을 뿐 아니라 상업적으로 의미 있는 지하자원은 거의 모든 품목에서 제1 생산자 자리를 차지했다. 그러나 이 위치는 단순히 지하자원이 풍부해서 얻은 것만은 아니었다. 자원을 효율적으로 찾고, 채취하고, 처리하는 능력이 인상적일 정도로 발달을 거듭했기 때문에 가능했던 것이다. 19세기 중반까지만 해도 어떤 광물 생산에서도 세계를 선도하지 못했던 상태에서 일구어 낸 눈부신 발전이었다. 이에 반해 적도기니는 원유 말고는 다른 것을 거의 생산하지 못할 뿐더러 원유마저도 스스로 생산해 낼 능력이 없어서 미국 정유 회사들이 모두 채굴하고 있는 상황이다.

극단적인 예이기는 하지만 적도기니의 경험은 경제 성장, 즉 한 경제의 생산량(혹은 소득)이 늘어나는 것이 **경제 발전**economic development과 어떻게 다른지를 잘 보여 준다.

경제 발전의 정의는 보편적으로 합의된 것이 없다. 그러나 나는 한 경제의 생산 능력이 증가하는 것에 바탕을 둔 경제 성장 과정이 경제 발전이라고 정의한다. 생산 활동을 조직화하는 능력, 더 중요하게는 그것을 탈바꿈시킬 수 있는 능력을 갖추는 것이 경제 발전의 핵심이다.

## 생산 능력이 낮은 경제는 현재 생산하는 것들의 가치마저 보장받지 못한다

한 나라의 경제가 생산 능력이 높지 않은 상태에서 천연자원이나 값싼 노동력으로 만든 (싸구려 티셔츠 같은) 제품에 의존하면 당장의 소득만 낮은 것이 아니다. 장기적으로 볼 때 현재 생산하고 있는 것들이 미래에도 지금과 같은 가치를 지닐지조차 확신할 수 없게 된다.

기계가 한 직업군 전체를 대체해 버리는 현상은 경제 발전 과정에서 반복적으로 일어나므로 여기서는 더 길게 논의하지 않겠다. 길쌈꾼(혹은 직녀), 대장장이, 수레바퀴 제조 업자 등 이제는 이름만 남은 직업을 생각해 봐도 알 수 있다.

더 중요한 것은 생산 능력이 우월한 나라는 천연자원을 대체할 제품을 개발해, 그 자원의 수출에 의존하는 나라의 소득을 급격하게 감소시킬 수 있다는 점이다. 19세기 중반에 독일과 영국이 천연 화학 물질을 합성하는 기술을 개발하자 몇몇 나라의 소득이 급격히 떨어졌다. 과테말라는 교황을 비롯한 유럽 왕족의 옷을 물들이는 선홍색 색소인 코치닐을 만드는 연지벌레의 주요 수출국으로 상당한 소득을 올렸으나, 알리자린 크림슨이라는 인공 염료가 개발되면서 수출길이 막혔다. 또 20세기에 하버-보슈법이 개발되어 질산염을 대체할 화학 물질을 인공적으로 제조할 수 있게 되자, 칠레의 주요 수출 품목이던 천연 질산염의 판로가 막혔고 이로 인해 칠레 경제는 한참 동안 위기 속에서 허덕였다.

## 기술 개발이 경제 발전의 근본이다

얼마 전까지만 해도, 어떤 사람이 동시에 천 마리의 말을 몰고, 수백 권의 책을 주머니에 넣어 다니고, 불길도 없이 뜨거운 열을 만들어 내고, 수천 리터의 바닷물을 담수로 만들고, 돌로 옷을 만들 수 있다고 하면 모두들 그 사람을 마법사라 불렀을 것이다. 마녀를 화형시키던 중세 이야기가 아니다. 지금과 그다지 다르지 않던 20세기 초까지도 이런 일은 모두 불가능하게 여겨졌다. 이제는 많은 나라에서 일상적으로 이루어지고 있으니, 대부분의 독자들은 무엇인지 짐작할 것이다. 이 중에 돌로 옷을 만드는 기술은 거의 알려지지 않았는데, 북한에서 개발되었으며 석회석에서 비날론 혹은 비닐론이라고 부르는 섬유를 추출하는 기술이다.*

이 모든 '마법 같은' 변화가 가능해진 것은 우리가 끊임없이 더 나은 기술, 다시 말해 더 나은 기계와 화학적 공정을 개발해 왔기 때문이다. 제철 공정을 혁신한 에이브러햄 다비의 코크스 제련술, 18세기 초 방직 산업을 바꾼 존 케이의 플라잉 셔틀(flying shuttle) 발명에서부터 시작해 신기술이 줄기차게 개발되어 세상을 끊임없이 변화시켜 왔다. (이 중 일부는 3장에서도 다룬 바 있다.) 증기 기관, 내연 기관, 전기, 유기 화학, 강선(鋼船), (유·무선) 전신, 비행기, 컴퓨터, 핵분열, 반도체, 광섬유 등은 가장 중요한 일부 예일 뿐이다. 오늘날에는 유전자 공학, 재생 가능 에너지, (휘어지는 액정 화면을 만드는 그래핀 같은) 첨단 신소재, 나노 기술이 등장해 세상을 바꾸고 있다.

산업 혁명 초기에는 신기술을 개발하는 주체가 주로 비전을 가진 개인이었다. 그 결과 19세기 말에서 20세기 초까지는 많은 기술에 발명가의 이름이 붙었다. 케이의 플라잉 셔틀, 와트의 증기 기관, 하버-보슈법 등이 그 예이다.

19세기 말 이후 기술이 점점 더 복잡해지면서 개인이 신기술을 발명하는 일은 점점 더 드물어졌다. 기업은 내부에 연구실을 만들고, 연구개발(R&D) 투자를 통해 새로운 기술을 개발하는 능력을 키우기 시작했다. 이즈음부터 각 나라의 정부도 공공 연구 기관(특히 농업 부문)을 세우고, 민간 부문의 연구개발에 보조금을 지원하는 방식 등으로 신기술 개발에 활발하게 투자하기 시작했다.

오늘날 신기술 개발은 개인의 영감에 의존하기보다는 생산에 종사

---

* 다른 '마법'의 정체는 이렇다. (순서대로) 1000마력이 넘는 가장 힘 좋은 스포츠카, USB 저장 장치 혹은 주머니가 큰 사람은 전자책 단말기, 원자력 발전소, 담수화 시설.

하는 기업 안팎에서 진행되는 조직적이고 집단적인 노력의 결과이다. 요즘 나오는 신기술에 발명가의 이름이 붙은 사례가 거의 없다는 것만 봐도 혁신 과정의 집단화를 짐작할 수 있다.

**기술만으로는 전체 그림을 이해할 수 없다: 노동 조직화의 중요성**

생산 능력의 증가가 모두 기계와 화학 공정의 개발 같은 좁은 의미의 기술 발전만으로 가능해진 것은 아니다. 많은 부분이 조직 기술, 즉 경영 기술의 향상 덕분에 이루어졌다.

19세기 초에는 생산 공정에 따라 노동자들을 배치하는 것만으로도 공장의 생산성이 향상되었다. **조립 라인**assembly line이 탄생한 것이다. 19세기 말이 되면서부터 이 조립 라인에 컨베이어 벨트가 설치되었다. 이 **움직이는 조립 라인**moving assembly line 덕분에 자본가들은 컨베이어 벨트가 돌아가는 속도를 올리는 것만으로도 작업 속도를 높일 수 있게 되었다.

자동차와 같은 산업에서는 연속된 하나의 조립 라인이 기본적으로 누가 무엇을 어떤 속도로 작업하는지를 결정한다. 다른 산업에서도 다양한 기계를 어떻게 배치하고, 누구에게 어떤 작업을 맡기고, 부품과 반제품을 어디에 보관하느냐 등 작업 흐름의 디자인을 개선하는 것이 생산성 향상의 중요한 원천이다. 경제학자들은 이를 당연하게 받아들이지만, 모든 생산자가 이렇게 효율적인 경영 기술을 발휘하는 것은 아니다. 개발도상국에서는 특히 그렇지 못한 경우가 많다.

**포드 방식의 탄생, 대량 생산의 시대**

작업 흐름을 더 효율적으로 조직하는 것과 더불어 노동자들 자체를 더 효율적으로 만들려는 시도가 나타났다. 가장 주목할 만한 것은 **테일러 방식Taylorism**으로, 미국의 엔지니어이자 후에 경영 전문가로 크게 성공한 프레더릭 윈즐로 테일러(1856~1915)의 이름을 딴 것이다. 테일러는 과학적 분석을 통해 생산 공정을 가능한 한 가장 간단한 임무 단위로 쪼개고, 노동자들에게 각 단위의 작업을 가장 효율적으로 수행할 수 있는 방법을 훈련시켜야 한다고 주장했다. 테일러 방식이 **과학적 경영scientific management**이라고 불리는 이유도 바로 이처럼 과학적 분석에 근거한 태도 때문이다.

움직이는 조립 라인과 테일러 방식의 원칙을 결합해 20세기 초에 **대량 생산 체제mass production system**가 탄생했다. 이 체제는 '포드 방식'이라고도 많이 부르는데, 1908년 모델 티(Model-T) 자동차를 만들 때 헨리 포드에 의해 처음으로 완성되었기 때문이다. (흔히 알려진 대로 포드가 '발명'한 것은 아니다.) 이 체제는 표준화된 부품을 사용하고, 전용 기계와 움직이는 조립 라인을 이용해 표준화된 상품을 대량 생산하면 생산 비용을 절감할 수 있다는 원칙하에 만들어졌다. 이 방식을 사용하면 노동자를 더 쉽게 대체할 수 있고, 따라서 노동자에 대한 통제를 더 강화할 수 있다. 표준화된 임무를 수행하게 되면서 노동자가 익혀야 하는 기술이 상대적으로 줄었기 때문이다.

노동자를 대체하기가 더 쉬워졌음에도 포드는 직원들에게 후한 임금을 지급했다. 자신의 생산 방법이 '대량' 판매를 할 시장이 없이는 작동할 수 없고, 그러기 위해서는 '대량' 생산되는 제품을 살 수 있는 일정 수준 이상의 소득을 가진 사람들이 많아야 한다는 것을 깨달은 것이다. 2차 대전 후 미국과 유럽에 대량 생산 체제가 널리 퍼지면서, 상승하는 임금이 시장을 확장하고, 그에 따라 더 많은 양을 생산할 수 있게 되어 (생산 시설을 설치하는 데 드는) **고정 비용**fixed cost을 더 많이 분산하는 것이 가능해져 생산성이 더욱 늘어났다.

대량 생산 체제는 너무도 효율적이어서 소련마저 관심을 가졌다. 초기에는 너무도 자명한 '반(反)노동자'적 요소 때문에 이 체제를 채용하는 것을 둘러싸고 큰 논란이 있었다. 극도로 단순하고 반복적인 작업 성격으로 인해 노동의 본질적 가치가 파괴될 뿐 아니라 노동자가 자신의 **노동 과정**labour process을 조절할 능력을 상실하게 되기 때문이다. 즉 표준화된 임무를 수행하는 노동자들은 감시하기가 쉬워지는 데다 조립 라인의 속도를 올리는 것만으로도 노동 강도를 쉽게 높일 수 있다. 그럼에도 이 방식의 효율성이 압도적으로 유리했기 때문에 결국 소련 경제 계획 당국자들도 대량 생산 체제를 도입하기로 결정했다.

### 대량 생산 체제의 수정: 린 생산 방식

발명된 지 1세기가 지났지만, 대량 생산 체제는 여전히 우리 생산 체제의 근간을 이루고 있다. 그러나 1980년대부터는 일본에서 처음 개발되어 이른바 **린 생산 방식**lean production system이라 부르는 절약형 생산 체제로 한 단계 더 발전했다.

토요타사가 실행한 것으로 유명한 이 방식에서는 생산에 필요한 부품을 '적기'에 공급해 재고 비용을 줄인다. 부품을 공급하는 납품 업체와 협력해 이른바 '무결점 운동'을 통해 부품의 질을 높여, 포드 방식을 사용하는 공장들을 괴롭혔던 공정 마지막 단계의 재작업 및 미세 조정 공정을 현저히 줄이는 것도 이 방식의 중요한 요소이다. 또 금형을 쉽게 교체하도록 하는 등 사용하는 기계를 서로 다른 모델 간에 재빠르게 전환할 수 있도록 해서 포드 방식보다 훨씬 더 다양한 제품을 생산할 수 있다.

포드 방식과 달리 토요타 방식에서는 노동자를 대체 가능한 부품으로 취급하지 않는다. 다수의 기술을 익힌 노동자들은 작업 방식이나 순서를 결정하는 데 상당한 발언권을 가지며, 기술 향상에 관한 제안도 활발히 하도록 권장된다. 린 생산 방식을 통한 향상은 제품의 질이 중요한 산업 부문에서 일본이 기술적 우월성을 확립하는 데 중요한 역할을 한 것으로 평가받고 있다.

## 기업 수준 이상의 생산 능력 또한 중요하다

기업 수준에서 기술을 향상하고 조직력을 다듬는 것은 중요하지만, 이것만으로 한 경제의 생산 능력이 결정되는 것은 아니다.

한 경제 체제의 생산 능력에는 정부, 대학, 연구 기관, 훈련 기관 등 기업 이외의 다른 주체들이 가진, 생산을 용이하게 하고 생산성을 향상시키는 능력도 포함된다. 이들은 도로, 광섬유망 같은 사회 간접 자본, 새로운 기술 개발 아이디어, 숙련 노동자 등 생산에 필요한 투입 요소를 제공한다.

경제의 전반적인 생산 능력은 경제 제도의 효율성에 의해서도 좌우된다. 기업의 소유 형태 및 금융 거래에 관한 제도는 생산성을 높이는 기계, 노동자 훈련, 연구개발에 대한 장기적 투자에 영향을 미친다. 또 3장에서 논의했듯, 파산법이나 복지 국가 같은 제도는 경제 주체들이 위험을 감수하고 변화를 받아들이는 데 얼마나 능동적이 되는지에 영향을 준다. 사회적으로 생산 협력을 장려하는 제도 또한 중요하다. 중소기업이나 소규모 농장들 간의 공동 수출 마케팅을 제공하는 산업 연합회, 혹은 이러한 소생산자들을 지원하는 정부 연구 기관의 연구개발 등이 그 예이다.

또 적절한 제도를 통해 정부, 기업, 노조, (빈곤 퇴치 단체나 소비자 보호 단체와 같은) 시민 사회 단체, 대학 및 기타 교육 기관 등 여러 경제 주체 간의 효율적인 대화와 협력을 도모하는 것도 필요하다. 정부-기업, 정부-시민 단체, 노-사, 기업-대학의 공식·비공식 대화 채널들이 여기에 포함된다.

## 실제 숫자

**성장률이 전체에 대한 것인지 1인당인지를 확인하지 않으면 오해가 생긴다**

성장률 숫자를 접하면 그것이 총성장률인지 1인당 성장률인지를 확인해야 한다. 당연한 것처럼 들리겠지만, 두 숫자를 혼동하면 세계 경제를 보는 시각이 상당히 왜곡될 수도 있다.

한 나라의 경제 성장 실적을 상대적으로 짧은 기간(가령 몇 분기 혹은 몇 년) 동안 추적하는 경우라면 1인당이 아니라 전체 성장률을 봐도 크게 상관없다. 그러나 상대적으로 긴 기간에 걸쳐 여러 나라의 경제 성장률 추이를 비교 분석하려면 1인당 성장률을 사용하는 것이 중요하다. 2000년에서 2010년 사이 미국의 국내총생산 성장률은 1.6퍼센트, 독일의 국내총생산 성장률은 1.0퍼센트였다. 이 숫자만 보면 미국이 독일보다 경제 성적이 훨씬 더 좋았던 것으로 보인다. 그러나 이 기간 동안 미국의 인구는 0.9퍼센트 늘었고, 독일은 0.1퍼센트 줄었다. 따라서 1인당 성장률로 따지면 독일 1.1퍼센트, 미국 0.7퍼센트로 독일의 성적이 더 좋다는 결론이 나온다.[4]

## 왜 6퍼센트 성장률을 '기적'이라고 할까?

이론적으로는 경제 성장률의 상한선은 없다. 그러나 실제로는 경제가 조금이라도 성장한다는 것 자체가 쉬운 일이 아니다.

3장에서 우리는 18세기 말까지 거의 모든 지역의 1인당 연간 생산량 증가율이 0퍼센트에 가까웠던 것을 이미 살펴본 바 있다. 산업 혁명이 일어나면서 이 수치는 연간 1퍼센트로 올라갔고, '자본주의의 황금기'에 1인당 3~4퍼센트까지 증가했다. 동아시아 국가들이 30~40년 동안 '기적'적 성장기의 정점에 달했을 때 증가율은 8~10퍼센트를 기록했다.

어림잡아 1인당 생산량 증가율이 3퍼센트 이상이면 양호, 6퍼센트 이상이면 '기적'이라고 생각하면 대충 맞다. 10퍼센트가 넘는 성장률을 오랜 기간(가령 10년 이상) 유지하는 경제가 있다면, 앞에서 언급했던 적도기니처럼 천연자원이 발견되었거나 지난 15년 동안의 보스니아헤르체고비나처럼 전쟁에서 회복하는 곳일 가능성이 높다.

## 복리 계산법의 위력

우리가 사용하는 성장률은 **복리**compound rate(혹은 기하급수적 비율)로 계산된다. 매년(혹은 분기 또는 측정 단위로 사용되는 기간에) 늘어난 생산량이 기존의 생산량에 보태진다는 뜻이다. 가령 1000억 달러 규모의 경제가 10년에 걸쳐 평균 10퍼센트 성장률을 기록했다면, 그 경제가 매년 100억 달러 증가해서 10년 후 2000억 달러 규모가 되었다는 의미가 아니다. 첫해의 10퍼센트 성장률은 생산량을 1100억 달러로 끌어올린다. 그러나 두 번째 해의 10퍼센트 성장률은 1000억 달러가 아니라 1100억 달러에 대한 것이므로 생산량은 1200억 달러가 아니라 1210억 달러가 된다. 이런 식으로 계속하면 10년 후 경제 규모는 2000억 달러가 아니라 2590억 달러로 늘어나게 되는 것이다.

복리 계산법을 사용하면 성장률 숫자는 크게 다르지 않아도 기간이 늘어나면서 커다란 격차가 벌어진다. 한 나라는 3퍼센트, 또 다른 나라는 6퍼센트 비율로 1년 동안 성장했다면 두 나라의 차이는 그다지 크지 않다. 그러나 이 차이를 40년 동안 지속하면 6퍼센트씩 성장한 나라는 10.3배 부자가 되는 데 비해 3퍼센트씩 성장한 나라는 3.3배밖에 더 잘살지 못한다. 이 두 나라의 국민은 자기도 모르는 사이에 안락함과 기회에서 완전히 다른 세상에 살게 되는 것이다.

아주 유용하게도 현재의 성장률을 가지고 미래를 예측할 수 있는 대강의 공식이 있다. 한 나라의 성장률을 알고 있는데, 그 나라 경제가 지금의 2배로 성장하는 데 얼마나 걸리는지 알고 싶다면 현재의 성장률로 70을 나누면 된다. 예를 들어 어떤 나라의 연간 성장률이 1퍼센트라면 생산량이 2배로 증가하는 데는 70년이 걸리고, 6퍼센트 성장률이라면 11~12년 정도가 걸린다.

### 경제 성장과 달리 경제 발전은 하나의 척도로만 측정할 수 없다

6장에서 우리는 생산량 수치마저 완전히 객관적이지 않을 수 있다는 사실을 알았다. 그러나 일단 생산량 통계가 있으면 성장률을 계산하는 것은 어렵지 않다. 그와는 반대로, 하나의 숫자로 생산 능력의 증가라는 의미의 경제 발전을 측정할 수는 없다.

생산 능력은 표현하는 이름도, 나타내는 지수도 다양하고, 이를 발표하는 국제기구도 유엔산업개발기구(UNIDO), OECD, 세계은행, (다보스포럼이라고도 불리는) 세계경제포럼 등 다양하다. 이 다양한 지수들은 한 나라의 생산 능력을 여러 측면으로 드러낸다고 생각되는 수십 가지 각종 지표를 종합해서 만들어진다. 가장 자주 사용되는 지표는 생산 구조(예를 들면 전체 제조업 생산에서 첨단 산업이 차지하는 비율), 사회 기반 시설(예를 들면 1인당 광대역 연결 수), 숙련도(예를 들면 노동자 중 학사 학위 이상 소지자 비율), 혁신 활동(예를 들면 국내총생산 대비 연구개발비 또는 1인당 특허 수) 등이 있다.

그러나 이 지수들은 너무 다양한 구성 요소로 이루어져 있기 때문에 해석하기가 쉽지 않다. 따라서 전문 경제학자가 아닌 이상 해석이 좀 더 쉬운 단순한 지수를 참고하는 것이 낫다. 다음은 그중 두 가지 지수의 예이다.

**국내총생산 대비 투자액은 한 나라가 어떻게 발전하는지를 알 수 있는 중요한 지표이다**

기술이 실제 산업에서 쓰이려면 대부분 기계나 구조물(건물, 철길 등) 같은 **고정 자본fixed capital**에 체화가 되어야 한다. 따라서 총고정 자본 형성(gross fixed capital formation)*이라고 부르는 고정 자본에 대한 투자가 높지 않으면 그 경제는 생산 잠재력을 많이 개발할 수 없다. 그래서 총고정 자본 형성을 국내총생산으로 나눈 **투자율investment ratio**이 개발 잠재력의 좋은 지표가 된다. 사실 한 나라의 투자율과 경제 성장률의 비례 관계는 경제학계에서 논란의 여지 없이 동의가 이루어진 몇 안 되는 부분 중 하나이다.

세계 전체의 투자율은 20~22퍼센트 정도이다. 그러나 나라 간에

---

• 여기서 사용된 '총'이라는 용어는 6장에서 언급한 대로 자본재의 감가상각을 제하지 않았다는 뜻이다.

격차가 크다. 중국에서는 지난 몇 년 동안 이 비율이 45퍼센트라는 엄청난 수준으로 유지되었다. 다른 극단에는 중앙아프리카공화국, 콩고민주공화국 등 해에 따라 2퍼센트 정도밖에 투자하지 못하는 나라가 있다. (이 나라들도 보통은 10퍼센트 수준은 유지한다.)

국내총생산의 25퍼센트 이하를 투자하고도 상당 기간 '기적'의 성장률(연간 1인당 소득 증가율 6퍼센트 이상)을 달성한 나라는 없다. 이렇게 높은 성장률을 보인 나라들은 대부분 성장률이 절정에 달한 기간 동안 적어도 국내총생산의 30퍼센트를 투자했다. 1960년대 후반과 1970년대 초반 일본의 투자율은 35퍼센트 이상이었다. 1980년대 이후 '기적'의 성장을 계속하는 동안 중국의 투자율은 국내총생산의 30퍼센트 이상이었고, 지난 10년간은 40퍼센트 이상으로 올라갔다.

그렇다고 투자율이 높은 게 항상 좋기만 한 것은 아니다. 투자라는 것은 근본적으로 현재의 소비를 희생한다는 의미이고, 따라서 미래에 더 나은 소비를 할 수 있도록 현재의 생활 수준을 희생한다는 뜻이다. 바로 이런 맥락에서 '과한 투자'라는 말이 나올 수 있다. 물론 어느 정도가 '과한' 수준인지는 현재의 소득과 미래의 소득 가운데 어떤 것을 더 소중히 여기는지(이것을 '시간 선호도'라고 부른다)에 따라 결정되겠지만 말이다. 그럼에도 투자율과 일정 기간의 투자율 추이야말로 한 나라의 생산 능력, 즉 경제를 어떻게 개발하고 있는지를 볼 수 있는 가장 좋은 지표이다.

### 연구개발비는 부자 나라의 상황을 알 수 있는 좋은 지표이다

한 나라의 경제 발전 상황, 특히 소득이 높은 나라의 경제 발전 상황을 알 수 있는 또 하나의 간단하고 유용한 지표는 국내총생산 대비 연

구개발비 지출과 일정 기간 동안 그 비율이 변화한 추세이다.[5]

　부자 나라는 가난한 나라보다 국내총생산의 더 많은 부분을 연구개발에 지출한다. OECD 평균은 2.3퍼센트이고, 몇몇 나라는 국내총생산의 3퍼센트 이상을 투자한다.* 핀란드와 한국이 그중 선두를 차지한다. 이 두 나라는 지난 몇십 년 사이에 국내총생산 대비 연구개발비를 급격히 늘렸고, 첨단 산업 부문에서 인상적인 진보를 성취했다는 점에서 특히 주목할 만하다.

　대부분의 개발도상국들은 실질적으로 거의 연구개발을 하지 않고 있다. 인도네시아는 0.1퍼센트, 콜롬비아는 0.2퍼센트, 케냐는 0.5퍼센트를 기록했다. 중국은 2009년 1.5퍼센트를 투자한 것으로 집계되었지만, 그 이후 급속도로 이 비율이 증가하는 것으로 보아 신기술을 개발할 능력을 빠르게 길러 나가고 있음을 짐작할 수 있다.[6]

## 산업화와 탈산업화

이론적으로는 농업이든 서비스업이든 어떤 경제 활동을 하더라도 생산 능력을 향상시켜 경제 발전을 이루어 낼 수 있다. 그러나 실제로는 대부분의 경제 발전이 산업화, 더 정확히 말하면 제조업 부문 개발을 통해 이루어졌다.** "이론적으로는 이론과 실제가 같다. 실제로는 그

---

* 2010년 현재 핀란드는 국내총생산의 3.9퍼센트를 연구개발에 할애하고 있고, 그 뒤를 3.7퍼센트를 기록한 한국이 바짝 추격하고 있다. 스웨덴(3.4퍼센트), 일본(3.3퍼센트), 덴마크(3.1퍼센트), 스위스(3퍼센트) 미국(2.9퍼센트), 독일(2.8퍼센트) 등은 모두 국내총생산 대비 연구개발비 지출이 높은 나라들이다.

** '산업'에는 제조업과 더불어 광산, 발전, 가스 수송 등도 포함된다. '제조업'만 따로 집계한 것이 아니라 '산업' 전반을 집계한 통계만 나와 있는 경우도 있다.

둘이 같지 않다"라고 아인슈타인이 정확히 정의 내렸듯이 말이다.

## 기계화와 화학적 공정은 제조업의 생산성 향상을 쉽게 만든다

농업이나 서비스 분야보다 제조업에서 생산성을 높이는 것이 훨씬 쉽다. 제조 활동은 자연의 구애를 받는 폭이 훨씬 적고, 기계화와 화학적 공정을 쉽게 적용할 수 있기 때문이다.

반면 농업은 땅, 기후, 토질 등의 물리적 환경에 의존해야 한다. 시간의 구애도 많이 받는다. 이런 자연적인 제약을 극복하기 위해 관개 시설, 선택적 교배, 나아가 유전 공학 같은 놀라운 방법이 개발되었지만 분명히 한계가 있다. 밀을 6개월이 아니라 6분에 기르는 방법은 아직까지 아무도 개발 못 하지 않았는가? 지난 2세기 반 동안 핀 제조 공정에서 일어난 생산성 향상이 밀 재배 분야에서도 똑같이 이루어졌다면 지금쯤 그것이 가능해졌어야 하는데 말이다.

서비스 활동은 그 특성상 근본적으로 생산성 향상이 불가능한 것이 많다. 생산성의 향상 자체가 오히려 그 제품을 파괴하는 경우도 있다. 현악 4중주단이 27분짜리 곡을 빨리 연주해 9분에 해치웠다고 해서 생산성이 3배 증가하는 것은 아니다. 또 일부 서비스의 생산성 증가는 서비스의 품질을 저하시킴으로써 가능했다. 미국과 영국의 소매업 서비스 분야에서는 종업원이나 매장의 수를 줄여 소비자가 더 멀리까지 운전하게 하거나 물건의 배달을 더 오래 기다리게 하는 식으로 서비스의 질 자체를 낮춰 생산성 향상을 달성했다. 2008년 글로벌 금융 위기를 겪은 후 우리는 최근 금융 분야의 생산성 향상이 품질 악화를 통해 이루어졌다는 것을 알게 되었다. 과도하게 복잡하고, 위험도가 높고, 심지어 사기성까지 있는 금융 상품이라는 질 낮은 서비스를 우리가 감수하고 있었던 것이다.

## 경제의 '학습장'

제조업 부문은 자본주의의 '학습장' 역할을 해 왔다. 기계, 운송 장비 같은 **자본재capital goods**를 생산해 다른 산업 분야에 공급함으로써, 그 산업 분야가 세탁기나 시리얼 같은 **소비재consumer goods**를 생산하는 제조업이든 농업이든 서비스업이든 해당 분야의 생산 능력을 확산시키는 역할을 해 왔기 때문이다.

제조업 분야에서 이룬 조직 혁신 또한 다른 부문으로 전이가 되어 생산성을 높이는 데 일조해 왔는데 서비스 산업이 특히 큰 혜택을 봤다. 맥도널드와 같은 패스트푸드 체인은 '공장'을 조직하는 기술을 도입해 조리 과정을 조립 라인처럼 만들었다. 어떤 음식점은 음식을 고객에게 보낼 때도 컨베이어 벨트를 사용한다(회전초밥집). 슈퍼마켓, 의류 체인점, 온라인 소매상 등 대규모 소매 체인들은 제조업에서 개발된 현대식 재고 관리 기술을 활용한다.

농업 부문에서조차 (미국, 프랑스에 이어 세계 세 번째 농작물 수출국인) 네덜란드 같은 나라들은 컴퓨터로 제어되는 비료 주기 등 제조업 스타일의 조직 시스템을 사용해서 생산성을 향상시켰다.

## 후기 산업 사회의 탄생?

최근에 와서 제조업 부문이 더 이상 중요하지 않다는 주장이 유행처럼 번졌다. 우리가 **후기 산업 사회post-industrial society**에 진입했다는 것이 그 이유이다.

산업화 초기에는 많은 사람들이 제조업 부문은 영원히 성장할 것이라고 생각했다. 그리고 오랫동안 그 생각이 맞는 듯했다. 대부분의 나라에서 생산량과 고용 양쪽 모두 제조업이 차지하는 비율이 거의 항상 상승 곡선을 그렸다.

그러나 1960년대부터 일부 국가가 **탈산업화**deindustrialization를 경험하기 시작했다. 생산량과 고용 양쪽 모두에서 제조업이 차지하는 비율이 떨어지고, 그 자리를 서비스 산업이 메꾸는 현상이 벌어진 것이다. 이로 인해 후기 산업 사회의 도래에 대한 논쟁이 촉발되었다. 많은 경제학자들이 소득이 올라가면서 제조업 생산품(공산품)보다 외식, 해외 휴가 등의 서비스에 대한 수요가 상대적으로 더 늘어나기 시작했다고 주장했다. 공산품에 대한 수요가 상대적으로 떨어짐에 따라 제조업의 역할이 줄어들고, 제조업 부문의 생산량과 고용 비율도 감소한다는 것이었다.

이 시각은 1990년대에 인터넷이 발명되고 이른바 '지식 경제'라는 것이 탄생하면서 한층 더 힘을 얻었다. 이제는 물건보다 지식을 생산하는 능력이 중요하고, 금융, 경영 컨설팅 등 지식에 기반을 둔 고가치 서비스 산업이 탈산업화를 경험하는 부자 나라의 경제를 이끌어 갈 것이라고 많은 사람들이 주장했다. 제조업은 굴뚝 산업으로 폄하되면서 중국처럼 노동력이 싼 개발도상국으로 이전시킬 수 있는 2류 경제 활동으로 간주되었다.

더 최근에는 일부 개발도상국들마저 탈산업화 경제 담론을 받아들였다. 탈산업화 경제 체제가 풍미하는 시대가 되었으니 산업화 단계를 건너뛰고 서비스 산업만으로 부자 나라가 될 수 있다고 믿기 시작한 것이다. 이들은 '세계의 공장'(원래 산업 혁명 직후 영국에 붙었던 이름)으로 불리는 중국보다는 소프트웨어, 회계, 의학 스캔 이미지 판독 등의 수출로 성공해 '세계의 사무실'로 불리는 인도를 더 바람직한 모델로 본다.

## 탈산업화 현상이 나타난다고 해서 공산품을 더 적게 생산하는 것은 아니다

주요 정책 입안자를 포함해 많은 사람들이 후기 산업 사회의 담론에 유혹된 것이 사실이지만, 이 논리에는 심각한 오류가 있다. 대부분의 부자 나라들이 고용 면에서는 탈산업화된 것이 맞다. 즉 가게나 사무실이 아니라 공장에서 일하는 노동자들의 비율이 점점 줄어든 것이다. 전부는 아니지만 대부분의 나라에서 이와 함께 총생산량에서 제조업 생산량이 차지하는 비율이 떨어지는 현상이 일어났다.

그러나 그렇다고 해서 이 나라들이 생산하는 공산품의 절대량이 꼭 줄어든 것은 아니다. 외형적으로 생산량이 감소한 것처럼 보이는 이 현상은 주로 서비스 가격에 비해 공산품 가격이 싸진 것에서 기인한다. 서비스업보다 제조업의 생산성 향상이 훨씬 더 빨리 이루어졌기 때문이다. 머리를 자르거나 외식을 하는 비용에 비해 (질이 같다고 가정할 때) 컴퓨터나 휴대전화 가격이 얼마나 많이 떨어졌는지를 생각해 보라. 이러한 상대적 가격의 차이를 고려해 각각의 산업 부문이 총생산에서 차지하는 비율을 (현재 가격인) **경상 가격**current price이 아니라 (조사 첫해의 가격을 계속 적용해 가격의 변동 효과를 제거한) **불변 가격**constant price으로 환산하면 대부분의 부자 나라들에서 공산품이 총생산에서 차지하는 비율이 그다지 줄어들지 않았다는 것을 알 수 있다. 뒤에서 자세히 논의하겠지만, 몇몇 국가에서는 이 비율이 오히려 높아지기까지 했다.

## 탈산업화 현상의 일부는 '착시 현상' 때문이다

탈산업화의 정도 또한 통계 자료가 취합되는 방식으로 인한 '착시 현상' 때문에 더욱 과장되는 경향이 있다. 전에는 구내식당, 보안, 일부 디자인 및 엔지니어링처럼 제조 업체에서 자체적으로 해결하던 서비스의 많은 부분이 이제는 **아웃소싱**outsourcing되어 독립된 기업들로부터 공급받는다. 이 중 국외 기업으로 아웃소싱하는 것을 **오프쇼어링** **off-shoring**이라 부른다. 이로 인해 서비스가 실제보다 더 중요한 것처럼 보이게 되었다. 아웃소싱된 서비스의 내용은 전과 같지만, 이제는 제조업 생산량이 아니라 서비스 생산량의 일부로 계산되기 때문이다.

이와 더불어 일부 제조 업체는 자사 생산량에서 제조업 생산이 차지하는 비율이 하락하면 여전히 제조 업무를 하면서도 서비스 업체로 재구분해 달라고 요청한다. 영국 정부의 한 보고서는 1998년부터 2006년 사이 자국에서 감소한 제조업 부문 고용의 10퍼센트 정도는 바로 이 '재구분 효과(reclassification effect)'에 의한 것이라고 추정했다.[7]


## 제품을 만드는 것은 여전히 중요하다

무엇을 만드는 일이 별다른 가치를 부여받지 못하는 '지식 경제'라는 새 시대가 도래했다는 시각은 역사에 대한 근본적인 오해에서 비롯된 것이다. 우리는 '항상' 지식 경제 안에서 살아 왔다. 산업화가 더 진행된 나라일수록 더 부유한 것은 생산된 제품과 서비스의 물리적 성질보다는 그것을 생산하는 데 연관된 지식의 질 때문이다. 18세기에 가장 첨단 기술 산업이던 모직 방적이 이제는 가장 수준 낮은 산업이 되었다는 점을 생각해 보면 더 명확히 이해가 될 것이다. 이런 의미에서 프랑스 산업부 장관이 언젠가 했던 다음의 발언은 기억할 만한 가치가 있다. "폐기되어야 할 산업은 없다. 다만 시대에 뒤떨어진 기술이 있을 뿐이다."[8]

최근 금융, 운송 등의 일부 서비스 활동에서 높은 생산성 향상이 이루어지면서 많은 사람들이 이런 서비스 활동에 기반을 둔 경제 발전을 이루어 낼 수 있다고 주장했다. 영국처럼 고가치 서비스를 수출하고 거기서 번 이윤으로 필요한 공산품을 수입해 오면 된다는 것이다. 이 전략은 일정 기간은 효과를 발휘할 수 있다. 2008년 금융 위기가 닥치기 전 약 10년 동안 영국은 급속한 탈산업화 과정을 거치면서도 괜찮은 성장률을 달성하는 데 성공했다. 금융 산업의 호황 덕분이었다. 그러나 2008년 위기를 겪으면서 서비스가 성장의 새로운 동력이라는 믿음은 단지 환상에 불과했다는 사실을 뼈아프게 깨닫게 되었다.

게다가 이 고생산성 서비스의 많은 부분이 엔지니어링, 디자인, 경영 컨설팅 등 제조업 부문 기업이 주 고객인 '생산자 서비스(producer service)'이다. 따라서 제조업 기반이 약해지면 이런 서비스의 질이 떨어져 서비스 수출도 더 어려워진다.

## 실제 숫자

### 농업은 여전히 놀라울 정도로 중요하다

19세기 말까지도 거의 모든 나라에서 농업은 경제의 주축이었다.[9] 오늘날 부자 나라들 중에도 몇 세대 전까지만 해도 인구의 거의 4분의 3이 농업에 종사하던 곳이 많다. 1870년 당시 스웨덴은 노동력의 72퍼센트가 농업 분야에 고용되어 있었다. 일본도 이 비율이 1885년에 73퍼센트였다.

농업은 제조업이나 서비스업에 비해 생산성이 낮기 때문에 대부분의 사람들이 그 분야에서 일하던 시절에도 생산량의 절반 이상을 차지한 적이 거의 없어서, 1870년 덴마크 생산량의 50퍼센트, 스웨덴 생산량의 47퍼센트를 차지하는 데 그쳤다. 한국의 농업 생산량은 1953년까지도 전체의 47퍼센트였다.

이제 부자 나라에서는 농업이 생산량과 고용, 두 가지 면에서 모두 작은 역할밖에 하지 못한다. 이 나라들에서 농업은 국내총생산의 1~2퍼센트를 생산하고, 노동 인구의 2~3퍼센트만을 고용하고 있을 뿐이다. 이런 일이 가능해진 것은 부자 나라의 농업 생산량이 지난 세기에 엄청나게 증가했기 때문이다. 세계 최대의 농업 수출국이 인도, 인도네시아 같은 큰 개발도상국이 아니라 미국, 프랑스, 네덜란드라는 사실은 부자 나라의 농업 생산성이 얼마나 높은지를 증명해 준다.

많은 가난한 개발도상국에 농업은 여전히 매우 중요하다. 가장 가난한 몇 나라에서는 아직도 생산량의 절반 이상을 농산물이 차지한다.* 이보다 잘사는 개발도상국에서도 농산물은 총생산량의 20~40퍼센트를 차지한다.

농업의 중요성은 고용 문제로 오면 한층 더 커진다. 가장 가난한 나라 일부에서는 농업에 종사하는 인구가 총노동력의 80~90퍼센트에 이르기도 한다. 부룬디(92퍼센트), 부르키나파소(85퍼센트), 에티오피아(79퍼센트) 등이 그 대표적인 예이다. 지난 30년 동안 인상적인 산업화를 이루었음에도 중국도 농업 부문에서 일하는 인구가 여전히 전체 노동력의 37퍼센트를 차지한다.

---

* 세계은행이 2009년 집계한 바에 따르면, 시에라리온(59퍼센트), 라이베리아(58퍼센트), 중앙아프리카공화국(57퍼센트), 에티오피아(51퍼센트) 등이다.

### 부자 나라에서 제조업의 중요성은 이전보다 줄었다

서유럽 산업국과 미국이 제조 산업의 절정에 이르렀을 당시(나라별로 다르지만 1950년대에서 1970년대 사이), 노동력의 40퍼센트 가까이가 제조업 부문에서 일했다. 산업 전체를 모두 합치면 이 수치는 거의 50퍼센트에 달한다.

오늘날 대부분의 부자 나라들에서 제조업 종사자는 15퍼센트 미만이다. 예외적으로 대만, 슬로베니아, 독일 등은 제조업 분야에 아직도 20퍼센트까지 고용되어 있다.* 반면 영국, 네덜란드, 미국, 캐나다 등은 그 비율이 겨우 9~10퍼센트밖에 되지 않는다.

제조업 부문의 고용 비율 하락은 총생산량에서 제조업 부문 생산량의 비율이 감소하는 현상과 함께 일어났다. 오스트리아, 핀란드, 일본 같은 나라에서는 1970년대까지도 국내총생산 대비 제조업 생산이 25퍼센트에 달했으나, 이제는 선진국 중 어느 나라도 20퍼센트를 넘지 않는다.[10]

### 그러나 제조업은 사람들이 생각하는 것보다 훨씬 더 중요하다

국내총생산에서 제조업의 비율이 뚜렷하게 줄어든 것은 제조업의 생산성 향상 속도가 빨라서 다른 부문(서비스나 농산품)보다 가격을 상대적으로 많이 낮출 수 있었기 때문이라고 앞에서 설명했다. 이 말은 생산량을 (조사 첫해의 가격을 계속 적용한) 불변 가격으로 환산해서 계산하느냐, 아니면 (현재 가격인) 경상 가격으로 계산하느냐에 따라 제조업의 비중이 많이 달라질 수 있다는 의미이다.

* 2011년 제조업 고용 비율은 대만 28퍼센트, 슬로베니아 23퍼센트, 독일 20퍼센트였다.

지난 20년 사이 독일, 이탈리아, 프랑스와 같은 부자 나라의 국내총생산 대비 제조업 비중은 경상 가격으로 계산하면 크게 감소한 것으로 나타나지만(독일 20퍼센트, 이탈리아 30퍼센트, 프랑스 40퍼센트), 불변 가격으로 계산하면 세 나라 모두 감소치가 10퍼센트 미만으로 그다지 크지 않다.[11] 몇몇 부자 나라에서는 불변 가격으로 계산했을 때 제조업 비중이 오히려 늘어난 경우도 있다. 미국과 스위스는 지난 20여 년 사이에 5퍼센트가량 증가했고,[12] 핀란드, 스웨덴은 지난 몇십 년 사이에 총생산량에서 제조업이 차지하는 비율이 50퍼센트나 증가했다.[13]

영국이 이런 추세에서 예외라는 점은 주목할 만하다. 불변 가격으로 계산해도 지난 10~20년 사이 영국의 제조업 비중은 극적으로 감소했다.[14] 이는 영국의 탈산업화 현상은 제조업의 생산성 향상이 상대적으로 빠른 데 따른 공산품 가격의 하락 때문이 아니라, 영국 제조 산업이 경쟁력을 잃고 절대적으로 쇠락한 결과임을 짐작하게 해 준다.

### 개발도상국들의 '조숙한' 탈산업화

지난 30년 동안 많은 개발도상국이 '조숙한' 탈산업화를 경험했다. 다시 말해 부자 나라들과 비교할 때 생산량과 고용 면에서 제조업(그리고 산업 전반)이 차지하는 비율이 너무 일찍 하락하기 시작했다는 뜻이다.

중남미 국가들의 국내총생산 대비 제조업 비중은 1960년대 중반에 25퍼센트였던 것이 1980년대 말에는 27퍼센트로 올랐지만, 그 이후부터 급격히 떨어져서 현재는 17퍼센트밖에 되지 않는다. 중남미의 산업 중심지라고 불리는 브라질의 탈산업화는 더욱 극적이다. 국내총생산 중 제조업 비중은 1980년대 중반 34퍼센트에서 현재 15퍼센트로 급락했다. 사하라 이남 아프리카 국가의 수치는 1970년대와 1980년

대 대부분 17~18퍼센트이던 것이 이제는 12퍼센트로 떨어졌다.[15]

이렇게 때 이른 탈산업화 현상은 1980년대 이후 이 나라들에서 시행된 신자유주의적 경제 정책의 결과였다(3장 참조).[16] 갑작스러운 무역 자유화로 인해 제조 산업이 줄지어 파괴되었다. 금융 자유화 이후 은행들은 생산자 대출보다 (이윤을 더 많이 내는) 소비자 대출에 자본의 많은 부분을 할애할 수 있게 되었다. 물가 상승을 억제하기 위해 이자율을 올리고 통화를 과대평가하는 정책이 시행되면서 대출 비용이 올라가고 수출이 어려워져 제조 업체의 고통은 더욱 커졌다.

### 서비스에 기초한 성공담?: 스위스, 싱가포르, 인도

산업화 후 경제를 이야기할 때 사람들은 흔히 서비스 산업을 기반으로 성공을 이룬 예로 스위스와 싱가포르를 언급한다. 이 두 나라야말로 금융, 관광, 교역 같은 서비스를 통해 부자가, 그것도 아주 큰 부자가 될 수 있다는 것을 보여 준 산 증거가 아닌가?

그러나 사실 이 두 나라는 그들의 주장과 완전히 반대되는 사례이다. 유엔산업개발기구(UNIDO)의 2002년 자료에 따르면, 스위스는 1인당 제조업 부가 가치가 세계에서 가장 높아 일본보다 24퍼센트 더 높은 것으로 나타났다. 2005년에는 일본이 1위, 스위스가 2위, 싱가포르가 3위를 기록했다. 2010년에는 싱가포르가 세계 1위를 기록했는데, 1인당 제조업 부가 가치가 미국보다 48퍼센트가 높았다. 그해 일본에 이어 3위를 기록한 스위스는 이 수치가 미국보다 30퍼센트 더 높았다.

인도가 산업화 과정을 뛰어넘어 서비스 산업을 통해 부자가 될 수 있음을 보여 준 산 증거라는 주장 역시 매우 과장된 것이다. 2004년 이전 인도는 서비스 부문에서 **무역 적자**trade deficit를 냈다. 서비스 수출보다 수입이 더 많았다는 의미이다. 2004년에서 2011년 사이에는 서비스 부문 **무역 흑자**trade surplus(적자와 반대)를 기록했지만, 국내총생산의 0.9퍼센트에 불과해서 국내총생산의 5.1퍼센트에 달하는 재화 부문 무역 적자액의 17퍼센트를 상쇄하는 데 그쳤다. 서비스 산업의 발전에 근거한 성공담이라기에는 무리가 있다.

## 지구가 바닥난다?
## : 지속 가능한 성장과 환경 보호

### 환경 보호 문제를 매우 진지하게 고려해야 한다

생산의 세계를 떠나기 전, 우리는 점점 심각해지는 환경 문제가 경제 성장의 한계로 작용할 수 있다는 점을 심각하게 고려해야 한다. 인류의 물질적 생산과 소비 활동이 기후 변화의 주요인이고, 결국 인류의 생존마저 위협하고 있다는 사실은 의심할 여지가 없다. 게다가 원유나 광물 같은 재생 불가능한 자원이 빠르게 고갈되어 가고 있다. 농산물이나 임산물 등과 같은 재생 가능한 자원마저 생산 능력이 수요의 증가를 못 따라갈 가능성이 크다. 이런 것을 모두 감안할 때 우리의 경제 활동이 환경에 미치는 영향을 제어할 방법을 찾지 못하면 지구가 '바닥나고' 말 것이다.

그렇다면 앞서 '생산 능력의 증가'라고 규정한 경제 발전을 여기서 멈춰야 한다는 말일까? 지금까지 이 장에서 이야기한 많은 내용을 스스로 부정하는 것일까?

### 기술 개발은 환경 문제의 원인이자 해결책이 될 수 있다

내가 열두세 살 때였던 것으로 기억하니 아마도 1975년이나 1976년 정도였던 것 같다. '로마클럽'이라는 묘한 이름의 저자가 쓴 『성장의 한계』라는 책을 우연히 발견했다. 책을 이리저리 뒤적이던 나는 내용을 완전히 이해하지는 못했지만, 굉장히 우울해지고 말았다. 그 책에서는 1992년경이 되면 원유가 완전히 고갈될 것이라고 했다. 그러면 나는 30세도 되기 전에 소가 끄는 수레를 몰고 다니면서 나무를 때서 난방을 하며 살아야 한다는 말인가? 기름보일러로 중앙난방이 되는 집으로 이사한 지 5~6년밖에 되지 않았는데 그런 시대가 곧 도래한다니 세상이 너무도 불공평하다는 생각이 들었다.

로마클럽의 예측은 틀리지 않았다. 원유는 '고갈'되었다. 1970년대 기술로 채굴할 수 있는 원유는 완전히 바닥났다는 뜻이다. 그러나 우리가 여전히 막대한 양의 원유를 소비할 수 있는 것은, 40년 전에는 접근하기 힘들었던 심해와 같은 곳에 매장된 원유를 효과적으로 찾아내 채굴하는 기술이 개발되었기 때문이다.

기술은 우리가 이전에 손댈 수 없었던 자원을 손에 넣을 수 있게 해줄 뿐 아니라 자원의 정의마저 바꾸기도 한다. 이전에는 극복해야 하는 파괴적인 자연 현상이던 파도와 조석 현상이 기술의 발전 덕분에 이제는 주요 에너지원이 되었다. 1980년대까지만 해도 아주 귀하지만 별 가치는 없던 콜탄은 이제 세상에서 가장 비싼 광물 중의 하나가 되어 콩고민주공화국의 반군이 콜탄 광산에서 노예들을 부려 전쟁 자금을 댄다는 말이 나올 정도이다. 콜탄의 성분 원소 중 하나인 탄탈룸은 휴대전화를 비롯한 전자 제품의 필수 원료이다.

이보다는 좀 덜 극적이지만, 기술의 발달 덕분에 우리는 재생 가능한 자원 또한 훨씬 더 효과적으로 생산할 수 있게 되었다. 7장 첫 부분에서도 언급한 바 있지만, 식량과 기타 천연 원자재(면 등) 등을 생산할 수 있는 인간의 능력은 기계화, 화학 물질의 사용, 선별적 번식 기술, 유전 공학 등으로 엄청나게 증가했다. 우리는 또 이미 사용하고 있던 자원도 훨씬 더 효율적으로 사용할 수 있게 되었다. 자동차, 비행기 엔진, 발전소 등에서 같은 양의 에너지를 얻는 데 이전보다 석유와 석탄을 더 적게 쓴다. 재활용 비중 또한 점점 더 늘고 있다.

## 그러나 기술로 문제를 해결하는 데는 한계가 있다

아무리 기술이 빨리 발달한다 해도 재생 불가능한 자원에는 분명 한계가 있다. 아직 자원으로 이용되지 않은 천연 물질도 포함해서 말이다.

가까운 장래에 주요 자원이 완전히 고갈되지는 않을지 모르지만, 점점 더 손에 넣기가 어려워지면서 가난한 사람들이 이런 자원을 구하는 것은 거의 불가능해져 그들의 복지, 심지어 생존까지 위협할 수도 있다. 깨끗한 물을 공급하는 비용이 점점 더 올라가면서 수인성 전염병이 늘고, 농작물 수확량이 떨어져 이미 가난한 사람들이 타격을 입고 있다. 식료품 가격이 오르면 기아와 영양 결핍이 증가할 것이다. 연료가 비싸지자 부자 나라에서도 가난한 노인들이 겨울에 사망하는 일이 늘고 있다. 닐 스티븐슨의 공상 과학 소설 『다이아몬드 시대』에 묘사된 것처럼, 가난한 사람들은 진짜 천연 재료가 아닌 나노 기술로 만든 질 나쁜 인공 대체물로 만족해야 하는 세상이 올지도 모르는 일이다.

물론 훨씬 더 시급한 문제는 기후 변화이다. 기후 변화의 부작용은 이미 피부로 느껴질 만큼 가까이 다가왔고, 한두 세대 안에 재앙까지는 아니더라도 극도로 심각한 문제가 될 것이 분명하기 때문이다. 이 모든 것을 감안할 때 우리가 현재 영위하는 생활 방식에 커다란 변화 없이 순전히 기술적인 해결책을 찾아내 늦지 않게 기후 변화를 해결한다는 것은 논리적으로 불가능하지는 않지만 가능성이 극도로 적다.

**개발도상국이 생활 수준을 향상하고 기후 변화에 잘 대처하려면 경제 발전을 더 해야 한다**

그렇다고 경제 발전을 여기서 멈춰야 한다는 말은 아니다. 특히 개발도상국은 더욱 그렇다. 무엇보다도 개발도상국은 상위층 극소수가 모든 부를 차지하지 않는다는 전제하에서 생산량을 더 늘려야 한다. 즉 경제 성장을 해야 한다는 의미이다. 개발도상국에서 소득이 오른다는 것은 단순히 TV 하나를 더 사는 문제가 아니다. 덜 위험한 환경에서 허리가 휘도록 힘든 일을 덜 하고, 자녀가 어릴 때 죽는 것을 보지 않아도 되고, 더 오래 살고, 병에 덜 걸릴 수 있는 삶의 기회가 주어진다는 의미이다. 이런 변화가 지속 가능하려면 단순한 성장보다는(생산 능력이 증가하는) 경제 발전에 기반을 두는 것이 가장 이상적이지만, 천연자원의 발견 등에 따른 경제 성장이라도 큰 도움이 될 수 있다.

기후 변화의 결과에 대처하는 (전문 용어로) **기후 변화 적응climate adaptation**을 위해서도 개발도상국은 생산 능력을 증가시킬 필요가 있다. 개발도상국 중 많은 나라가 기후 변화에 거의 원인을 제공하지 않았음에도 기후, 위치, 지리학적 특성 때문에 지구 온난화의 부작용을 가장 일선에서 크게 맞닥뜨릴 가능성이 높다. 설상가상으로 이들 개발도상국은 기후 변화의 충격을 견뎌 낼 힘도 가장 약하다.* 여기에 더 유연하고 효과적으로 대처하려면 가난한 나라들도 더 나은 기술과 조직 능력으로 무장해야 하는데, 이를 이룰 수 있는 방법은 경제 발전뿐이다.

최빈 개발도상국들에 경제 성장과 발전을 장려해야 할 이유는 압도적으로 많다. 그들의 경제를 특정 수준까지(가령 현재 중국의 소득 수준까지) 끌어올린다 해도 기후 변화에는 아주 작은 영향밖에 끼치지 않기 때문이다. 이를 뒷받침하는 연구 결과 중 대표적인 것이 싱크탱크 기관인 에코-에퀴티(Eco-Equity)와 스톡홀름 환경연구소(Stockholm Environmental Institute)가 개발한 그린하우스 개발 권리(Greenhouse Development Rights) 프레임워크이다.[17]

**부자 나라도 경제 발전을 계속해야 하지만, 생산과 소비의 우선순위를 근본적으로 바꿔야 한다**

기후 변화의 영향을 조금이라도 줄이려면, 이미 엄청난 자원을 소비하고 있고 그 소비량을 더 늘릴 필요가 훨씬 적은 부자 나라들이 소비를 줄여야 한다. 그러나 총소비를 줄인다고 해서 복지 수준이 내려갈 필요는 없다. 미국, 영국, 포르투갈처럼 불평등 수준이 높은 나라에서는 불평등만 줄여도 더 많은 사람이 더 많이 소비할 수 있게 된다. 상대적으로 평등한 사회에서도 소비를 더 하는 것이 아니라 다르게 함으로써 소비를 늘리지 않으면서 복지 수준을 높일 수 있다.[18] 집단적 서비스의 소비를 늘리면 분산적이고 개인적인 소비로 인한 자원 낭비가 줄어 전체 복지 수준을 높일 수 있다. 예를 들어 대중교통 시설을

---

• 자연재해가 끼치는 피해의 정도는 재해의 물리적 강도보다 공동체의 적응력에 더 좌우된다. 예를 들어 2010년 지진이 강타한 아이티에서는 20만 명 이상이 목숨을 잃었고 나라 전체가 큰 상처를 입었지만, 그 강도는 리히터 규모 7 수준으로 일본에서라면 엄청나게 운 나쁜 사람 몇 명이 죽는 정도였을 것이다.

늘리면 교통 체증 때문에 승용차 안에서 버리는 시간을 줄일 수 있고, 공공 레저 시설을 늘리면 한국 등에서 인기 있는 사설 도서 대여점 같은 서비스의 중복을 막을 수 있다.

소비의 양을 줄이는 것과 더불어 에너지 효율 또한 높여야 한다. 여기에는 건물, 자동차, 전기 장치 등에 더 엄격한 에너지 효율 규정을 부과하는 방법이 있다. 주거 지역에서 멀리 떨어진 쇼핑센터나 교외 주택지 개발을 억제하는 동시에 대중교통에 투자를 늘리면 사람들이 자동차를 사용하는 거리와 빈도를 줄일 수 있다. 물건을 사는 것보다 가족, 친구들과 시간을 보내는 데에 더 즐거움을 느끼려면 전반적인 문화 자체가 바뀌어야 할 필요도 있다. 지진이 심한 지역(일본, 미국 일부, 칠레 등)이 아닌 곳에서는, 대체 가능한 에너지원으로 완전히 이전하기 전의 과도적 조치로서 원자력 에너지 사용을 계속하거나 더 늘리는 것을 고려해야 한다.[19]

그러나 이 또한 부자 나라들이 경제 발전을 중단해야 한다는 말은 아니다. 적어도 이 장에서 규정한 의미의 경제 발전은 멈추지 말아야 한다. 부자 나라들은 여전히 생산 능력을 늘릴 수 있다. 그러나 물질적 소비를 늘리기 위해서가 아니라, 같은 양이나 더 많은 양을 생산하면서도 노동 시간을 줄이는 방향으로 향상된 생산 능력을 활용하는 것이 바람직하다. 기후 변화를 비롯한 환경 문제를 해결하는 부문의 생산 능력을 늘리는(그리고 그 기술을 개발도상국이 감당할 수 있는 가격에 이전하는) 방법도 있다. 대체 에너지 기술의 향상, 더 효율적이고 친환경적인 농업 기술 개발, 값싼 담수화 기술 개발 등이 몇 가지 예이다.

# 맺는말—
# 왜 생산에 더 많은 관심을 기울여야 하는가?

현재 경제학의 주류인 신고전학파 경제학에서는 생산 부문을 심각하게 간과한다. 말하자면, 대부분의 경제학자에게 경제학은 공장(그리고 이제는 점점 더 빈번히 사무실) 문 앞에서 끝나고 만다. 생산 과정은 특정 제품을 생산하는 데 필요한 자본과 노동의 양을 정확하게 명시한 '생산 함수'에 의해 미리 결정된, 예측 가능한 과정으로 여겨진다.

생산에 약간의 관심을 기울이는 경우라도 대부분 경제 전체의 크기가 커지는 총체적 수준에서만 다룰 뿐이다. 이런 사고방식을 대표하는 가장 유명한 캐치프레이즈가 "한 나라가 감자칩을 생산하느냐 마이크로칩을 생산하느냐는 문제가 되지 않는다"라는 말이다. 1980년대 미국의 경쟁력에 관한 논쟁 중에 나온 이 말에는 경제 활동의 방식이 다르면 결과도 달라질 수 있다는 인식이 빠져 있다. 즉 한 나라가 단순히 무엇을 얼마나 생산하느냐만이 아니라, 그것을 생산하는 것이 그 나라의 생산 능력이 발전하는 데에 얼마나 영향을 미치느냐가 더 중요하다. 이런 측면에서 제조업 부문의 중요성은 아무리 강조해도 지나치지 않다. 제조업이야말로 지난 2세기 동안 새로운 기술과 조직 능력을 만들어 낸 주된 근원이기 때문이다.

불행하게도 사상적으로는 후기 산업 사회의 담론이 힘을 얻고, 실생활에서는 금융 부문이 경제를 주도하면서 제조업에 대한 무관심은 근래에 와서는 경멸로까지 바뀌었다. 새로운 '지식 경제' 사회에서 제조업은 저임금 노동력을 주무기로 하는 개발도상국에서나 하는 저급한 활동이라는 주장이 힘을 얻은 것이다.

그러나 현대 사회는 공장에서 만들어졌고, 새로운 사회 또한 공장에서 만들어질 것이다. 게다가 이른바 후기 산업 사회에서도 이른바 새로운 경제의 동력이라고 여겨지는 서비스 산업은 역동적인 제조업 부문의 뒷받침 없이는 융성할 수 없다. 서비스 산업이 주도해 번영을 이룬 경제의 대명사라고 생각하는 스위스와 싱가포르가 (일본과 더불어) 세계에서 가장 산업화된 세 나라 중 두 나라라는 사실이 바로 그 증거이다.

흔히들 생각하는 것과 달리 생산 능력의 개발, 특히 제조업 부문의 생산 능력 개발은 기후 변화라는 우리 시대 최대의 문제를 해결하는 데도 핵심적인 역할을 한다. 부자 나라들은 소비 패턴을 바꾸는 것과 더불어 녹색 기술 분야에서 생산 능력을 더욱 발전시켜야 한다. 개발 도상국들은 기후 변화의 악영향에 대처하기 위해서라도 기술 및 조직 능력을 개발해야 한다. 그리고 이런 능력의 많은 부분은 오직 산업화를 통해서만 얻을 수 있다.

## 8장

# 피델리티 피두시어리 뱅크에
# 난리가 났어요

마이클은 이해할 수가 없었다. 이 모든 문제를 일으킨 바로 그 물건을 아빠에게 돌려 드렸는데도 아직 아무것도 괜찮아지지 않았다. 왜 어른들은 이렇게 이상한 걸까?

마이클은 가지고 있던 2펜스 동전으로 세인트 폴 성당 앞 계단에 앉아 있던 할머니가 파는 새 모이를 사고 싶었다. 그런데 아빠에게 깜빡 속아서 그렇게 하지 못했다. 아빠는 마이클과 누나 제인에게 아빠 사무실에 도착하면 그 돈으로 얼마나 더 재미있는 일을 할 수 있는지 보여 주겠다고 약속했다.

마이클과 제인이 아빠 직장에 도착하자 미스터 도스라고 부르는 굉장히 늙은 할아버지와 '이사'라고 부르는 아저씨들, 그리고 아빠까지 나서서 마이클의 2펜스짜리 동전을 도스 톰스 마우슬리 그럽스 피델리티 피두시어리 뱅크(무슨 이름이 이래?)에 예금하라고 노래를 부르기 시작했다. 아저씨들은 그 돈을 자기네한테 맡기면 지금까지 들어 보지도 못했던 이상한 곳에서 벌어지는 뭔지도 잘 모를 일에 마이클도 끼워 주겠다고 했다. "아프리카를 관통하는 철도, 나일강을 가로지르는 댐, 바다를 건너는 쾌속선 함대, 자체 상환 재무 구조를 가진 장엄한 운하, 잘 자라는 차나무로 우거진 플랜테이션…." 마이클이 잠깐 노래에 정신이 팔려 동전을 쥐고 있던 주먹에 힘을 빼자 미스터 도스가 할아버지 같지 않게 번개처럼 날쌘 동작으로 동전을 잡아챘다.

마이클이 "내 돈 돌려주세요!"라고 소리친 것은 당연한 일이었다. 그러자 어찌 된 일인지 은행 손님들이 모두 자기 돈을 돌려 달라고 달려들기 시작했다. 은행이 돈을 내주지 않겠다고 하자, 난리가 났다. 마이클과 제인은 미스터 도스 손에서 겨우 다시 동전을 낚아채서 도망갔다. 하지만 집에 와 보니 아빠가 그 일 때문에 은행에서 쫓겨났다는 것 아닌가. 마이클은 2펜스 동전을 다시 아빠에게 드렸지만, 아빠의 일자리는 다시 돌아오지 않았다.

마이클의 한마디가 왜 이렇게 큰 문제를 일으킨 걸까? 왜 다른 사람들이 모두 갑자기 자기 돈을 돌려 달라고 했을까? 더 모를 일은, 사람들이 자기 돈을 찾겠다고 하는데 어떻게 은행이 그 돈을 주지 않겠다고 할 수 있을까?

## 은행과 '전통적'인 금융 시스템

### 은행, 지키기 어려운 약속을 하다

위의 이야기는 디즈니 영화 〈메리 포핀스〉의 유명한 은행 장면을 마술사 가정 교사 메리 포핀스가 보살피는 주인공 남자아이 마이클 뱅크스의 눈을 통해 다시 구성해 본 것이다. 이 장면은 은행업의 정수를 가장 정확하고 훌륭하게 묘사하고 있다. 바로 '신뢰' 말이다.

피델리티 피두시어리 뱅크에 문제가 일어나게 된 것은 단도직입적으로 말하자면 그 은행이 꼭 지킬 수는 없는 약속을 했기 때문이다. 다른 모든 은행과 마찬가지로 피델리티 피두시어리 뱅크 또한 예금 계좌의 주인들에게 원하면 언제든지 돈을 찾아갈 수 있다고 약속했다. 실제로는 예금의 일부에만 해당하는 현금을 보유하고 있으면서도 말이다.*

은행이 이렇게 지킬 수 없는 '거짓' 약속을 해도 보통은 아무 문제가 없다. 어느 한 시점에 돈을 찾기를 원하는 사람은 예금주 전부가 아니라 일부일 뿐이기 때문에 은행이 전체 예금 계좌에 들어 있는 액수의 극히 일부만을 현금(혹은 신속하게 현금화할 수 있는 정부 채권 같은 준현금)으로 보유하고 있어도 안전하다.

그러나 자기가 거래하는 은행의 예금 지불 능력에 일말의 의혹이라도 갖게 되면 누구라도 가능한 한 빨리 돈을 찾고 싶어질 것이다. 그 예금주는 은행에 예금한 사람들이 한꺼번에 현금 인출을 요구할 경우 그 금액을 모두 지불할 현금을 은행이 보유하고 있지 않다는 사실을 잘 알고 있다. 은행의 지불 능력에 대한 이러한 의혹이 전혀 근거 없는 것이라 하더라도, (피델리티 피두시어리 뱅크의 경우처럼) 많은 예금주가 이 의혹을 동시에 행동에 옮기기 시작하면 그 의혹은 '자기 충족적 예언'이 되고 만다.

**예금 인출 사태bank run**라고 부르는 이런 상황을 우리는 2008년 글로벌 금융 위기 이후 여러 번 목격했다. 영국에서는 노던록 은행 지점 앞에 고객들이 줄을 섰고, 아이슬란드 은행 란즈방키가 무너져 내리기 시작하자 이 은행의 온라인 예금 은행 아이스세이브에서 돈을 인출하기 위해 영국과 네덜란드의 예금주들이 한꺼번에 접속하는 바람에 웹사이트가 마비되는 사태가 벌어지기도 했다.

은행은 (일종의) 신용 사기, 그러나 (잘 운영만 되면) 사회적으로 유익한 사기이다

그렇다면 은행은 정말로 사람들의 신뢰감을 이용한 신용 사기일까?

• 주목할 만한 중요한 사실은 은행에서 돈을 빌리는 사람도 예금주라는 것이다. 대출을 해 줄 때 은행은 현금을 건네는 대신 대출자 명의로 계좌를 열고 대출금을 입금해 준다. 따라서 은행에서 돈을 빌리면 자동적으로 은행의 예금주가 되는 것이다.

그렇다. 어떻게 보면 말이다. 엄격하게 말하자면 신용 사기란 피해자가 거짓을 믿도록 만드는 것을 말한다. 은행이 다른 신용 사기와 다른 점은 사람들이 은행이 하는 말을 믿도록 만들기는 하지만, 얼마나 많은 사람이 믿는가에 따라 그것이 진실이 될 수도 있고 거짓이 될 수도 있다는 데 있다. 한 은행에 돈을 맡기고 자기 돈을 언제든지 원할 때 인출할 수 있다고 믿는 예금주의 수가 충분하면 그 은행은 그럴 능력을 갖게 된다. 그러나 그런 예금주의 수가 충분하지 않으면 그런 능력을 잃게 되는 것이다.*

은행이 (일종의) 신용 사기라는 사실 때문에 '내로 뱅킹(narrow banking)'을 해야 한다고 주장하는 사람들도 있다. 즉 은행이 모든 예금주에게 동시에 돈을 내줄 수 있을 만큼 현금을 충분히 보유하게 하자는 것이다. 그러나 가만히 생각해 보면 신용 사기야말로 은행이 존재하는 이유이다. 우리 모두 현금이 주는 융통성이나 유동성을 누리고 싶어 하지만 그 돈이 한날한시에 필요하지는 않다는 사실을 이용해 보유하고 있는 현금보다 더 많은 돈을 만들어 내는 것이 은행의 업무 아닌가?

은행이 더 많은 돈(즉 신용)을 만들어 내는 능력은 바로 예금 인출 사태의 위험이라는 불안정성의 비용을 감수하기 때문에 가능하다. 그러나 일부 은행에 예금 인출 사태가 벌어지면 다른 은행으로 전부 **전염 contagion**될 수 있다는 사실이 여기에 어려움을 더한다.

---

• 이 특별한 종류의 신용 사기는 경제 운영에 상당히 자주 쓰인다. 또 다른 대표적인 예는 불경기에 정부가 적자 재정을 펴는 것이다. 정부는 '가지고 있지 않은 돈'을 사용해서 적자 예산을 운용한다. 그러나 이러한 지출은 경제 내의 수요를 증가시켜 기업 활동을 활성화하고 소비자들을 낙관적으로 만든다. 그 결과 충분한 수의 기업인과 소비자가 미래를 긍정적으로 기대하게 되면 투자와 소비가 증가할 것이다. 투자와 소비의 증가는 소득 증가로 이어지고, 그 결과 세수도 늘게 된다. 세수입이 충분히 증가하면 정부의 적자도 상쇄될 수 있다. 즉 정부가 쓴 돈을 애초에 가지고 있었던 셈이 되는 것이다.

이런 현상이 벌어지는 것은 단순히 사람들이 극도로 예민해지고, 은행은 다 똑같다고 의심해서만은 아니다. 은행 간 대출 시장을 통해 은행들이 서로 돈을 빌리고 빌려주는 데다 금융 상품을 서로 사고파는 일이 점점 늘어나고 있기 때문이다. (아래에서 더 자세히 설명한다.) 따라서 은행의 신용은 개별 은행 차원이 아니라 전체 은행 시스템 차원에서 관리되어야 한다.

**중앙은행은 은행 시스템에 대한 신뢰를 관리하는 가장 중요한 도구이다**

신뢰 문제를 해결하는 가장 고전적인 방법은 화폐를 발행하는 독점권을 가지고 필요한 만큼 '돈을 찍어 낼 수 있는' 중앙은행을 통해 신뢰 문제가 발생한 은행에 무제한으로 돈을 빌려주는 것이다. 그러나 이 '요령'은 현금 흐름이 일시적으로 막혀서 신뢰 문제가 발생한 경우, 다시 말해 **유동성 위기**|liquidity crisis에만 효과가 있다. 문제가 발생한 은행의 자산(대출금, 은행에서 사들인 채권 및 다른 금융 자산 등)이 채무(예금, 발행한 채권, 다른 은행에서 빌려 온 대출금 등)보다 더 크지만, 자산을 제때 처분하지 못해 채무 상환 기일을 어길 위기에 처한 경우에만 사용할 수 있다는 이야기이다.

만일 은행의 문제가 채무액이 자산보다 더 커서 생긴 **상환 능력의 위기**|solvency crisis 때문이라면 중앙은행에서 아무리 돈을 많이 빌려줘도 해결되지 않을 것이다. 이런 때는 문제의 은행이 파산하거나 정부에 **긴급 구제**|bail-out를 요청하는 수밖에 없다. 영국의 노던록 은행과 아이슬란드의 아이스세이브 은행이 그랬던 것처럼 긴급 구제는 정부가 위기에 빠진 은행에 새 자본을 수혈하는 방법이다. 정부가 은행을 긴급

구제하는 사례는 2008년 금융 위기 이후 큰 주목을 받았지만, 사실 이 방법은 자본주의만큼이나 오래된 관행이다.

### 신뢰를 더욱 강화하는 방법: 예금 보험, 건전성 규제

중앙은행을 이용하는 방법뿐 아니라 **예금 보험**deposit insurance 등의 제도를 통해서도 은행의 신뢰를 떠받칠 수 있다. 이 제도는 은행이 예금액을 지급하지 못할 경우 정부가 모든 예금주의 예금액을 일정액까지 보장해 주는 것을 말한다. (예를 들어 현재 유로화를 쓰는 나라의 예금 보장 한도액은 10만 유로이다.) 이런 보장이 있으면 은행에 대한 신뢰가 조금 떨어진다 해도 예금주들이 공황 상태에 빠져 한꺼번에 은행으로 몰려가는 상황은 벌어지지 않게 된다. 예금 인출 사태가 일어날 확률을 상당히 낮출 수 있는 것이다.

은행 시스템의 신용을 관리하는 또 다른 방법은 은행이 너무 큰 위험을 감수하지 않도록 그 한도를 정하는 것으로 **건전성 규제**prudential regulation라고 한다. 건전성 규제의 중요한 방법 중 하나가 '자기 자본 비율 규제'이다. 은행이 보유한 자기 자본(은행의 소유주, 즉 주주들이 제공한 돈의 액수)의 몇 배 이상은 대출해 주지 못하도록 빌려줄 수 있는 돈의 한도를 정하는 것이다. 이런 규제를 '레버리지 규제'라고도 부르는데, 보유하고 있는 자본을 얼마나 큰 레버리지(지렛대)로 사용할 수 있는가를 정하기 때문에 붙은 이름이다. 이외에 또 많이 사용되는 방법은 '유동성 규제'로, 각 은행이 보유 자산의 특정 비율만큼을 현금이나 (국채처럼 신속하게 현금화할 수 있는) 고도로 '유동성이 높은' 자산으로 보유하게 하는 것이다.

## '전통적' 금융 시스템(20세기 중반 시점에서)

20세기 중반 즈음에 선진 자본주의 국가들은 이미 상당히 잘 돌아가는 금융 시스템을 갖추었고, 금융은 자본주의가 황금기를 꽃피우는 데 한몫했다. 금융의 중심부에는 우리가 방금 논의했던 전통적인 은행 업무 부문이 자리 잡고 있었다. 또 다른 중요한 요소는 주식 시장과 채권 시장으로, 채권 시장은 국채, 회사채 시장 두 개로 나눌 수 있다.

주식 시장은 기업이 직접 알지 못하는 익명의 투자자들에게 지분을 팔아 대규모 자금을 조성하는 것을 가능하게 했다. (투자자들의 이러한 익명성 때문에 유한 책임 회사를 스페인에서는 Sociedad Anónima라고 하는 등 일부 나라에서는 '익명 결사체'라는 이름으로 부른다.)

지분을 일반 대중에게 팔지 않던 **비상장 기업**private company이 처음으로 지분을 외부인에게 팔고 **상장 기업**public company으로 전환하는 것을 **주식 상장** 혹은 **기업 공개**initial public offering(IPO)라고 한다. 독자들도 'IT 업계의 거인'이라고 부르는 구글과 페이스북이 각각 2004년과 2012년에 '상장 기업'으로 전환한다는 뉴스 등에서 이 용어를 접해 봤을 것이다. 가끔 이미 상장한 기업도 추가 자금을 모으기 위해 새 주식을 발행한다.

기업이 새 주식을 팔아 자금을 모집하게 하는 것은 주식 시장의 여러 기능 중 하나일 뿐이다. 주식 시장의 또 다른 중요한 기능은 기업을 사고파는 행위가 이루어지는 장소라는 것인데(사실 미국과 영국 같은 나라에서는 이 기능이 더 중요하다), 이를 전문 용어로 **기업 지배권 시장**market for corporate control이라고 한다. 한 기업 주식의 과반수를 새로운 주주(혹은 힘을 모은 여러 명의 주주들)가 사들이면 그 기업의 새로운 주인이 되어 기업의 미래를 결정할 권리를 갖게 된다. 이 과정을 **인수**acquisition라고 부른다. (3장에서 적대적 인수를 거론한 바 있다.) GM은 20세기 초 일련의 기업 인수를 통해 탄생한 회사이다.* 최근 들어 가장 주목받은 기업 인수는 마이크로소프트사가 노키아의 휴대폰 부문을 인수한 일이었다. 간혹 두 개 이상의 기업이 지분을 합쳐서 새로운 하나의 기업을 만드는 경우도 있다. 이를 **합병merger**이라 부른다. 가장 유명한(혹은 악명 높은) 합병은 2001년 전통 미디어계의 거인 타임워너와 인터넷 서비스의 개척자 AOL의 합병이었다.**

1817년 설립된 뉴욕증권거래소(NYSE), 1801년 설립된 런던증권거래소(LSX), 1878년 설립된 도쿄증권거래소(TSE)는 2차 대전 이후 가장 큰 증권 시장으로 영향력을 떨쳤다. 또 다른 주식 거래의 장인 미국의 나스닥(NASDAQ)은 '가상' 거래소, 즉 온라인 주식 거래소로 1971년 문을 열었다. (뉴욕증권거래소 같은 물리적 거래소가 없었다.) 나스닥은 1980년대 이후 급속도로 성장한 정보 통신 기업이 많이 등록한 덕택에 급속도로 규모가 커졌다. 현재는 뉴욕증권거래소에 이어 규모 면에서 세계 2위를 자랑하고 있다(도쿄증권거래소가 3위). 주식 시장에서 일어나는 가격의 움직임은 **주가 지수stock market index**로 표시한다. 미리 선정한 특정 주요 기업의 주식 가격을 각 기업의 크기에 따라 가중치를 두어 그 움직임을 평균 내서 기록한 것이 주가 지수이다. 뉴욕증권거래

* 원래의 GM은 1908년 설립되어 뷰익이라는 자동차를 생산했다. 1908년에서 1909년 사이 GM은 올즈모빌, 캐딜락을 비롯해 승용차 브랜드를 생산하는 여러 기업과 후에 트럭 사업부가 된 기업도 인수했다. 1918년에는 쉐보레를 인수했다.

** 이 합병은 실패로 끝났다. 타임워너 CEO인 제프리 뷰커스는 이 합병을 가리켜 "자본주의 기업사에서 가장 큰 실수"라고까지 묘사했다. 2009년 결국 두 회사는 다시 결별했다. 이 과정을 분할(de-merger)이라고 부른다. AOL은 합병 당시(닷컴 거품이 절정에 달했던 때였다) 예상했던 것만큼 성장하지 못했고, 두 기업 사이에는 절대 화합할 수 없는 문화적 차이가 있었다.

소의 가격 동향은 신용 평가 기관인 스탠더드 앤드 푸어스가 집계하는 S&P 500으로, 런던증권거래소는 『파이낸셜 타임스』가 집계하는 FTSE 100으로, 도쿄증권거래소는 『니혼게이자이신문(일본경제신문)』이 집계하는 닛케이 225로 알 수 있다.*

주식 시장 외에 중요한 금융 시장으로는 채권 시장이 있다. 채권 시장에서는 기업이나 정부가 투자자들에게 직접 돈을 빌리고 차용증, 즉 채권을 발행하는데, 채권은 누구에게나 양도할 수 있으며 이자가 고정되어 있다. 그러나 20세기 중반의 '전통적' 금융 시스템에서는 티빌(T-bill)이라고 부르는 재무부(Treasury)의 단기 채권 시장이 왕성했던 미국을 제외하고는 국채 시장이 별로 발달하지 않았고, 회사채는 미국에서조차 별 존재감이 없었다. 당시 미국에서 회사채를 발행하는 기업은 그 수가 적어서, 1968년 시드니 호머가 써서 지금은 고전이 된 『채권 구매자를 위한 입문서』의 세 페이지에 모두 들어갈 정도였다.[1]

넓게는 위와 같이 설명이 가능하지만, 자세히 들여다보면 나라에 따라 중요한 차이가 있었다. 미국과 영국에서는 '주식과 채권 시장'이 (상대적으로) 규모가 크고 독일, 일본, 프랑스처럼 은행이 더 중요한 역할을 하는 나라에 비해 그 영향력도 더 컸다. 이런 이유에서 미국과 영국은 '시장에 기반을 둔' 금융 시스템이고, 독일, 일본, 프랑스는 '은행에 기반을 둔' 금융 시스템이라고 말한다. 전자는 후자에 비해 단기 이윤을 내야 한다는 압력이 더 강하다고들 말하는데, 은행이 대출해 주는 기업에 느끼는 충성도보다 주주와 채권 소지인이 '소유한' 기업에 느끼는 충성도가 덜하기 때문이다.

* 주가 지수 이름에 들어간 숫자는 주식 가격이 지수에 반영되는 기업의 수이다.

# 투자 은행과 새로운 금융 시스템의 탄생

## 우리 눈에 보이지 않는 은행: 투자 은행

지금까지는 우리 눈에 보이는 은행에 대해 이야기했다. 동네마다 지점을 둔 은행들 말이다. 영국 TV나 거리의 광고판에는 HSBC나 냇웨스트 같은 은행들의 광고가 자주 등장하는데, 학생한테 기차표 할인 카드를 공짜로 준다든지, 콜센터가 영국에만 있다든지 하면서 자기네가 예금주에게 얼마나 혜택을 많이 주는지를 열거하느라 열을 올린다. 또 충동적으로 외국으로 휴가를 가고 싶다든지, 평생 꿈꿔 왔던 제과점을 열고 싶다든지 할 때 대출을 얼마나 쉽게 받을 수 있는지 속삭인다. 이런 은행을 **상업 은행**commercial bank 혹은 **예금 은행**deposit bank이라고 부른다.[*]

그러나 이런 은행 말고 우리 눈에 띄지 않는 은행이 있다. 바로 **투자 은행**investment bank이다. 투자 은행 가운데 일부는 자매 회사인 상업 은행과 같은 브랜드로 활동한다. 영국의 바클리스 은행은 상업 은행이지만, 바클리스 캐피털이라는 이름의 투자 은행도 있다. 혹은 한 회사가 두 가지 업무를 다 하면서 브랜드 이름만 달리 쓰는 경우도 있다. JP 모건 체이스는 JP 모건이라는 브랜드 이름을 쓰는 투자 은행 분과와 체이스 맨해튼이라는 브랜드 이름을 쓰는 상업 은행 분과로 구성되어 있다. 골드만 삭스, 모건 스탠리, 그리고 이제는 없어진 리먼 브러더스 등은 모두 투자 은행이고, 상업 은행 업무를 보는 자매 회사가

---

[*] 상업 은행이 개인을 상대로 예금을 받거나 집이나 차를 살 수 있도록 대출해 주는 것을 '소매 금융'이라고 한다. 기업을 상대로 대출을 해 주거나 예금을 받는 것은 '기업 금융'이라고 부른다.

없다. 미국의 저널리스트 맷 타이비가 '흡혈 오징어'라고 부른 골드만
삭스를 필두로 모두 우리가 한 번쯤은 이름을 들어 본 회사들이지만,
이들이 무슨 일을 하는지 완전히 이해하는 사람은 많지 않다.

투자 은행은 19세기부터 있었다. 간혹 독립적으로 운영되기도 하지
만, 대부분 상업 은행과 투자 은행 업무를 겸하는 종합 은행 격인 **유니
버설 은행**universal bank의 일부로 활동했다. 도이체방크나 코메르츠방
크 같은 독일 은행들이 그 전형적인 예이다. 미국에서는 글래스-스티
걸 법 때문에 1933년부터 1999년까지는 상업 은행과 투자 은행을 한
기업 내에 둘 수 없었다. 1980년대 이후 투자 은행은 전 세계적으로
금융 시스템의 모습을 바꾸는 데 선도적 역할을 했다.

## 투자 은행의 주요한(혹은 한때 주요했던) 역할은 주식과 채권을 만들고 거래하는 것을 돕는 일이다

투자 은행이란 이름을 갖게 된 것은 기업이 투자자로부터 자금을 조
성하는 것을 돕는 일이 이들의 주 업무이기 때문이다. 적어도 그것이
투자 은행의 원래 목적이었다. 이들은 고객 기업이 주식과 회사채를
발행하는 것을 돕고, 기업을 대신해서 판매한다.

고객 기업의 주식과 채권을 판매할 때 투자 은행은 '소매' 투자자,
즉 적은 양을 사들이는 소액 개인 투자자와는 거래를 하지 않는다.
그 대신 엄청나게 돈이 많은 개인 투자자(전문 용어로는 고액 순자산 보유자)
나 개인 투자자의 돈을 모아 만들어진 거대한 펀드 같은 **기관 투자자**
institutional investor를 상대한다.

펀드 중에서 가장 중요한 것은 개인들이 연금을 받기 위해 모은 돈
을 투자하는 **연금 기금**pension fund, 한 나라의 국유 자산을 관리하는 **국**

부 펀드sovereign wealth fund 등이다. (노르웨이 정부 연금 기금과 아부다비 투자청은 규모 면에서 최고를 자랑한다.) 이와 더불어 공개 시장에서 소액 개인 투자자들의 돈을 모은 **뮤추얼 펀드**mutual fund 혹은 **단위 신탁**unit trust, 엄청나게 부유한 개인이나 '더 보수적인' 다른 기금(예를 들면 연금 기금)에서 투자받은 돈을 모아 고액의 기금을 형성해 고위험 고수익 자산을 골라 공격적으로 투자하는 **헤지 펀드**hedge fund, 헤지 펀드와 비슷하지만 기업을 사서 구조 조정을 통해 가치를 올린 뒤 되팔아 이윤을 남기는 **사모 펀드**private equity fund 등이 있다.

고객 기업을 대신해 주식과 채권을 사고파는 것 이외에도 투자 은행은 이윤을 목적으로 자사 자금으로 주식과 채권을 사고팔기도 한다. 이를 **자기 자본 거래**proprietary trading라고 부른다. 투자 은행은 M&A라고도 하는 기업의 **인수 합병**merger and acquisition을 도와 돈을 벌기도 한다. 그러나 이 과정에서 투자 은행이 제공하는 서비스는 '은행' 업무라기보다는 컨설팅 서비스에 더 가깝다.

1980년대 이후, 특히 1990년대 이후 투자 은행은 **담보화 부채 상품**securitized debt product이나 **파생 상품**derivatives 같은 새로운 금융 상품을 만들고 거래하는 데 점점 더 주력하기 시작했다.* 이 새로운 금융 상품이 투자 은행들 사이에서 인기를 끈 이유는 단도직입적으로 말하면 주식과 채권을 팔고 기업 인수 합병에 컨설팅 서비스를 제공하는 '전통적인' 업무보다 돈을 더 많이 벌 수 있었기 때문이다. 어떻게 돈을 버는지는 앞으로 설명하겠지만 단순하지 않다.

---

* 나를 포함해 대부분의 사람들이 이 두 가지 상품을 모두 '파생 금융 상품'이라고 부르지만, 두 가지를 분리하는 것이 더 정확하다. 그 이유는 앞으로 설명하겠다.

## 담보화 부채 상품은 개인 대출을 묶어 합성 채권으로 만든 것이다

옛날에는 누군가가 은행에서 돈을 빌려 뭔가를 사면 돈을 대출해 준 은행이 그 결과 생긴 대출 상품을 소유하는 것으로 이야기가 끝났다. 그러나 지난 몇십 년 사이에 이루어진 '금융 혁신'으로 인해 이 채무들은 **자산 유동화 증권**asset-backed security(ABS)(옛 명칭은 자산 담보부 증권)으로 다시 태어났다. 자산 유동화 증권은 집이나 자동차 담보 대출, 신용 카드, 학자금 대출, 기업 대출 등을 망라한 수천 개의 대출을 한데 묶어 훨씬 규모가 큰 '합성' 채권으로 만든 것이다.

대출을 하나하나 따로 놓고 보면 대출자가 돈을 갚지 못하면 그 대출 상품의 상환금 수입은 없어지는 것이다. 이 같은 위험 때문에 개별 대출 상품을 팔아넘기기가 쉽지 않다. 그러나 가령 수천 개의 주택 담보 대출 상품을 한데 묶어 **주택 대출 담보부 증권**residential mortgage backed security(RMBS)이라고 부르는 자산 유동화 증권을 만들면, 채무를 불이행할 위험이 상대적으로 높은 대출자들만 묶어 놓은 경우라도 (이렇게 채무 불이행 위험이 높은 대출자들을 미국에서는 바로 '서브프라임'이라고 부른다) 돈을 착실히 갚는 대출자가 더 많기 때문에 평균적으로는 위험 부담이 줄어든다. 전문 용어로 말하면, 많은 수의 채무자를 한데 묶어 위험을 공동 관리하는 것으로, 다수의 보험 가입자들에게 위험을 분산시키는 것과 같은 원리이다.

집을 담보로 한 주택 담보 대출이나 자동차에 대한 대출 등 쉽게 되팔 수 없는 비유동적 자산이 이렇게 해서 거래하기 쉬운 상품(합성 채권)으로 변신한 것이다. 자산 유동화 증권이 나오기 전까지 채권은 정부나 굉장히 규모가 큰 기업만 발행할 수 있었다. 그러나 이제는 무엇이든(심지어 소액의 학자금 융자까지) 채권으로 변신이 가능해졌다. 원래 보유하고 있던 대출 상품을 자산 유동화 증권으로 포장해서 판매한 대출 기관은 그렇게 번 돈으로 더 많은 대출 상품을 판매한다.

1980년대까지만 해도 자산 유동화 증권은 주로 미국에 국한되어 있었고, 대부분 주택 담보 대출을 묶은 것이었다. 그러나 1990년대 초부터는 다른 종류의 대출 상품으로 만들어진 자산 유동화 증권이 미국에서 나오기 시작했고, 곧이어 다른 부자 나라에서도 모습을 드러냈다. 은행이 보유한 대출 상품을 제3자에게 팔지 못하게 제한하던 규제가 철폐되었기 때문이다.

### '구조화'를 통해 자산 유동화 증권을 더 복잡하게 (그리고 이른바 '더 안전하게') 만들 수 있다

최근 들어 자산 유동화 증권을 '구조화'해서 만든 **부채 담보부 증권** collateralized debt obligation(CDO)이라는 상품이 나오면서 금융 상품은 더욱 더 복잡해졌다. 여기서 '구조화'라는 말은 주택 대출 담보부 증권 같은 자산 유동화 증권 여러 개를 묶어 부채 담보부 증권 같은 또 하나의 합성 채권을 만든 뒤 이 새 채권을 다시 몇 개로 쪼개 각각 위험 등급별로 **트랑슈**tranche(얇게 저민 조각)(트랜치)라는 분할 발급 증권을 발행한다는 뜻이다. 손해가 발생할 경우 '하급' 트랑슈를 산 사람들부터 손해를 흡수하기 때문에 가장 '상급'의 트랑슈는 하급 트랑슈 구매자들이 손해를 흡수하고 난 나머지만 가장 마지막으로 손해를 감수하도록 보장하는 방법으로 더 안전하게 만든다. 이렇게 하면 상대적으로 위험이 높은 자산을 모아 굉장히 안전한 금융 상품을 만들어 낼 수 있다—적어도 이론은 그렇다.* 신용 부도 스와프(CDS)라고 부르는 파생 상품이 만들어져 특정 부채 담보부 증권의 채무 불이행 위험에 대비한 보험을 제공했다. (스와프는 조금 뒤에 자세히 설명한다.)

**한데 묶고 구조화하는 것은 위험을 없애는 것이 아니라 떠넘기고 가리릴 뿐이다**

이 모든 것이 해당 금융 상품의 위험도를 줄이는 일로 받아들여졌다. 먼저 수적 우위로 안전을 보장받고(한데 묶기), 그 안에서 또다시 안전지대를 만드는 방법(구조화)을 통해서 말이다.

이런 이유에서 부채 담보부 증권의 '상급' 트랑슈는 AAA 신용 등급을 받는 경우가 많았다. 전통적으로 AAA는 소수 부자 나라의 정부가 발행하는 국채나 굉장히 안전한 극소수 기업들이 발행하는 회사채에만 주어졌던 등급이다.

AAA 등급을 받은 상품은 안전한 자산을 운용할 의무가 있는 연금 기금, 보험사, 자선 단체 등에 팔려 나갔다. 상업 은행들도 이 상품을 대량 사들였다. AAA 등급을 받아 판매하기 쉬워진 부채 담보부 증권 덕분에 은행들은 앞에서 언급한 유동성 규제 조건을 맞추면서도 더 높은 이자율을 적용할 수 있게 되었다. 전통적으로 AAA 등급을 받는 금융 자산은 안전한 대신 수익율이 낮다는 단점이 있었는데, 이런 어려움을 우회할 수 있게 된 것이다. 구조화된 부채 상품을 취급하는 시장은 폭발적으로 성장했다.

그러나 이런 채권 상품이 궁극적으로는 안전하지 않은 자산에 기본

---

• 시간이 흐르면서 모든 게 더 복잡해졌다. 앞에서 설명한 방법대로 부채 담보부 증권(CDO)을 묶어서 분할한 트랑슈들을 다시 묶고 구조화한 CDO-제곱이 탄생했고, 2차 CDO를 묶고 분할한 트랑슈들을 다시 묶고 구조화한 CDO-세제곱이 탄생했기 때문이다. 심지어 그것을 더 묶고 구조화한 CDO들도 나왔다.

을 두고 있다는 사실에는 변함이 없었다. 결국 따지고 보면 고용이 불안정한 노동자들이 받은 담보 대출이나 신용 기록이 좋지 않은 소비자들의 신용카드 빚 등으로 이루어진 상품이었기 때문이다. 미국 주택 시장의 거품이 꺼지자, 철통처럼 안전하다고 간주되던 상위 트랑슈 부채 담보부 증권마저 실상은 전혀 그렇지 않았다는 실체가 드러나고 말았다.

**파생 상품은 기본적으로 시간이 흐르면서 '다른 것들'이 어떻게 변화하는지를 놓고 벌이는 도박이다[2]**

한데 묶고 구조화한 담보화 부채 금융 상품에 더해, 투자 은행들은 지난 30여 년 동안 파생 금융 상품을 만들고 거래하는 데도 주요한 역할을 했다.

파생 상품이라는 이름은 그 자체로 본질적 가치가 있는 것이 아니라 외적인 사물이나 사건에서 '파생'된 가치를 반영한다는 의미로 붙은 것이다. 영국 맨체스터에 있는 사람이 미국 라스베이거스에서 벌어지는 권투 시합에 친구들이나 전문 도박사와 돈을 걸고 내기를 해 그 시합에서 '파생'되는 가치를 누리는 것과 같은 의미이다.[3] 즉 파생 상품은 시간이 흐름에 따라 다른 것들이 어떻게 되는지에 돈을 거는 내기라고 할 수 있다.

**초기 파생 상품은 현물 시장에만 국한되어 있었다**

요즈음 파생 상품 계약은 그야말로 온갖 것을 대상으로 이루어진다. 쌀, 원유와 같은 현물, 주식 및 외환 등의 금융 자산, 주가 지수와 집값 등의 가격, 심지어 날씨까지도. 그러나 처음에는 그 대상이 현물 시장에만 국한되어 있었다.

전형적인 예를 하나 들어 보자. 벼를 키우는 농부와 중개상이 미리 계약을 맺고, 농부가 벼를 수확하면 정해 놓은 가격에 중개상에게 넘기기로 한다. 이런 종류의 계약을 **선도 계약** 혹은 간단히 **선도forward**라고 부른다. 파생 상품에 선도만 있는 것은 아니지만 이것이 파생 상품의 '원형'이므로 일단 여기서부터 이야기를 풀어 보자.

일단 계약이 이루어지면 파생 상품은 그것이 기초하고 있는 실제 물건에 대한 도박이 된다. 위의 예에서 벼에 대한 선도 계약은 미래의 벼 가격을 가지고 도박을 하는 것과 같다.

### 장외 거래 vs 장내 거래: 맞춤 파생 상품 vs 표준 파생 상품

많은 파생 상품이 '맞춤 제작'이 된다. 위의 예에서 농부와 중개상처럼 특정한 두 사람이나 두 단체 사이에 계약이 맺어진다는 뜻이다. 더 현대적인 예로는 기업이 환율 변동으로 입는 피해를 막기 위해 특정 기간, 가령 23일 후에 미리 정해 놓은 환율로 특정 통화를 환전하겠다는 계약을 투자 은행과 맺는 경우가 있다. 이런 식으로 상황에 맞게 그때그때 맞춰서 만들어지는 맞춤 파생 상품을 **장외 거래over-the-counter**(OTC) 파생 상품이라고 부른다.

파생 상품 계약을 '표준화'시키면 장내에서 거래가 될 수 있다. 이런 상품을 **장내 거래 상품exchange-traded product**(ETP)이라고 부르고, 19세기 중반에 문을 연 시카고상품거래소(CBOT)와 같은 곳에서 거래된다. 선도의 경우 표준화를 거치면 **선물futures**로 이름이 바뀐다. 원유 선물 계약을 예로 들면 1년 후에 누구든 계약서를 소유하고 있는 사람에게서 정해진 원유(브렌트 원유, 서부 텍사스 중질유 등)를 배럴당 100달러에

1000배럴을 사겠다는 식의 내용으로 이루어진다.

**파생 상품은 위험을 방지하는 기능이 있지만, 투기를 부추기기도 한다**

파생 상품을 변호하는 논리로 가장 많이 쓰이는 것은, 경제 주체들이 파생 상품을 통해 미래의 '위험을 방지(hedge)'할 수 있다는 주장이다. 내가 정유 공장을 가지고 있는데 바로 앞에서 예로 든 선물 계약을 사게 되면 1년 후 원유 가격이 배럴당 100달러 이상 올라갈 위험에 대비할 수 있다. 반면에 원유 가격이 배럴당 100달러 이하로 떨어지면 손해를 보게 된다. (이 선물 계약을 다른 사람에게 팔지 않았다면 원유가가 배럴당 90달러라 하더라도 100달러에 사야 하기 때문이다.) 당연히 나는 1년 후 원유가가 배럴당 100달러 이하로 떨어질 확률이 아주 낮다는 판단이 들어야만 그런 계약을 살 것이다.

이와 같은 보호 또는 헤지 기능은 파생 상품의 유일한 기능이 아니다. (요즘 들어서는 주된 기능의 위치도 상실한 듯하다.) 또 파생 상품은 가령 원유 가격 변동을 놓고 투기, 즉 도박을 할 수 있게 해 준다. 다시 말해 정유 시설 관련자도 아니고, 소비자로서도 원유 가격에 아무런 이해 관계가 없는 사람들이 원유 가격 변동을 놓고 판돈을 걸 수 있게 해 주는 것이다. 금융 문제 운동가인 브렛 스콧은 이를 두고 다음과 같이 도발적이지만 통찰력 있는 지적을 한 바 있다. "파생 상품이 위험을 방지하기 위해 존재한다고 [말하는 것은]··· 말 주인이 [자신의 말이 경기에서 질] 위험을 방지하기 위해 마권 산업이 존재한다고 주장하는 것과 비슷하다."[4]

## 다른 종류의 파생 상품도 진화하다: 옵션과 스와프

시간이 흐르면서 선도/선물뿐 아니라 다른 파생 상품도 진화했다. 이 새로운 종류의 파생 상품은 크게 둘로 나뉜다.

**옵션option** 계약은 계약자들에게 현재 고정된 가격으로 미래의 특정 일자에 무언가를 살 수 있거나 팔 수 있는 권리(그러나 의무는 없는)를 준다. 살 수 있는 옵션은 '매입(call)' 옵션, 팔 수 있는 옵션은 '매도(put)' 옵션이라고 부른다. 옵션이 더 잘 알려진 것은 '스톡옵션' 때문이다. 스톡옵션은 특정한 수의 주식(스톡)을 미리 정해진 가격으로 미래의 날짜에 살 수 있는 권리를 최고 경영진(그리고 간혹 다른 고용인)에게 주는 것으로, 경영자들에게 주식 가격을 올리는 방향으로 기업을 경영하도록 동기를 부여하는 방법이다.

선도가 단일한 미래의 사건에 대한 도박이라면, **스와프swap**는 다수의 선도 계약을 한데 묶은 것으로 미래에 일어날 수 있는 일련의 사건에 대한 도박이라고 할 수 있다. 예를 들어 미래에 발생할 가격 변동이 심한 일련의 지불금이나 소득을 고정 지불금이나 소득으로 대체할 수 있게 해 주기 때문이다. 스콧의 비유를 사용하자면, 고정 요금제의 휴대폰 약정이나 매달 내는 요금이 미리 정해진 전기료 계약 같은 것이다. 온갖 종류의 상황 변화가 원인이 되어 지불금과 소득이 달라질 수 있기 때문에 스와프의 종류도 여러 가지이다.[5] 금리(금리 스와프), 환율(통화 스와프), 현물 가격(현물 스와프), 주식 가격(주식 스와프), 심지어 특정 금융 상품의 채무 변제 위험(신용 부도 스와프)도 스와프의 대상이 된다.

이쯤 되면 많은 독자들이 머리가 빙빙 돈다고 느낄 것이다. 사실 그것이 요점이다. 새로 나온 금융 상품들의 복잡성이야말로 바로 이 상품들이 위험한 이유이기 때문이다. 이 부분은 잠시 후에 설명하겠다.

### 1980년대 이후 파생 상품 거래가 크게 증가하다

통화 선물과 스톡옵션은 1970년대부터 시카고상품거래소를 통해 거래되었지만, 1980년대 초까지만 해도 파생 상품 시장은 그다지 크지 않았다.[6]

그러다가 1982년 역사적인 변화가 왔다. 그해 두 개의 중요한 미국 금융 규제 기관인 증권거래위원회(SEC)와 상품선물거래위원회(CFTC)가 파생 상품 계약의 결제를 원래 근거가 되었던 제품(예를 들어 쌀, 원유 등)으로 하지 않고 현금으로 해도 된다고 합의한 것이다.

새 규칙 덕분에 현물이나 특정 금융 자산 이외에도 물리적으로 절대 지급 수단이 될 수 없는 주가 지수 같은 '명목상'의 것들에서 파생된 파생 계약이 엄청나게 쏟아져 나오기 시작했다.[7] 그 뒤로는 파생 계약의 한도를 제한하는 것은 사람들의 상상력뿐이었다.

## 실제 숫자

### 금융의 폭발적 성장

1990년대까지만 해도 유럽에는 자산 유동화 증권, 부채 담보부 증권 등 담보화 부채 상품이 거의 없었다. 그러나 OECD에 따르면 2010년 현재 이 상품들을 거래하는 유럽 시장은 2조 7000억 달러 규모로 집계되었다. 그럼에도 훨씬 더 긴 역사를 지닌 미국 시장의 10조 7000억 달러 규모보다는 여전히 작다. 특히 EU의 국내총생산이 미국보다 10퍼센트 이상 크다는 것을 감안하면 그 차이가 더 실감 난다.[8]

파생 상품 시장은 이보다 더 빨리 성장했다. 1980년대까지는 미미한 시장에 불과했으나, 2011년 IMF 추산에 따르면 전 세계 장외 파생 상품 시장은 미지급 가치('판돈' 가치를 모두 합친 것으로 보통 기초가 된 자산의 몇 배가 된다)로 따져서 648조 달러에 달했다. 파생 계약 자체의 '시장 가치'는 27조 달러였다. 반면 전 세계 은행 자산은 110조 달러, 전 세계 국내총생산은 70조 달러였다. (이 숫자들은 서로 비교 대상이 아니지만 파생 상품 시장의 크기를 짐작할 수 있도록 든 예시이다.)[9]

급속한 성장은 새로운 금융 상품에만 국한된 것이 아니었다. 금융 부문의 다른 부면도 빠르게 성장했다. 가브리엘 팔마의 계산에 따르면 1980년에서 2007년 사이 전 세계 생산량 대비 금융 자산 총량은 1.2배에서 4.4배로 증가했다.[10]

금융 부문의 상대적 크기는 부자 나라, 특히 미국과 영국(이 나라들만 그런 것은 아니지만)에서 두드러졌다. 팔마는 영국의 국내총생산 대비 금융 자산의 비율이 2007년 700퍼센트에 달했다고 추산한다.* 이와는 출처가 다른 자료를 사용한 라파비차스는 이 숫자가 영국에서는 1980년대 말에 700퍼센트이던 것이 2009년에는 1200퍼센트 이상(영국 국민과 기업이 해외에 보유한 자산을 포함하면 1800퍼센트)이 되었다고 추산한다.[11] 미국 정부 자료를 사용한 제임스 크로티는 미국의 국내총생산 대비 금융 자산 비율이 1950년대에서 1970년대에는 400퍼센트에서 500퍼센트 사이에서 부침을 거듭했지만, 1980년대 초 금융 규제 완화 이후 급격히 늘어 2000년대에 들어서 900퍼센트 선을 넘었다고 계산했다.[12]

---

* 영미 금융 자본주의의 대항마라고 자처하는 프랑스도 이 부분에서는 영국에 그다지 뒤지지 않았다. 프랑스의 국내총생산 대비 금융 자산 비율은 영국에 비해 아주 조금 낮았다.

# 새로운 금융 시스템과 그 영향

## 새로운 금융 시스템은 더 효율적이고 안전하다?

앞서 언급한 사실로 볼 때 지난 30년 사이에 새로운 금융 시스템이 등장했다는 결론을 내릴 수 있다. 금융 혁신(어떤 사람들은 이를 금융 공학이라 부른다)을 통해 새롭고 복잡한 금융 도구들이 탄생했다. 이 과정은 **금융 규제 완화**financial deregulation로 인해 크게 가속화되었다. (금융 활동에 대한 기존 규제를 완전히 철폐하거나 약화시킨 규제 완화 조처는 뒤에서 논의하겠다.)

몇 가지 안 되는 금융 상품만을 운용하면서 점점 더 다양해지는 금융에 대한 요구에 부응하지 못하는 굼뜬 상업 은행들이 장악하고 있던 과거 시스템보다 이 새로운 금융 시스템이 더 효율적이고 안전할 것이라는 인식이 팽배했다. 이러한 믿음은, 계약의 자유를 더욱 많이 보장하면 금융 시장의 주체들이 위험을 평가하고 자산 가격을 효율적으로 매기는 새로운 방법을 생각해 낼 가능성이 높아지고, 그를 통해 금융 시스템 전체의 안정성이 높아질 것이라는 논리에 기반을 둔 것이었다.

새로운 금융 상품들이 안전하게 관리되기에는 너무 복잡하다는 우려의 목소리는 완전히 무시되었다. 친시장주의 경제학자들은 자유 시장에서는 계약 당사자들이 혜택을 입는다는 확신을 가질 때만 계약을 맺을 것이라고 주장했다. 1998년 미국 하원에서 증언한 당시 재무부 차관 래리 서머스*는 특히 그 계약이 '사기나 상대방의 계약 불이행 등으로부터 자신을 보호할 능력이 뛰어나 보이는 경험 많은 금융 기관들' 사이에 이루어지는 것이라면 더욱 그렇다고 주장했다.

이 '경험 많은' 금융가 중의 하나가 바로 조 카사노라는 사람이다.

2008년 가을 미국 정부의 구제 금융을 받은 보험 회사 AIG의 당시 금융 책임자였던 그는 회사가 무너지기 바로 6개월 전에 다음과 같이 호언장담했다. "경박하게 들릴지 모르지만, 어떤〔신용 부도 스와프〕거래든 1달러라도 손해를 보는 시나리오는 이성의 한도에서 상상할 수가 없다."

시장이 완벽하다는 이러한 절대적인 믿음은 규제 당국도 가지고 있었다. 미국의 주택 거품이 절정에 이르렀을 때마저도 주요 정책 입안자들은 거품이 존재한다는 것을 인정하지 않았다. 2005년 6월 당시 연방준비제도이사회 의장이던 앨런 그린스펀은 미국 하원에 나가 '일부 지역에 약간의 잔거품'이 있다는 것을 인정하면서도 "전국적으로 볼 때 주택 가격의 '거품'은 없는 것으로 보인다"라고 의원들을 안심시켰다. 몇 달 뒤인 2005년 10월, 당시 조지 W. 부시 대통령의 경제 자문위원회 의장이던(이후 2006년 2월부터 2014년 1월까지는 연방준비제도이사회 의장) 벤 버냉키는 의회 증언에서 이전 2년 사이에 미국 주택 가격이 25퍼센트 상승한 것은 '경제의 펀더멘털이 좋아진 것이 크게 반영된 현상'이라고 말했다.

### 금융 시스템이 더 복잡해지면서 효율성과 안전성이 떨어졌다

이런 호언장담에도 미국의 주택 가격 거품은 2007년과 2008년에 터지고 말았다. 기초가 되는 경제 실적에 비해 주택 가격이 너무 높아

---

• 전 세계은행 수석 이코노미스트이자 하버드대학에서 휴직 중이던 서머스는 이후 빌 클린턴의 두 번째 재임 기간 중 재무부 장관으로 일했고(1999년 7월~2001년 1월), 버락 오바마의 첫 번째 재임 기간 중에는 미국 국가경제위원회 위원장으로 재직했다(2009년 1월~2010년 12월).

더 이상 지속이 불가능했던 것이다. 이와 함께 높은 주택 가격으로 지탱되었던 부채 담보부 증권(CDO), 신용 부도 스와프(CDS) 시장도 같이 무너졌고, 그 결과 대공황 이후 가장 큰 금융 위기가 몰아닥쳤다. 2008년 금융 위기 이후 서머스가 언급했던 금융 기관의 '경험 많은' 운영자들과 자신감에 넘쳤던 규제 기관 관계자들이 얼마나 상황을 이해하지 못했는지를 알려 주는 정보가 쏟아져 나오기 시작했다.

금융 시스템이 너무도 복잡해진 것이 그 원인이었다. 그냥 조금 더 복잡해진 것을 가리키는 게 아니다. 잉글랜드 은행의 금융 안정성 담당 상임이사 앤디 홀데인은 (새 금융 상품 중 복잡한 편이기는 하지만 제일 복잡하지는 않은) CDO-제곱 상품 하나를 완전히 이해하려면 투자자는 10억 페이지가 넘는 정보를 흡수해야 한다고 지적했다.[13] 나 또한 파생 상품 계약서가 수백 페이지에 달하기 때문에 다 읽을 시간이 없다고 고백하는 은행가들을 종종 만나 보았다. 이 정보 과다 상태를 해결하기 위해 복잡한 수학적 모델이 개발되었지만, 결론적으로는 좋게 말하면 매우 부족한 정도였고 최악의 경우에는 상황을 통제하고 있다는 잘못된 안전감만 안겨 준 것으로 드러났다. 이 모델들에 따르면 2008년 위기와 같은 상황이 벌어질 확률은 복권에 연달아 스물한 번 내지 스물두 번 당첨될 확률과 맞먹는 것으로 나온다.[14]

**더 늘어난 상호 연관성으로 인해 금융 시스템의 불안정성이 증가했다**
합법적인 금융 계약의 정의가 점점 느슨해지고(주가 지수에 연동된 파생 상품처럼), 여러 상품을 묶고 구조화한 상품의 거래가 엄청나게 늘어난 것은 모두 금융 부문에 대한 전반적인 규제 완화 흐름에서 일어난 현상이다.

1980년대 초 미국과 영국에서 시작된 이 금융 규제 완화 조치는 전 세계로 확산되어 나라마다 앞다투어 광범위한 규제 완화 또는 철폐의 길을 밟았다. 상업 은행에 대한 건전성 규제 가운데 특히 유동성과 레버리지 규제, 대출 기관이 매길 수 있는 금리 상한선, 각 금융 기업이 보유할 수 있는 자산 형태 제한(가령 1980년대 이전에는 미국에서도 저축대부조합의 소비자 대출이나 상업용 부동산 담보 대출을 금지했다), 얼마나 공격적으로 대출을 할 수 있는가에 대한 규제(예를 들어 담보 대출 시 주택 가격 대비 대출액 비율에 대한 규제) 등이 모두 완화되었고, 자본의 국가 간 이동에 대한 제한도 완화되거나 철폐되는 경우가 많았다. (더 자세한 내용은 12장에서 이야기한다.)

그 결과 금융 시스템 내의 각 부문이 전례 없이 얽히고설키는 사례가 급증했다. 이 현상은 예를 들어 상업 은행과 보험사가 파생 상품 거래에 깊게 관여하는 것처럼 단순히 다른 부문 사이에서만 벌어진 것이 아니라 국경을 초월하는 형태로도 벌어졌다. 2008년 미국의 부채 담보부 증권에 문제가 생겼다는 징후는 그 상품을 산 독일과 스위스 은행에서 처음으로 나타났다. 이렇게 상호 연관성이 증가하면서 한쪽에 문제가 생기면 다른 쪽으로 급속하게 문제가 확산되어 시스템 전반에서 불안정성이 급증했다.

중요한 것은 아무리 교묘하게 상품을 묶고 구조화하고 파생 상품을 디자인해도 결국은 플로리다에 사는 서브프라임 주택 담보 대출자나 나고야의 중소기업, 자동차를 사려고 대출받은 낭트의 젊은이가 돈을 갚아야 한다는 전제가 이 모든 새로운 금융 상품의 근저에 깔려 있다는 사실이다. 그리고 시스템 안의 서로 다른 부분을 긴밀하게 연결한 금융 상품이 만들어지면서 최초로 돈을 빌린 사람이나 중소기업이 돈을 갚지 못한 데 따른 부작용이 시스템 전체로 훨씬 격렬하게 확산되는 결과를 낳았다.

**새 금융 시스템은 어떻게 비금융 기업까지 더욱 단기 목표 지향적으로 만들었는가?**

새로운 금융 시스템의 탄생으로 변화를 겪은 것은 금융 부문만이 아니다. 비금융 기업의 운영 방식도 많은 영향을 받았다. 이러한 변화는 특히 미국과 영국의 기업에서 눈에 띄게 나타났다. 두 나라에서는 새 금융 시스템이 다른 곳보다 더 발전된 데다 독일이나 일본과 달리 기업의 경영 방식에 영향을 끼칠 수 있는 주체가 주주 말고는 별로 없었기 때문이다.

처음으로 나타난 중요한 변화는 기업 경영의 시계(視界)가 더욱 짧아졌다는 점이다. 1980년대 들어 적대적 인수(3장에서 언급했던 고든 게코를 떠올려 보라)가 늘어나면서 단기 이윤을 내야 한다는 압력이 기업들을 더 압박했고, 이를 위해 필요하면 장기적 경쟁력까지 희생되기에 이르렀다. 거기다 빠른 시일 내에 고수익을 제공하는 금융 상품이 급증하면서 지난 10~20년 사이 주주들의 인내심은 더욱 줄어들었다. 예를 들어 영국 내에서 평균 주식 보유 기간은 1960년대 중반에는 5년이던 것이 1980년대에 2년으로 줄었고, 2007년에는 7.5개월로 급락했다.[15]

그 결과 기업의 전문 경영인과 점점 세력이 커져 가는 단기 주주들 사이에 '주주 가치 극대화'라는 깃발을 건 '비신성 동맹'이 맺어졌다(5장 참조). 이 동맹을 통해 경영인들은 천문학적 보수를 받는 대신 제품의 질과 노동자 사기 저하라는 희생을 감수하고라도 단기 이윤을 극대화한 다음, 배당금과 **자사주 매입**share buy-back(주가를 유지하기 위해 기업이 자사주를 사들이는 것) 형태로 가능한 한 많은 이윤을 주주들에게 돌려주는 상부상조 관계가 이루어졌다.

이런 관행으로 인해 기계 설비, 연구개발, 훈련 등에 투자할 재원이 고갈되어 기업의 장기적 생산성 향상에 고개를 돌릴 여력이 없어졌고, 결국 경쟁력이 저하되는 결과를 낳았다. 기업이 어려움에 처할 즈음이면 애초에 이 쇠락을 초래한 장본인인 전문 경영인과 단기 주주들은 대부분 그 기업을 이미 떠난 후이다.

## 비금융 기업의 금융화

새로운 금융 시스템은 비금융 기업의 경영 시계를 줄인 데서 그치지 않고 기업이 더 '금융화'하도록 만들었다. 즉 비금융 기업들이 금융 사업을 벌이고 거기에 점점 더 의존하게 된 것이다. 전통적인 사업 분야보다 금융 자산에서 이윤이 더 많이 나온다는 것을 깨달은 많은 기업들이 점점 더 많은 재원을 금융 자산 관리에 쏟아부었다. 이런 식으로 경영의 초점이 이동하면서 기업들은 단기 이익을 원하는 주주들의 압력을 무마하는 데 필요한 정도 이상으로는 기술에 기반을 둔 장기 생산 능력 함양에 신경을 쓰지 않게 되었다.

지난 10~20년 사이 일부 기업은 공격적으로 금융 부문을 확장했다. GE의 GE 캐피털, GM의 GMAC, 포드사가 설립한 포드 파이낸스 등이 대표적인 예이다. 이들 중 일부는 점점 그 중요도와 크기가 커져서 미국 금융안정감독위원회는 2013년 GE 캐피털을 '구조적으로 중요한 금융 기관(systemically important financial institution, SIFI)'으로 지정하기도 했다. 이는 보통 최대 규모의 은행에나 주어지는 지위이다.

## 금융 부문의 과도한 발달과 그 영향

새로운 시스템을 갖춘 금융 부문은 이전과 달리 비금융 부문에 비해 훨씬 이익을 많이 내게 되었다.[16] 다른 부문보다 월급과 보너스를 훨씬 더 많이 지급할 수 있게 되면서 대학 전공과 상관없이 가장 유능한 사람들을 끌어들였다. 불행히도 이로 인해 공학, 화학 등 다른 분야에서 훨씬 더 생산적인 일을 할 수 있었을 재능 있는 사람들이 파생 상품을 거래하고 그 상품의 가격을 책정하는 수학 모델을 만드는 데 시간을 보내게 되었다. 또 원래 교육받은 분야가 아닌 곳에서 일하는 사람들이 늘면서 고등 교육에 들어간 자원을 낭비하는 뜻하지 않은 부작용도 낳았다.*

금융 부문에 불균형적으로 부가 집중되면서 금융 부문은 로비 활동을 통해 사회적으로 유익한 규제마저 효과적으로 반대할 수 있게 되었다. 게다가 금융 산업과 규제 기관 사이에 양방향으로 고용 관계가 오가는 일이 더욱 빈번해짐에 따라 굳이 로비가 필요하지 않은 지경까지 이르렀다. 금융 부문에서 일하다가 규제 감독 기관으로 옮긴 사람이라면 본능적으로 자기가 규제해야 하는 산업에 동정적일 수밖에 없다. 이런 현상을 '회전문' 인사라고 부른다.

더 큰 문제는 '회전문' 인사로 인해 눈에 띄지 않는 부패가 진행된다는 사실이다. 규제 기관의 관리들이 장래 자신의 고용주가 될지도 모르는 기업에 규칙을 엄격히(혹은 아예) 적용하지 않는 경우가 생긴다. 규제 당국의 일부 고위 관리들 중에는 이보다 더 머리가 좋은 사람들

* 몇 년 전 케임브리지대의 저명한 화학 교수이자 2000년에서 2007년까지 영국 정부의 과학 부문 수석 고문을 역임한 데이비드 킹 교수는 자신이 길러 낸 박사 학위 졸업생의 60퍼센트 정도가 금융 산업에서 일하고 있다고 나에게 털어놓은 적도 있다.

도 있어서, 직장을 그만둔 다음에 새로운 직장을 알아볼 필요도 없이 직접 사모 펀드나 헤지 펀드를 만들어 이전에 자신이 혜택을 준 당사자들로부터 돈을 투자받는다. 그가 투자 펀드 관리 경험이 전혀 없다는 사실은 문제가 되지 않는다.

그러나 정말 해결하기 어려운 문제는 친금융 이데올로기가 지배적이 되었다는 사실이다. 이는 금융 부문이 너무 힘이 세지고, 그 종사자나 도움을 주는 사람들에게 후한 보상을 안겨 줄 수 있게 되었기 때문이다. 2008년 위기 이후 금융 산업 내 무능력, 무모함, 냉소주의가 만천하에 드러났음에도 대부분의 정치인과 규제 기관이 금융 규제 체제를 급진적으로 개혁하기를 꺼린 것은 단지 로비 때문만은 아니다. 금융 산업에 최대한의 자유를 보장하는 것이 국가 이익에 부합한다는 이데올로기적 확신도 큰 이유이다.

## 실제 숫자

### 금융 위기가 엄청나게 잦아졌다

대부분의 사람들에게는 2008년 글로벌 금융 위기 하나만으로도 금융계가 더 나은 효율성과 안정성을 보장하겠다는 약속을 지키지 못했음을 납득하기에 충분하다. 그러나 주목할 점은 2008년 위기에 앞서 지난 30년 사이에 더 작은 규모의 위기들이 많이 있었다는 사실이다. 주요한 것들만 세어 봐도 상당하다.

칠레는 독재자 피노체트가 집권하던 1970년대 중반에 급진적 금융 시장 자유화를 거친 후 1982년 대규모 은행 위기를 경험했다. 1980년대 후반에는 미국의 저축대부조합들이 큰 어려움을 겪었다. 정부가 이들에게 위험 부담은 더 크지만 잠재적으로 더 큰 이윤을 낼 수 있는 상업용 부동산 담보 대출과 소비자 대출 등의 영역에 진입을 허용한 것이 원인이었다. 당시 미국 정부는 저축대부조합의 4분의 1 정도를 폐업시키고, 국내총생산의 3퍼센트에 해당하는 공적 자금을 투입하여 문제를 해결해야만 했다.

1990년대는 스웨덴, 핀란드, 노르웨이의 은행 위기로 시작되었다. 1980년대 말 이루어진 금융 규제 완화 조처의 후폭풍이었다. 그 뒤를 이어 1994년과 1995년 멕시코에 '테킬라 위기'라고 부르는 금융 위기가 찾아왔다. 1980년대 말에서 1990년대 초에 금융 개방과 규제 완화를 실시한 아시아의 경제 '기적' 태국, 인도네시아, 말레이시아, 한국 등도 1997년 위기를 맞았다. 아시아 금융 위기 바로 다음에는 1998년 러시아 위기가 터졌다. 그 뒤를 이어 1999년 브라질 위기가 있었고, 2002년에는 아르헨티나에 위기가 찾아왔다. 두 나라 모두 금융 규제 완화가 큰 원인으로 진단되었다.

규모가 큰 위기만 이 정도이고, 이외에도 1970년대 중반 이후 크고 작은 금융 위기가 수없이 있었다. 널리 인용되는 한 연구에 따르면[17] 금융 부문이 강하게 규제되던 2차 대전 후부터 1970년대 중반까지는 은행 위기를 겪은 나라가 거의 한 곳도 없었다. 그러던 것이 이후 위기를 겪은 나라들의 비율이 (각국 소득에 따라 가중 평균을 내 보면) 1970년대 중반에서 1980년대 말 사이에 5~10퍼센트로 올라갔고, 1990년대 중반에는 그 비율이 20퍼센트로 급증했다. 2000년대 중반 잠시 이 비율이 0퍼센트로 떨어졌다가 2008년 글로벌 금융 위기 이후 35퍼센트로 치솟았다.

단기 이익을 쫓는 주주들과 전문 경영인 사이의 '비신성 동맹'으로 인해 기업의 투자 능력이 줄어들었다

새로운 금융 시스템에서는 '주주 이익 극대화' 모델이 힘을 얻으면서 비금융 기업의 장기 투자에 필요한 재원이 극적으로 감소했다.

같은 시기에 **분배된 이익**distributed profit은 극적으로 증가했다. 분배된 이익이란 배당금이나 주식 환매(자사주 매입) 등의 형태로 주주에게 돌아가는 이윤을 말한다. 예를 들어 미국 기업이 거둬들인 총이윤 중 분배된 이익의 비율은 1950년대에서 1970년대에는 35~45퍼센트 선이었다.[18] 그러나 2001년에서 2010년에 미국 대기업은 이윤의 94퍼센트를, 영국 기업은 89퍼센트를 이윤 분배에 할당했다.[19]

이는 이 나라 기업들의 투자 능력이 현저하게 감소했다는 의미이기도 하다. 투자의 주된 재원은 사람들이 흔히 생각하는 것처럼 새 주식을 발행하거나 은행에서 대출을 받아 모은 돈이 아니라 주주들에게 배당하지 않은 **미처분 이익 잉여금**retained profit이다. 이 점을 고려하면 미처분 이익 잉여금의 극적인 감소(미국의 경우 1950년대에서 1970년대에 55~65퍼센트에서 2001년에서 2010년에는 6퍼센트로)는 기업들이 장기적 성장을 염두에 두고 투자할 능력이 현저하게 줄었음을 의미한다.


비금융 기업, 적어도 미국의 비금융 기업은 금융 활동에서 얻는 이윤에 대한 의존도가 점점 더 높아지고 있다

비금융 기업, 특히 미국의 비금융 기업은 금융 자산을 엄청나게 늘렸다. 비금융 기업이 소유한 비금융 자산 대비 금융 자산의 비율은 1950년 30퍼센트에서 서서히 올라 1982년에는 40퍼센트가 되었다. 그러다가 급격히 올라가기 시작해서 2001년에는 100퍼센트에 이르

렀다. 그때부터 이 비율은 다시 내려가 2008년에는 81퍼센트를 기록했다. 2009년에 다시 급격히 올라 104퍼센트가 된 후에는 비슷한 수준에 머무르고 있다.[20]

일부 기업에서는 최근 금융 부문 소득이 기업 이윤의 주된 원천이 되면서 기존의 제조업 수입이 상대적으로 왜소해졌다. 2003년 GE 이윤의 45퍼센트가 GE 캐피털에서 나왔다. 2004년 GM 이윤의 80퍼센트가 금융 부문인 GMAC에서 나왔고, 포드는 2001년부터 2003년 사이 거둔 이윤의 전부가 포드 파이낸스에서 벌어들인 것이다.[21]

# 맺는말―
# 금융은 너무도 중요하다
# 바로 그 때문에 엄격하게 규제할 필요가 있다

금융 시스템이 발달하지 않았으면 자본주의는 지금과 같은 발전을 이루지 못했을 것이다. 상업 은행의 확산, 주식 시장의 탄생, 투자 은행의 발전, 회사채와 국채 시장의 성장 등은 전례 없는 규모로 재원을 동원하고, 위험을 한데 묶어 관리할 수 있게 만들었다. 이러한 발전이 없었다면 우리는 여전히 재정적, 행정적으로 능력이 부족해서 제대로 지원도 못 해 주는 정부하에서 (데이비드 리카도가 지칭한) '소규모 자본가 겸 공장주(master manufacturer)'가 돈을 대고 운영하는 작은 공장만 가득한 세상에 살고 있을 것이다.

그러나 불행히도 지난 30년 동안 급격히 부상한 '새로운 금융'으로 인해 이제 금융 시스템은 부정적인 힘이 되고 말았다. 금융 기업은 여러 상품을 한데 묶고 구조화하는 등의 각종 기법을 통해, 자산 거품을 지속 가능한 것처럼 속여서 자사의 이윤을 높이는 데 아주 능숙해졌다. 거품이 터지면 이 기업들은 민첩하게 경제적 힘과 정치적 영향력을 행사해 구제 금융을 확보하고 정부 보조금을 받지만, 그렇게 해서 비어 버린 정부의 금고는 세금을 올리고 정부 지출을 줄여 전 국민이 다시 채워야 한다. 이 시나리오는 2008년 글로벌 금융 위기 이후 엄청난 규모로 현실화되고 있지만, 이미 지난 30년 동안 좀 더 작은 규모로 (칠레, 미국, 스웨덴, 말레이시아, 러시아, 브라질 등) 전 세계 각국에서 수십 번 되풀이된 일이다.

금융 시스템을 훨씬 더 엄격하게 규제하지 않으면 이런 위기는 계속 반복될 것이다. 1980년대 이후 약화되거나 철폐되었다고 이 장에서 설명한 규제 정책의 많은 수를 다시 부활시키거나 이전보다 오히려 강화해야 한다. 이러한 제도적 변화를 가능하게 하려면 이 책에서 다루는 범위를 넘어선 기술적인 논의가 필요하지만, 개혁을 생각할 때 한 가지 분명한 원칙만은 잊지 말아야 한다. 바로 금융 시스템을 더 단순하게 만들어야 한다는 것이다.

앞에서 설명한 대로 현재의 금융 시스템은 너무 복잡해져서 누구도 제어할 수가 없다. 아무것도 모르는 듯 행동하는 규제 기관은 물론이요, 이른바 '경험 많은' 금융 산업 종사자들도 마찬가지이다. 너무나 얽히고설킨 금융 상품이 확산되는 것을 제한해 단순화해야 한다. 특히 상품을 만든 사람들이 그 상품의 폐해보다 혜택이 더 많다는 것을 명백하게 입증하지 못할 때는 더욱 그렇다.

이 같은 원칙이 무척 극단적으로 들릴지도 모르지만, 그렇지 않다. 우리는 이런 식의 원칙을 의학 분야에 항상 적용해 왔다. 인체의 복잡성과 새로운 약의 부작용 가능성을 고려해 제약 업체에는 새 제품이 폐해보다 혜택이 많다는 것을 사회에 입증하도록 요구하고 있다.[22] 사실 합법적인 금융 계약의 범위 자체가 정치적 결정에 따라 끊임없이 변화되어 오지 않았는가. (이 점은 파생 상품 등을 예로 들어 이미 논의한 바 있다.) 금융 시스템을 더 엄격히 규제해야 한다고 해서 금융이 경제의 중요한 부분임을 부인하는 것은 전혀 아니다. 오히려 금융이 갖는 위력과 중요성이 너무 크기 때문에 규제가 필요하다는 것이다. 대부분의 사람들이 걸어 다니거나 소가 끄는 수레를 타고, 고작해야 말을 타고 달리는 게 가장 빨랐던 시대에는 교통 신호도, ABS 브레이크도, 안전벨트도, 에어백도 없었다. 이제는 이런 것들이 존재하고, 규제 등을 통해 사용을 의무화하기 시작했다. 자동차들이 강력하고 빠르기 때문에 무엇이라도, 아주 작은 무엇이라도 잘못되면 큰 피해를 줄 수 있기 때문이다. 이와 동일한 논리가 금융에도 적용되지 않고서는 자동차 충돌 사고, 뺑소니 사고, 심지어 고속도로 다중 추돌 사고에 해당하는 금융 사고를 피할 수 없을 것이다.

## 9장

보리스네 염소가 그냥
고꾸라져 죽어 버렸으면

불평등과 빈곤

농부 이반은 이웃 보리스에게 샘이 잔뜩 나 있다. 보리스한테는 염소가 있기 때문이다. 요정이 와서 이반에게 소원 하나를 들어주겠다고 한다. 이반의 소원은 무엇이었을까? 보리스네 염소가 그냥 고꾸라져 죽어 버렸으면 하는 것이다  ─데이비드 랜즈, 『국가의 부와 빈곤』

# 불평등

### 평등의 추구는 인류 역사의 원동력이다

이반만 그런 것이 아니다. 한국 속담 중에 "사촌이 땅을 사면 배가 아프다"라는 말이 있다. 독자들도 다른 사람이 잘되는 것을 보면 이성을 잃고 샘이 나는 것에 관한 농담이나 속담을 적어도 한두 개씩은 알고 있을 것이다.

평등을 원하는 것은 아주 자연스러운 인간의 감정이고, 인류 역사를 움직여 온 원동력이다. 평등은 프랑스 혁명의 유명한 모토 "자유, 평등, 박애가 아니면 죽음을!"에 언급된 세 이상 중의 하나이다. 러시아 혁명과 그 뒤를 이은 사회주의 혁명에서 평등이야말로 가장 중심이 되는 사상이었다. 수많은 파업, 데모, 혁명, 그리고 셀 수 없는 갈등은 평등을 갈구하는 인간의 본성 없이는 벌어지지 않았을 것이다.

## 내 생각엔… 그냥 질투심 때문인 것 같아요

그러나 자유 시장 정책을 옹호하는 사람들은 우리가 그런 천박한 본능 같은 것에 지면 안 된다고 경고한다. 그들은 부자에게 세금을 더 내게 하거나 금융계의 보너스 액수를 제한하려는 정치인들을 가리켜 '질투심의 정치'를 한다고 비난한다. 그들은 또 위에 있는 사람을 끌어내려 하향 평준화를 해서는 안 된다고 말한다. 불평등은 사람마다 생산성이 다르기 때문에 생기는 피할 수 없는 현상이다. 부자들이 부유한 것은 부를 창출하는 능력이 더 뛰어나기 때문이다. 이 자연스러운 결과를 거스르려 하면 모두가 다 같이 빈곤 속에 사는 평등을 만들 뿐이라고 그들은 경고한다. 2012년 미국 공화당의 대통령 후보였던 밋 롬니가 불평등을 우려하는 것에 대해 한 발언은 이런 태도를 아주 잘 요약한다. "내 생각엔… 그냥 질투심 때문인 것 같아요."

지난 수십 년 동안 자유 시장 옹호자들은 국민 소득의 큰 부분을 최고 소득자들에게 몰아주는 것이 사회 구성원 전체에게 이익이라는 논리를 널리 퍼뜨리는 데 성공했다. "밀물이 들면 모든 배가 같이 떠오른다"라는 경구는 자유 시장 옹호자들이 제일 좋아하는 슬로건이다. 원래 존 F. 케네디가 한 이 말은 최근 빌 클린턴 행정부에서 재무부 장관을 지낸 로버트 루빈이 다시 언급해서 유명해졌다.

부자들이 돈을 더 많이 손에 넣으면 투자를 더 많이 해서 다른 사람들에게 더 많은 소득이 돌아간다. 그들이 운영하는 기업에 더 많은 사람을 고용하고, 하청 업체에서 더 많은 부품을 사들일 것이다. 개인 소득이 늘어난 부자들은 소비를 더 많이 해서 예를 들면 스포츠카와 디자이너 의류를 파는 기업의 소득을 창출한다. 이 기업들은 자동차 부품과 섬유에 대한 수요를 증가시키고, 그 기업에 고용된 노동자들도 임금이 올라 음식과 옷(디자이너 의류는 아니지만)에 더 많은 돈을 쓰게 된다. 따라서 최상층의 소득이 늘어나면 결국 경제의 나머지 부분에도 '낙수'처럼 돈이 흘러내려 모든 사람이 전보다 더 잘살게 된다는 논리이다. 국민 소득 전체에서 가난한 사람들에게 돌아가는 비율은 더 작더라도 절대치로 따지면 더 잘살게 된다는 것이다. 자유 시장 경제학의 권위자 밀턴 프리드먼이 한 다음의 발언도 이 같은 의미이다. "대부분의 경제학적 오류는… 파이의 크기가 정해져 있고, 한쪽이 파이를 더 가지면 다른 쪽에 돌아갈 파이의 크기가 그만큼 줄어든다고 추정하는 데서 비롯된다."[1]

지난 30년간 다수의 정부가 낙수 효과(trickle-down effect)를 믿고 부자에게 유리한 정책을 시행하였다. 그 효과를 진정으로 믿지 않더라도 이를 핑계로 정책을 정당화한 정부도 있었다. 그 결과 생산, 노동, 금융 시장에 대한 규제가 완화되어 부자가 돈 벌기 더 쉬운 환경이 조성되었다. 기업과 고소득자에 대한 세금이 삭감되어 벌어들인 돈을 쥐고 있기도 더 쉬워졌다.

### 불평등이 너무 심하면 경제에 좋지 않다: 불안정성과 계층 이동의 감소

마오쩌둥 집권하의 중국이나 폴 포트 독재 정권이 다스리던 캄보디아와 같은 극단적인 평등주의를 지지할 사람은 거의 없을 것이다. 그러나 너무 심한 불평등은 도덕적으로 나쁠 뿐 아니라 경제적으로도 좋지 않다는 데에 많은 사람들이 의견을 같이한다.*

일부 경제학자들은 불평등이 심해지면 사회 통합을 방해해 정치적 불안정성이 높아진다고 강조해 왔다. 정치적으로 불안하면 미래가 불확실해지고, 투자의 성과를 거두어들여야 하는 시점인 미래가 불확실하다는 것은 투자 성과의 불확실성을 뜻하기 때문에 투자가 줄어들 수밖에 없어 결과적으로 성장이 감소한다는 논리이다.

심각한 불평등은 경제적 불안정성 또한 높여 성장을 방해한다.[2] 국민 소득의 더 많은 부분을 최고 소득자들에게 주면 투자율이 올라갈 수는 있다. 그러나 케인스가 지적한 바와 같이(4장 참조), 투자율이 늘어난다는 것은 경제가 불확실성에 더 많이 노출되고 따라서 안정성이 떨어진다는 의미가 될 수도 있다. 많은 경제학자들이 불평등의 심화가 2008년 글로벌 금융 위기의 중요한 원인이었다고 지적한다. 특히 미국의 경우 1970년대 이후 최고 소득자들의 소득이 급격히 증가했지만, 대부분의 사람들은 실질 임금이 거의 오르지 않고 제자리걸음을 했다. 임금은 정체되어 있는데, 계속 올라가는 최고 소득층의 소비 수준을 따라가려다 보니 많은 빚을 지게 되었다. 국내총생산 대비 가계 부채의 증가로 인해 경제가 2008년과 같은 충격에 매우 취약해져 있었다는 것이다.

또 다른 학자들은 불평등이 심하면 사회적 계층 이동에 장애물이 생겨 경제 성장을 저해한다고 주장한다. 보수가 좋은 직장을 얻는 데 유용하지만 극소수만이 받을 수 있는 값비싼 사교육, 프랑스 사회학자 피에르 부르디외가 **사회적 자본social capital**•• 이라 이름 붙였던 소수의

---

• 불평등에 반대하는 도덕적 논리로는 다음의 세 가지를 들 수 있다. 첫째, 개인의 소득은 많은 부분 정당한 보상(예를 들어 열심히 노력한 대가)보다는 운(예를 들어 부모를 잘 만났다든지)에 달려 있다. 둘째, 구성원 사이에 차이가 너무 많이 나면 그 공동체는 진정한 공동체 기능을 발휘하지 못한다. 셋째, 불평등이 너무 심해지면 부자들이 과도한 정치적 영향력을 갖게 되어 민주주의에 해가 된다.

•• 이 용어의 또 다른 정의는 미국 정치학자 로버트 퍼트넘이 주장해 널리 알려진 것으로, 사회 구성원 사이에 존재하는 사회적 유대라는 개념이다.

특권층 사이에 형성된 개인적 인맥, 심지어 비싼 사립 학교 졸업생 특유의 말투와 태도 같은 엘리트 계층의 하위문화도 사회적 이동을 막는 장애물이 될 수 있다.

사회적 이동성이 줄어든다는 것은 가난한 계층 출신들이 고급 직종에서 배제된다는 의미이고, 따라서 개인적, 사회적 양쪽의 시각에서 모두 재능의 낭비를 초래한다. 이는 또 현재 고급 직종을 차지한 사람들 중 일부는 사회적 이동성이 높았다면 그 자리를 차지할 만큼 재능이 충분하지 않았을 수 있다는 뜻이기도 하다. 이런 장애물이 몇 세대 동안 유지되면 사회적 배경이 좋지 않은 젊은이들은 고급 직종에 도전하려는 '시도'조차 하지 않게 된다. (5장에서 논의한 바 있다.) 결국 엘리트 계층 안에서 문화적, 지적 '근친 교배'가 이루어지게 되는 것이다. 커다란 변화를 일으키는 데 신선한 아이디어와 인습에 얽매이지 않는 자유로운 태도가 필수적이라고 하면, '근친 교배적' 엘리트 계층이 지배하는 사회는 혁신을 일으키기가 쉽지 않을 것이다. 그 결과 경제는 역동성을 잃게 된다.

### 불평등은 사회적 지표에서도 열등한 결과를 낳는다

최근 들어 불평등이 건강을 비롯해 구성원의 복지와 관련된 각종 사회적 지표에 악영향을 끼친다는 연구 결과들이 나오고 있다. 이는 불평등이 심해지면 가난한 사람의 수가 더 늘어나고, 그 결과 복지 지표에 악영향을 끼치는 문제와는 별도의 결과이다.

이 주장은 최근 리처드 윌킨슨과 케이트 피킷이 펴낸『평등이 답이다』를 통해 널리 알려졌다. 이 책은 1인당 소득이 2만 달러 정도인 포르투갈 이상의 부자 나라 20여 개국의 자료를 조사한 결과를 담고 있다. 저자들은 불평등이 심한 나라일수록 영유아 사망률, 십 대 임신, 교육 성과, 살인, 수감률 등의 성적이 확실히 더 안 좋았고 수명, 정신 질환, 비만 등에서도 성적이 안 좋다는 증거가 있다고 주장한다.[3]

## 평등한 나라일수록 더 빠르게 성장한 사례가 많다

불평등할수록 경제적, 사회적 지표가 더 부정적이라는 증거가 많을 뿐 아니라 다른 조건이 비슷하다면 더 평등한 사회가 불평등한 사회 보다 경제 성장을 훨씬 더 빨리 이룬 사례도 상당히 많다.[4]

1950년대부터 1980년대에 '기적'적인 성장을 보인 일본, 한국, 대만은 조건이 비슷한 다른 나라들보다 불평등 정도가 훨씬 낮은데도 훨씬 빠른 성장을 기록했다. 일본은 미국에 비해, 한국과 대만은 아프리카와 중남미의 비슷한 조건이면서 불평등이 더 심한 나라들에 비해 훨씬 높은 성장률을 보였다.

세계에서 가장 평등한 나라 중 하나로 심지어 사회주의 시절의 동구권보다 더 평등한 핀란드는 선진국 가운데 가장 불평등한 편인 미국보다 더 빠르게 성장했다. 1960년부터 2010년 사이 핀란드의 1인당 연간 평균 소득 성장률은 2.7퍼센트였던 데 반해 미국은 2.0퍼센트였다. 이는 같은 기간에 미국인의 소득이 2.7배 오른 반면 핀란드인의 소득은 3.8배 늘었다는 의미이다.

이런 사례만으로 불평등이 심할수록 성장률이 낮다고 결론지을 수는 없다. 더 평등한 사회가 같은 조건의 불평등한 사회보다 더 느리게 성장한 사례도 있기 때문이다. 그러나 '불평등할수록 성장에 좋다'는 단순한 논리가 옳지 않다는 것을 증명하기에는 충분하다. 게다가 다수의 국가를 대상으로 분석한 통계 연구들의 대부분은 한 나라의 불평등 정도와 경제 발전 사이에 반비례적 상관관계가 있음을 보여 준다. (꼭 인과 관계가 있다는 의미는 아니다.)

같은 사회를 일정 기간에 걸쳐 분석한 연구 결과도 불평등이 성장에 부정적 영향을 미친다는 견해를 뒷받침한다. 지난 30년 동안 대부분의 나라에서 최고 소득층이 가져가는 소득의 비율이 높아졌음에도 투자와 경제 성장은 둔화되었다.

### 어떤 동물들은 다른 동물들보다 더 평등하다: 너무 평등한 것도 좋지 않다

물론 이런 증거들이 불평등이 낮을수록 무조건 좋다는 의미는 아니다. 소득 불평등이 너무 작으면 사람들이 열심히 일하거나 돈을 벌기 위해 새로운 것을 창조하려는 의욕이 저하될 것이다. 사회주의 국가, 그중에서도 마오쩌둥이 집권하던 당시 중국의 집단 농장이 가장 악명 높은 예이다.

게다가 소득 불평등 수준이 낮다는 사회주의 국가의 주장은 종종 가식적인 쇼처럼 보여 상황을 더 악화시켰다. 이 나라들에서도 소득 불평등은 낮을지 몰라도 이데올로기적 충성도나 심지어 개인적 인맥에 의해 좌우되는 다른 차원의 불평등(품질 좋은 외국 제품을 사거나 해외여행을 갈 기회를 얻는 등)은 여전히 존재했기 때문이다.

조지 오웰은 이런 점을 사회주의 초기부터 꿰뚫어 보았고, 러시아 혁명을 풍자한 『동물 농장』에서 "어떤 동물들은 다른 동물들보다 더 평등하다"라는 슬로건을 만들었다. 1970년대에 들어서는 이러한 인식이 사회주의 국가 전체에 팽배했고, 이는 "우리는 일을 하는 척하고, 그들은 보수를 주는 척한다"라는 농담에서 잘 알 수 있다. 1980년대 말 사회주의가 붕괴되기 시작했을 때, 위선적이라고밖에 묘사할 수 없는 이 체제를 옹호하려는 사람은 거의 없었다.

다양한 이론과 경험적 증거를 살펴본 후 내릴 수 있는 가장 합리적인 결론은 불평등이 너무 심해도, 또 너무 적어도 좋지 않다는 것이다. 불평등이 극도로 높거나 극도로 낮으면 경제 성장을 저해하고 (종류는 다르지만) 사회적 문제를 일으킨다.

### 쿠즈네츠 가설: 시간 경과에 따른 불평등도의 변화

러시아 태생의 미국 경제학자 사이먼 쿠즈네츠는 노벨 경제학상이 생긴 지 얼마 안 된 1971년에 수상을 했다(최초는 1969년). 그는 시간의 경과에 따른 불평등도의 변화에 관한 유명한 이론을 세웠다. **쿠즈네츠 가설Kuznets hypothesis**이라고 부르는 이 이론은 한 나라가 경제적으로 발전하는 과정에서 처음에는 불평등이 증가하다가 나중에는 감소한다는 내용이다. 이 가설은 지난 반세기 동안 불평등에 관한 연구에 지대한 영향력을 끼쳤다. 따라서 그 내용을 짚고 넘어갈 필요가 있다.

쿠즈네츠에 따르면 경제 발전의 아주 초기에는 소득 분배가 상당히 평등하다. 이 단계에는 대부분의 사람들이 가난한 농부이기 때문이다. 산업화가 진행되면서 점점 더 많은 사람들이 농업에서 임금이 더 높은 산업으로 자리를 옮긴다. 이로 인해 불평등이 생긴다. 쿠즈네츠는 그러나 경제가 더 발달하면 불평등 수준이 낮아지기 시작한다고 주장했다. 대부분의 사람들이 산업 부문에 종사하거나 산업 부문에 서비스를 제공하는 도시 서비스 부문에서 일을 하고, 임금이 낮은 농업 부문에서 일하는 사람들은 거의 없기 때문이라는 것이 그 이유이다. 그 결과 나온 것이 유명한 역U자 모양의 **쿠즈네츠 곡선Kuznets curve**이다.

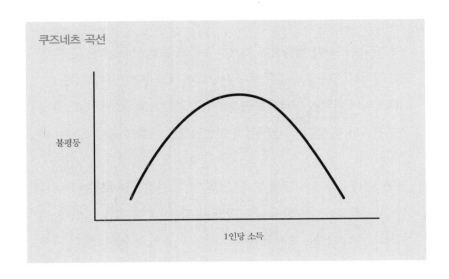

쿠즈네츠 곡선

불평등

1인당 소득

## 그러나 쿠즈네츠 가설은 증거가 약하다

널리 애용되고는 있지만, 쿠즈네츠 가설은 뒷받침하는 증거가 상당히 약하다. 1970년대까지는 현재 선진국이 된 나라들의 경험이 이에 부응하는 듯했다. 19세기 중반 영국, 20세기 초 미국 등은 산업화 초기에 불평등이 심화되었다가 시간이 흐르면서 떨어졌기 때문이다. 그러나 1980년대 이후 이 나라들 대부분에서 불평등이 다시 증가했다. 미국과 영국 등 일부 국가에서는 불평등이 극적인 증가 추세를 보이면서 역U자 곡선의 꼬리 쪽이 다시 치켜 올라가는 양상이 나타났다.

이 가설은 현재의 개발도상국에도 잘 들어맞지 않았다. 대부분의 개발도상국에서는 경제 발전이 시작되면서 불평등이 증가했으나(한국과 대만은 제외), 대다수의 경우 경제 발전이 계속되는데도 불평등은 거의 감소하지 않았다.

## 경제 정책이 중요하기 때문이다

쿠즈네츠 가설을 지지하는 증거가 부족한 주된 이유는 불평등의 정도를 결정하는 데 경제 정책이 아주 중요한 역할을 하기 때문이다.

최근 들어 미국과 영국에서 불평등도가 극적으로 증가한 것이 주로 규제 완화와 부자 감세 같은 정책 때문이라는 사실은 이미 언급한 바 있다.

1950년대와 1960년대에 경제 발전의 초기 단계였음에도 한국과 대만의 불평등도가 상승하지 않은 것 또한 정책으로 설명할 수 있다. 이 기간 동안 두 나라는 **토지 개혁**land reform을 통해 지주들이 땅의 대부분을 시장 가격 이하로 소작인들에게 팔도록 강제했다. 그런 다음 수입 규제와 비료 보조금, 관개 시설 등을 지원해서 이 새로운 소농 계층을 보호했다. 대규모 상점과의 경쟁에서 작은 가게가 살아남도록 하는 보호 조치 또한 강하게 시행했다.

사실 쿠즈네츠 본인은 경제 발전의 후기 단계에 불평등도가 자동적으로 줄어든다고 믿지 않았다. 현대 경제 발전의 성격상 역U자 곡선 모양으로 불평등이 줄어들 가능성이 높다고 믿기는 했지만, 실제 불평등의 감소 정도는 노조와 특히 복지 국가의 강도에 크게 영향을 받을 수 있다고 강조했다.

불평등 정도를 결정하는 데에 복지 국가가 중요하다는 것은 유럽과 미국을 비교하면 증명된다. 세금과 복지 국가를 통한 이전이 이루어지기 전 유럽 국가들의 소득 불평등은 미국과 비슷하거나(프랑스, 오스트리아, 벨기에) 심지어 미국보다 더 높다(독일, 이탈리아). 그러나 세금과 복지 국가를 통한 이전이 이루어진 후에는 유럽 국가들이 미국보다 훨씬 더 평등하다.

## 불평등의 여러 가지 종류

가장 보편적으로 거론되기는 하지만, 소득 불평등은 경제적 불평등의 한 종류일 뿐이다. 경제적 불평등에는 **부wealth**(부동산이나 주식 등 소유 자산)나 **인적 자본human capital**(개인이 교육과 훈련을 통해 얻는 기술을 일컫는 전문 용어이나 그 적합성을 두고 논란이 많다)의 불평등도 있다.

여기에 더해 비경제적 불평등도 있다. 계급, 인종, 종교, 성별, 성적 기호, 이데올로기 등을 이유로 정계나 학계 진출 혹은 위상이 높은 직업에서 배제되는 일이 아직도 빈번하게 벌어지는 사회가 많이 있다.

## 불평등의 측정: 지니 계수와 팔마 비율

위에 열거한 많은 종류의 불평등 중에서 쉽게 측정할 수 있는 것은 소득과 부의 불평등뿐이다. 이 둘 중에서도 부에 관한 자료는 소득에 관한 자료에 비해 부실하다. 그래서 우리가 볼 수 있는 불평등 통계는 거의 소득에 관한 것이다. 소득 불평등 자료는 소비를 조사해서 모은 경우도 있는데, 그만큼 실제 소득을 조사하기가 힘들기 때문이다.

소득이 얼마나 불평등하게 분배되는지를 측정하는 방법에는 여러 가지가 있다.[5] 가장 널리 쓰이는 **지니 계수Gini coefficient**는 20세기 이탈리아 통계학자 코라도 지니의 이름에서 따온 것이다. 다음에 나오는 그래프에서 보듯이 지니 계수는 **로렌츠 곡선Lorenz curve**[6]이 나타내는 실제 소득 분배와 완벽한 평등 상황(45도 각도의 직선)을 비교한다. 로렌츠 곡선은 한 경제 체제 내에서 하위 X퍼센트의 인구가 번 소득의 누진량이 경제 전체의 소득에서 차지하는 비율을 추산해서 그려진다. 지니 계수는 로렌츠 곡선과 45도 각도의 직선 사이에 생긴 도형의 면적(A)을 이 직선 아래쪽 삼각형의 면적(A+B)으로 나눈 비율로 결정된

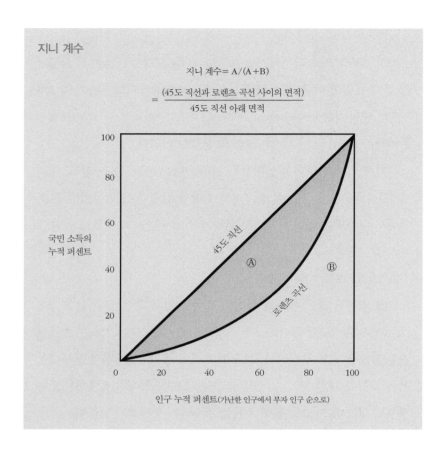

지니 계수

$$지니 \ 계수 = A/(A+B)$$

$$= \frac{(45도 \ 직선과 \ 로렌츠 \ 곡선 \ 사이의 \ 면적)}{45도 \ 직선 \ 아래 \ 면적}$$

국민 소득의
누적 퍼센트

45도 직선

ⓐ

ⓑ

로렌츠 곡선

인구 누적 퍼센트(가난한 인구에서 부자 인구 순으로)

다. 이 값이 0에 가까울수록 평등하고, 1에 가까울수록 불평등하다.

더 최근에는 내 케임브리지대 동료 교수인 가브리엘 팔마가 최상층 10퍼센트와 최하층 40퍼센트의 소득 점유율을 비교하는 것이 계산하기도 쉽고, 한 나라의 소득 불균형을 더 정확하게 측정할 수 있다고 제안했다.[7] 팔마는 각 나라의 정책 방향과 상관없이 중간 50퍼센트의 소득 분배는 모든 나라가 놀라울 정도로 유사하다는 점에 주목하고, 나라에 따라 더 큰 격차를 보이는 양쪽 극단의 소득 점유율을 관찰하는 것이 각 나라의 불평등 정도를 측정하는 더 빠르고 나은 방법이라고 주장한다. **팔마 비율Palma ratio**이라고 알려진 이 방법은 어차피 정책으로 영향을 많이 줄 수 없는 소득 분배 곡선의 중간 부분, 즉 중산층에 생기는 변화에 너무 민감한 지니 계수의 단점을 보완했다.[8]

### 누구와 누구 사이의 불평등?

지니 계수를 비롯한 불평등 수치는 대부분 한 나라 안의 불평등을 계산한 것이다. 그러나 세계화로 각국 경제가 점점 통합되면서 사람들은 세계 전체를 하나의 단위로 한 소득 분배의 변화에 관심을 보이기 시작했다. 이것이 글로벌 지니 계수로, 세상 사람을 모두 같은 나라의 시민으로 간주하고 계산한 것이다.

일부에서는 글로벌 지니 계수가 별 의미가 없다고 생각한다. 나도 같은 의견이다. 지구 전체가 (아직은) 진정한 공동체가 아니기 때문이다. 소득 불평등은 나와 함께 통계에 포함된 다른 사람들에게 (긍정적인, 부정적인, 동지 같은, 죽이고 싶은 등의) 감정을 느낄 때 의미가 있기 때문이다. 이를 **준거 집단reference group**이라고 하는데, 우리는 나와 같은 준거 집단에 포함되지 않은 사람들이 어떻게 사는지에 대해서는 사실 별 관심이 없다.*

이 장의 맨 앞에 등장한 이반도 러시아 황제 차르가 가난해졌으면 좋겠다고는 바라지도 않는다. 차르는 그의 준거 집단에 들어 있지 않기 때문이다. 이반은 그저 이웃 보리스가 자기보다 조금 더 가진 것을

---

* 이 관점을 더 정확히 보려면 간단한 사고 실험을 해 봐도 좋다. 은하계 안에 지적 생물체가 사는 행성 55개를 발견했다는 뉴스를 들었다고 해 보자. 이 행성들은 모두 지구보다 훨씬 잘살고, 행성 간 소득 격차도 엄청나다고 한다. 은하계 지니 계수가 매우 높은 상황인 것이다. 이런 뉴스를 접하면 굉장히 화가 날 것 같은가? 아마도 아닐 것이다. 우리는 그 생물체들에 대해 전혀 아는 게 없고, 그들이 어떻게 사는지도 전혀 상상할 수 없기 때문이다.

없애 버리고 싶을 뿐이다. 마찬가지로 한국 속담에 나오는 사람도 어느 대지주가 엄청나게 커다란 땅덩이를 사는 데는 관심이 없다. 자기 사촌이 겨우 논뙈기 사는 것을 시샘할 뿐이다.

세계적 차원의 불평등이 예전보다 더 중요한 문제가 된 것은 사실이다. 대중 매체와 인터넷의 발달로 사람들이 세상의 다른 곳에서 무슨 일이 벌어지는지를 잘 알게 되었고, 이에 따라 세계 공동체 의식이 생기기 시작했기 때문이다. 그러나 중국의 가난한 농부에게, 전 세계적으로 불평등이 조금씩 나아지고 있으니 중국 안의 엄청난 빈부 격차에 너무 상심하지 말라고 설득할 수는 없는 일이다. 특히 글로벌 지니 계수가 나아지는 주원인이 중국 최고 소득층이 나머지 중국 국민들과 격차를 크게 벌리면서 더 큰 부자가 되고 있기 때문이라면 더욱 그렇지 않겠는가.

## 실제 숫자

이론적으로 지니 계수는 0과 1 사이에 있다. 실제로는 0이나 1과 같은 극단적인 숫자가 나오는 것은 불가능하다. 지니 계수가 0이 되려면 모든 사람이 완전히 평등해져야 하는데, 아무리 이념적, 정책적으로 평등한 사회라도 모든 사람이 평등하게 살 수 있는 곳은 없다. 반면에 지니 계수가 1인 사회는 한 사람이 모든 것을 다 가지고 있어야 한다는 이야기인데, 그런 곳에서는 그 한 사람을 제외한 모든 사람이 금방 다 죽고 말 것이다.* 실제로 지니 계수가 0.2 이하이거나 0.75 이상인 나

---

* 이렇게 되면 지니 계수는 0이 되고 완벽하게 평등한 사회, 즉 한 사람으로 구성된 사회가 탄생하는 것이다.

라는 한 곳도 없다.

## 불평등이 가장 심한 곳과 가장 적은 곳: 남아프리카와 중남미 vs 유럽

같은 나라라도 어떤 추산을 보느냐에 따라 지니 계수가 달라질 수 있다. 2000년대 말 OECD가 추산한 소득 지니 계수에서 0.25를 기록한 덴마크는 국제노동기구(ILO) 추산에서는 0.28로 나타났다. 미국의 경우 OECD는 0.38, ILO는 0.45로 그 격차가 더 크다.[9] 아래에서 나는 ILO 자료를 사용했다. ILO 자료에 훨씬 더 많은 나라가 포함되어 있기 때문이다.[10]

평등 정도가 가장 높은 사회는 주로 유럽에 있는데 이들의 지니 계수는 0.2에서 0.3 사이이다. 그중 다수가 강력한 복지 국가 체제를 완비한 선진 자본주의 국가로 알파벳순으로 오스트리아, 벨기에, 덴마크, 핀란드, 프랑스, 독일, 네덜란드, 노르웨이(세계에서 가장 평등한 나라), 스웨덴 등이다. 앞에서도 언급했지만, 이들 가운데에는 세금과 사회적 지출이 집행되기 전에는 미국보다 더 불평등하지만 국내총생산의 많은 부분을 세금으로 거둬들여 재분배하는 덕분에 미국보다 더 평등해진 나라들도 있다. 가장 평등한 나라들 중 일부는 평등주의적 전통을 계속 유지해 온 구동구권 사회주의 국가들이다. 크로아티아, 체코공화국, 헝가리, 슬로바키아, 슬로베니아가 이 그룹에 속한다.

다른 극단에는 지니 계수가 0.6까지 올라가는 나라들이 있다. 알파벳순으로 보츠와나, 마다가스카르, 나미비아, 남아프리카공화국 등이다. 모두 아프리카 남쪽에 자리하고 있다.

지니 계수가 0.5 이상인 나라는 매우 불평등하다고 볼 수 있다. 대부분 중남미에 자리한 나라들이 여기 속하는데, 볼리비아, 브라질, 칠레, 콜롬비아, 코스타리카, 온두라스, 파나마, 파라과이 등이다. 그러나 아프리카에 있는 코트디부아르, 모리타니, 르완다, 아시아에 있는 캄보디아, 필리핀, 태국 등도 여기 포함된다. 심지어 구동구권 사회주의 국가도 있는데, 아이러니하게도 스탈린의 고향인 조지아가 바로 그 주인공이다.

나머지 국가의 지니 계수는 0.3에서 0.5 사이에 분포되어 있다. 미국과 중국은 그중 더 불평등한 쪽으로 치우쳐 있고(0.45~0.5), 우간다, 폴란드, 뉴질랜드, 이탈리아 등은 더 평등한 쪽에 자리하고 있다(0.3 근방). 대략 지니 계수 0.35가 상대적으로 평등한 나라와 그렇지 않은 나라를 가르는 선이라고 할 수 있다.[11]

### 부의 불평등은 소득의 불평등보다 훨씬 심각하다

소득 불평등에 관한 자료에 비해 부의 불평등에 관한 자료는 구하기가 쉽지 않을뿐더러 신뢰도도 그리 높지 못하다. 그러나 모든 나라에서 부의 불평등이 소득의 불평등보다 훨씬 심하다는 것은 확실하다. 돈을 버는 것보다 축적하는 것이 훨씬 더 어렵다는 것이 주된 이유이다. 유엔무역개발회의(UNCTAD)가 인도, 인도네시아와 같은 빈국에서부터 미국, 노르웨이를 비롯한 부국까지 15개국을 대상으로 조사한 부에 관한 지니 계수는 0.5에서 0.8 사이였다.[12] 소득 불균형과 부의 불균형의 차이는 노르웨이, 독일처럼 소득 불균형 정도가 낮은 유럽 국가에서 더 두드러졌다.[13]

### 1980년대 이후 대부분의 국가에서 소득 불균형이 심해졌다

1980년대 이후 대부분의 국가에서 소득 불균형이 심해졌다.[14] 불균형이 가장 두드러지게 상승한 곳은 영국과 미국으로, 특히 미국이 두드러졌다. 두 나라 모두 부자에게 유리한 정책을 사용한 대표적인 나라이다. 미국에서는 1940년대에서 1970년대 기간에는 상위층 1퍼센트의 소득 점유율이 10퍼센트 정도이던 것이 2007년에는 23퍼센트로 증가했다.[15] 최상위층 0.1퍼센트의 점유율은 같은 기간 3~4퍼센트에서 12퍼센트로 증가했다.[16]

불평등이 증가하는 추세는 2000년을 기점으로 약간 수그러들었다. 전통적으로 불평등이 심하던 중남미와 사하라 이남 아프리카 지역은 아직도 국제 기준으로는 굉장히 불평등하지만, 상황이 조금 향상되었다. 적어도 중남미의 경우 이러한 향상은 부자들에 대한 증세, 최저 임금 상승, 사회 복지 지출의 증가 등 정책적 개입으로 인해 이루어진 것이다. 앞에서 쿠즈네츠 가설을 논의하면서 우리가 얻은 결론을 다시 한 번 입증하는 사례이다.

### 지난 2세기 동안 세계적인 불평등은 더 심화되었다

부르기뇽과 모리슨이 집계해 널리 사용되는 글로벌 지니 계수는 1820년 0.5가량이던 것이 1910년 0.61, 1950년 0.64, 1992년 0.66으로 상승했다.[17] 앞에서 인용한 유엔무역개발회의 집계를 보면 1980년대 말과 1990년대 초에는 0.7까지 올라갔다가 약간 떨어져서 2000년대 후반기에는 0.66이 된 것으로 나타난다.[18] 그러나 이 숫자들은 국가별 지니 계수에 비해 신뢰도가 떨어진다.

이 숫자들은 전 세계가 하나의 나라라고 가정하면, 2세기 전에는 파나마나 르완다처럼 굉장히 불평등한 사회였던 것이 이제는 아프리카 남쪽처럼 극단적으로 불평등한 사회가 되었다는 의미이다. 중국이 급속도로 부유해진 덕분에 1990년 이후로는 약간, 아주 약간 나아지긴 했지만 말이다.

# 빈곤

### 인류는 역사의 대부분을 빈곤 속에서 살았다

빈곤은 인류 역사를 관통해 항상 있어 온 억압적인 존재였다. 19세기 이전에 나온 전설이나 이야기, 문학 작품 등은 왕과 왕비, 영웅에 관한 것을 제외하면 대부분 가난과 그 여파에 관한 것이었다. 그냥 조금 쪼들리는 정도의 가난을 말하는 것이 아니다. 굶주린 나머지 빵을 훔치고 (『레미제라블』), 흙을 끓여 먹고(『대지』), 먹는 입을 줄이려고 애들을 갖다 버리는(『헨젤과 그레텔』) 정도의 가난을 의미한다. 요즘식으로 이야기하면, 인도의 뭄바이를 배경으로 해서 화장실 가는 것마저 큰 고난이 되는 환경을 그린 영화 〈슬럼독 밀리어네어〉에서나 볼 수 있는 그런 종류의 가난이다.

경제학자들은 이런 빈곤을 **절대적 빈곤absolute poverty**이라고 부른다. 절대적 빈곤은 인간의 생존에 가장 기본이 되는 의식주를 확보할 만큼의 소득도 얻지 못하는 상태이다. 산업 혁명이 시작된 19세기에 들어와서야 이런 상황에 변화가 오기 시작했다. 그러나 3장에서 언급했던 것처럼 처음에는 일부 사람들의 상황은 더 악화되었다.

### 빈곤의 다양한 정의: 절대적 빈곤 vs 상대적 빈곤

오늘날 미국이나 독일과 같은 부자 나라에서 절대적 빈곤에 시달리는 사람은 거의 없다. 그러나 우리는 그런 나라의 빈곤에 대해서도 이야기한다. 각 사회마다 기초적인 '체면'를 유지하는 데 필수적이라 생각하는 소비 기준이 다르기 때문이다.

이러한 시각은 애덤 스미스까지 거슬러 올라갈 수 있다. 그는 '가장 최하층이라도 해도 정상적인 사회인으로서 없어서는 안 되는 물건'이라면 필수품이 된다고 주장했다. 스미스가 예로 들어 유명해진 것이 마 셔츠이다. 그는 "생존에 필요한 것은 아니지만, 요즈음 들어서는 유럽의 대부분 지역에서 정상적인 사회생활을 하는 노동자라면 공공장소에 갈 때 마 셔츠를 입지 않으면 창피하게 되었다"라면서 "마 셔츠를 가지고 있지 않다는 것은 따라서 수치스러운 정도의 빈곤을 의미한다"라고 주장했다.

이런 빈곤의 개념은 **상대적 빈곤**relative poverty이라고 한다. 이런 개념을 사용해 요즘은 각 나라별로 **빈곤선**poverty line이라는 것을 가지고 있다. 보통 빈곤선은 (평균 소득이 아니라) 중간 소득의 일정 비율(보통 50~60퍼센트)을 지정해서 정한다. 예를 들어 2012년 미국 정부는 4인 가족 기준으로 연소득 2만 3050달러를 빈곤선으로 정했다.

이런 식으로 규정하기 때문에 상대적 빈곤은 본질적으로 불평등과 밀접한 관계가 있다. 한 나라가 굉장히 불평등하더라도 충분히 잘사는 나라라면 절대적 빈곤은 존재하지 않을 수 있다. 그러나 상대적 빈곤율은 상당히 높을 것이다.

### 빈곤의 여러 측면: 소득 빈곤 vs 다차원적 빈곤

지금까지는 절대적이든 상대적이든 빈곤을 소득 기준으로만 규정했다. 그러나 **다차원적 빈곤**multidimensional poverty이라는 것도 있다. 기본적인 의식주를 해결할 정도의 소득은 있지만, 교육이나 의료 등을 이용할 만큼은 못 되는 경우를 말한다. 다차원적 빈곤을 측정할 때 어떤 것을 포함시켜야 하는지에 대해 합의된 바는 없지만, 이 측정 방법을 사용하면 당연히 빈곤 속에 사는 사람들의 수가 훨씬 늘어난다.

### 빈곤 정도 측정하기: 머릿수를 셀 것인가 아니면 빈곤의 격차를 측정할 것인가?

일단 빈곤선을 정하고 나면 그것이 절대적 빈곤인지 상대적 빈곤인지, 소득 빈곤인지 다차원적 빈곤인지 상관없이 우리는 그 선 아래에 있는 사람들이 몇 명인지 셀 수 있게 된다. 이것을 **빈곤 인구 조사head count measure of poverty**라고 부른다.

이렇게 빈곤선 아래 있는 사람들의 수를 세는 방법은 소득이 빈곤선 바로 아래인 사람들과 한참 아래인 사람들을 구분할 수 없다는 명백한 단점을 가지고 있다. 그래서 일부 경제학자는 **빈곤 격차poverty gap**를 측정한다. 이는 각 개인의 수입이 빈곤선에서 얼마나 떨어져 있는지를 계산해 비중을 달리하는 방법인데, 단순한 빈곤 인구 조사보다 훨씬 더 많은 정보가 필요하기 때문에 그 결과를 얻기가 더 어렵다.

어느 측정법을 사용하는지에 상관없이, 스냅 사진 찍듯이 특정 시점에 빈곤을 단편적으로 관찰하는 것으로는 정확하고 전체적인 그림을 얻기 힘들 수 있다. 많은 사람들이 빈곤선 위아래를 오르내리기 때문이다. 따라서 장기적으로 보면 특정 시점에서 파악하는 것보다 빈곤을 경험하는 사람들이 훨씬 더 많다. 삶의 대부분을 빈곤 속에서 보내는 사람들을 '만성 빈곤(chronic poverty)' 상태에 있다고 말한다.

## 가난한 사람들은 뭐가 잘못된 것일까?: 빈곤의 원인

자기 자신을 믿으면 무엇이든 이루지 못할 것이 없다고 되풀이하는 어릴 적 디즈니 만화에서부터 시작해서 우리는 평생 우리가 이루는 것과 이루지 못하는 것은 모두 어느 누구도 아닌 우리 개인의 책임이라는 말을 수없이 듣는다.

어떤 사람이 1년에 수억의 보수를 받는 것은 모두 그 사람이 그만큼 '소중하니까', 다시 말해 그만큼 가치가 있기 때문에 받아들여야 한다고 설득당한다. 내가 '로레알 원칙'이라고 부르는 이 논리에 따르면 결국 어떤 사람이 가난하다는 것은 그 사람의 능력이 부족하거나 노력을 충분히 하지 않아서라는 이야기가 된다.

물론 결국 자기의 삶은 자기가 책임져야 한다. 비슷한 배경에서 태어나 자란 사람들이라도 사회에서 각자 다른 위치를 차지하게 되는 것은 각자 재능이 다르고 노력의 종류와 정도도 다르기 때문이다. 모든 것을 '환경'이나 운 탓으로 돌리는 것은 정말 어리석은 짓이다. 앞에서도 언급했지만, 옛 사회주의 국가들이 그랬듯 개인의 재능과 노력의 효과를 너무 억누르려고 하면 겉으로 보기에는 평등하지만 근본적으로 불공평한 사회를 만들게 된다. 그러나 '구조적'인 원인으로 생기는 빈곤도 있다. 한 개인이 제어할 수 있는 범위 너머의 무엇 때문에 빈곤하게 살 수밖에 없는 경우 말이다.

이를테면 아동기의 영양 공급이 충분하지 않거나 학습에 흥미를 유발하는 자극이 적거나 (빈곤한 동네에 많이 있는) 수준이 평균 이하인 학교에 다녀야 하는 것은 모두 가난한 가정의 어린이가 성장하는 것을 제한하고, 따라서 그들이 미래에 성공할 확률을 줄이는 요인이 된다. 부모는 자녀의 영양 공급과 학습에 대한 동기 부여에 어느 정도 영향력을 가지고 있다. 그리고 일부 빈곤층 부모는 같은 환경의 다른 부모에 비해 더 많은 노력을 기울여 자녀들에게 이러한 것을 더 제공하기도 한다. 그러나 부모가 노력으로 극복하는 데는 한계가 있다. 빈곤층에 속하는 부모들은 당연히 재정적으로 쪼들린다. 게다가 많은 부모가 언제 해고당할지 모르는 불안한 일자리를 두세 개씩 위태롭게 유지하느라 완전히 지쳐 있다. 그리고 이들 역시 대부분 그 자신이 빈곤한 아동기를 지내면서 그다지 좋지 않은 교육을 받고 자란 사람들이다.

이 모든 것이 빈곤층 어린이가 모래주머니를 다리에 차고 인생의 경주를 시작한다는 것을 의미한다. 빈곤한 부모를 위한 소득 지원, 보육 보조금, 빈곤 지역 학교에 대한 더 많은 투자 등 이들의 불이익을 적어도 부분적으로나마 보충해 주려는 사회적 장치가 없다면 빈곤층 아이들은 타고난 잠재력을 완전히 발휘할 수가 없다.

궁핍한 아동기를 극복하고 사회적 사다리를 오르기 위해 노력한다 해도 배경이 좋지 않은 사람은 상대적으로 더 많은 장애물을 만나게 마련이다. 불우한 환경에서 자란 사람들은 인맥이 부족하고 엘리트 계층과의 문화적 차이 때문에 고용과 승진에서 부당한 차별을 받기 일쑤이다. 이들이 만약 (성별, 인종, 계급, 종교, 성적 선호도 등에서) '바람직하지 못한' 특성까지 지니고 있다면 자신의 능력을 보여 줄 공정한 기회를 얻기는 더욱 힘들어진다.

## 조작된 시장

이러한 불이익을 안고 있는 빈곤층 출신 사람들은 가장 공정한 시장에서도 경쟁에서 이기기가 상대적으로 힘들다. 그런데 시장 자체가 부자에게 유리하게 조작되는 경우도 흔하다. 금융 위기 때 자주 본 것처럼 금융 상품을 고의로 부적합한 사람에게 판매하고 규제 기관에 거짓말을 한 스캔들이 그 좋은 예이다.

돈을 극도로 많이 가진 부자들은 게임의 기본 규칙마저 다시 쓸 수 있는 힘을 갖는다. 이것은 (말을 얼버무리지 말자) 합법적, 불법적으로 정치인 및 관직을 매수하는 방법을 통해 이루어진다. (이 문제는 11장에서 더 자세히 얘기하겠다.) 부자 감세는 물론 금융 시장 및 노동 시장의 수많은 규제 완화는 이런 금권 정치의 결과이다.

## 실제 숫자

**절대적 빈곤 속에 살고 있는 사람들은 14억 명이며 대부분 중간 소득 국가의 시민들이다**

현재 국제적으로 (절대적) 빈곤선은 1일 구매력 평가로 1.25달러이다. 이에 미치지 못하는 사람은 소득이 너무 적어 최소한의 영양 공급조차 할 돈이 없는 것으로 간주된다. 이 기준은 국제 빈민 구호 NGO인 옥스팜(Oxfam)이 '가난을 과거의 일로 만들자' 캠페인을 할 때 사용되었고, 세계 지도자들이 "극도의 빈곤과 기아를 척결하자"라며 유엔의 새천년개발목표(Millennium Development Goals)를 선언할 때 사용되기도 했다.

이것을 연간 구매력 평가 소득으로 환산하면 456달러가 된다. 이 말은 구매력 평가 기준으로 세계에서 가장 가난한 세 나라인 콩고민주공화국, 라이베리아, 부룬디의 평균 구매력 평가 소득은 절대적 빈곤선에도 못 미친다는 뜻이다.

현재 14억 명, 그러니까 세계 인구 5명 중 1명이 하루 1.25달러도 안

되는 돈으로 살고 있다. 다차원적 빈곤으로 따지면 절대적 빈곤 속에서 사는 사람의 숫자는 17억 명, 즉 4명 중 1명으로 늘어난다.

그런데 우리가 흔히 생각하는 것과 달리 이 숫자의 대부분을 차지하는 사람들은 가장 가난한 나라에 사는 사람들이 아니다. 절대적 빈곤에 시달리는 사람의 70퍼센트 이상이 중간 소득 국가에 살고 있다. 2000년대 중반 현재 중국 인구의 13퍼센트인 1억 7000만 명, 인도 인구의 42퍼센트인 4억 5000만 명 이상이 국제 빈곤선에 못 미치는 소득으로 생활하고 있다.

### 국가별 빈곤선에 따른 빈곤층 인구는 5퍼센트에서 80퍼센트까지 다양하다

상대적 빈곤을 이야기할 때는 각 나라의 공식 빈곤선을 가지고 토론할 수 있다.

소득이 빈곤선에 못 미치는 사람들의 비율을 나타내는 **빈곤율poverty rate**은 부자 나라에서는 5~6퍼센트(아일랜드, 프랑스, 오스트리아)에서 20퍼센트(포르투갈, 스페인) 사이이다.

다수의 가난한 나라에서는 이 비율이 과반수를 넘는데, 이들의 빈곤선은 국제 빈곤선인 구매력 평가 1.25달러보다 늘 높게 책정된다. 일부 국가에서는 자체 빈곤선에 따른 빈곤율이 80퍼센트에 이르는 경우도 있다. 아이티의 빈곤율은 세계은행 추산에 따르면 77퍼센트, CIA 추산에 따르면 80퍼센트에 달한다. (CIA는 놀라울 정도로 풍부한 경제 통계 자료를 보유하고 있다!)

그러나 빈곤율 수치는 각국의 자체 빈곤선에 기초한 것이기 때문에 나라 간 직접 비교를 할 수 없다. 나라에 따라 빈곤선을 다른 나라보다 더 높게 잡는 경우도 많기 때문이다.

국가별 빈곤선에 따르면 가장 최근에 나온 통계에서 캐나다의 빈곤율은 9.4퍼센트, 덴마크는 13.4퍼센트였다. 그러나 (세금과 사회적 이전 후) 중간 가계 소득의 50퍼센트 미만을 '보편적'(상대적) 빈곤선으로 규정한 OECD 통계에 따르면, 덴마크의 빈곤율은 6.0퍼센트로 11.9퍼센트인 캐나다보다 빈곤 문제가 덜 심각하다.

사실 덴마크는 2011년 1인당 소득이 2만 달러 이상인 OECD 회원국 중 가장 빈곤율이 낮았고, 그 뒤를 아이슬란드(6.4퍼센트), 룩셈부르크(7.2퍼센트), 핀란드(7.3퍼센트)가 이었다. 가장 빈곤율이 높은 나라는 이스라엘(20.9퍼센트)이었고, 미국(17.4퍼센트), 일본(16.0퍼센트), 스페인(15.4퍼센트)이 뒤따랐다.

## 맺는말— 빈곤과 불평등은 인간이 제어할 수 있다

빈곤과 불평등은 깜짝 놀랄 만큼 널리 퍼져 있다. 세계 인구 5명 중 1명이 아직도 절대적 빈곤 속에 살고 있다. 미국, 일본 같은 상당수 부자 나라에서마저도 6명 중 1명이 상대적 빈곤 속에서 산다. 소득의 불평등 정도도 유럽의 몇몇 나라를 제외하면 대부분의 나라에서 심각한 정도이고, 일부 나라에서는 충격적으로 높다.

빈곤과 불평등이 개인 간에 존재하는 능력 차이의 자연스러운 결과라고 받아들이는 사람들이 너무도 많다. 우리는 이런 현실을 지진이나 화산 같은 자연 현상처럼 받아들이라는 말을 듣곤 한다. 그러나 이장에서 살펴본 바와 같이 이런 문제는 인간의 개입으로 바뀔 수 있다.

다수의 빈곤국에서 불평등 정도가 극도로 높다는 점을 감안하면, 생산량을 늘리지 않고 소득의 적절한 재분배만으로도 절대적 빈곤(그리고 상대적 빈곤)을 상당히 줄일 수 있다. 그러나 장기적으로 절대적 빈곤을 의미 있는 정도로 낮추려면 경제 발전이 정답이고, 이를 가장 잘 증명한 것이 최근 중국의 비약적 발전이다.

부자 나라들은 절대적 빈곤을 거의 척결했을지 모르지만, 국민 일부는 상대적 빈곤과 높은 수준의 불평등으로 고통받고 있다. 상대적 빈곤율(5~20퍼센트)과 지니 계수(0.2~0.5)가 나라에 따라 큰 격차를 보인다는 사실은, 미국처럼 불평등도와 빈곤율이 높은 나라는 공적 개입을 통해 불평등과 빈곤을 상당히 낮출 수 있다는 의미이기도 하다.

누가 가난하게 살게 되는지 또한 공적 개입에 많이 달려 있다. 가난한 사람들이 스스로의 노력을 통해 가난을 떨쳐 버리는 것을 돕기 위해서라도 우리는 아이들에게 더 공평하게 성장할 수 있는 환경을 제공하고(복지 혜택과 교육 등), 가난한 사람들이 고용 시장에 더 쉽게 접근하도록 하고(차별을 줄이고 최고급 직종의 '끼리끼리' 문화를 없앰으로써), 권력과 돈을 가진 사람들이 시장을 조작하는 것을 막아야 한다.

산업화 이전 한국에는 "가난 구제는 나라님도 못한다"라는 속담이 있었다. 이 말은 더 이상 사실이 아니다. 이제 세계는 절대적 빈곤을 완전히 없애기에 충분한 양을 생산해 내고 있다. 전 세계적으로 소득 재분배를 하지 않더라도, 극도로 빈곤한 나라 몇 곳을 제외하고는 각 국가 자체적으로 그럴 역량이 충분하다. 불평등은 항상 존재할 것이다. 그러나 적절한 정책을 채택하면 우리도 노르웨이, 핀란드, 스웨덴, 덴마크 사람들처럼 굉장히 평등한 사회에서 살 수 있다.

# 일을 해 본 사람
# 몇 명은 알아요

일과 실업

레이디 글로숍 일을 하시나요, 미스터 우스터?

버티 음, 일이라, 그러니까 진짜로 고역스럽게 일하는 거, 그런 거 말씀이신가요?

레이디 글로숍 그렇지요.

버티 나무하고 물 긷고 뭐 그런 거요?

레이디 글로숍 바로 그런 거요.

버티 글쎄요, 일을 해 본 사람 몇 명은 알아요. 정말 괜찮다고 추천하는 사람들도 있었지요. 그중 몇 명은.

—〈지브스 앤드 우스터〉 시즌 1, 에피소드 1, '지브스의 등장'

# 일

## 인류를 규정하는 조건으로서의 일

P. G. 우드하우스의 고전 『지브스 앤드 우스터』를 극화해 1980년대에 BBC가 방영한 동명의 미니시리즈에는 착하지만 별 생각 없이 사는 한량 귀족 버티 우스터(《하우스》로 유명해진 휴 로리가 연기했다)가 나오는데, 그에게 일이란 '남들이 하는 것'일 뿐이다. 그러나 버티처럼 **유한계급leisure class**˚인 극소수 부자를 제외한 대부분의 사람들에게 일은 역

사상 거의 전 기간 동안 인류를 규정하는 조건이었다.

19세기까지만 해도, 오늘날 부자가 된 서유럽 국가에서조차 대부분의 사람들이 1주일에 70~80시간을 일했고 100시간 넘게 일하는 사람들도 적지 않았다. 보통(항상은 아니지만) 일요일 아침에는 교회에 가기 위해 일을 하지 않았으므로 그 정도 노동 시간을 채우려면 일요일을 제외하고 매일 적어도 11시간, 많게는 16시간까지도 일했을 것이다.

오늘날에는 가난한 나라에서조차 그렇게 오래 일하는 사람은 드물어서 평균 노동 시간은 35~55시간 정도이다. 그러나 여전히 성인 인구의 대부분은 주말과 공휴일을 제외한 날은 깨어 있는 시간의 절반 정도(통근 시간을 합치면 절반 이상)를 일에 투자한다.

### 짖지 않는 개: 신기하게도 경제학에서는 일에 관한 언급을 찾아볼 수 없다

일은 우리 삶에서 절대 무시할 수 없을 정도로 큰 존재이지만, 경제학에서는 상대적으로 작은 비중을 차지한다. 일이 주인공으로 언급되는 때는 신기하게도 오직 일이 부재할 때, 즉 실업에 관해 논의할 때뿐이다.

일은 기본적으로 소득을 얻는 수단으로 취급되는 데에 그친다. 사람들은 소득과 여가는 중요하게 여기지만, 일 자체에는 가치를 부여하지 않는 것으로 상정된다. 현재 주류인 신고전학파 경제학의 관점

---

* 이 용어는 (4장에서 등장한) 소스타인 베블런의 『유한계급론』 덕분에 경제학에서 널리 쓰이게 되었다. 베블런은 이 책에서 어떤 재화나 서비스를 자신의 만족을 위해서가 아니라 자신의 부를 과시하기 위해서 소비하는 '과시적 소비(conspicuous consumption)'를 맹렬히 비난했다.

에 따르면, 우리가 일이라는 비효용을 견디는 이유는 오직 그 결과로 얻는 소득으로 우리에게 효용을 주는 물건들을 살 수 있기 때문이다. 이런 관점으로 보면 일을 더 해서 생기는 비효용이 그 결과 추가로 얻는 소득이 주는 효용과 동등해질 때까지만 일을 하는 것이 옳다.

그러나 대부분의 사람들에게 일은 소득을 얻는 수단 이상이다. 일에 많은 시간을 쏟아붓기 때문에 직장에서 일어나는 일은 우리의 생리적, 심리적 복지에까지 영향을 미친다. 또 일은 우리의 자아를 형성하는 데도 큰 영향을 끼친다.


### 많은 사람들이 인간의 기본 권리를 침해당하면서 일을 했고, 아직도 그렇게 일하고 있다

많은 사람들에게 일은 인간으로서의 기본적인 권리와 관계되는, 아니 기본적 권리를 빼앗기는 문제이다. 인류 역사에서 오랜 기간 동안 엄청난 수의 사람들이 나의 주인이 나 자신이라는 가장 기본적인 인간의 권리를 빼앗긴 채 사고파는 물건으로 살아야 했다. 바로 노예 말이다.

19세기 노예 제도가 철폐된 후에는 약 150만 명의 인도인, 중국인(쿨리라고 부르는 막노동꾼), 심지어 일본인까지 노예 노동력을 대신해 일정 기간 동안 예속 계약을 맺은 **연한 계약 노동자**indentured labourer가 되어 해외로 건너갔다. 2001년 노벨 문학상을 수상한 인도계 트리니다드인 소설가 비디아다르 나이폴, 잉글리시 내셔널 발레단의 중국계 쿠바인 발레리노 얏-센 창, 인도계 피지인 골프 선수 비제이 싱 등이 모두 이 이민 역사의 후손이다.

연한 계약 노동자는 고용주가 소유권을 가지고 있지 않았기 때문에 정확히 말하면 노예는 아니다. 그러나 일자리를 옮길 자유가 없었고, 보통 3~10년이었던 계약 기간에는 최소한의 권리밖에 보장받지 못했다. 노동 환경 또한 많은 경우 노예보다 나을 것이 없었다. 노예들이 살았던 바로 그 수용소에서 산 노동자들도 많았다.

그러나 이런 것이 모두 지나간 과거의 일이라고 생각하면 오산이다. 아직도 많은 사람이 기본적인 인권을 침해당하는 직업에 종사하고 있다. 법적으로 노예는 거의 사라졌을지 모르지만, 여전히 다양한 형태의 **강제 노동forced labour**에 시달리는 사람들이 많다. 어떤 경우는 강요에 의해 그런 일을 하게 되었을 수도 있다(인신매매). 또 어떤 경우는 처음에는 자발적으로 일을 시작했지만, 폭력(가사 노동자에게 가장 흔한 경우)이나 고용주에게 진 빚(취업 과정에서 인위적으로 부풀려진 교통비, 숙박비 등) 때문에 그 일을 떠나지 못할 수도 있다. 일부 이민 노동자들은 19세기 말, 20세기 초 연한 계약 노동자들과 비슷한 열악한 환경에서 혹독한 노동을 강요당하기도 한다.

### 일은 어떻게 우리를 형성하는가?

기본적인 인권 침해가 없다고 해도 일이 우리에게 근본적으로 끼치는 영향은 너무 지대해서 우리를 '형성한다(form)'고까지 해도 과언이 아니다.

**아동 노동child labour**˚만큼 이를 직접적으로 보여 주는 문제도 없을 것이다. 성인들이 종사하는 직종에서 일하는 아이들은 정신적, 육체

---

• 국제노동기구는 아동 노동을 15세 이하(일부 직종은 12세 이하)의 어린이가 육체적 성장과 교육에 방해가 되는 일을 하는 것으로 규정한다. 따라서 집안일을 돕거나 신문을 배달하는 것은 아동 노동이 아니다.

적 발달이 원활하지 않다. 따라서 어려서부터 일을 한 사람은 잠재력을 완전히 발휘할 기회를 놓칠 수도 있다.

일은 성인에게도 지대한 영향을 끼친다. 애덤 스미스는 (2장에서 보았듯) 더 세세한 분업이 생산성 향상에는 긍정적이라고 칭송하면서도, 너무 과도한 분업은 노동자의 정신 능력을 해칠 수 있다고 우려했다. 이 문제는 후에 찰리 채플린의 유쾌하면서도 가슴 저미는 고전 〈모던 타임스〉에서 잘 묘사되었다. 이 영화에서 찰리 채플린은 단순한 동작을 빠르게 반복하다가 신경 쇠약에 걸려 소동을 벌이는 노동자를 연기했다.

일은 우리를 좋은 방향으로 형성할 수도 있다. 자기가 하는 일을 좋아하는 사람은 더 큰 자아 성취감을 누리는 경향이 있다. 상점이나 농장에서 일하는 사람들보다 공장에서 일하는 사람들이 정치의식이 더 높고 규율을 더 잘 지키는 경향이 있다는 것은 정평이 나 있다. 이는 많은 사람이 일정 크기의 조직화된 공간에서 밀접한 관계를 맺고 통합된 작업을 하는 공장 작업의 특성에서 영향을 받은 것이다.

## 일은 우리의 육체적, 지적, 심리적 복지에 영향을 미친다

우리를 '형성한다'고 할 정도까지 깊게 영향을 받지 않는 경우에도 일은 우리의 육체적, 지적, 심리적 복지와 밀접하게 관련이 있다.

어떤 일은 다른 일보다 육체적으로 고되고, 위험하고, 건강에 좋지 않을 수 있다. 노동 시간이 너무 길어지면 사람들은 지치고 장기적으로는 건강이 나빠진다.

어떤 직업(공예가, 미술가, 디자이너, 교사, 연구원 등)은 그 내용이 더 창조적인 덕분에 지적으로 더 흥미롭다고 여겨진다.

심리적 차원의 복지는 물리적, 지적 작업 환경보다는 주로 고용주-

고용인 관계에 영향을 받는다. 똑같은 일이라도 휴식 시간이 더 적거나 성과를 내라는 압력이 강하거나 뭔가 불안한 환경에서 일하는 사람은, 더 나은 환경을 제공하는 고용주 밑에서 일하는 사람에 비해 훨씬 덜 행복하다.

### 원하는 만큼 일하라: 노동 기준 vs 선택의 자유

직장이 이토록 우리의 복지에 극적인 영향을 미친다면 노동 시간이나 작업 환경의 안전성, 고용 안정성을 규정한 **노동 기준**labour standard이 복지에 얼마나 큰 영향을 끼칠지는 너무도 자명하다. 그러나 수많은 경제학자들이 이런 기준을 정하는 데 반대한다. 특히 이 기준이 고용주의 '행동 수칙'이나 노조와 자발적으로 합의한 것이 아니라 정부 개입의 결과일 경우 반대는 더 심하다. 이들은 작업 시간이 '과도하게' 길어 보이거나 '지나치게' 위험해 보이는 일이라도, 계약의 자유가 있고 정상적인 지능을 가진 노동자가 그 일을 하기로 동의했다면 그대로 받아들여야 한다고 주장한다. 특정 노동자가 조건이 '좋지 않은' 일을 택했다면, 그것은 노동자 스스로 그 '좋지 않은' 조건을 보상받고도 남을 만큼 임금이 높다고 판단했기 때문이라는 것이 이들의 논리이다. 사실 바로 이런 논리에 근거해 1905년 미국 대법원은 제빵 산업 노동자들의 노동 시간을 10시간으로 제한한 뉴욕주의 규제가 위헌이라는 판결을 내렸다(로크너 대 뉴욕 판례). '제빵사들이 원하는 만큼 일할 자유를 빼앗은' 규제라고 말이다.[1]

논리 자체만 보면 말이 되는 것처럼 들린다. 누군가 무엇을 자유 의지로 선택했다면 그 사람이 다른 것보다 그것을 선호했기 때문이라는 결론을 내릴 수 있다. 그러나 여기서 짚고 넘어가야 할 것은 과연 그 선택을 하게 된 상황이 바뀌어야 하는지, 그리고 바뀔 수 있는지이다. 대부분의 노동자들은 조건이 '좋지 않은' 일이라도 차선책이 굶는 것이라면 기꺼이 그 일을 선택할 것이다. 실업률이 굉장히 높은 상황에서 다른 일을 찾지 못했을 수도 있다. 어쩌면 아동기의 결핍된 환경 때문에 신체 발달에 지장이 있었거나 문맹이어서 다른 일자리를 얻기가 쉽지 않았을 수도 있다. 혹은 농사를 짓다가 홍수가 나서 모든 것을 잃고 도시로 흘러와 아무 일자리라도 절실했을지도 모른다. 이런 상황에서 한 선택을 '자유 의지'로 했다고 할 수 있을까? (먹어야 산다는 생리적 조건 때문에) 그 일자리를 선택하도록 강요당한 게 아닌가?

이런 맥락에서 1950년대부터 1970년대까지 특히 중남미에서 인기를 누린 좌파 '해방신학' 지도자 중 한 사람이었던 브라질 올린다-헤시피 지역의 대주교 동 에우데르 카마라의 말을 기억할 필요가 있다. "가난한 사람들에게 음식을 나눠 주면 사람들은 나를 성인이라 부른다. 왜 그들에게 음식이 없는지를 물으면 사람들은 나를 공산주의자라 부른다." 어쩌면 우리 모두 약간은 '공산주의자'가 되어, 가난한 사람들이 조건이 '좋지 않은' 일을 자발적으로 선택할 만큼 절박하게 만든 환경을 용인할 것인가를 물어야 하는지도 모른다.*

## 실제 숫자

### 강제 노동

국제노동기구(ILO) 추산에 따르면 2012년 현재 전 세계적으로 2100

---

* 이 문제는 4장에서 '신고전학파의 한계'를 이야기할 때 다룬 바 있다.

만 명에 이르는 사람들이 강제 노동에 시달리고 있다. 전 세계 노동 인구 33억 명의 0.6퍼센트(세계 전체 인구의 0.3퍼센트)에 불과하지만, 이 수치는 0퍼센트가 되어야 한다.

ILO는 강제 노동이 가장 빈번한 곳은 과거 사회주의 국가였던 동구권 및 소비에트연방에 속했던 나라(총인구의 0.42퍼센트)와 아프리카(0.40퍼센트)라고 밝혔다. 심지어 부자 나라에서도 인구의 0.15퍼센트가 강제 노동에 묶여 있는 것으로 추산된다.[2]

### 아동 노동

ILO는 전 세계적으로 5세에서 14세의 어린이 중 1억 2300만 명이 아동 노동을 하며 전 세계 노동력의 3.7퍼센트를 차지한다고 집계했다. 그러나 이것은 세계 평균이고, 일부 가난한 나라에서는 어린이의 절반 정도가 아동 노동에 시달리고 있다. 기니비사우가 1위이고(57퍼센트), 그 뒤를 에티오피아(53퍼센트), 중앙아프리카공화국, 차드, 시에라리온, 토고(모두 47~48퍼센트) 등이 잇고 있다. 아동 노동이 30퍼센트 이상으로 많은 나라는 대부분 아프리카에 자리하고 있다. 그러나 아시아(캄보디아 39퍼센트, 네팔 34퍼센트)와 중남미(페루 34퍼센트)에서도 아동 노동의 근절은 먼 이야기이다.

물론 아동 노동 비율은 각국의 빈곤 정도와 관련이 있지만, 가난하다고 해서 꼭 아동 노동 비율이 높은 것은 아니다. 2010년 세계에서 가장 낮은 1인당 소득을 기록한 부룬디의 아동 노동 비율은 19퍼센트에 불과하다. 이는 같은 해 1인당 소득 4710달러로 부룬디의 30배 가까이를 기록한 페루의 아동 노동 비율의 절반 수준이다. 또 다른 예를 들자면 1960년대 한국은 당시 세계에서 가장 가난한 나라 중의 하나였음에도 초등 교육을 의무화하고 굳은 의지로 이 정책을 집행함으로써 12세 미만 아동 노동을 거의 근절했다. 이런 예들은 가난이 아동 노동을 줄이는 범위와 속도를 늦추는 방해물이 될 수는 있으나 그것을 정당화하는 핑계는 될 수 없다는 것을 보여 준다.

### 가난한 나라 사람들은 부자 나라 사람들보다 훨씬 더 오래 일한다

이제 대부분의 부자 나라에서는 일주일에 35시간을 일한다. 약간의 차이는 있어서 동아시아의 부자 나라에서는 상당히 더 길게 일하기도 한다(일본 42시간, 한국 44시간, 싱가포르 46시간).[3] 그래도 이들은 과거 증조부모나 고조부모가 일하던 시간(주당 70~80시간)의 절반 혹은 그 이하로 일하는 것이다.

오늘날 가난한 나라의 노동자들은 부자 나라가 지금의 가난한 나라와 비슷한 소득을 올리던 18~19세기에 일하던 시간보다는 짧지만, 오늘날 부자 나라의 노동자들보다는 훨씬 더 긴 시간 일한다. 일부 국가에서는 주당 평균 55시간을 일한다. 주당 노동 시간이 55~56시간인 이집트, 53~54시간인 페루가 그 예이다. 알파벳순으로 방글라데시, 콜롬비아, 코스타리카, 인도, 말레이시아, 멕시코, 파라과이, 스리랑카, 태국, 튀르키예 등도 주당 평균 노동 시간이 45~50시간으로 긴 편이다.

그러나 이 숫자들은 우리가 (직장에서 실제 일하는 시간에 덧붙여) 일을 위해 쓰는 전체 시간을 과소평가하고 있다. 대중교통이 발달하지 않고 주거 공간이 교외에 퍼져 있는 나라에서는 긴 통근 시간 때문에 사람들의 복지가 심각하게 저해되기도 한다. 남아프리카공화국의 가난한 흑인 노동자의 경우에는 흑인 거주지에 살면서 주로 백인들이 거주하는 멀리 떨어진 도시에서 일하기 위해 하루에 6시간을 오로지 통근하는 데만 쓰기도 한다. 또 다른 극단에는 비즈니스에 인터넷을 점점 더 많이 사용하게 되면서 전통적인 노동 시간이 끝난 후에도 일에서 떠나지 못하는 수많은 화이트컬러 노동자들이 있다.

## 가뭄 아니면 홍수?: 노동 시간의 고르지 못한 분배

노동 시간에 관한 자료를 볼 때 우리가 명심해야 할 것은 모든 숫자가 평균치라는 사실이다. 많은 나라에서 일부 계층은 과도하게 오래 일하느라(ILO 기준으로 주당 48시간 이상) 건강을 잠재적으로 위협받는다. 반면 어떤 사람들은 **시간 관련 불완전 고용time-related underemployment** 상태에 있다. 전업으로 일을 하고 싶지만 시간제 일자리밖에 구하지 못한 경우로, 2008년 글로벌 금융 위기가 터진 후 이런 사람들은 더 늘어났다. 개발도상국에서는 많은 사람들이 **위장 실업disguised unemployment** 상태에 있다. 이는 생산량에는 거의 혹은 전혀 보탬이 되지 않지만, 조금이라도 소득을 얻기 위해 일하는 것을 말한다. 좋은 예로 가족이 소유한 농장에서 너무 많은 사람이 함께 일하는 경우, 혹은 가난한 사람들이 **비공식 부문informal sector**(등록되지 않은 소규모 직장으로 1인 사업인 경우가 많다)에서 일을 하면서 외형상으로는 구걸이 아니지만 내용은 구걸이나 다름없는 일을 하는 경우 등이 있다. (잠시 후 더 자세히 이야기하겠다.) 이 사람들은 그야말로 '실업자로 남아 있어서는 살 수가 없는' 사람들이다.

전체 노동력 중 너무 과도하게 오래 일하는 인구의 비율이 가장 높은 나라는 인도네시아(51퍼센트), 한국(50퍼센트)을 필두로 해서 태국, 파키스탄, 에티오피아 등으로 모두 40퍼센트를 넘는다. 이 비율이 가장 낮은 곳은 러시아(3퍼센트), 몰도바(5퍼센트), 노르웨이(5퍼센트), 네덜란드(7퍼센트) 등이다.

### 사람들이 실제로 얼마나 길게 일을 하는가?: 유급 휴가와 연간 노동 시간

그러나 이 같은 주당 노동 시간만 가지고는 상황을 제대로 파악할 수 없다. 어떤 나라에서는 사람들이 1년 내내 일하고, 어떤 나라에서는 1년에 몇 주씩 유급 휴가를 즐기기 때문이다. 예를 들어 프랑스와 독일에서는 1년에 유급 휴가가 5주(25근무일)나 된다. 따라서 각국의 노동 시간이 얼마나 되는지를 제대로 이해하려면 연간 노동 시간을 비교해야 한다.

이런 자료는 OECD 회원국에 대한 것만 있는데, 이 자료에서 2011년 연중 노동 시간이 가장 짧은 나라는 네덜란드, 독일, 노르웨이, 프랑스였다.[4] 반면 연중 노동 시간이 가장 긴 나라는 한국, 그리스, 미국, 이탈리아였다.[5] OECD 자료에는 부자 나라라고 할 수 없는 나라의 자료도 포함되어 있다. 그중 하나가 멕시코로 노동 시간이 2250시간을 기록해 2090시간을 기록한 한국보다 더 길었다.[6] OECD 회원국이지만 개발도상국인 칠레의 노동 시간은 2047시간으로 한국과 그리스(2039시간)의 중간이었다.

### 어느 나라 국민이 '게으를까'?: 노동 시간에 관한 오해와 현실

이 숫자들을 접하고 나면 어느 나라 국민이 열심히 일하고 어느 나라 국민이 그렇지 않은가에 대한 문화적 고정 관념이 전혀 맞지 않는 경우가 많다는 것을 알 수 있다.

미국에서 '게으른 라티노'의 전형으로 통하는 멕시코 사람들은 사실 '일개미' 한국인들보다 실제 일하는 시간이 더 길었다. 앞에서 나열한 노동 시간이 긴 12개국 중 5개국이 중남미 국가인 것을 보라. 중남미 사람들이 느긋하고 일을 열심히 하지 않는다는 고정 관념은 전혀 사실이 아니다.

유로화 위기가 계속되면서 그리스 사람들은 일을 열심히 하는 북유럽 사람들에게 빌붙어 먹고사는 게으른 사람들이라고 비난받았다. 그러나 그리스는 선진국 가운데 한국을 빼면 가장 일을 길게 하는 나라이다. 일중독이라고 알려진 독일인이나 네덜란드인보다 1.4~1.5배 일을 더 오래 한다. 이탈리아 사람들도 '게으른 지중해형 인간'이라는 오해를 받지만, 미국인들만큼 노동 시간이 길고 이웃 독일인들보다 1.25배 더 오래 일한다.

### 왜 더 열심히 일하는 사람들이 더 가난한가?

이런 오해가 생기는 이유 중 하나는 우리가 너무도 시대에 뒤떨어진 정보에 의존해 고정 관념을 형성하고 있다는 것이다. 네덜란드 사람들만 해도 그렇다. 열심히 일하고 한 푼도 낭비하지 않는 구두쇠 청교도라는 이미지가 많은 사람들이 가지고 있는 네덜란드인에 대한 고정 관념이다. 그러나 이런 이미지는 짧게는 50년, 길게는 80년도 더 된 정보에 기반을 둔 것이다. 1870년대에서 1920년대 사이에 네덜란드는 사실 현재의 선진국 중에 노동 시간이 가장 길었다. 그러나 1930년대에 들어오면서 이런 관행이 점점 달라지기 시작했고, 1960년대 이후에는 급속하게 바뀌어 세계에서 '가장 게으른' 나라, 다시 말해 연중 노동 시간이 가장 짧은 나라가 되었다.

잘못된 고정 관념이 생기는 또 하나의 이유는 가난은 게으름의 산물이고, 따라서 가난한 나라 사람일수록 더 게으를 것이라고 오해하는 경우가 많기 때문이다.[7] 그러나 가난한 나라 사람들이 가난한 것은 생산성이 낮아서이고, 이런 낮은 생산성을 가난한 사람들의 잘못으로 돌릴 수는 없다. 국가의 생산력을 결정짓는 가장 중요한 요소는 자본재, 기술, 사회 기반 시설, 제도 등이고 이런 것이야말로 가난한 사람들이 마련할 수 있는 것이 아니기 때문이다. 따라서 꼭 누군가를 비난해야 한다면 그리스, 멕시코와 같은 나라에서 생산성을 결정하는 요소를 장악하고 있으면서 제대로 일을 해내지 못하는 돈 많고 힘 있는 사람들을 비난해야 할 것이다.

### 일의 위험성: 산업 재해와 직업 불안정성

일의 질을 판단할 수 있는 지적 지표는 없지만 적어도 물리적, 심리적 지표는 일부라도 얻을 수 있다.

일의 질에 대한 물리적 지표 중 가장 쉽게 얻을 수 있는 것은 작업 중 사고를 당해 목숨을 잃는 비율이다. 보통 노동자 10만 명 기준으로 표기하는데, 알파벳순으로 호주, 핀란드, 노르웨이, 스웨덴, 스위스, 영국 등은 작업 환경이 가장 안전한 것으로 간주된다. 매년 작업 중 부상으로 목숨을 잃는 사람의 수가 10만 명당 1~2명에 지나지 않기 때문이다. 반면 엘살바도르와 인도는 30~40명, 에티오피아와 튀르키예는 20명 정도이다. 자료가 나와 있는 다른 개발도상국들의 경우 대부분 10명에서 15명 사이이다. (자료가 없는 나라도 많다.)

일에 대한 심리적 지표 중 가장 쉽게 얻을 수 있는 것은 이미 언급한 바 있듯이 직업 안정성과 관련이 있다.[8] 그러나 직업 안정성을 측정하는, 모두가 합의한 방법은 없다. 그나마 가장 신뢰할 만한 척도는 계약 기간이 6개월이 안 되는 고용인의 비율로 OECD 회원국에 대한 집계가 나와 있다. 이에 따르면 2013년 현재 튀르키예 노동자들의 고용 안정성이 가장 낮고(26퍼센트), 그다음은 한국(24퍼센트), 멕시코(21퍼센트)다. 같은 자료에서 그리스, 슬로바키아, 룩셈부르크 노동자들이 가장 안심하고 직장 생활을 하는 것으로 나타났다(모두 5퍼센트가량).

## 실업

**자코모는 공공의 이익을 위해 계속 실업자로 남아 있어야 한다: 우리는 어떻게 높은 실업률에 익숙해졌는가?**

2009년 한 학회에서 나는 이탈리아의 저명한 산업 경제학자 조반니 도시를 만났다. 그는 자기 친구가 독일어를 함께 사용하는 이탈리아 지역인 알토아디제주의 볼차노시에서 경험한 일을 이야기해 줬다. 볼차노시가 무척 부유한 도시라는 것을 아는 조반니의 친구(이탈리아인이 아니다)는 택시 기사에게 실업자를 몇 명이나 아느냐고 물었다. 도시 전체에 실업자가 단 한 명뿐이고, 그의 이름은 자코모라는 기사의 말에 조반니의 친구는 깜짝 놀랐다. 인구가 10만 명 정도에 불과하다지만 실업자가 단 한 명뿐일 리가 없다고 생각한 그는 기사에게 말도 안 되는 소리 하지 말라며 손사래를 쳤다. 그러자 택시 기사는 자기 말이 맞다고 주장하면서 택시들이 줄 서 있는 곳에 차를 대고, 다른 택시 기사들에게 자기 말이 맞는지 아닌지를 묻기 시작했다. 다른 기사들도 그 택시 기사의 말이 맞다고 했을 뿐 아니라 모두 모여 즉석에서 잠깐 회의를 한 다음 자코모가 다수의 이익을 위해 계속 실업자로 남아 있는

게 좋겠다는 합의까지 했다. 그가 직업을 갖게 되면 정부에서 운영하는 구직 센터가 문을 닫을 것이고, 그렇게 되면 거기에서 일하던 직원 네 명이 일자리를 잃게 되기 때문이라는 설명이었다.

어쩌면 볼차노의 택시 기사들이 외국인을 놀리려고 작당을 한 것일 수도 있다. 아니면 그들의 말이 사실일 수도 있다. 그러나 이 이야기의 요점은, 우리가 지난 30여 년 사이에 실업률이 높은 상태에 너무도 익숙해져서 아무리 작은 도시라도 실업자가 없다는 것에 충격을 받는다는 사실이다.

그러나 많은 선진 자본주의 국가에서 실업률이 매우 낮았던 시기(자본주의의 황금기)가 실제로 있었다. 그때만 해도 실업률을 0으로 낮추려고 열심히 노력했고, 가끔 거의 성공에 가까이 간 적도 있었다. 1970년대 초 당시 인구가 20만이던 스위스 제네바에는 실업자가 10명이 안 되었다. 황금기가 예외적인 상황이었을 수도 있지만, 이 사례들은 완전 고용이 성취 가능한 목표임을 보여 준다. 즉 실업은 '불가피'한 것이 전혀 아니다.

### 실업의 개인적 비용: 경제적 어려움, 존엄성의 상실, 우울증

일자리를 잃어도 (실업 보험에서 나오는) **실업 수당**unemployment benefit 을 길게는 2년 동안 이전에 받던 임금의 60~75퍼센트까지 받을 수 있는 유럽 국가 중 한 곳에 사는 사람이라면 재정적으로는 큰 어려움을 겪지 않을 수도 있다. 그러나 이런 경우는 전 세계적으로 볼 때 예외에 해당한다. 미국에서는 주에 따라 다르지만 대략 이전 임금의 30~40퍼센트만이 실업 수당으로 지급된다. 대부분의 개발도상국에서는 이마저도 없다.

실업은 존엄성에 관한 문제이기도 하다. 미국 작가 커트 보네거트는 1952년 『자동 피아노』에서 아무도 육체노동을 하지 않아도 되는 세상을 그린다. 그런 일은 모두 기계가 맡아서 한다. 이 이야기 속에서 기계들은 자동 피아노에 입력하는 악보 같은 지시표에 따라 일을 한다. (그래서 제목이 '자동 피아노'이다.) 이 세계에 사는 사람들은 기본적인 물질적 욕구가 모두 충족되고 원하는 만큼 여가 시간을 즐길 수 있지만, 극소수 엔지니어와 경영자를 제외하고는 지독하게 불행하다. 일을 통해 얻는, 사회의 유용한 구성원이라는 존엄성을 빼앗겨서이다.

또 실업은 건강, 특히 정신 건강에 부정적인 영향을 끼친다. 경제적 고통과 존엄성의 상실이 겹치면서 실업자들은 더 우울해지고 자살률이 높아진다.[9]

### 실업의 사회적 비용: 자원의 낭비, 사회적 쇠락, 기술력의 저하

실업을 사회적 관점에서 보면 막대한 자원의 낭비이다. 일을 찾지 못하는 사람들이 있는데도 기계는 작동을 멈춘 채 놀고 있는 상황이 생기는 것이다.

특정 지역에 장기간의 실업이 집중되면 사회의 쇠락과 도시의 퇴보가 나타날 수 있다. 미국의 '러스트 벨트' 일부 지역과 (이전에) 산업 지역이었던 영국의 북부 지방 일부는 아직도 1970년대 말과 1980년대의 극심했던 실업의 여파에서 완전히 벗어나지 못하고 있다.

오래도록 일자리를 구하지 못하면 가지고 있던 기술은 구식이 되고 자신감도 없어져 장래 생산성까지 약화된다. 가령 1년 이상의 장기 실업은 다시 일자리를 찾을 확률을 극적으로 저하시키기 때문에 취직 능력은 계속 떨어지고, 그에 따라 실업 기간이 더 길어지는 악순환에 빠지게 된다.

## 직업의 이동 기간에 벌어지는 실업: 마찰적 실업

실업에도 여러 종류가 있다. 아래에서 논의하겠지만, 적어도 다섯 가지는 된다.

제일 먼저 '자연스럽게' 생기는 실업이 있다. 기업이 태어나고 자라고 쇠퇴하고 죽는 과정에서 일자리도 생겼다가 없어지게 마련이다. 노동자들도 여러 가지 이유에서 일자리를 바꾸겠다고 결심한다. 현재 일에 회의를 느꼈거나 다른 지역에 사는 나이 든 부모님을 돌봐야 하거나 새로운 배우자를 만나 이사를 해야 할 수도 있다. 따라서 사람들이 일을 가졌다 그만뒀다 하는 것은 자연스러운 현상이다.

문제는 이런 과정이 즉각적으로 일어나지 않는다는 사실이다. 사람들이 새 일자리를 찾고, 기업이 자리에 맞는 사람을 찾는 데는 시간이 걸린다. 이 과정에서 어떤 사람들은 실업자로서 얼마간 시간을 보내게 된다. 이것을 **마찰적 실업**frictional unemployment이라고 부른다.

## 어떤 기술은 더 이상 필요가 없다: 기술적 실업

또 다른 형태는 필요한 노동자의 종류와 시장에 나와 있는 노동자의 종류가 잘 맞지 않아서 발생하는 실업이다. 이를 가리켜 보통 **기술적 실업**technological unemployment 혹은 **구조적 실업**structural unemployment 이라고 부른다. 이 형태의 실업은 마이클 무어가 고향 미시간주 플린트시에 있던 GM 자동차 공장이 문을 닫은 후 생긴 여파를 다큐멘터리 형식으로 담은 첫 영화 〈로저와 나〉에서 보았던 것이다. 또 영국 셰필드에서 철강 산업에 종사하던 노동자들이 오랫동안 실업자로 있다가 남자 스트리퍼 그룹을 만드는 이야기를 담은 〈풀 몬티〉에서도 생생하게 그려졌다.

표준 경제 이론에 따르면 이 노동자들은 '신흥' 산업에 필요한 기술을 다시 익혀 그 분야로 진출할 수도 있었다. 앞에서 예로 든 경우에는 각각 캘리포니아의 전자 산업과 런던의 투자 은행이 누구나 생각할 만한 대안이 될 수 있었을 것이다. 그러나 현실에서는 시장에만 모든 것을 맡겨 두면 순조롭게 노동력 이전이 일어나는 경우가 거의 없다. 스칸디나비아 나라들처럼 체계적인 정부 보조금과 제도적 지원으로 재훈련 및 거주지 이전(지금 살고 있는 집이 팔리기 전에 새로 일자리를 구한 지역에 집을 살 수 있도록 단기 융자를 해 주는 등)을 돕는다 해도 기술적 실업을 없애는 것은 쉽지 않다.

### 정부와 노조가 실업을 만들어 낸다: 정치적 실업

현대판 '세의 법칙'을 믿는 많은 신고전학파 경제학자들은 단기적인 예외는 있지만, 공급과 수요 법칙에 따라 결국은 일할 의사가 있는 모든 사람이 현행 시장 임금을 받고 일자리를 찾을 수 있다고 주장한다. 누군가가 실업 상태에 있다면 그것은 실업을 없앨 수 있는 시장의 임금 수준을 그가 받아들이지 못하게 정부나 노조가 막고 있기 때문이라는 것이다.

부자 나라에서는 일부 노동자들이 현행 임금을 받고 일하기를 거부하고 실업 상태를 유지한다. 정부의 복지 수당으로 생계를 유지할 수 있기 때문이다. 노조는 임금을 내리지 못하게 막는다. 그와 동시에 (최저 임금, 해고 억제 장치, 퇴직금 요건 등) 정부의 노동 시장 규제책과 고용주가 내야 하는 (사회 복지 부담금 등의) 고용세 때문에 노동력이 필요 이상으로 더 비싸지기도 한다. 이로 인해 고용주들이 더 많은 노동자를 고용하려는 동기를 잃게 되고 그 결과 실업률이 높아진다.

정부나 노조와 같은 '정치적' 존재의 개입으로 인해 발생하는 이런 형태의 실업을 **정치적 실업**political unemployment이라고 부른다. 이의 해결책으로는 노조의 힘을 약화시킨다든지 최저 임금제를 없앤다든지 노동자들을 무단 해고에서 보호하는 규제를 최소화하는 등의 방법으로 노동 시장을 더 '유연'하게 만드는 방법이 제시되고 있다.

### 수요가 충분치 않을 수도 있다: 경기적 실업

4장에서 케인스에 관해 논의할 때도 나온 이야기이지만, 대공황이나 최근의 '대침체'(2008년 글로벌 금융 위기의 여파를 부르는 말) 때처럼 총수요의 부족으로 인해 비자발적 실업이 생기는 경우가 있다. **경기적 실업**cyclical unemployment이라고 부르는 이런 종류의 실업에는 앞에서 언급한 임금을 낮추거나 노동자들을 재훈련시키는 등 공급 위주의 해결책이 전혀 효력을 발휘하지 못한다.

경기적 실업에 대한 주된 해결책은 정부가 적자 재정과 이자율을 낮춘다든지 하는 느슨한 통화 정책으로 수요를 북돋움으로써 민간 부문이 회복해 새로운 일자리를 창출해 내도록 하는 것이다.[*]

### 자본주의는 실업을 필요로 한다: 체제적 실업

케인스주의자들은 실업을 경기적인 것으로 보지만, 카를 마르크스에서 조지프 스티글리츠(그의 '효율 임금 이론'에서)에 이르기까지 많은 경

---

* 케인스 이론에 따르면 민간 부문이 충분히 회복된 시점에서 정부가 재정 지출과 통화 정책을 긴축해야 경제가 과열되어 물가가 너무 많이 상승하는 것을 막을 수 있다.

제학자들이 실업을 자본주의에 내재한 현상이라고 본다.

이러한 시각은 기계와 달리 노동자에게는 자유 의지가 있다는, 뻔하지만 아주 중요한 사실에 기초하고 있다. 즉 노동자들은 자기가 하는 작업에 얼마만큼 노력을 기울일지 스스로 결정할 수 있다. 따라서 자본가들은 당연히 노동자들의 결정 범위를 최소화하기 위해 세밀하고 쉽게 감독할 수 있는 작업 방식을 도입하거나, 컨베이어 벨트를 사용해 노동자들이 작업 속도를 결정하지 못하게 하려 한다. 그렇다 해도 노동자들에게는 자신의 **노동 과정labour process**에 대한 재량권이 어느 정도 남아 있고, 자본가들은 어떻게든 노동자들이 작업에 최대한의 노력을 쏟아붓게(이른바 '땡땡이를 치지' 못하게) 하는 장치를 마련하고 싶어 한다.

이 논리에 따르면 노동자들에게 엄격한 규율을 적용하는 가장 좋은 방법은 그들이 지금의 일자리를 잃고 싶지 않도록 임금을 시장 가격보다 더 높게 책정하는 것이다. 다른 곳에서도 똑같은 임금을 받는 비슷한 일을 쉽게 찾을 수 있으면 해고를 두려워하지 않을 것이기 때문이다. 그러나 자본가들이 모두 이 방법을 사용하면 결과적으로 수요-공급이 일치하는 '시장 청산(market-clearing)' 수준 이상으로 모든 임금이 상승하게 되고 실업이 생긴다.

마르크스가 실업 노동자들을 **산업예비군reserve army of labour**이라고 부른 것도 바로 이런 논리에 기초한 것이다. 지금 일하는 노동자들이 말을 듣지 않으면 아무 때나 실업 노동자들을 소집할 수 있다는 의미이다. 케인스의 유효 수요 이론을 케인스보다 먼저 고안한 폴란드 경제학자 미하우 칼레츠키(1899~1970)는 완전 고용이 자본주의와 공존할 수 없는 개념이라고 주장했다. 이런 형태의 실업을 **체제적 실업 systemic unemployment**이라 부른다.

**서로 다른 형태의 실업이 다양한 맥락에서 다양한 조합으로 존재한다**

이처럼 다양한 형태의 실업이 모두 실제로 존재하며 공존하고 있다. 어느 때는 한 가지 형태의 실업이 더 눈에 띄고, 상황이 바뀌면 다른 형태의 실업이 등장하기도 한다.

1980년대 미국과 유럽에서는 '기술적 실업'이 많았다. 동아시아 국가들과의 경쟁 때문에 광범위한 산업이 사양길에 접어들던 시기였기 때문이다. '체제적 실업'은 이름에서 알 수 있듯이 자본주의 체제에 항상 내재하는 부분이다. 그러나 자본주의의 황금기에 서유럽과 일본에서는 거의 모습을 감추었다. 오늘날에는 수요 부족으로 인해 많은 나라에서 '경기적 실업'이 고개를 들고 있는데, 2000년대 중반 경기 호황기에는 찾아보기 힘들었다. '정치적 실업'도 존재하기는 하지만, 자유시장주의자들에 의해 그 정도가 종종 과장된다.

**누가 일을 할 수 있고, 누가 일을 하기를 원하며, 누가 일을 하고 있는가?: 실업을 규정하고 측정하는 것**

실제로 실업은 어떻게 측정할까? 가장 분명한 방법은 한 나라의 국민 중에서 일을 하지 않는 사람의 수를 세는 일일 것이다. 그러나 이것은 우리가 실제로 실업을 규정하고 측정하는 방법이 아니다.

일하기에 너무 어리거나 너무 나이 든 사람들도 있다. 따라서 실업률을 계산할 때는 **생산 가능 인구**working-age population를 감안한다. 모든 나라가 생산 활동 가능 연령에서 어린이를 제외한다. 그러나 어린이에 대한 정의는 나라에 따라 다르다. 보통 15세가 가장 많이 쓰이는 제한 연령이지만, 그 선이 5세까지 내려가는 경우(인도, 네팔)도 있다.[10] 어떤 나라는 노인도 생산 가능 인구에서 뺀다. 가장 많이 사용되는 한

계선이 64~74세이나, 이 역시 63세까지 내려가거나 79세까지 올라갈 수도 있다.

생산 가능 연령에 들어가는 사람이라도 일을 하지 않는다고 모두가 실업자로 분류되는 것은 아니다. 학생이라든지 임금을 받지 않는 가사 노동을 하거나 친지를 간호하고 있는 사람 중에는 임금을 받는 일을 원치 않는 사람도 있을 수 있다. 따라서 실업자로 분류되기 위해서는 '능동적으로' 일자리를 구하고 있어야 한다. 즉 최근(보통 4주 이내)에 유급 직장에 지원을 한 일이 있어야 한다. 생산 가능 인구에서 능동적으로 일을 구하고 있지 않은 사람의 수를 뺀 것이 **경제 활동 인구**economically active population이다. (능동적으로 일자리를 구하고 있다는 의미에서) 경제적 활동은 하고 있지만, 일을 하지 않는 사람만 실업자로 구분된다.

ILO 정의라고 알려진 실업자에 대한 이 규정은 (소소한 수정을 거쳐서) 모든 나라에서 사용되고 있지만, 심각한 문제가 없는 것은 아니다. 그 중 하나는 '일한다'는 것을, 일주일에 한 시간 이상 돈을 받고 일하는 것으로 굉장히 너그럽게 정의한다는 사실이다. 다른 하나는 실업자로 분류되기 위해서는 능동적으로 일자리를 구해야 한다는 부분으로, (일을 하고 싶지만 반복되는 취업 실패로 일자리 찾기를 포기한) **실망 노동자**discouraged worker가 실업 통계에서 빠지게 된다는 문제가 있다.[11]

## 실제 숫자

**황금기 이후 부자 나라의 실업률은 상당히 증가했다**

자본주의가 황금기를 구가하던 시대에 일본과 서유럽 국가들의 실업률은 1~2퍼센트에 지나지 않았다. 그 이전 시기에 3~10퍼센트였던 것에 비하면 엄청난 발전이 아닐 수 없다. 스위스, 서독, 네덜란드 같은 나라에서는 1퍼센트도 안 될 때도 많았다. 당시 3~5퍼센트의 실업률을 보였던 미국은 실업률이 높은 나라로 간주되었다.

황금기가 끝난 후 부자 나라 사람들은 5~10퍼센트의 실업률을 보통으로 여길 정도로 익숙해졌다. 비록 같은 시기에 일본, 스위스, 네덜란드, 노르웨이 같은 일부 나라가 2~4퍼센트의 낮은 실업률을 유지하는 데 성공했음에도 말이다.

2008년 글로벌 금융 위기 이후에는 대부분의 부자 나라에서 실업률이 상승했다. 미국, 영국, 스웨덴은 6퍼센트 선에서 9~10퍼센트로 상당히 상승했고, 금융 위기가 터진 지 5년이 지난 후에도 여전히 7~8퍼센트 선을 맴돌고 있다. 일부에서는 구직 의욕을 상실한 노동자들과 불완전 고용 상태인 사람들을 포함하면 미국의 '실제' 실업률이 15퍼센트에 달한다고 주장한다.

유로화의 '주변부' 지역으로 2008년 위기로 특히 큰 타격을 받은 나라들의 실업 현황은 잘해야 암울한 정도이고 나머지는 거의 재난에 가깝다. 그리스와 스페인은 위기 이전에 8퍼센트였던 실업률이 각각 28퍼센트, 26퍼센트로 상승했고, 15~24세의 청년 실업률은 55퍼센트가 넘는다. 포르투갈(18퍼센트)과 아일랜드(14퍼센트)도 심각하다.


**개발도상국의 실업을 규정하는 데 따르는 어려움: 불완전 고용과 낮은 생산성**

개발도상국의 실업을 규정하고 측정하는 일은 간단하지가 않다. 가장 큰 문제는 (일주일에 한 시간 이상 돈을 받고 일하는 것이라는) 표준 정의에 따르면 개발도상국의 많은 사람이 일을 하고 있는 것으로 분류할 수 있지만, 실제로는 작업 시간에 아무 일도 하지 않은 채 손을 놓고 있거나 경제 전체의 생산량에 거의 보태는 것이 없다는 의미에서 '불완전 고용' 상태인 경우가 많다는 사실이다.

가장 가난한 나라들에서는 인구의 50~60퍼센트가 농업에 종사한다. 사하라 이남 아프리카 지역에서는 그 수가 62퍼센트, 남아시아에서는 51퍼센트에 달한다. 이들 중 대부분은 가족이 일구는 땅에서 일을 하는데, 생산량을 늘리는 데는 거의 보탬이 안 되지만 그것이 땅에서 나오는 생산물을 조금이라도 얻을 수 있는 유일한 길이기 때문이다. 이들이 일을 하지 않더라도 그 땅에서 나오는 생산물의 양에는 거의 차이가 없으므로 이들을 취업자로 분류해야 하는지에 대해 논란의 여지가 있다.

농업 부문이 아니더라도 자신의 의사에 반해 너무 짧은 시간(가령 일주일에 30시간 이하)을 일하는 사람들이 많다. 이 역시 시간 관련 불완전 고용이다. ILO는 일부 개발도상국에서 이런 상황에 처한 노동력의 비율이 높게는 15~20퍼센트라고 추산한다. 이들의 노동 시간을 전업 노동 시간으로 환산하면 해당 국가의 실업률이 5~6퍼센트포인트가 쉽게 올라갈 것이다.

일을 오랜 시간 하는 경우에도 가난한 나라에는 비공식 부문의 소소한 일거리로 사회 전체의 생산량에는 거의 보탬이 되지 않는 일을 하는 사람이 많다. '일을 하지 않으면 살 수가 없기' 때문에 하는 것뿐이다. 이 중 어떤 일은 '만들어 냈다'고밖에 표현할 수 없다. 고급 빌딩에 들어가는 사람들에게 문을 잡아 준다든지, 아무도 원하지 않는 껌을 판다든지, 신호등에 걸려 차가 멈출 때마다 다가가서 운전자가 원치 않는데도 앞 유리창을 닦는다든지 하는, 잔돈 몇 푼이라도 받을 희망으로 하는 일 말이다. 이런 사람들을 고용 인구로 봐야 하는지 실업 인구로 봐야 하는지는 정하기 어려운 까다로운 문제이다.

### 개발도상국의 실업

개발도상국의 실업 관련 통계를 볼 때는 엄청난 주의가 필요하다는 사실을 염두에 두고, 이제 몇몇 통계 자료를 살펴보자.

ILO에 따르면 지난 10여 년 동안 개발도상국 중 실업률이 가장 높았던 나라는 남아프리카공화국으로, 보통은 25퍼센트이고 간혹 30퍼센트가 넘을 때도 있었다. 그 뒤를 바짝 추격하는 나라가 보츠와나와 나미비아로 약 20퍼센트이다. 이외에도 알바니아, 도미니카공화국, 에티오피아, 튀니지 등이 15~20퍼센트로 실업률이 높다.

10~15퍼센트로 중상 정도의 실업률을 보이는 나라들은 콜롬비아, 자메이카, 모로코, 우루과이, 베네수엘라 등이다. 브라질, 엘살바도르, 인도네시아, 모리셔스, 파키스탄, 파라과이, 스리랑카 등은 중저 수준인 5~10퍼센트의 실업률을 보인다.

1~5퍼센트의 매우 낮은 실업률을 기록한 개발도상국도 있는데, 방글라데시, 볼리비아, 중국, 과테말라, 말레이시아, 멕시코, 태국 등이다.

# 맺는말—
# 일을 진지하게 받아들이자

대부분의 사람들에게 일은 삶을 가장 크게 좌우하는 중요한 부면이다. 예를 들어 주부처럼 '일을 하지 않는' 것으로 공식 분류된 사람들을 포함해 대부분의 성인은 일을 하고 있고, 종종 어려운 환경에서 긴 시간 일을 한다. 가난한 개발도상국에는 일하는 어린이도 수없이 많다. 그런 나라에서는 사람들이 생존을 위해 절박해진 나머지 일을 '만들어 내기'도 한다.

그럼에도 불구하고 대부분의 경제학적 논의에서는 사람을 노동자가 아닌 소비자로 규정한다. 특히 현재 주류인 신고전학파 경제학 이론에서는 궁극적으로 소비하기 위해 일을 하는 것으로 간주한다. 일에 대한 논의는 공장 문 혹은 가게 입구에서 끝나고 만다. 일 자체가 갖는 가치는 그것이 창조하는 즐거움이 되었건 자기 성취의 기쁨이 되었건 사회에 '유용한' 일을 한다는 데서 얻는 자존감이 되었건 간에 별 인정을 받지 못한다.

그러나 현실에서는 일자리에서 일어나는 일이 노동자에게 측정할 수 없을 정도로 큰 영향을 준다. 특히 기본적인 인권을 침해당하며 일을 하거나, 육체적 위험 속에서 일을 하거나, 일 때문에 미래의 발달이 지장을 받으면서(아동 노동의 경우) 일을 해야 하는 사람들이 많은 가난한 나라에서는 더욱 그렇다. 부자 나라에서도 일은 사람들에게 성취욕을 주기도 하고, 따분하게 만들기도 하고, 자존감을 느끼게 하거나, 스트레스를 주기도 한다. 아주 깊이 들어가자면 일은 우리의 정체성에도 영향을 미친다.

일은 그것이 부재할 때, 즉 실업 문제가 있을 때 더 관심을 받는다. 그러나 실업을 불가피한 것으로 받아들이는 태도가 팽배해지면서 실업 문제마저 진지하게 고려되지 않고 있다. 한때 선진 자본주의 국가들에서 가장 중요시하던 정책 목표이자 성취하는 데 곧잘 성공했던 완전 고용은 이제 성취 불가능한 것으로 치부되면서 우리의 관심에서 벗어났다. 실업이 사람들에게 끼치는 경제적 고통, 우울증, 모욕감,

심지어 자살 같은 피해는 거의 주의를 끌지 못한다.

이 모든 태도가 우리 경제와 사회가 운영되는 방식에 커다란 영향을 끼쳤다. 일은 소득을 얻기 위해 견뎌야 하는 불편한 것으로 전락했고, 인간은 오직 소비에 필요한 소득을 얻기 위해 일을 하는 것으로 간주된다. 특히 부자 나라에서는 이런 소비주의적 시각이 낭비, 쇼핑 중독, 감당할 수 없는 가계 부채 등의 문제를 만드는 한편 탄소 배출을 줄이고 기후 변화와 싸우는 일을 더 어렵게 한다. 일을 무시하는 태도는, 작업 환경이 악화되어 노동자의 육체적, 정신적 복지에 부정적 영향을 미쳐도 임금만 오르면 괜찮다고 여기는 태도로 이어졌다. 물가 상승률이 조금만 올라가도 국가적 재난인 것처럼 요란을 떠는 반면, 높은 실업률은 사회 성원들에게 엄청난 피해를 미치는데도 상대적으로 사소한 문제로 취급된다.

이제 경제학에서 일은 정신이 이상해서 숨기고 싶은 창피한 친척 아저씨 같은 존재가 되어 버렸다. 그러나 일을 더 진지하게 받아들이지 않는다면 우리는 더 균형 잡힌 경제와 성취감을 주는 사회를 이루어 낼 수 없을 것이다.

## 11장

# 리바이어던
# 아니면 철인 왕?

**정부의 역할**

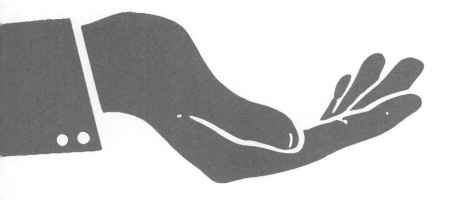

정부는 우리를 서로에게서 보호하기 위해 존재한다. 정부가 우리를 우리
자신으로부터 보호하겠다고 마음먹으면 그때부터 월권을 하는 것이다.

— 로널드 레이건

국가가 자연의 산물이고 개인보다 선행한다는 증거는, 고립된 개인은 자
족하지 못한다는 사실에서 드러난다. 따라서 개인은 전체의 한 부분이다.

— 아리스토텔레스

# 정부와 경제학

### 정치 경제학: 더 '정직한' 이름?

옛날에는 어느 나라에도 국방부, 즉 국가방위부라는 것은 없었다.
대신 전쟁부가 있었다. 생각해 보면, 거기서 하는 일이 사실 전쟁 아닌
가. 특허권도 전매특허권으로 불렸다. 특허라는 것이 인공적으로 독
점 상태(전매)를 만들어 내기 때문이다. 사회적으로 유용하다고 해도
독점은 독점이다. 그렇다. 가끔은 오래되고 잊힌 이름이 현재 우리가
사용하는 이름보다 훨씬 더 사물의 본질을 잘 드러낼 때가 있다.

경제학도 마찬가지이다. 경제학의 옛 이름은 '정치 경제학', 다시 말

해 경제를 '정치적'으로 관리하는 것에 대한 연구이다. 경제학이 '모든 것에 관한 과학'이 되어 버린 요즘에 와서는 정부의 경제 정책이 경제학에서 그다지 중요한 부분이 아닐 것이라는 인상을 받는다. 그러나 국가나 정부의 행동에 관한 연구, 그리고 적절한 정부 정책에 대한 추천이나 반대 등은 여전히 경제학의 큰 부분을 차지한다.* 사실 경제학을 모든 것에 관한 과학이라고 주장하는 경제학자들마저 (의도적이지는 않지만) '경제적'(합리적) 결정은 어디에서나 이루어진다고 주장함으로써, 경제에서 정부가 차지하는 역할을 둘러싼 논쟁에 일조하고 있다. 합리성과는 가장 멀어 보이는 (가정생활, 스모 등의) 영역에서까지 인간이 합리적으로 행동한다는 그들의 주장을 더 쉽게 풀어 말하자면, 사람들은 자신에게 이로운 것이 무엇인지, 그리고 그것을 어떻게 얻는지도 잘 알고 있다는 것이다. 결국 이는 사람들이 하는 대로 그냥 놔두라는 결론으로 이어진다. 즉 가부장적인 정부가 무엇이 국민에게 좋은지 알고 있다 생각하고 이래라저래라 하면 안 된다는 것이다.

물론 제대로 된 경제학 이론이라면 정부를 완전히 없애야 한다고 주장하지는 않는다. 그러나 정부의 역할이 어느 정도가 적합한지에 대해서는 굉장히 다양한 의견이 있다. 군사적 방어력, 재산권의 보호, 도로와 항구 같은 사회 기반 시설 등을 제공하는 최소한의 정부가 최선이라고 말하는 자유시장주의적 견해가 한 극단에 자리한다면, 다른 극단에는 시장을 최소화하거나 아예 없애고 중앙 정부에서 세운 계획에 따라 경제가 조정되어야 한다고 주장하는 마르크스주의가 있다.

---

• 많은 사람들이 '국가'라는 용어를 '정부'보다 좀 더 넓은 의미, 그리고 '나라'와 비슷한 개념으로 사용한다. 국가와 정부는 철학적, 정치적으로 분명히 다르다. 그러나 이 책에서는 두 용어를 같은 의미로 취급한다.

이 두 극단적인 시각을 벗어나면 정부가 해야 할 일과 하지 말아야 할 일에 대해 엄청나게 많은 의견이 있다. 사실 최소한의 정부 또는 중앙 계획 경제라는 '극단적인' 주장을 하는 사람들조차 최소의 정부가 정확히 무엇을 해야 하는지, 혹은 어디까지 경제가 계획되어야 하는지를 두고 같은 진영 내에서도 의견 일치를 이루지 못하고 있다.

## 국가 개입의 도덕성

### 국가는 개인보다 상위일 수 없다: 사회 계약설

국가의 역할에 관한 논쟁을 관통하는 오래된 주제는 도덕적인 것이다. 국가가 개인에게 이래라저래라 할 권리를 가지고 있느냐 하는 문제 말이다.

요즈음 경제학자들은 대부분 **개인주의**individualism를 신봉한다. 다시 말해 개인보다 더 위에 있는 것은 없다고 본다. 이 철학적인 입장을 근본까지 파고들면, 정부란 독립 의지를 가진 개인들 사이에 맺어진 **사회 계약**social contract의 산물이고, 따라서 개인의 상위 개념일 수가 없다는 시각을 담고 있다. 이런 견해를 **사회 계약설**contractarianism이라고 한다. 국가의 행위는 모든 개인이 동의했을 때만 정당성을 갖는다는 주장이다.

### '끔찍하고, 짐승 같고, 짧은': 토머스 홉스와 사회 계약설의 본래 논리

사회 계약에는 여러 가지 다양한 이론이 존재한다. 그러나 현재 가장 큰 영향력을 떨치고 있는 이론은 17세기 영국의 정치 철학자 토머스 홉스의 사상에 기초한 것이다. 성경에 나오는 바다 괴물의 이름을 따 1651년 출간된 유명한 저서 『리바이어던』에서 홉스는 정부 없이 자유로운 개인들이 존재하는 '자연 상태'를 설정하는 것에서 논리를 출발시킨다. 그런 상태에서는 개인들이 이른바 '모든 사람이 모든 사람을 상대로 하는 전쟁(war of all against all)'을 치러야 한다고 그는 주장한다. 그런 전쟁의 결과 모든 개인의 삶은 '고독하고, 빈곤하고, 끔찍하고, 짐승 같고, 짧다.' 이런 상태를 극복하기 위해 개인들은 정부가 자신들의 자유에 부과하는 일정한 제한을 자발적으로 받아들이는 데 동의하고, 사회적 평화를 얻을 수 있었다.

### 현대의 계약론자 혹은 자유지상주의자의 국가의 역할에 대한 논리

홉스 자신은 사실 절대 왕정을 정당화하기 위해 이 이론을 사용했다. 그는 개인들이 왕권에 완전히 승복하는 것을 지지했다. 왕권은 인류를 끌어올려 자연 상태를 벗어나게 할 능력이 있기 때문에 이러한 승복이 정당하다는 것이다.

그러나 철학자 로버트 노직과 경제학자이자 1986년 노벨 경제학상을 수상한 제임스 뷰캐넌을 비롯한 현대적 계약설의 추종자들은 홉스의 사상을 다른 방향으로 발전시켜 최소한의 정부를 정당화하는 정치철학을 탄생시켰다. 친자유 시장적인 이 계약설은 미국에서 **자유지상주의libertarianism**로 널리 알려져 있는데, 정부를 리바이어던처럼 괴물로 변할 수 있는 잠재력을 가지고 있기 때문에 제어할 필요가 있는 존재로 묘사한다. (홉스의 의도와는 전혀 다른 것이다.) 이 견해는 로널드 레이건의 다음과 같은 발언에 가장 잘 녹아들어 있다. "정부는 우리를 서로에게서 보호하기 위해 존재한다. 정부가 우리를 우리 자신으로부터 보호하겠다고 마음먹으면 그때부터 월권을 하는 것이다."

자유지상주의자들에 따르면 '만장일치'의 동의 없이 행하는 국가의 개입은 정당하지 못하다. 따라서 정부가 할 수 있는 정당한 행위는 법 질서 유지(특히 재산권 보호), 국가 방위, 사회 기반 시설의 제공 같은 것 뿐이다. 이 서비스들은 시장 경제가 존재하는 데 절대적으로 필요하므로 (만일 개인들에게 물어본다면) 국가가 이를 제공하는 것에 모든 개인이 동의할 것이기 때문이다. 이 같은 최소한의 기능을 벗어나는 것은 그 것이 최저 임금에 관한 법이든 복지 국가든 보호 관세든 간에 개인의 주권을 침해하는 것이며, 1944년 발간된 프리드리히 폰 하이에크의 유명한 책 제목처럼 '노예의 길'을 향한 첫 발걸음으로 여겨진다.

현대의 계약론자들, 다시 말해 자유지상주의자들의 철학적 입장은 진지하게 고려할 가치가 있다. 국가가 시민의 '위'에 있다면 '다수의 이익'을 위해 소수의 희생을 요구하는 것이 무척 쉬워지고, 이 '다수의 이익'이라는 것이 국가를 관리하는 사람들에 의해 자의적으로 규정될 수 있기 때문이다. 역사를 보면 모든 이에게 좋은 것이 무엇인지 안다고 확신하는 정치 지도자가 너무도 많았다. 왼쪽으로는 폴 포트, 스탈린, 오른쪽으로는 피노체트, 히틀러에 이르기까지 자신의 세계관을 폭력적 수단을 동원해서라도 관철시키려는 정치인들 때문에 우리는 많은 고통을 겪었다. 국가가 시민보다 위에 있지 않다는 선언은 국가의 권력 남용 혹은 국가라는 기계를 관리하는 사람들로부터 개인을 보호하는 중요한 방어 수단이다.

**계약론자들의 주장은 사회로부터 개인의 독립성을 과장한다**

그럼에도 불구하고 계약설은 몇 가지 중요한 한계를 가지고 있다. 먼저 이 주장은 뷰캐넌과 노직 자신도 인정하듯 실제 역사가 아닌 허구의 역사에 기초를 두고 있다. 인간은 한 번도 자유 계약을 맺을 수 있는 '자연 상태'로 존재한 적이 없고, 항상 일종의 사회의 일원으로 살았다(더 자세한 내용은 5장의 '사회에 뿌리박은 개인' 참조). 모든 것에서 자유로운 개인이라는 개념 자체가 자본주의의 산물인데, 자본주의는 국가보다 훨씬 나중에 등장했다.

따라서 허구의 역사에 기초를 둠으로써 사회 계약론자들은 사회로부터 개인이 갖는 독립성을 크게 부풀리고, (특히) 국가를 비롯한 집단 공동체의 정당성을 과소평가했다.

## 시장 실패

시장은 사회적으로 최적의 결과를 만들어 내는 데 실패할 수도 있다. 이를 시장 실패라고 한다. 이 개념의 배경이 되는 기본 사상은 이미 4장에서 외부 효과의 예를 통해 설명한 바 있다. 그러나 시장 실패는 정부가 수행할 수 있는 다양한 역할을 살펴보는 데 중요한 분석 도구를 제공하기 때문에 여기에서 좀 더 자세히 이야기해 보자.

### 어떤 제품은 공동으로 공급이 되어야 한다: 공공재

많은 재화와 서비스는 **사유재**private goods이다. 일단 대가를 지불하고 나면 그 대상이 된 사과나 휴가 패키지는 나만 소비할 수 있다. 그러나 재화와 서비스 중에는 일단 공급이 되고 나면 대가를 지불하지 않은 사람이 소비하는 것을 막을 수 없는 것이 있다. 이런 재화와 서비스를 **공공재**public goods라고 부른다. 공공재의 존재는 원조 시장 실패인 외부 효과보다 더 많이 인용되는 시장 실패 사례이다.

공공재의 가장 대표적인 예는 도로, 다리, 등대, 홍수 예방 시설 등과 같은 사회 기반 시설이다. 도로 건설 비용을 내지 않고도 그 도로에서 차를 몰고 다닐 수 있다면 누가 돈을 내겠다고 자원하겠는가? 등대를 짓고 유지 보수하는 데 돈을 내지 않았다고 해서 그 배에만 등대 불빛이 못 비치게 할 수는 없는 일이다. 따라서 다른 배의 주인들이 돈을 내서 만들고 유지하는 등대의 서비스를 돈을 내지 않은 사람도 공짜로 이용할 수 있다.

다시 말해 다른 사람들이 돈을 내서 만든 공공재에 **무임승차free-ride** 할 수 있다면 자발적으로 돈을 낼 이유가 없는 것이다. 그러나 모든 사람이 이렇게 생각해 아무도 돈을 내지 않는다면, 필요한 재화와 서비스가 전혀 공급되지 않을 것이다. 고작해야 다른 사람들이 무임승차를 하더라도 재화가 전혀 없는 것보다는 있는 게 낫다고 생각한 대규모 소비자들에 의해 최적량 이하의 공공재만 공급될 가능성이 있을 뿐이다. 가령 한 지역에서 대규모 사업을 하는 큰 기업이 있는데 좋은 도로가 없어서 기업 활동에 입는 손해가 너무 크다고 생각하면, 다른 사람들이 공짜로 이용하더라도 자기가 비용을 부담해 도로를 건설할 수 있을 것이다. 그러나 이 경우에도 도로의 수용력은 사회 전체의 필요보다 그 기업의 필요에 의해 결정될 것이고, 따라서 사회적 관점에서 보면 최적 수준 이하의 양이 공급된다.

이 때문에 공공재가 최적량으로 공급되려면 정부가 잠재적 사용자 모두(많은 경우 모든 시민과 거주자)에게 세금을 부과해 그 돈으로 직접 공공재를 제공하거나 그 돈을 민간 공급자에게 지불해서 공공재를 공급하도록 하는 수밖에 없다는 데에는 이견이 별로 없다.

## 대부분의 공공재는 정치적 이유에서 '공공화'되었다: 반드시 공공재가 되어야 할 재화의 수는 상대적으로 적다

공공재가 '꼭 되어야 하는' 제품은 사실상 상대적으로 그 수가 적다는 점을 알아야 한다. 물론 대가를 지불하지 않은 사람들이 사용하는 것을 막기가 불가능하거나 적어도 말도 안 되게 비용이 큰 재화들이 있기는 하다. 국가 방위가 가장 대표적인 예이다. '방위 서비스'에 대가를 지불한 사람들만을 보호하는 방식으로 전쟁을 치르는 것은 불가능하다. 홍수 방지 시설 역시 또 하나의 좋은 예이다. 홍수 방지 시설을 건설하는 데 돈을 내지 않은 가구에만 물이 들게 할 방법은 없다. 그러나 많은 경우 공공재는 우리가 그렇게 정했기 때문에 공공재로 받아들여지게 되었다. 세금을 통해 재원을 조달하고 정부가 제공하는 공공재의 많은 수는 쉽게 사유재로 전환할 수 있다. 많은 나라에서 시행하고 있는 것처럼 도로나 다리에 통행 요금을 부과하는 방법도 있다. 요즘에는 등대 대신 요금을 내는 사용자에게만 무선 신호를 보내는 것도 기술적으로 가능해졌다. 그럼에도 불구하고 많은 정부가 여러 (좋은 혹은 나쁜) 정치적 이유에서 광범위한 재화와 서비스를 공공재로 제공하고 있다.

## 공급자 수가 적으면 사회적 비효율성을 야기한다: 불완전 경쟁

논쟁의 여지가 많지만, 다수의 경제학자들이 독점이나 과점을 시장 실패의 예라고 말한다. 신고전학파 경제학에서는 이런 상태를 **불완전 경쟁**imperfect competition이라고 부른다.

시장에 경쟁자가 많으면 생산자들은 가격을 결정할 자유가 없다. 경쟁자가 더 낮은 가격으로 재화나 서비스를 제공할 수 있기 때문이다. 따라서 더 이상 가격을 낮추면 손해를 보게 되는 지점까지 가격을 낮추는 수밖에 없다. 그러나 2장에서 설명했듯이 독점이나 과점을 누리는 기업은 생산량을 조절함으로써 가격을 결정할 시장 지배력을 갖게 된다(독점인 경우 전적으로, 과점의 경우 부분적으로). 과점일 경우에는 기업들이 카르텔을 조직해 독점 기업처럼 행동하면서 더 높은 독점 가격을 부과할 수도 있다.

그러나 신고전학파 경제학에 따르면 이 잉여 이윤이 소비자에게서 기업으로 이전되는 것은 시장 실패가 아니다. 여기서 시장 실패가 일어나는 것은 시장 지배력을 지닌 기업들조차 차지할 수 없는 사회적 손실이 발생하기 때문인데, 이를 **배분성 자중 손실**allocative deadweight loss*이라고 한다.

## 쪼개기, 국유화, 혹은 규제?: 불완전 경쟁에 대한 대처

시장 지배력을 가진 기업이 시장을 장악한 상황에서는 정부가 그 기업의 시장 지배력을 줄여 자중 손실을 감소시킬 수 있다는 주장이 있다.

이러한 대처 방법 중 가장 과격한 것은 시장 지배력을 지닌 기업을 쪼개 시장 내 경쟁을 증진시키는 것이다. 실제로 미국 정부는 1984년 거대 전화 서비스 기업인 AT&T를 7개의 '베이비 벨'로 쪼개는 조처를

---

* 한 기업이 시장 지배력을 가지면, 그 기업의 이윤을 극대화하는 생산량은 사회적으로 최적화된 양보다 적다. 사회적 최적량은 소비자가 지불할 용의가 있는 최고 가격과 생산자가 손해를 보지 않고 생산할 수 있는 최저 가격이 동등한 지점이다. 사회적 최적량보다 생산량이 적으면, 생산자가 원하는 최저 가격보다 더 지불할 용의는 있지만 기업이 이윤을 극대화할 수 있는 수준의 가격은 지불할 용의가 없는 소비자들의 일부가 그 재화나 서비스를 취득하지 못하게 된다. 이렇게 소외된 소비자들의 채워지지 않은 욕구가 배분성 자중 손실이며, 이는 독과점에 따르는 사회적 비용이다.

단행했다. 이보다 더 많이 사용되는 방법은 과점 기업들이 카르텔을 만들어 가격을 담합하는 것을 정부가 금지시키는 것이다. 정부는 또 완전 경쟁 상태라면 가능했을 수준으로 가격을 유지하는 조치를 취할 수도 있다.

전기, 수도, 가스, 철도 등의 산업에서 찾아볼 수 있는 **자연 독점** **natural monopoly**의 경우에는 특별한 문제가 야기된다. 이런 산업에서 각자 나름의 공급망을 지닌 공급자가 다수라면, 예를 들어 각자 수도 관이나 철도를 소유한 공급자가 여럿 있으면 생산 비용이 너무 높아지기 때문에 독점 상태가 비용 면에서 가장 효율적이다. 이 경우 정부가 국영 기업을 세워 마치 독점 상태가 아닌 것처럼 운영하는 방법도 있다. 아니면 정부가 민간 부문의 기업에 독점권을 주되 가격 책정에 개입해 단위당 비용과 동일하게 혹은 **평균 비용average cost**˚으로 가격을 책정하도록 규제하는 방법도 있다.

**불완전 경쟁으로 인한 시장 실패는 공공재나 외부 효과에 비해 논란의 여지가 더 많다**

공공재와 외부 효과가 시장 실패를 가져온다는 것에는 그 범위 자체에는 이견이 있을지언정 근본적으로 동의하지 않는 경제학자가 별로 없을 것이다. 그러나 불완전 경쟁 문제를 두고는 논란이 훨씬 많다.

4장에서 설명했던 것처럼 신고전학파는 완전 경쟁 상태를 이상적으로 생각하지만, 슘페터학파와 오스트리아학파는 바람직하지 않은 상태라고 비난한다. 혁신이 일어날 수 없는 경제적 정체 상태라는 것이

---

• 이 비용에는 '정상 이익'이 포함된다. 정상 이익은 그 기업의 소유주가 독점이 아닌 다른 산업에 투자했을 때 얻었을 이익을 말한다.

다. (일시적) 독점 이윤이야말로 기업이 혁신을 꾀하도록 동기를 부여하는 요인인데, 독점을 단속하고 심지어 독점을 없애는 정책은 혁신을 줄여 기술의 정체를 가져온다는 논리이다.[1] 이들은 슘페터가 '창조적 파괴의 돌풍'이라고 부른 움직임 앞에서는 어떤 독점도 장기적으로 안전하지 않다고 주장한다. GM, IBM, 제록스, 코닥, 마이크로소프트, 소니, 블랙베리, 노키아를 비롯한 수많은 기업이 시장에서 거의 독점에 가까운 지위를 누렸고 천하무적이라 여겨졌지만, 이제는 모두 그 지위를 잃었고 코닥의 경우에는 역사의 뒤안길로 사라져 버리기까지 하지 않았는가.

**무엇이 시장 실패인지는 시장이 어떻게 작동하는지에 관한 이론에 따라 달라진다**

다양한 경제학파 중 독점 기업이 장악하고 있는 시장을 가장 성공적인 시장으로 보는 학파(슘페터학파, 오스트리아학파)도 있고, 반대로 완전히 실패했다고 보는 학파(신고전학파)도 있다는 것을 살펴봤다. 독점의 경우는 가장 극단적인 예일 수 있다. 그러나 이 책 전체를 통해 우리는 같은 현상을 놓고 한 학파는 그것을 시장의 성공으로, 또 다른 학파는 시장의 실패로 본다는 것을 여러 차례 목격했다. 예를 들어 신고전학파 경제학자들은 자유 무역이 주어진 자원과 생산 능력이 '정해진 한도' 안에서 모든 나라의 소득을 극대화하는 수단이라고 칭송하지만, 개발주의 경제학자들은 자유 무역이 후진 경제가 생산 능력을 '변화'시켜 장기적으로 소득을 극대화하는 것을 막는다고 비판한다.

중요한 것은 무엇이 시장 실패인지, 그리고 그에 따른 정부의 행위를 어디까지 정당화할 수 있는지는 시장이 어떻게 작동하는지에 대해 우리 각자가 선택한 이론에 따라 달라진다는 사실이다. 시장이 어떻게 작동하고 실패하는지를 경제학 이론마다 다르게 본다면, 이와 관계된 여러 가지 경제 이론을 모르고서는 우리는 국가의 역할에 관해 균형 잡힌 판단을 할 수 없다. 이는 4장에서 살펴봤던 경제학에 대한 다원적 접근의 필요성을 다시 한 번 강조해 주는 것이다.

## 정부 실패

시장이 실패한다고 해서 꼭 정부가 개입하는 것이 더 낫다는 뜻은 아니라고 주장하는 자유 시장 경제학자들의 주장에도 일리가 있다. 앤 크루거, 제임스 뷰캐넌, 앨런 피콕과 그들을 추종하는 경제학자들은 시장 실패를 주장하는 사람들이 정부를 마치 플라톤이 주창했던 관대하고 전지전능한 '철인 왕(philosopher king)'이 현세에 환생한 것처럼 무비판적으로 가정한다고 비판한다. 그들은 현실의 정부는 이상적이지 않고, 시장의 실패를 바로잡을 능력이 없거나 더 심한 경우 바로잡을 의사가 없을 수도 있다고 지적한다. 정부 실패 논리 혹은 공공 선택 이론으로 불리는 이 논리에서는 보통 정부 실패로 인한 피해가 시장 실패보다 더 크다고 주장한다. 따라서 정부의 개입을 받아들여 상황을 더욱더 악화시키는 것보다 시장의 실패를 받아들이는 것이 대부분의 경우 더 낫다는 것이다.

**독재자, 정치인, 관료, 이익 집단: 정부 또는 정부를 운영하는 사람들은 다수의 이익을 증진할 의사가 없을 수도 있다**

정부 실패를 주장하는 사람들은 정부가 할 수 있더라도 '올바른' 정책을 시행하기를 원하지 않을 수 있다며 그 이유를 다수 제시한다.

어떤 경우에는 시민의 복지보다 자기 배를 불리는 데 더 관심이 많은 독재자가 정부를 장악하고 있을 수도 있다. 지금은 콩고민주공화국이 된 과거 자이르의 모부투 세세 세코(재임 기간 1965~1997), 필리핀의 페르디난드 마르코스(재임 기간 1965~1986) 등이 대표적 예이다. 이런 '약탈적 정부', 아니 그 약탈적 정부를 장악한 독재자들은 세금과 뇌물로 국가 경제를 쥐어짜 장기적으로 재앙에 가까운 결과를 야기한다.

민주 국가에서는 공공의 이익 증진보다 권력을 잡고 유지하려는 것을 제일 큰 목표로 삼는 정치인들이 정부를 조종한다. 따라서 그들은 선거에서 다시 선출될 가능성을 극대화하는 정책을 실시할 것이다. 예를 들어 정부 수입은 증가시키지 않고 정부 지출만을 증가시키려 할 수도 있다. 비례 대표제가 아니라 지역구에 기반을 둔 선거 체제에서는 정치인들이 공공 자금을 자기 지역구를 개발하는 프로젝트에 투입하려고 노력할 것이다. 비록 국가적으로는 낭비이더라도 말이다. 이것이 바로 많은 나라가 실제 필요한 것보다 공항과 스포츠 경기장을 더 많이 가지고 있는 이유이다.

정치인들이 어쩌다 올바른 정책을 선택했다 하더라도, 그 정책을 실행에 옮기는 관료들도 나름의 의도가 있기 때문에 제대로 시행되지 못할 수 있다. 관료들은 유권자들보다는 자신의 이익에 맞게 정책을 고안할 것이다. 자기 부서에 할당된 예산을 부풀리고, 자신이 해야 하는 노력을 최소화하고, 자신의 영역을 지키기 위해 다른 부서와 협조를 줄이는 등 그들이 할 수 있는 일은 무궁무진하다. 이것을 '사리사욕 추구 관료(self-seeking bureaucrats)' 이론이라고 부른다. 이제는 고전이 된 BBC TV의 코미디 드라마 〈예, 장관님〉과 그 연작 〈예, 총리님〉에서 전설적인 배우 나이절 호손(⟨조지 왕의 광기⟩ 주연)이 연기하는 세련되고 기만적인 고위 공무원 캐릭터를 보면 이 이론에서 주장하는 것들이 실감난다.

마지막으로 이익 집단의 로비도 문제이다. 금융 규제를 더 느슨하게 하려고 로비하는 은행가들, 보호 무역 장벽을 더 높이 쌓아 올릴 것을 요구하는 기업가들, 최저 임금 인상을 주장하는 노조 등은 국가의 금융 안정성이나 소비자 가격, 실업률에 미치는 결과에 상관없이 자신들의 주장을 관철시키기 위해 최선을 다한다. 간혹 이익 집단들은 단순히 로비 활동을 하는 데 그치지 않고 자신을 규제하기 위해 만들어진 정부 부서를 장악하기도 한다. 이를 '규제 포획(regulatory capture)' 이론이라고 부른다. 그 한 예로 미국 금융 산업의 힘을 반영하기라도 하듯이, 지난 32년 동안(로널드 레이건 대통령의 첫 임기가 시작된 1981년부터 버락 오바마 대통령의 첫 임기가 끝난 2013년까지) 미국 재무 장관에 임명된 열 명 중 여섯 명이 금융 산업 출신이었다.[2] 그중 로버트 루빈과 행크 폴슨 두 사람은 같은 기업에서 일했다. 바로 골드만 삭스이다.

이 이론들은 공통적으로 다른 개인과 전혀 다르지 않은 개인들, 즉 이기적인 개인들에 의해 정부가 조종되고 영향을 받는다고 본다. 그런 개인들이 자신의 이익보다 공공의 이익을 먼저 챙길 것이라 기대하는 것은 망상까지는 아닐지 몰라도 순진한 생각이라고 말이다.

**정부는 설령 원한다 하더라도 정보 비대칭과 자원 부족 때문에 시장 실패를 수정하지 못할 수도 있다**

정부 실패를 주장하는 사람들은 정부의 동기 또는 정부를 운영하는 사람들의 동기에 의문을 제기할 뿐 아니라, 그럴 리가 없지만 혹시라도 정부가 진정으로 사회 복지를 증진할 의도가 있다 해도 시장의 실패를 바로잡을 능력 자체가 있는지에 의문을 제기한다.

정부 정책은 비대칭 정보 때문에 실패할 수 있다. 앞에서도 다룬 바 있지만 정보 비대칭(information asymmetry)이란 양측이 상호 작용을 하는데 한쪽이 다른 한쪽보다 더 많은 정보를 가지고 있는 경우를 말한다. 예를 들어 어떤 산업이 생산성을 증가시키려는 노력이 부족해서가 아니라 운이 나빠서 '성숙'하지 못했다는 로비스트의 주장을 믿고, 정부는 그 산업을 계속 유치산업으로 보호하는 정책을 사용할 수도 있다. 혹은 정보의 문제를 극복하고 어찌해서 좋은 정책을 고안했다 하더라도 정부에, 특히 가난한 나라의 정부에는 그 정책을 제대로 실행할 인적, 재정적 자원이 부족할 수도 있다.

## 탈정치화: 시장에서 정치를 제거하라

정부 실패 논리를 내세우는 사람들은 정부의 의도와 능력이 의심스러운 마당에 시장 실패를 수정한다는 명목으로 정부의 개입을 허락하면 상황이 더 악화될 수 있다고 주장한다. 시장이 실패할지는 모르지만, 정부는 거의 항상 더 크게 실패한다는 것이 그들의 결론이다.

이를 위해 제시하는 해결책이 시장에서 정치를 제거하는 것이다. 더 어려운 표현을 사용하면 **경제의 탈정치화**depoliticization of the economy이다. 정부 실패론자들은 이런 상태를 이루기 위해서는 정부 지출을 삭감하고(따라서 세금도 삭감하고), 시장 규제 철폐와 국영 기업의 민영화 등을 통해 정부를 최소화해야 한다고 주장한다. 통화 안정이나 자연 독점에 대한 규제처럼 여전히 정부 개입이 필요한 극소수 분야에서는 이런 일을 담당하는 정부 기구에 정치적 독립성을 부여해 정치로부터 정책 과정을 분리 보호해야 한다고 말이다. 중앙은행 독립과 자연 독점(가스, 통신 등)을 관리하는 독립적 규제 기관 설치 등이 가장 자주 거론되는 예이다.

## 시장과 정치

**정부 실패는 심각하게 고려해야 하지만, 크게 에누리해서 듣지 않으면 안 된다**

정부 실패는 실제로 존재하는 문제이고, 심각하게 고려되어야 한다. 정부 실패 논리는 현실의 정부가 교과서에 나오는 것처럼 완벽하지 않다는 것을 상기시켜 줌으로써 경제에 대한 우리의 이해를 돕는다. 사실 상당히 드문 '약탈적 정부'를 제외하고 정부 실패론자들이 거론한 모든 사례를 우리 주변에서 찾아볼 수 있다. 그러나 정부 실패론에서는 정부가 실패할 수 있는 범위를 과장한다. 잠깐만 생각해 봐도, 정부 실패론자들의 주장이 사실이라면 세상에 조금이라도 괜찮은 정부가 있는 것만도 엄청난 기적일 수밖에 없는데, 실제로는 제대로 기능하는 정부가 상당히 많고 일을 굉장히 잘 해내는 정부도 많다.

그 이유 중의 하나는 뻔한 이야기지만 정부 실패론자들이 묘사하는 것만큼 정치인, 관료, 이익 집단 모두가 이기적이지는 않다는 점이다. 선거에서 선출될 가능성을 높이기보다는 국가의 이익을 위해 열심히 노력하는 정치인의 예는 실제 세상에 수없이 많다. 이와 마찬가지로 안락한 생활을 추구하기보다는 공공 서비스 정신으로 일하는 관료, 더 큰 공공의 이익을 위해 당파적 이익을 자제하는 이익 집단의 예도 산재해 있다. 이와 더불어 공적인 직책을 맡은 사람들의 이기적인 행동을 제어하는 방법도 공직 윤리 증진에서부터 뇌물과 기타 부패 관행(연고에 따른 고용 등)에 대한 규칙까지 다양하다. 물론 정부 실패론자들이 지적하듯이 이런 규칙들은 피해 가거나 왜곡할 수 있고 실제로도 그런 사례가 많다. 그러나 이 규칙들이 완벽하지 않다고 해서 전혀 효과가 없다는 의미는 아니다. 불완전할지는 모르지만, 현재 우리가 비교적 높은 공직 사회의 기준을 갖게 된 것은 많은 부분이 그런 규칙들 덕분이다.[3]

### 탈정치화 제안은 반민주적이다

정부 실패의 가능성을 생각하면, 국가를 구석으로 밀어내고 중앙은행과 같이 꼭 필요한 기구에 정치적 독립성을 부여해 경제를 탈정치화하는 것이 좋은 생각처럼 들릴 수도 있다.

그러나 그렇게 해서 그 영향력을 줄여야 한다고 하는 '정치'라는 것이 과연 무엇인가? 민주 국가에서 정치란 국민이 끼치는 영향력에 다름 아니다. 시장은 '1원 1표' 원칙으로 움직이는 반면 민주 정치는 '1인 1표' 원칙으로 움직인다. 따라서 민주 사회에서 경제를 탈정치화하자는 것은, 결국 돈을 더 많이 가진 사람들에게 사회를 움직이는 힘을 더 많이 주자는 반민주적인 주장이다.

### 시장과 정치의 경계를 정하는 유일한 '과학적'인 방법은 없다

정부 실패론은 경제학, 즉 시장의 논리가 정치보다 우위에 있으며, 더 나아가 예술, 학문 등 인간 생활의 다른 측면보다도 우선되어야 한다고 주장한다. 이 논리는 요즘 들어 너무도 광범위하게 받아들여져서 사람들이 당연시하는 지경까지 왔다. 그러나 이는 심각하게 잘못된 주장이다.

무엇보다도 시장의 논리가 우리 생활의 다른 측면까지 적용되어야 할 이유가 없다. (일반인에게는 당연한 이야기이지만, 많은 경제학자들이 이를 받아들이기 힘들어 한다.) 우리는 빵만 가지고 사는 것이 아니지 않은가?

그에 더해 이 주장은 어떤 것이 시장의 영역에 속하고, 어떤 것이 정치 영역에 속하는지를 결정하는 유일하고 올바른 '과학적' 방법이 있다는 가정에 기초한다. 예를 들어 정부 실패론자들은 최저 임금 법안이나 유치산업의 보호 관세 같은 정책은 '정치적' 논리로 신성불가침한 시장의 영역을 침범하는 것이라고 주장한다. 그러나 이런 정책을 정당하다고 보는 경제학 이론들도 있다. 이런 점을 고려하면 정부 실패론을 지지하는 경제학자들은 사실상 다른 경제학 이론들에 '정치적'이라는 딱지를 붙여 더 열등한 것으로 취급하고, 자신들의 경제학 이론이 맞는 이론이고 심지어 '유일한' 경제학이라고 암묵적으로 주장하는 것이다.

### 하얀 마녀, 그리고 더 심오한 마법: 궁극적으로 불가능한 탈정치화

정부 실패론을 주장하는 사람들이 내세우는 경제학 이론이 설령 '맞다'고 받아들인다 하더라도, 경제와 정치 사이에 선명한 선을 긋는 것은 불가능하다. 시장의 경계 자체가 특정 경제학 이론(어떤 학파의 이론이든 간에)에 따라 정해지는 것이 아니라 정치적으로 정해지는 것이기 때문이다.

시장에서 거래를 시작하기도 전부터 우리는 무엇이 시장에서 거래될 수 있고, 누가, 어떤 방식으로 거래를 해야 하는지에 대한 (명시적인, 그리고 암묵적인) 규칙들을 정해야 한다. 이런 모든 규칙은 어느 면에선

가는 제한을 가하는 것이기 때문에 어떤 시장도 완전히 '자유' 시장일 수는 없다.* 그리고 이런 기본 규칙은 경제학적 논리로 결정할 수 없다. 시장에서 무엇을 사고팔 수 있는지(혹은 없는지)에 관한 '과학적' 리스트는 존재하지 않는다. 그 결정은 정치적인 것이다.

모든 사회에는 시장 거래가 금지된 것들이 있다. 인간(노예), 인간 장기, 아동 노동, 무기, 관직, 의료 서비스, 의사 자격증, 인간 혈액, 교육 자격증 등이 그 예이다. 그러나 이 중 어느 것에도 시장에서 사고팔면 안 되는 '경제적' 이유는 없다. 사실 이 모두가 어떤 시대 어떤 장소에서는 합법적인 시장 거래의 대상이었던 적이 있다.

다른 극단에는 이전에는 시장 거래 대상이 아니었으나 시장 거래의 대상으로 만들어진 것들이 있다. 18세기와 19세기에 특허권, 저작권, 상표권을 보호하는 법을 도입하기 전에는 '아이디어', 즉 지식 재산(지적 재산)은 시장에서 거래되지 않았다. 지금은 오염시킬 권리(탄소 배출권), 개념적인 경제 변수에 대한 투기(주가 지수나 물가 인상률에 근거한 파생 상품) 등이 시장에서 거래되지만 모두 한두 세대 전까지만 해도 존재하지 않았던 것들이다.

정부 또한 시장의 영역 안에서 경제 주체들이 무엇을 할 수 있고, 무엇을 할 수 없는지를 정하는 기본 규칙을 만든다. 허위 광고, 허위 정보에 기반을 둔 판매 행위, 내부자 거래** 등의 관행은 모두 금지되어 있다. 최저 임금, 작업장의 보건과 안전 문제, 노동 시간 등에 대한 규

---

* 이것이 바로 『그들이 말하지 않는 23가지』의 Thing 1 '자유 시장이라는 것은 없다'에서 내가 주장한 것이다.
** 내부자 거래는 상장 기업의 내부 정보에 배타적 접근성을 가진 개인이 그 정보를 이용해 그 기업의 주식을 거래하는 것을 말한다.

제는 기업이 노동자를 어떻게 처우해야 하는지의 한도를 정한다. 배기량 기준, 탄소 배출권 할당, 소음 공해 규제 등은 기업이 제품을 어떤 식으로 생산하는지를 결정한다. 예를 들자면 끝이 없다.

따라서 정치는 어떤 거래든 시작되기 전에 시장을 만들고, 그 모양과 범위를 정하고, 수정하고 있는 것이다. 마치 시간의 여명이 트기 전부터 존재했던 '더 심오한 마법(Deeper Magic)'과 같다. C. S. 루이스의 『사자와 마녀와 옷장』에서 아슬란은 알고 있었지만, 하얀 마녀는 알지 못했던 그 '더 심오한 마법' 말이다.

## 정부가 하는 일

오늘날 정부는 광범위한 제품과 서비스를 생산해 낸다. 국방, 법, 질서, 사회 기반 시설, 교육, 연구, 의료, 연금, 실업 급여, 보육, 노인 요양, 빈민층 소득 보조, 문화 서비스(예를 들면 박물관과 기념물의 유지 보수, 영화 산업에 대한 보조금) 등 그 예는 무궁무진하다. 또 대부분의 정부는 국영 기업을 소유해 전기, 석유, 철강, 반도체, 은행, 항공 서비스 등 어떤 나라에서는 민간 기업이 만드는 재화와 서비스를 생산한다.

이를 위해 정부는 많은 인력을 고용하고, 연필에서 원자로에 이르기까지 다양한 투입물을 사들이는 데 막대한 액수의 돈을 지출한다. 노동자의 월급과 물질적 투입물은 세금과 기타 정부 소득원으로 충당된다. 세금에는 개인 소득세, 법인세, 재산세, 부가세, 그리고 주류세나 유류세처럼 특정 상품에 부과되는 세금 등이 있다. 기타 정부 소득원으로는 국영 기업의 배당금, 정부가 보유한 금융 자산에서 나오는 이자 소득, 그리고 개발도상국의 경우 부자 나라로부터 받는 이전(대외 원조) 등이 있다.

정부는 또 경제의 한 부분에서 다른 부분으로 큰돈을 이전한다. 일부 국민들에게서 거둬들인 세금을 또 다른 국민들을 보조하는 데 사용하는 것이다. 이 같은 사회 복지 지출은 정부를 통한 이전 중 가장 중요한 부분이다. 그러나 특정 종류의 생산 활동(농업, 유치산업, 사양 산업 등)이나 투자(민간 기업의 연구개발, 에너지 절약을 위한 주택 정비 등)에 대한 보조금도 정부를 통한 이전에 포함된다.

직접적인 생산, 지출, 이전 이외에도 정부는 그 무게와 영향력을 이용해 경제 활동의 수준을 조절하기도 한다. 바로 **재정 정책fiscal policy**이다. 단순히 지출을 증가(감소)시키거나 세금을 감소(증가)시키는 것만으로 그 지출이나 세금이 어디에 쓰이고 어디에서 거둬들이는지 하는 정확한 내용과 상관없이 정부는 경제를 활성화(둔화)시킬 수 있다. 또 화폐 발행에 대한 독점권을 이용해 **통화 정책monetary policy**도 운용하는데, 중앙은행을 통해 금리를 조정하고 유통되는 화폐량을 조절하는 방법으로 경제 활동의 수준에 영향을 끼친다.

## 실제 숫자

**국내총생산 대비 정부 지출로 측정한 정부의 크기는 지난 1세기 반 사이에 아주 많이 커졌다**

19세기까지만 해도 어느 나라나 정부가 상당히 작았다. 정부가 하는 일이 상대적으로 적었기 때문이다. 현재 자료가 남아 있는 나라 중 1880년 당시 정부의 크기가 가장 컸던 나라는 프랑스로, 정부 지출이 총생산량의 15퍼센트에 해당했다. 영국과 미국의 정부 지출은 국내총

생산(GDP)의 10퍼센트에 해당했고, 스웨덴은 6퍼센트에 불과했다.[4]

그 이후 1세기 반 사이 현대 경제가 발달하면서 정부의 크기는 많이 커졌다. 부자 나라보다 정부의 크기가 작은 경향이 있는 개발도상국 조차 정부 지출은 보통 GDP의 15~25퍼센트에 해당한다.* 부자 나라는 30~55퍼센트이고, 평균은 45퍼센트이다(2009년 OECD 평균). 이들 중 상대적으로 낮은 나라(30~40퍼센트)는 작은 나라부터 열거하자면 한국, 스위스, 호주, 일본 순이다. 상대적으로 높은 나라(55퍼센트 이상) 는 큰 나라부터 열거하자면 덴마크, 핀란드, 프랑스, 스웨덴, 벨기에 순이다. 그 중간에 미국과 뉴질랜드(40퍼센트 이상), 독일과 노르웨이(약 45퍼센트), 네덜란드와 영국(약 50퍼센트) 등이 있다.[5]

## 정부 지출은 소비나 투자보다는 이전을 통해 많이 이루어진다

정부 지출의 많은 부분이 정부에 의해 직접 소비되거나 투자되는 것이 아니라는 점을 주목하자. 정부 지출의 많은 부분은 경제의 한 부분에서 다른 부분으로 돈을 이전하는 형태로 이루어진다. 특히 빈민층에 대한 소득 보조, 실업 급여와 같은 사회 보장 프로그램에 많이 지출된다. 따라서 국내총생산을 계산할 때 이 이전분은 제외해야 한다.

이전 금액은 부자 나라의 경우 GDP의 10퍼센트에서 25퍼센트에 해당한다. 예를 들어 어느 나라 정부의 총지출액이 GDP의 55퍼센트라 하더라도 이전 금액이 GDP의 25퍼센트라면 실제 정부 지출은 GDP의 30퍼센트밖에 되지 않는다.

개발도상국에서는 사회 복지 지출 형태의 이전 비율이 훨씬 낮다.

* 예외는 아주 낮은 쪽으로 미얀마(10퍼센트), 아주 높은 쪽으로 몽골과 부룬디(40퍼센트 이상)가 있다.

따라서 GDP에서 정부 지출이 차지하는 비율과 정부가 생산한 GDP 분 사이의 차이가 부자 나라에 비해 훨씬 작다. 세계은행 자료에 따르면, 대부분의 개발도상국에서는 사회 복지 지출이 많아야 GDP의 4~5퍼센트 수준(모리셔스, 에티오피아)이고, 심지어 거의 0에 가까운 나라(파라과이, 필리핀)도 있다.

이전 금액 때문에 GDP 비율로 보면 정부가 실제보다 더 커 보이는 것이 사실이지만, 한 나라의 경제에서 정부가 얼마나 중요한 역할을 하는지를 살펴보고자 할 때는 여전히 대부분의 사람들이 (부가 가치분만 보지 않고) 정부 지출 전체 수치를 본다. 그중 일부가 이전이 된다고 해서 그 이전 부분이 아무런 효과가 없는 것은 아니기 때문이다. 사회 복지 프로그램이 사람들의 저축, 은퇴, 일에 대한 태도와 행동에 좋든 나쁘든 영향을 끼친다는 것은 잘 알려진 사실이다. 이런 프로그램들은 사람들에게 '안전망'을 제공함으로써, 그들이 직장 선택이나 기업 활동, 이직을 할 때 더 큰 위험을 감수할 수 있도록 해 준다. 스웨덴 사회 민주당의 유명한 슬로건인 "안전하다고 느끼는 사람들은 대담할 수 있다(Secure People Dare)"도 바로 이런 근거에서 나온 것이다.

## 정부의 영향력은 숫자로 완전히 측정할 수 없다

인간 생활의 여러 부면 중에서 숫자로 완전히 현실을 포착할 수 있는 것은 하나도 없다. 어디에나 양이나 숫자로 나타내기 어려운 측면이 있게 마련이다. 게다가 경제에 관련된 모든 숫자는 특정 이론에 바탕을 두고 있는데, 각 이론은 양적으로 측정할 수 있는 요소를 다룰 때마저도 현실의 어느 측면에 초점을 맞추면서 다른 측면은 무시한다. (국내총생산을 산출할 때 가사 노동은 제외한다는 사실을 떠올려 보라.)

그러나 이 문제는 정부가 결부되면 더 심각해진다. 정부는 다른 경제 주체들의 행동을 제약하거나 강제하는 규칙을 만들 힘을 가진 독특한 경제 주체이기 때문이다. 예산 규모나 보유한 국영 기업의 숫자와 상관없이 어떤 정부가 많은 규칙을 만들고 그 규칙을 실행에 옮길 힘을 가졌다면, 그 정부는 경제의 나머지 부분에 커다란 영향을 끼칠 수 있다.

이것은 난해한 이론적 주장이 아니다. 1980년대까지만 해도 많은 사람들이 일본, 대만, 한국과 같은 동아시아 국가의 경제 '기적'이야말로 자유 시장 정책의 귀감이라고 생각했다. 예산 기준으로 볼 때 작은 정부였기 때문이다. 그러나 작다고 해서 이 나라 정부들이 자유방임주의적 접근법을 취한 것은 아니다. '기적'적 성장 기간 동안 이 정부들은 경제 계획, 규제, 기타 직접적인 개입을 통해 경제 발전 과정에 커다란 영향력을 행사했다. 예산 규모만으로 판단한 사람들은 이 나라 정부들의 진정한 성격과 중요성을 심각하게 오판하는 우를 범한 것이다.

## 맺는말—
## 경제학은 정치적 논쟁이다

2000년 미국 대통령 선거 기간에 실시한 한 여론 조사가 『파이낸셜 타임스』에 게재된 적이 있다. 이 조사에서는 사람들에게 어느 대통령 후보를 지지하는지를 물은 다음 거기에 덧붙여 왜 상대 후보를 지지하지 않는지도 물었다. '다른 쪽'을 지지하지 않는 이유로 가장 많이 나온 답 중의 하나는 상대방이 '너무 정치적'이라는 것이었다. 이 답은 부시 지지자와 고어 지지자 모두 공통적이었다.

미국 유권자들은 정말로 세상에서 가장 정치적 영향력이 큰 자리에 정치에 서투른 사람을 앉히겠다고 생각한 걸까? 물론 아니다. 그렇게 말한 이유는 '정치적'이라는 말이 좋지 않은 표현이 되었고, 따라서 정치인을 '정치적'이라고 부르면 그 사람에 대한 신뢰를 깎아내리는 데 아주 효과적이 되었기 때문이다.

이런 생각을 하는 것은 비단 미국인만이 아니다. 이제 막 민주주의를 시작한 나라에서는 사람들이 너무도 정치에 열정적인 나머지 선거 때만 되면 폭동과 인명 피해가 발생하기도 하지만, 또 다른 수많은 나라에서는 사상 최저 투표율 기록이 또다시 깨졌다는 뉴스가 계속 들려온다. 당원 수가 줄어들어 근심에 싸인 정당을 사방에서 볼 수 있다. 크리켓 선수 출신 파키스탄 정치인 임란 칸에서부터 이탈리아의 코미디언 출신 베페 그릴로에 이르기까지 많은 정치인이 (어떻게 표현하면 좋을까…) 바로 정치인이 아니라는 이유로 인기를 얻는다.

정치에 대한 불신이 점점 커지는 것은 부분적으로 정치인들의 잘못이다. 세상은 정치인들에 대한 불신을 키우는 데 최선을 다하는 정치인들로 가득하다. 이탈리아의 실비오 베를루스코니가 그중 대표 주자일 것이다. 그러나 자유시장주의 경제학도 정치 불신을 키우는 데 중요한 역할을 했다. 자유 시장 경제학자들, 더 정확히는 정부 실패론을 신봉하는 경제학자들은, (정치인과 관료를 포함해서) 정부를 운영하는 사람들이 공공의 이익을 위해 행동할 것이라고 믿으면 안 된다고 다른 사람들을 설득시켰다. 따라서 그들은 정부가 일을 덜 할수록 더 좋다고 주장해 왔다. 정부가 '필요악'인 영역조차 정치인들이 마음대로 간섭할 수 없게 엄격한 규칙으로 제한해야 한다는 것이 그들의 주장이다.

이러한 정치에 대한 불신은 경제에 미치는 정치의 영향력을 최소화하자는 자유 시장 경제 이론을 다시 확산시키고 강화하는 데 한몫했다.

그러나 이러한 견해는 내가 이 장에서 설명한 바와 같이 매우 문제가 많은 이론에 기초하고 있다. 뒷받침해 주는 증거가 있는 것도 아니다. 이 책 전체에서 살펴보았듯이 대부분의 경제 성공담의 배후에는 꼭 주도적이진 않더라도 정부의 적극적인 지원이 크게 자리하고 있다.

물론 정부의 개입이 성공한 사례가 있다고 해서 큰 정부가 항상 더 낫다는 말은 아니다. 현실의 정부들은 자유지상주의자들이 그리는 리바이어던 같은 괴물은 아닐지 모르지만, 플라톤의 철인 왕이 현신한 것도 아니다. 경제에 해를 끼친 정부가 많을 뿐 아니라 재앙에 가까운 결과를 초래한 정부도 있다. 그러나 정부는 인류가 만들어 낸 가장 강력한 조직 기술이며, 따라서 정부 없이 커다란 경제적(그리고 사회적) 변화를 꾀하기가 매우 어렵다는 사실에는 변함이 없다.

## 12장

# 지대물박
## (地大物博)

국제적 차원

# 국제 무역

**'청나라는 지대물박하여 다른 나라의 물건이 필요하지 않다'**

1792년 영국 왕 조지 3세는 매카트니 백작을 특사로 중국에 보냈다. 매카트니 백작의 임무는 청나라 건륭제를 설득해 외국인의 무역이 유일하게 허용된 광저우 항구를 벗어나 중국 전역에서 교역할 자유를 얻어 내는 것이었다. 당시 영국은 새로 알게 된 차 맛에 매혹된 탓에 중국을 상대로 엄청난 무역 적자를 내고 있었다. (그러므로 요즘의 무역 적자는 새로운 일이 아니다.) 그래서 더 자유롭게 교역을 하면 적자를 조금이나마 줄일 수 있으리라고 생각했다.

그러나 매카트니 백작은 임무에 완전히 실패하고 말았다. 건륭제는 매카트니를 통해 조지 3세에게 보낸 편지에서 청나라는 영국과의 교역을 늘릴 필요를 느끼지 못한다고 밝혔다. 또 청나라가 유럽 각국에 광저우에서만이라도 교역을 허락한 것은, '청나라가 생산하는 차, 비단, 도자기 등이 유럽 국가들에는 절대적으로 필요하기' 때문에 오로지 외국에 은혜를 베푸는 '호의의 표시'라고 지적했다. 건륭제는 "우리 청나라는 지대물박(地大物博)하여 다른 나라의 물품은 필요하지 않으며, 따라서 청나라의 물품을 외국 야만인들의 물품과 교환할 필요

가 없다"라고 선언했다.[1]

자국에서 생산한 물품을 사도록 중국인을 설득하는 시도조차 허락되지 않았기 때문에 영국은 인도에서 들여오는 아편의 수출에 박차를 가했다. 그 결과 아편 중독이 널리 퍼지자 위기감을 느낀 중국 정부는 1799년 아편 무역을 금지했다. 금지 조치는 효과를 발휘하지 못했고, 이에 건륭제의 손자 도광제는 1838년 마약 단속 총책에 임칙서(林則徐)를 임명하고 아편 밀수를 더 엄격하게 단속하기 시작했다. 영국은 이에 대응해 1840년 아편전쟁을 일으켜 중국을 완전히 격파했다. 전쟁에서 승리한 영국은 1842년 난징 조약을 맺어 아편을 포함한 모든 물품의 자유 무역에 대한 승인을 강제로 받아냈다. 그 후 1세기 동안 중국은 끊이지 않은 외침, 내전, 국가적 수모를 견뎌 내야만 했다.

### 데이비드 리카도, 중국 황제—그리고 애덤 스미스—에게 도전하다: 비교 우위 vs 절대 우위

중국이 결국 수치를 겪으며 자유 무역을 하게 된 후 사람들은 국제 무역에 대한 건륭제의 시각을 비웃었다. 후진적인 독재자가 국제 무역이 좋다는 것을 이해하지 못했다고 말이다. 그러나 건륭제의 의견은 사실 애덤 스미스를 비롯한 당시 유럽 주류 경제학자들의 시각과 다르지 않았다. 무역에 관한 건륭제의 관점은 **절대 우위absolute advantage**론이라고 부르는데, 한 나라가 잠재적 무역 대상국보다 모든 것을 더 싸게 생산할 수 있으면 무역을 할 필요가 없다는 것이다. 사실 상식적으로 생각해 봐도 그런 나라가 왜 무역을 하겠는가.

그러나 그런 나라도 무역을 해야 한다. 적어도 데이비드 리카도가 내놓은 비교 우위론에 따르면 그렇다(4장 참조). 이 이론에 따르면 어느 나라나 다른 나라와의 국제 무역에서 혜택을 볼 수 있다. 18세기 말 (적어도 건륭제의 시각에서는) 영국에 비해 모든 것을 싸게 생산할 수 있었던 중국처럼 그 나라가 무역 상대국보다 '모든 것'을 더 싸게 생산할 수 있어도 무역을 통해 혜택을 볼 수 있다는 것이다. 단지 상대국에 비해 가장 크게 우위에 있는 분야에 특화하면 된다. 이와 같은 맥락에서 어느 것도 잘 만들지 못하는 나라일지라도 가장 '덜' 못하는 것에 특화하면 무역에서 혜택을 볼 수 있다. 국제 무역은 그것을 하는 모든 나라에 이득이 된다.

비교 우위론의 논리는 나무랄 데가 없다, 그 논리의 기본이 되는 가정을 받아들인다면

19세기 초 리카도에 의해 만들어진 이래 비교 우위론은 자유 무역과 **무역 자유화**trade liberalization, 즉 무역에 대한 정부의 규제 완화를 옹호하는 진영에 강력한 무기 역할을 했다.

이 이론의 논리는 나무랄 데가 없다. 그 밑에 깔린 기본 가정을 받아들인다면 말이다. 그러나 이 가정에 의문을 제기하기 시작하면 비교 우위론의 타당성은 힘을 많이 잃고 만다. 자, 이제 헤크셔-올린-새뮤얼슨 정리의 배경에 깔린 두 가지 중요한 가정에 초점을 맞춰 설명해 보자. 4장에서도 다룬 바 있지만 헤크셔-올린-새뮤얼슨 정리야말로 현대 자유 무역 옹호 주장의 중심에 있는 이론이기 때문이다.[2]

모든 나라가 동등한 능력을 지니고 있다고 가정함으로써, 유익한 보호주의의 가장 중요한 형태를 구조적으로 배제한다

헤크셔-올린-새뮤얼슨 정리에서 가장 중요한 가정은 모든 나라

가 동등한 생산 능력을 가지고 있다는 것이다. 이는 어느 나라나 원하는 기술은 무엇이든 사용할 수 있다는 의미이다.[3] 이 가정에 따르면 한 나라가 특정 제품을 특화하는 유일한 이유는 그 제품을 생산하는 데 필요한 기술이 그 나라가 가진 생산 요소(즉 노동과 자본)의 상대적 부존량에 가장 잘 맞기 때문이다. (4장에서 든 BMW와 과테말라의 예를 떠올려 보라.)

완전히 비현실적인 이 가정은 유익한 보호주의의 가장 중요한 형태인 유치산업 보호를 미리 배제하고 들어간다. 오늘날 부자 나라들의 경제 발달에 유치산업 보호가 역사적으로 매우 중요한 역할을 했다는 사실은 이 책 전체에서 상세히 논의했다.


**자본과 노동이 아무런 추가 비용 없이 어느 부문에든 맞게 변형될 수 있다고 추정하여 무역 자유화에 과도하게 긍정적이다**

헤크셰르-올린-새뮤얼슨 정리는 자유 무역을 시행하는 것이 좋을 뿐 아니라 자유 무역을 하지 않다가 자유 무역으로 진입하는 과정에서도 아무런 피해를 입지 않는다고 주장한다.

예를 들어 강철에 부과했던 관세가 줄어들면 수입 강철의 가격이 떨어지기 때문에 (강철판을 사용하는 자동차 제조 기업과 자동차를 구입하는 최종 소비자 등) 강철 소비자들은 즉시 혜택을 보게 된다. 그러나 이 조처는 단기적으로는 국내 강철 산업에 종사하는 생산자(자본가와 노동자)에게 피해를 준다. 값싼 수입품으로 인해 기업들은 손해를 보고, 노동자들은 일자리를 잃을 수도 있기 때문이다. 그러나 얼마 지나지 않아 이들마저 혜택을 보게 된다. 그 나라가 가진 비교 우위에 더 적합한 산업 활동, 예를 들어 마이크로칩 생산이나 투자 은행 업무 등이 상대적으로 더 이윤을 내게 되면 그 산업들이 팽창할 것이기 때문이다. 이 팽창하는 산업들은 이전에 강철 산업에 투입되었던 자본과 노동력을 흡수할 뿐 아니라 생산성이 더 높기 때문에 더 높은 이윤과 임금을 돌려주게 된다. 결국 모두가 승자가 되는 것이다.

그러나 현실에서는 보호 장치를 잃은 산업에 종사했던 대부분의 자본가들과 노동자들이 입은 피해는 복구할 수 없다. 생산 요소, 즉 자본과 노동은 그 물리적 성격이 고정되어 있는 경우가 많다. 모든 산업에 공통적으로 사용할 수 있는 '일반적' 용도의 기계나 '일반적' 기술을 가진 노동자는 거의 없다. 파산한 제철소의 용광로는 마이크로칩을 제조하는 기계로 변화시킬 수 없으므로 폐철로 팔릴 확률이 높다. 노동자들도 마찬가지이다. 제철소에서 일하다가 재훈련을 받고 반도체 산업으로 직종을 전환한 사람을 몇 명이나 보았는가? 투자 은행으로 가는 것은 더욱 가능성이 낮다. (9장의 〈로저와 나〉 그리고 〈풀 몬티〉의 예를 상기해 보자.)

헤크셰르-올린-새뮤얼슨 정리가 무역 자유화를 그토록 긍정적으로 그릴 수 있는 것은 모든 자본과 노동이 동일(전문 용어로는 '균질')하고, 따라서 어느 산업 활동으로든 쉽게 이동할 수 있다고 가정하기 때문이다. 전문 용어로 말하면 **생산 요소의 완벽한 이동성**perfect factor mobility을 가정한 것이다.[4]

**보상 원칙을 적용해도 무역 자유화로 인해 수많은 사람이 피해를 본다는 사실은 감출 수 없다**

무역 자유화에 따른 피해자가 생긴다는 사실을 인정할 때조차 자유 무역 경제학자들은 '보상 원칙'(4장 참조)을 들어 가며 무역 자유화를 옹호한다. 무역 자유화로 인해 나라 전체가 더 잘살게 되니, 그 과정에서 입은 피해를 완전히 보상하고도 혜택을 입은 사람들은 추가 수익을 남길 수 있다고 말이다.

이전에도 언급했지만 이 주장의 문제는 그 보상이라는 것이 대체로 이루어지지 않는다는 데에 있다. 부자 나라에서는 실업 보험과 교육, 의료(미국은 제외) 등의 기본적인 사회 서비스를 제공하는 복지 제도를 통해 부분적으로(어디까지나 부분적일 뿐인) 보상이 이루어진다. 그러나 대부분의 개발도상국은 복지 제도가 매우 약하고, 있다 하더라도 구멍이 많기 때문에 보상이 아예 없거나 아주 미약하다.

보상이 이루어지지 않는데도, 무역 자유화와 같이 일부 시민에게 피해를 주는 정책을 정당화하기 위해 보상 원칙을 들먹이는 것은 국민의 일부에게 '다수의 이익'을 위해 희생하라고 강요하는 것이나 다름없다. 자유 무역 경제학자들이 그토록 신랄하게 비판하는 사회주의 국가에서 했던 일이 바로 그것 아닌가?

**국제 무역은 특히 개발도상국에 중요하지만, 그렇다고 자유 무역이 최선이라는 말은 아니다**

누군가가 자유 무역을 비판하면 자유 무역 경제학자들은 그들을 '반무역'주의자라고 비난한다. 그러나 자유 무역을 비판한다고 해서 무역 자체에 반대하는 것은 아니다.

비교 우위론에서 칭송하는 특화에 따른 혜택이 아니라도 국제 무역은 많은 혜택을 가져올 수 있다. 시장이 더 커지면 생산자들은 더 싼 가격에 제품을 생산할 수 있다. 보통 더 많이 생산하면 생산 단가를 줄일 수 있기 때문이다. 이를 **규모의 경제**economy of scale라고 부른다. 이것은 규모가 작은 경제일수록 더 중요하다. 규모가 작을수록 무역을 통해 큰 시장을 확보하지 못하면 모든 것을 비싸게 생산할 수밖에 없기 때문이다. 국제 무역을 통해 경쟁이 늘어나면, 엄청나게 우월한 외국 기업들에 완패할 수밖에 없는 개발도상국의 기업이 아닌 이상 생산자들은 효율성을 증대시키지 않을 수 없다. 국제 무역은 또 생산자들을 새로운 아이디어(새 기술, 새 디자인, 새 경영 관행 등)에 노출시켜 새로운 혁신을 낳을 수도 있다.

국제 무역은 개발도상국에 특히 중요하다. 생산 능력을 키워 경제를 발달시키려면 개발도상국은 더 나은 기술을 습득해야 한다. 이론적으로야 그런 기술을 스스로 개발할 수 있다지만, 상대적으로 후진 경제에서 스스로 새로운 기술을 개발한 사례가 현실에 얼마나 있겠는가? 7장에서 언급했던 북한의 비날론 같은 예가 드물게 있긴 하지만, 거의 없다고 해도 과언이 아닐 것이다. 따라서 개발도상국이 수입할 수 있는 기술을 이용하지 않는 것은 미친 짓이다. 그것이 기계가 되었든 특허 기술을 사용할 권리를 사는 **기술 사용권**technology license이 되었든 혹은 기술 자문이 되었든 최대한으로 이용해야 한다. 그러나 개발도상국이 기술을 수입하려면 먼저 수출을 해서 미국 달러화나 유로화처럼 보편적으로 통용되는 '경화(hard currency)'를 벌어들여야 한다. 어느 나라도 개발도상국의 통화를 지불 수단으로 받아 주지 않기 때문이다. 따라서 국제 무역은 경제 발전에 필수적이다.

국제 무역을 해야 한다는 것에는 이론의 여지가 없다. 그러나 그렇다고 해서 자유 무역이 최선이라는 의미는 아니며, 특히 개발도상국의 경우는 더욱 그렇다(꼭 개발도상국만 그런 것은 아니지만). 앞선 장들에서 설명했듯이 자유 무역을 하게 되면 개발도상국은 자국의 생산 능력을 개발할 기회를 방해받을 수 있다. 국제 무역이 필수적이라는 주장을, 국제 무역을 할 때 자유 무역이 최선이라는 주장과 혼동해서는 절대

안 된다.

## 실제 숫자

각 나라에 국제 무역은 얼마나 중요한가, 그리고 최근 그 중요성은 얼마나 커졌는가?

재화와 서비스의 수출과 수입을 평균 내서 산출하는 국제 무역은 1960년대 초 전 세계 국내총생산(GDP)의 약 12퍼센트(1960~1964년 평균) 규모에 해당했다. 그 후 GDP보다 훨씬 빠른 속도로 증가해서 그 비율이 이제는 29퍼센트(2007~2011년 평균)에 달한다.[5]

지난 반세기 사이 모든 나라에서 GDP 대비 무역 규모가 증가했지만, 그 수준은 나라마다 큰 차이를 보인다.

지난 30년 동안 미국 언론에서 하는 소리만 들으면, 미국이 처음에는 일본, 그리고 지금은 중국과의 무역 적자로 전 세계에서 유일하게 국제 무역으로 인해 고통받는 나라인 듯한 인상을 받을 수 있다. 그러나 미국 경제에서 수입이 차지하는 비율은 GDP의 17퍼센트(2007~2011년 평균), 수출은 13퍼센트에 그친다. GDP 대비 수출과 수입 수치를 평균한 **무역 의존율**trade dependence ratio은 15퍼센트이다. 이는 위에 언급한 세계 평균 29퍼센트에 한참 못 미친다. 사실 미국은 세계에서 무역 의존율이 가장 낮은 나라 중의 하나이다.

주요 경제국 가운데 미국보다 무역 의존율이 낮은 나라는 12퍼센트를 기록한 브라질뿐이다. 흥미롭게도 무역 주도 경제의 전형적 이미지로 우리의 뇌리에 박혀 있는 일본 역시 무역 의존율이 미국과 똑같이 15퍼센트로 낮다. (경제 정책 같은) 다른 조건이 동일하다면 경제 규모가 클수록 무역 의존도가 낮은 경향이 있다. 규모가 큰 덕분에 더 많은 산업에서 규모의 경제를 이룰 수 있어서 다양한 생산 구조를 자체적으로 구축하는 것이 가능하기 때문이다.

또 다른 극단에는 규모가 작고 무역 주도형의 경제를 가진 홍콩(206퍼센트)과 싱가포르(198퍼센트)가 있다. 이런 경제는 규모가 작기 때문에 자국의 필요를 충족하기 위해 무역을 많이 할 뿐 아니라 국제 무역 자체를 특화 산업으로 개발해 특정 재화나 서비스를 수입한 뒤 바로 다른 나라에 수출한다. 이를 '재수출'이라고 한다.

### '세계 평균'보다 무역 의존도가 훨씬 높은 나라는 다수인 데 반해 평균보다 상당히 낮은 나라는 소수에 불과하다

국제 무역이 전 세계 GDP의 29퍼센트에 해당한다는 사실을 감안하면, 이 수치에 가까운 무역 의존율을 보이는 나라는 무역 의존도가 '평균적'이라고 말할 수 있다. 여기에는 프랑스, 이탈리아처럼 규모가 큰 선진국과 인도, 인도네시아, 중국처럼 굉장히 규모가 큰 개발도상국이 포함되어 있다.

세계 평균을 훨씬 웃도는 60퍼센트 이상의 무역 의존율을 보이는 나라도 많다. 작은 규모의 부자 나라(네덜란드, 벨기에), 몇몇 원유 수출국(앙골라, 사우디아라비아), 정책적으로 제조업 수출을 고취해 온 나라(말레이시아, 태국) 등이 이 그룹에 속한다.

### 국제 무역의 구조 변화: 서비스 무역의 (과장된) 증가와 특히 개발도상국들의 제조업 무역의 증가

지난 반세기 동안 국제 무역에는 몇 가지 중요한 구조적 변화가 일어났다.

첫 번째는 서비스 무역의 중요성이 늘어난 점이다. 항공사 사무, 소프트웨어, MRI 판독 등 새로운 형태의 서비스 무역에 대한 대중 매체의 과장 보도에 힘입어 대부분의 사람들은 최근 들어 서비스 무역이 폭발적으로 증가했다는 인상을 받고 있다. 그러나 현실은 그런 이미지와는 크게 거리가 있다. 세계 무역에서 서비스 무역이 차지하는 비율은 1980년대 초(1980~1982년 평균) 17퍼센트에서 1990년대 초 20퍼센트로 증가했다. 그러나 이후로는 그 수준에서 부침을 거듭하고 있을 뿐이다.[6]

또 하나 이보다 더 중요한 움직임은 제조업 무역의 중요성이 증가했다는 점이다. 유엔의 비공식 보고서에 따르면 20세기 전반에 세계 상품 교역에서 제조업 제품의 무역이 차지하는 비율은 40~45퍼센트였다.[7] 유엔 공식 자료(ComTrade 데이터베이스)를 보면 1960년대 들어서 이 비율이 57~60퍼센트로 상승했고, 1970년대에는 61~64퍼센트까지 올라간 것으로 나타났다.[8] 1980년부터 시작하는 세계무역기구(WTO)의 자료에서도 (정확한 숫자는 유엔 자료와 다르지만) 이 움직임이 계속되는 것을 볼 수 있다. 1980년대 초(1980~1982년 평균) 세계 상품 무역에서 제조업은 57퍼센트를 차지했다. 1990년대 말(1998~2000년 평균)에는 78퍼센트까지 올라 절정에 달했다가 그 후에는 기세가 누그러져서 현재는 69퍼센트(2009~2011년 평균)를 기록하고 있다.[9]

이는 제조업 무역의 중요성이 서비스 무역의 중요성보다 (극적이라고 할 만큼) 훨씬 더 많이 커졌다는 의미이다. 이것은 우리가 산업화 후 지식 경제 시대에 (아직은) 살고 있지 않다는 또 하나의 증거이다(7장 참조).

세 번째로 주목할 만한 국제 무역의 구조적 변화는 개발도상국이 제조업 제품 무역에서 차지하는 비중이 1980년대 중반 9퍼센트에서 이제는 28퍼센트로 상당히 상승했다는 점이다.[10] 이 같은 상승은 많은 부분 중국의 수출 주도형 제조 산업의 급속한 발전에 힘입은 것이다. 중국은 1980년에 세계 제조업 제품 수출의 0.8퍼센트만을 담당했지만, 2012년에 이르러서는 이 비율이 16.8퍼센트로 치솟았다.

# 국제 수지

국제 수지는 한 나라가 경제 활동의 어느 부분에서 국제적으로 적자 혹은 흑자를 내고 있는지 보여 주는 입출금 내역서 같은 것이다. 모든 금융 내역서가 그렇듯 상당히 지루하다. 그러나 이 내역서에 어떤 것들이 포함되는지, 그것들이 무슨 의미인지, 그리고 실제 숫자는 어느 정도 규모인지를 알아야 한 나라의 경제가 국제 무대에서 차지하는 위치를 이해할 수 있다. 그러니 잠깐만 인내심을 발휘해 주기를 부탁드린다.

## 무역 수지

무역에서는 재화와 서비스의 움직임뿐 아니라 거기에 수반되는 돈의 흐름도 일어난다. 한 나라가 수출하는 것보다 더 많은 재화와 서비스를 수입하면 무역 수지에서 적자를 냈다고 말한다. 반대로 수입보다 수출이 더 많으면 무역 수지에서 흑자를 냈다고 말한다.

## 경상 계정과 자본 금융 계정의 수지

무역 수지 적자를 낸 나라는 어떻게 대처를 할까? 수출에서 번 돈보다 더 많은 수입 대금을 지불하려면 어디선가 돈을 찾아내야 하는 것 아닐까? 사실 그렇다. 그렇게 하는 데는 두 가지 방법이 있다.

하나는 국제 무역 말고 다른 방법으로 돈을 버는 방법이다. (국제 수지 통계에서 쓰는 전문 용어로 이것을 '소득'이라고 부른다.) 혹은 다른 곳에서 돈을 받을 수도 있다. (전문 용어로 '경상 이전'이라고 부른다.)

소득에는 노동자 보상과 투자 소득이 있다. 여기에서 '노동자 보상'은 자국에 살면서 외국에 있는 고용주를 위해 일하는 사람들이 버는 돈을 말한다. 멕시코에 사는 멕시코 노동자가 미국으로 출퇴근하면서 일을 하는 경우가 한 예이다. '투자 소득'은 외국의 금융 자산에 투자한 것에서 나오는 소득을 말하는데, 외국 기업의 주식을 보유해서 받는 배당금 등이 그 예이다.

경상 이전에는 해외에 거주하는 자국민이 벌어서 본국에 송금한 돈인 **노동자 송금**workers' remittance(이 부분은 나중에 좀 더 자세히 얘기하겠다)과 외국 정부로부터 받은 보조금, **즉 대외 원조**foreign aid가 있다.

무역 수지, 소득, 경상 이전 등이 모여서 **경상 수지**current account balance를 이룬다. 이것들이 어떻게 합산이 되는지 다음 페이지의 표를 보자.

무역, 소득, 경상 이전을 합산한 다음에도 경상 수지 적자가 해소되지 않을 수 있다. 그런 나라는 돈을 빌리거나(채무) 보유한 자산을 팔아야 한다. 이런 활동을 측정한 것이 '자본 금융 계정(capital financial account)'으로 단순히 **자본 계정**capital account이라고 더 많이 불린다. 자본 금융 계정은 (놀랍게도!) 자본 계정과 금융 계정이라는 두 가지 주요 요소로 구성되어 있다.

자본 계정은 주로 외채 상환을 면제받거나 외국에 빌려준 외채를 면

국제 수지
(주 요소만 선별)

---

경상 계정
　무역
　　재화
　　서비스
　소득
　　노동자 보상
　　투자 소득
　경상 이전
　　노동자 송금
　　대외 원조

---

자본 금융 계정
　자본 계정
　　자본 이전
　　비금융 자산의 매수/매각
　금융 계정
　　간접 투자(금융 자산 매수)
　　　　주식
　　　　채무(채권, 파생 상품 포함)
　　외국인 직접 투자
　　기타 투자(무역 차관, 은행 대출 포함)
　　준비 자산

제해 주는 형태의 '자본 이전', 그리고 특허 매매 같은 '비금융 자산의 매수/매각'으로 이루어진다.

금융 계정은 간접 투자, 외국인 직접 투자, 기타 투자, 준비 자산 등으로 주로 이루어진다. **간접 투자**portfolio investment는 주식(기업의 주식)이나 채무(채권과 파생 상품 포함) 등의 금융 자산을 매수하는 것을 말한다. **외국인 직접 투자**foreign direct investment(FDI)는 한 기업의 경영에 참여할 목적으로 외국인이나 외국 기업이 그 기업의 주식을 상당량(통상 10퍼센트) 사들이는 것을 말한다.[11] '기타 투자'에는 무역 차관(구매 대금을 나중에 갚도록 허락함으로써 기업이 구매자에게 돈을 빌려주는 것)과 대출(특히 은행 대출) 등이 있다. '준비 자산'에는 한 나라의 중앙은행이 보유한 외화와 금이 포함된다. 이를 가리켜 **외환 보유고** 혹은 **외환 준비금**foreign exchange reserve이라고 부른다.

한 나라의 경상 수지와 자본 금융 수지는 이론적으로 합산 결과가 0이 되어야 한다. 그러나 실제로는 항상 '실수와 생략'이 있게 마련이어서 합산 결과가 0이 아니다.


## 다양한 원인으로 인해 국제 수지의 역학이 달라질 수 있다

무역 수지의 변화는 국제 수지 전체에 영향을 미치는 경우가 많다. 가령 크게 흉년이 들거나 대규모 무역 자유화 등으로 무역 적자가 갑자기 크게 늘어나면 외채가 증가해 보유한 자산을 매각해야 할 수도 있다. 또 예를 들어 주요 수출품인 광물 자원에 대한 수요가 갑자기 크게 늘어 큰 무역 흑자가 나면 해외 자산을 구입할 여력이 생기고, 자산 구입에 따라 자본 계정에 적자가 날 수도 있다. 그러나 무역과 관계없는 요소들이 국제 수지에 영향을 미쳐 변화를 일으키는 상황도 있다.

어떨 때는 경상 이전의 증가가 국제 수지 내의 역학 변화를 촉발한다. 가령 어느 나라가 EU에 가입하면서 많은 국민이 독일로 일하러 갔다면 노동자 송금이 갑자기 증가할 것이다. 혹은 갑자기 '테러와의 전쟁'에서 지정학적으로 중요한 나라로 부상하면서 대외 원조가 쏟아져 들어올 수도 있다. (파키스탄이나 지부티를 생각해 보라.) 그 결과 많은 가용 외환이 생겨 재화와 서비스를 전보다 많이 수입하게 되면 경상 수지가 좋아져도, (무역 흑자가 줄고 적자가 늘어나서) 무역 수지는 악화될 수 있다.

또 어떤 경우에는 자본 계정이 변화를 이끌기도 한다. 개혁을 많이 하겠다고 약속한 친기업적인 성향의 대통령 후보가 대통령으로 선출되면서 그 나라가 갑자기 '매력적인' 투자 지역으로 부상해 간접 투자가 크게 급증할 수도 있다. 혹은 가령 거대한 원유 매장지가 발견되어 외국인 직접 투자가 많이 늘어날 수도 있다. 그러나 이런 일이 벌어지면 그 나라의 자산을 사기 위해 그 나라 통화에 대한 수요가 늘어나고, 그에 따라 화폐 가치가 올라가 수출 경쟁력을 잃게 되면서 결과적으로 무역 수지 적자가 늘어난다. 이 경우 자본 계정의 변화가 무역 계정에 영향을 미친 것이다.

## 실제 숫자

**어떤 나라는 무역 적자 및 흑자 규모가 국내총생산의 거의 절반에 달한다**

대부분의 부자 나라와 중간 소득 국가에서는 무역 수지가 흑자든 적자든 국내총생산(GDP)의 몇 퍼센트 수준이다. 예를 들어 2010년 GDP 대비 무역 흑자 규모는 일본 1.2퍼센트, 한국 2.6퍼센트, 중국 3.9퍼센트, 독일 5.6퍼센트, 헝가리 6.5퍼센트였다. GDP 대비 무역 적자 규모는 브라질 1퍼센트, 영국 2.1퍼센트, 미국 3.5퍼센트, 에콰도르 4퍼센트, 인도 4.4퍼센트였다.

그러나 GDP 대비 무역 수지 규모가 굉장히 큰 나라도 상당히 많다. 2010년 브루나이의 무역 흑자는 GDP의 49퍼센트에 달했고, 쿠웨이트는 34퍼센트, 룩셈부르크는 32퍼센트였다. 수출할 천연자원이 별로 없는 가난한 나라는 대규모 무역 적자를 기록한다. 2010년 레소토의 무역 적자는 GDP의 67퍼센트에 해당했다. 그 외에도 라이베리아, 아이티, 코소보 등의 나라가 GDP의 40퍼센트를 넘는 큰 규모의 무역 적자를 기록했다.[12]

**일반적으로 경상 수지 적자는 무역 수지 적자보다 작고, 경상 수지 흑자는 무역 수지 흑자보다 크다**

일반적으로 한 나라의 경상 수지 적자는 무역 수지 적자보다 작고, 경상 수지 흑자는 무역 수지 흑자보다 크다. 경상 계정의 다른 항목들이 적자 규모를 감소시키거나 흑자 규모를 확대시키기 때문이다.

부자 나라의 경우에는 투자 소득이 무역으로 인한 경상 수지의 적자를 줄이거나 흑자 규모를 늘리는 요인으로 작용한다. 2010년 미국의 무역 적자는 국내총생산(GDP) 대비 3.5퍼센트였지만, 경상 수지 적자는 3.1퍼센트였다. 프랑스는 각각 2.3퍼센트, 1.6퍼센트였다. 같은 해 독일의 무역 흑자는 GDP 대비 5.6퍼센트였고, 경상 수지 흑자는 6.3퍼센트였다.

개발도상국의 경우 무역 수지 적자와 경상 수지 적자의 격차를 조절하는 것은 주로 대외 원조이다. 이와 더불어 최근 들어 점점 더 중요해지는 것이 대외 원조액의 3배에 달하는 노동자 송금이다. 2010년 아이티는 무역 적자액이 GDP의 50퍼센트 규모였지만, 경상 수지 적자는 GDP의 3퍼센트에 지나지 않았다. 이것은 대외 원조(GDP의 27퍼센트 규모)와 노동자 송금액(GDP의 20퍼센트 규모)이 막대했기 때문이다.

**자본의 유입이나 유출이 급격히 늘어나면 심각한 문제가 생길 수 있다**

자본 유입이 갑작스럽게 증가하면 경상 수지 적자의 상당한 증가로 이어질 수 있다. 앞에서도 언급했지만 특히 경상 계정의 무역 항목이 영향을 많이 받는다. 자본의 유입이 꾸준하기만 하다면 GDP 대비 5~6퍼센트, 나아가 그 이상의 경상 수지 적자도 괜찮을 수 있다.

문제는 자본의 유입이 갑자기 극적으로 감소하거나 심지어 역류할 때이다. 예를 들어 외국인들이 보유하고 있던 자산을 처분하고 그 대금을 국외로 가지고 나가는 경우가 있다. 이런 식의 갑작스러운 변화는 국내 경제 주체들이 가진 자산 가치가 갑자기 부채보다 줄어드는 사태를 초래해 그 나라를 금융 위기로 몰아넣을 수도 있다.

자국 통화가 국제 시장에서 통하지 않는 개발도상국의 경우 이런 상황은 외환 위기로 치달을 수 있다. 수입 대금으로 지불할 돈이 부족해지기 때문이다. 외환 공급의 부족은 자국 통화의 **평가 절하**devaluation로 이어지고, 그에 따라 자국 통화로 환산한 외채 상환 부담이 천정부지로 치솟으면서 금융 위기를 더욱 악화시키게 된다.

이것이 바로 1990년대 태국과 말레이시아에서 일어난 일이다. 1991년부터 1997년 사이 태국과 말레이시아의 연간 자본 계정 흑자는 각각 평균 6.6퍼센트와 5.8퍼센트였다. 이를 바탕으로 두 나라 모두 각각 6.0퍼센트와 6.1퍼센트라는 높은 경상 수지 적자를 유지할 수 있었다. 그러나 자본 흐름의 방향이 역전되면서, 자본 계정의 적자는 각각 1998년 기준 GDP 대비 10.2퍼센트와 17.4퍼센트로 치솟았고, 그 결과 두 나라 모두 금융 위기와 외환 위기를 함께 겪어야 했다.

# 외국인 직접 투자와 다국적 기업

### 외국인 직접 투자는 국제 수지의 가장 역동적인 요소가 되었다

지난 30년 동안 외국인 직접 투자는 국제 수지에서 가장 역동적인 요소로 자리매김했다. 부침이 더 심하기는 했지만 국제 무역보다 더 빨리 성장한 것이다.

1970년에서 1980년대 중반 사이 전 세계적으로 연간 외국인 직접 투자 규모는 세계 국내총생산(GDP) 대비 0.5퍼센트였던 것이 1997년에는 1.5퍼센트로 늘어났다(유입량 기준).[13] 그 후 외국인 직접 투자 물길이 더 불어나 1998년부터 2012년 사이 (큰 부침을 거듭하기는 했으나) 평균 수치가 2.7퍼센트까지 올라갔다.[14]

외국인 직접 투자가 중요한 것은 그것이 단순한 금융 흐름에 그치지 않고 투자 대상국의 생산 능력에 직접 영향을 끼치기 때문이다.

### 외국인 직접 투자는 투자 대상국의 생산 능력에 영향을 끼친다

외국인 직접 투자는 순수한 금융 투자가 아니라는 점에서 다른 형태의 자본 흐름과 구분이 된다. 한 기업의 경영에 영향을 끼치려는 목적을 가지고 하는 투자이기 때문에 항상 새로운 경영 관행이 도입된다. 또 항상 그런 것은 아니지만 많은 경우 새로운 기술도 들어오게 된다. 그 결과 외국인 직접 투자는 투자 대상 기업의 생산 능력에 영향을 미친다. 그 형태가 외국 회사가 자회사를 새로 설립하는 **그린필드** **greenfield** 투자가 되었든(1997년 인텔이 코스타리카에 자회사를 설립한 것처럼) 기존의 회사를 외국 회사가 그대로 인수하는 **브라운필드brownfield** 투자가 되었든(2002년 GM이 한국 자동차 회사 대우를 사들인 것처럼) 상관없다.

외국인 직접 투자의 효과는 투자받는 해당 기업에만 국한되지 않는다. 특히 투자국과 투자 대상국의 생산 능력이 차이가 클 때는 대상국 경제의 다른 부분에도 생산 능력에 간접적인 영향을 크게 미친다. 이 현상은 여러 가지 방식으로 나타날 수 있다.

제일 먼저 '시범 효과'가 있다. 투자 대상국의 생산자들이 다국적 기업의 자회사들을 보고 새로운 관행과 아이디어를 배우는 것이다. 그 다음으로는 공급선을 따라 퍼지는 영향력이 있다. 다국적 기업은 그 지역 공급자들에게 납품을 받으면서 현지의 기업들보다 더 엄격한 품질과 납품 관리를 요구할 것이다. 따라서 다국적 기업의 자회사에 계속 납품하려면 지역 공급자들도 품질과 영업 관행을 개선할 수밖에 없다. 이 밖에 다국적 기업의 자회사에서 일하던 노동자들이 다른 기업에 취업하거나 자기 기업을 설립하는 경우, 새 기술을 어떻게 사용하고 생산 공정을 어떻게 더 효과적으로 관리하는지를 다른 노동자들에게 전수할 수 있다. 외국인 직접 투자의 이 같은 간접 효과를 통틀어 **파급 효과spill-over effect**라고 부른다.

### 외국인 직접 투자의 긍정적 효과는 증거가 미약하다

이처럼 외국인 직접 투자가 직간접적으로 긍정적인 효과를 거둘 가능성이 있음에도 투자 대상 국가에 혜택이 된다는 증거는 그다지 확실치 않다.[15]

그 이유 중의 하나는 위에 열거한 혜택이 모두 이론적이라는 점이다. 실제로는 많은 다국적 기업의 자회사가 그 지역 업체들로부터 납품을 받지 않고 투입물을 대부분 수입한다. 그래서 이런 기업들을 **엔클레이브**enclave* 식으로 존재한다고 말한다. 이 경우 공급선을 통해 퍼지는 혜택은 거의 없다. 노동자들이 다국적 기업의 자회사에서 배운 지식을 자국 경제의 다른 부분으로 전수하는 것도, 언젠가 경쟁사가 되기 위해 노력하는 기업이 되었건 혹은 납품 업체가 되었건 그 산업에 이미 투자 대상국의 기업이 존재하고 있을 때에나 가능한 이야기이다. 실제 이런 경우는 많지 않다. 특히 다국적 기업의 자회사가 장기적 생산 기지를 만들기 위해서가 아니라 그 나라의 천연자원이나 값싼 노동력을 이용하기 위해 들어왔다면 지식의 전수는 더욱 어려워진다.

그러나 외국인 직접 투자가 투자 대상국 경제에 명백하게 도움이 되지 않는 더 중요한 이유는 긍정적인 효과와 더불어 부정적인 효과도 있기 때문이다.

**일부 대기업들은 이윤을 전혀 내지 않는다―자기들이 그러고 싶은 데에서는**

2012년 스타벅스, 구글 등을 비롯한 몇몇 국제적 거대 기업이 영국, 독일, 프랑스 등 유럽 몇 개국에서 몇 년간 법인세를 아주 조금밖에 내지 않았다는 사실이 밝혀져 대중의 분노를 샀다. 내야 할 세금을 내지

---

* 자국 영토 내에 있는 외국 영토라는 뜻으로 네덜란드 안의 벨기에령(일부)인 바를러-헤르토흐(Baarle-Hertog), 프랑스 안의 스페인령인 이비아(Llívia) 등을 예로 들 수 있다.―옮긴이

않아서가 아니었다. 이윤이 적어서 내야 할 세금이 별로 없었기 때문이다. 아니, 그토록 무능한 기업들이 어떻게 세계에서 (가장 사랑받는 기업은 아닐지 모르지만) 가장 크고 가장 잘 알려진 기업으로 성장할 수 있었단 말인가?*

이 기업들은 영국 등에 있는 자회사의 비용을 부풀려서 내야 할 세금을 최소화했다. 제3국에 있는 자회사가 영국의 자회사에 제공한 서비스 요금을 시장에서 통용되는 가격보다 '훨씬 더 높게' 매기는 방법을 사용한 것이다. 이 제3국들은 영국보다 법인세율이 낮은 곳(아일랜드, 스위스, 네덜란드 등)이거나 심지어 법인세율이 극도로 낮거나 아예 세금을 매기지 않는 방법으로 외국 회사들이 '페이퍼 컴퍼니'를 설립하도록 끌어들이는 **조세 도피처tax haven**(버뮤다, 바하마 등)였다.[16]

### 이전 가격 조정이라는 오래된 속임수

다국적 기업은 세율이 다른 여러 나라에서 활동하고 있다는 점을 이용해 자회사들이 서로 가격을 너무(때로는 엄청나게) 높게 혹은 낮게 매기도록 한 뒤 법인세율이 가장 낮은 나라에서 활동하는 자회사가 가장 이윤을 많이 내도록 만든다. 이렇게 이전 가격 조정을 통해 회사 전체의 세후 이윤을 극대화하는 것이다.

개발 영역에서 활동하는 영국의 구호 단체 크리스천 에이드(Christian Aid)가 2005년 발표한 보고서에는 중국에서 안테나를 개당 0.40달러, 볼리비아에서 로켓 발사기를 개당 40달러, 미국 불도저를 528달러에 들여오는 저가격 수입 사례와 독일제 활톱날을 개당 5485달러, 일본

---

• 일부 독자들은 영화 〈오스틴 파워〉에서 닥터 이블이 시애틀의 스타벅스 타워에 앉아 세계 정복을 꿈꾸는 장면을 떠올릴지도 모르겠다.

제 족집게를 개당 4896달러, 프랑스제 스패너를 개당 1089달러에 들여오는 고가격 수입 사례가 나열되어 있다.[17] 스타벅스와 구글이 이 사례와 다른 점은 주로 브랜드 사용료, 특허권 사용료, 대출 이자와 사내 컨설팅 비용(커피 질 테스트, 매장 디자인 등) 같은 '무형 자산' 사용료를 통해 이전 가격을 조정했다는 것뿐이다. 그러나 원칙은 매한가지이다.

다국적 회사들이 이전 가격을 조정해 세금을 포탈하는 것은 영업하는 나라의 세금으로 만들어진 사회 기반 시설, 교육, 연구개발 등의 사회적 생산 투입 요소는 이용하면서도 대가는 지불하지 않는다는 의미이다. 이는 투자 대상국이 다국적 기업에 보조금을 지원하는 것이나 다름없다.

### 이 밖에도 외국인 직접 투자는 투자 대상국 경제에 부정적인 영향을 끼칠 가능성이 있다

이전 가격 조정은 외국인 직접 투자가 투자 대상국 경제에 끼칠 수 있는 부정적 영향들 중의 한 예에 불과하다. 특히 이 투자가 개발도상국을 대상으로 한 경우에는 부정적인 영향들이 더 다양하게 나타날 수 있다.

가령 다국적 회사의 자회사는 신용 대출 시장에서 투자 대상국 기업(같은 산업 분야와 다른 산업 분야의 기업 모두)을 밀어낼 수도 있다. 물론 그 자회사가 높은 효율성 덕분에 대출 기관에게 더 인기가 있다면 꼭 나쁜 것은 아니다. 그러나 효율성이 더 낮은데도 신용 대출을 더 쉽게 받는 경우가 있는데, 바로 다국적 기업의 자회사라는 신분 덕분이다. 개발도상국에 있는 어느 자국 기업보다 더 신용이 좋을 수밖에 없는 모회사의 지원을 암묵적으로 받고 있다고 인식되기 때문이다. 만일 이런 경우라면 투자 대상국 대출 시장을 다국적 기업의 자회사가 장악한다는 것은 효율성이 떨어지는 기업에 대출이 주어진다는 의미이다.

또 하나의 이유는, 다국적 기업에는 작은 부분에 불과한 자회사이지만 개발도상국 시장에서는 독점 혹은 과점적 위치를 누리는 큰 회사가 된다는 점이다. 다국적 기업의 자회사들은 이런 위치를 이용할 수 있고 실제 그렇게 함으로써 11장에서 논의했던 사회적 비용을 발생시킨다.

게다가 다국적 기업은 막대한 자금력과 모국의 정치적 지원을 등에 업고 투자 대상국의 정책을 그 나라 경제보다 자사의 이익에 맞는 쪽으로 바꿀 수도 있다. 2013년 글락소스미스클라인 등의 다국적 거대 제약 회사들이 중국에서 일으킨 스캔들처럼 단순히 로비나 뇌물 같은 것만 이야기하는 게 아니다. 거대 기업들은 **바나나 공화국**banana republic 정도 규모의 영향력까지 행사할 수 있다는 것을 잊어서는 안 된다.

'바나나 공화국'이라는 말은 요즈음은 글로벌 의류 회사 갭에서 만드는 바나나 리퍼블릭이라는 브랜드로 더 잘 알려져 있다. 그러나 사실 이 말은 어두운 출생 배경을 갖고 있다. 20세기 초 온두라스, 과테말라, 콜롬비아 등 중남미의 바나나 생산 국가들을 유나이티드 프루트 컴퍼니(UFC)라는 기업이 경제적, 정치적으로 완전히 장악하고 있던 때에 나온 말이다. 가장 끔찍한 비극은 1928년 콜롬비아에 있는 UFC 바나나 농장에서 파업하던 노동자들이 대량 학살된 일이다. 당시 미국 해병대가 UFC의 이익을 보호하기 위해 침공하겠다고 위협하자, 콜롬비아 정부는 자국 군대를 파견해 수천 명으로 추정되는 노동자를 죽였다. (정확한 수는 확인되지 않았다.) 이 사건은 콜롬비아의 위대한 작가 가브리엘 가르시아 마르케스의 명작 『백 년 동안의 고독』에 소설화되기도 했다. 미국의 다국적 기업들은 미국 군부 우파 및 CIA와 손잡고 1960년대와 1970년대 중남미의 좌파 정부를 무너뜨리는 데 적극 협조한 것으로 알려져 있다.

장기적으로 볼 때 외국인 직접 투자의 부정적 영향 가운데 가장 중요한 것은 투자 대상국이 생산 능력을 향상시키기가 더 어려워진다는 사실이다. 일단 다국적 기업들이 투자 대상국 안에 자리를 잡은 후에는 자국 기업들이 생존하기가 어려워진다. 바로 이런 이유에서 현재의 부자 나라 중 많은 나라(특히 일본, 한국, 대만, 핀란드)가 자국 기업들이 세계 시장에서 경쟁할 능력을 갖출 때까지 외국인 직접 투자를 엄격하게 제한했던 것이다. 예를 들어 토요타의 첫 대미 자동차 수출 시도가 큰 실패로 끝난 후[18] 많은 전문가가 충고한 대로 일본 정부가 1950년대 말 자동차 산업에 외국인 직접 투자를 허용했다면, 당시 일본 자동차 산업의 상황으로 볼 때 일본 기업들은 미국이나 유럽의 다국적 기업들에 전멸당했을 것이다. 1955년 당시 GM 한 회사에서 생산하는 자동차가 350만 대에 달한 반면, 일본 자동차 산업 전체에서 생산하는 자동차를 다 합쳐도 7만 대에 불과했다.

**외국인 직접 투자의 혜택이 완전히 발휘되기 위해서는 적절한 규제가 필요하다**

외국인 직접 투자의 영향은 각 산업과 국가의 특징에 따라 다르고 복잡하기 때문에 그것이 좋다 나쁘다 일반화해서 이야기하기는 어렵다. 또 그 투자가 바람직한지 아닌지는 어떤 실적 기준을 적용할지(예를 들면 고용, 수출, 생산력, 장기적 성장), 어떤 시계(視界)를 사용할지에 따라 달라질 수 있는데, 보통 혜택은 즉각적인 반면 피해는 더 장기적 성격을 띠는 경우가 많기 때문이다. 그럼에도 한 가지 확실한 것은 외국인 직접 투자의 혜택을 극대화하기 위해서는 (특히 개발도상국은) 규제를 적절히 사용해야 한다는 사실이다. 이러한 목적으로 각국에서 사용된 규제들에는 상당히 여러 가지가 있다.

많은 나라들이 어느 산업에 외국인 직접 투자가 가능한지를 규칙으로 정해 놓았다. 또 다국적 기업에 자국 기업을 투자 파트너로 삼을 것을 요구하기도 한다. 이를 **조인트 벤처 요건**joint venture requirement이라고 한다. 조인트 벤처 요건 중에는 외국인 투자자가 보유할 수 있는 지분의 양을 정해 놓은 것도 있는데, 주요 산업의 경우 보통 50퍼센트 이상은 외국인의 보유를 허용하지 않는다. 자국의 조인트 벤처 파트너에게 기술을 이전하거나 자국 노동자들을 훈련시키라고 다국적 기업에 요구하는 정부도 많다. 이 중 전자를 **기술 이전 요건**technology transfer requirement이라고 한다. 또 다국적 기업의 자회사들에 생산 투입물의 특정 비율을 국내에서 공급받으라고도 요구한다. 이를 **국산 부품 사용 요건**local contents requirement이라고 한다.[19]

일본, 한국, 대만, 중국 등은 이러한 규제들을 특히 성공적으로 활용한 사례로 꼽힌다. 이 나라들은 외국인 직접 투자를 허용한 것은 물론 일부 산업 부문에서는 환영하기까지 했지만, 혜택을 극대화하고 피해는 극소화하기 위해 규제 조치들을 적절히 활용했다. 그러나 이제는 (한때 세계에서 가장 효과적으로 외국인 직접 투자를 규제했던 일본을 포함한) 부자 나라들이 WTO 협정(TRIMs라고 줄여서 부르는 무역 관련 투자 조치에 관한 협정), 양자 간 자유 무역 협정(FTA), 양자 간 투자 보장 협정(BIT) 등을 통해 많은 규제 조치들을 '불법'으로 만들어 버렸다.[20]

일본과 중국이 이런 규제들을 활용해 큰 성공을 거두었다고 해서, 외국인 직접 투자를 관리하는 데 '채찍'이 유일한 방법이라는 말은 아니다. 싱가포르, 아일랜드 등은 자국의 경제 발전에 중요하다고 생각하는 산업 분야에 외국인 직접 투자를 끌어들이기 위해 '당근'을 사용했다.[21] 이들이 사용한 '당근'에는 '우선순위가 높은' 부문에 투자하는 다국적 기업에 지급하는 보조금, 특정 산업에 필요한 사회 기반 시설의 맞춤 공급, 특정 산업에 필요한 엔지니어 및 숙련 노동자의 공급 같은 조처가 포함되어 있다.

# 실제 숫자

### 외국인 직접 투자량의 증가

외국인 직접 투자가 급속히 성장하기 시작한 1980년대 중반 전 세계 외국인 직접 투자 총액은 연간 750억 달러(1983~1987년 평균) 규모였다.[22] 현재는 이 수치가 1조 5190억 달러(2008~2012년 평균)로 증가해서 1980년대 중반의 20배 규모가 되었다. 매년 12.8퍼센트씩 성장했다는 뜻이다. 엄청나게 많은 액수와 빠른 성장처럼 보이지만, 이 숫자들을 전체 그림에 비추어 봐야 제대로 이해할 수 있다.

1980년대 중반 전 세계 외국인 직접 투자 규모는 세계 국내총생산(GDP) 13조 5000억 달러(1983~1987년 평균)에 대비할 때 0.57퍼센트였다. 2008~2012년의 액수는 절대 액수로는 많아 보여도 세계 GDP의 2.44퍼센트 수준에 불과하다.

**외국인 직접 투자는 대부분 부자 나라들 사이에서 일어나지만, 최근에는 주로 중국 덕분에 개발도상국들이 자기 몫보다 더 투자를 받게 되었다**

외국인 직접 투자는 대부분 부자 나라들 사이에 일어난다. 1980년대 중반(1983~1987년) 외국인 직접 투자 대상의 87퍼센트는 부자 나라였다. 이 나라들의 GDP가 당시 세계 GDP의 83퍼센트를 차지했음을 감안하면 부자 나라들이 '자기 몫'보다 조금 더 투자를 받은 것이다. 이 비율은 약간의 부침을 거듭하면서 최근(2008~2012년)에는 66퍼센트 선까지 떨어졌다. 2010년 현재 부자 나라들의 GDP가 세계 GDP의 70.8퍼센트를 차지하므로, 이번에는 부자 나라들보다 개발도상국들이 '자기 몫'보다 조금 더 외국인 직접 투자를 받은 셈이다.

지난 30년 동안 외국인 직접 투자를 가장 많이 받은 나라는 단연 미국이다. 1980년에서 2010년 사이 전 세계 외국인 직접 투자의 18.7퍼센트가 미국으로 들어갔다. 그 뒤를 영국(9.4퍼센트), 중국(7.8퍼센트), 프랑스(4.7퍼센트), 독일(3.5퍼센트) 등이 잇고 있다. 절대적인 숫자로 따지면 미국이 가장 많은 투자를 받았지만, 세계 경제에서 차지하는 비중으로 볼 때 기대보다 훨씬 적게 투자를 받았다고 할 수 있다. (이 기간 동안 미국은 전 세계 GDP의 26.9퍼센트를 생산했다.) 반면 중국과 영국으로는 그 나라들이 세계 경제에서 차지하는 비중에 비해 훨씬 많은 양의 투자가 유입되었다. (두 나라 모두 이 기간 동안 세계 GDP의 4.4퍼센트를 생산했다.) 이 리스트에 없어서 주의를 끄는 나라가 일본이다. 이 기간 동안 세계 GDP의 12퍼센트를 생산한 일본은 최근까지도 외국인 직접 투자를 매우 엄격하게 규제한 덕분에 0.7퍼센트만 투자받는 데 그쳤다.

더 최근으로 초점을 맞춰 보면 2007~2011년 사이 외국인 직접 투자를 가장 많이 받은 나라는 미국, 중국, 영국, 벨기에, 홍콩, 캐나다,

프랑스, 러시아, 스페인, 브라질 순이다. 비중으로 따져서 '자기 몫'보다 못 받은 나라는 미국, 프랑스, 브라질이었고, 다른 나라들은 모두 '자기 몫'에 비해 많이 받았다.[23]

개발도상국 그룹이 외국인 직접 투자 흐름에서 더 중요해졌다고 해서 모든 개발도상국이 똑같이 더 중요해진 것은 아니다. 1980년에서 2010년까지 개발도상국을 대상으로 한 외국인 직접 투자 총액의 75.7퍼센트가 상위 10개국에 집중되었다. 이들 10개국이 개발도상국 GDP의 71.4퍼센트밖에 생산하지 않는데도 말이다.[24] 특히 개발도상국 GDP의 22.8퍼센트를 생산하는 중국이 총투자의 32.2퍼센트를 받은 것은 주목할 만하다.

**최근에는 외국인 직접 투자 중 브라운필드 투자가 늘면서 전 세계 산업 지도를 바꾸고 있다**

1990년부터 1997년까지 브라운필드 직접 투자, 다시 말해 국제적 인수 합병이 전 세계 외국인 직접 투자의 31.5퍼센트를 차지했다.[25] 1998년에서 2001년 사이 세계적으로 국제적 인수 합병이 붐을 타면서 이 숫자는 57.7퍼센트로 치솟았다. 그 뒤 2002년에서 2004년까지 몇 년간은 잠깐 주춤해서 33.7퍼센트로 떨어졌다가 2005년부터 2008년까지는 다시 44.7퍼센트로 올라갔다. 그 뒤 2008년 글로벌 금융 위기로 인해 20년 내 최저치로 떨어졌지만(2009~2012년 평균 25.3퍼센트), 일반적으로 그린필드 투자에 비해 브라운필드 투자가 상대적으로 증가하는 경향은 변함이 없다.

브라운필드 투자의 이러한 증가 추세는 케임브리지대학 경제학자 피터 놀런이 **글로벌 비즈니스 혁명**global business revolution이라고 부른 현상과 밀접한 관련이 있다.[26] 지난 20여 년 사이 격렬한 국제적 인수 합병을 통해 거의 모든 산업 분야는 소수의 글로벌 기업이 장악했다. 세계 항공기 산업은 보잉과 에어버스 두 회사가 독식하고 있고, 자동차 산업은 현재 6대 양산 기업(토요타, GM, 폭스바겐, 르노-닛산, 현대-기아, 포드) 이외에 장기적으로 살아남을 기업이 있을까에 관해 산업 관계자들의 의견이 분분하다. 심지어 푸조-시트로엥, 피아트-크라이슬러, 혼다 등의 주요 기업마저도 생존 가능성이 확실하지 않은 실정이다.

게다가 놀런 교수가 '폭포 효과(cascade effect)'라고 부르는 과정을 통해 납품 업체마저 몇몇 기업으로 집중되었다. 예를 들어 세계 항공기 엔진 산업은 이제 세 회사가 장악하고 있다(롤스-로이스, 프랫&휘트니, GE 자회사인 페어필드).

# 이민과 노동자 송금

### 열린 국경, 사람에게는 열려 있지 않다?

자유 시장 경제학자들은 열린 국경의 여러 가지 혜택에 대해 침이 마르도록 칭찬을 아끼지 않는다. 그들은 국경이 열리면 기업들이 세계에서 가장 값싼 재화를 들여와 소비자들에게 최저가로 공급할 수 있다고 주장한다. 국경이 열린 덕분에 (재화와 서비스의) 생산자들 사이에 경쟁이 더 치열해져서 비용을 절감하고 기술을 향상시키지 않을 수 없게 되었다고 말한다. 재화든 서비스든 자본이든, 경제 거래 대상이 될 잠재성이 있는 것의 국제적 이동에 제한을 가하면 해롭다는 것이 그들의 주장이다.

그러나 그들이 같은 원리를 적용하지 않는 경제적 거래가 있으니,

바로 노동력의 국제적 이동인 **이민immigration**이다. 자유 무역을 옹호하는 것과 똑같은 방식으로 자유 이민을 옹호하는 자유 시장 경제학자들은 극소수에 불과하다.[27] 모든 것의 자유로운 이동을 옹호하는 많은 자유 시장 경제학자들이 자기들의 주장에서 사람의 이동이 빠져 있다는 것이 일관성 없다는 사실조차 깨닫지 못한다. 일부는 이 주제에 관해 이야기하는 것을 본능적으로 피한다. 마음속 깊이 자유 이민이란 것이 경제적으로 실현 불가능하고, 정치적으로 수용될 수 없다는 것을 알기 때문이다.

### 이민은 시장의 정치적, 윤리적 성질을 드러낸다

이민, 즉 노동력의 이동이 (재화. 금융 서비스. 자본 같은) 다른 경제적 거래 대상과 다른 것은 그 서비스를 제공하는 주체를 물리적으로 국경 안으로 데려오지 않고서는 수입이 불가능하다는 점이다.

중국에서 만든 아이패드나 영국의 투자 은행 서비스를 구입할 때 중국의 조립공이나 영국의 은행가가 우리나라에 와서 살 필요는 없다. 간혹 (미국으로 출퇴근하는 멕시코 노동자들처럼) 노동자들이 국경을 넘어 출퇴근하는 경우도 있다. 이때 노동자들은 경상 수지의 소득 요인에서 '노동자 보상'을 버는 것이다(앞 내용 참조). 그러나 일반적으로 다른 나라에 일하러 가는 사람들은 적어도 일정 기간은 그 나라에 머물러야 한다.

그리고 외국인이 국경 안에 들어와 머무르면서 일을 할 때 적어도 그 나라가 민주 국가라면 최소한의 권리를 보장해 줘야 한다.[28] 스웨덴으로 일하러 온 인도 노동자에게 그가 인도인이라고 인도 수준의 임금과 권리를 줄 수는 없는 일이다.

그렇다면 이민자들에게 어떤 권리를 주어야 할까? 일단 국경 안으로 들어오고 나면 직업 선택의 자유를 완전히 보장해 주어야 할까? 아니면 이민을 받아들이는 많은 나라에서 하는 것처럼 특정 산업, 심지어 특정 고용주 밑에서만 일하게 해야 할까? 세금을 재원으로 하기 때문에 자국민에게 무상으로 제공되는 기초 교육과 의료 등 특정 사회 서비스를 이민자들에게는 사용료를 받아야 하는 것일까?* 이민자들에게 자국의 문화적 기준(히잡 착용 금지 등)을 따르도록 강요할 수 있을까? 모두 답하기 쉬운 질문들이 아니다. 특히 신고전학과 경제학에서 답을 찾을 수 있는 것들은 아니다. 이 질문들의 답은 정치적, 윤리적 판단을 요구하고, 따라서 경제학이 '가치 판단을 배제한 과학'이 될 수 없다는 사실을 다시 한 번 보여 준다.

## 이민자들은 보통 이민 수용국에 혜택을 가져온다

일반적으로 이민자들은 이민을 함으로써 혜택을(많은 경우 아주 많은 혜택을) 본다고 받아들여진다. 특히 가난한 나라에서 부자 나라로 이민하는 경우는 더욱 그렇다. 반면 이민자를 받아들이는 나라에 이민이 도움이 되는지에 대해서는 의견이 분분하다. 그러나 크지는 않지만 이민 수용국도 혜택을 본다는 증거들이 있다.[29]

이민자들은 보통 이민 수용국의 노동력 부족을 메꾸기 위해 이민을 한다(노동력 부족을 규정하는 문제가 간단한 것이 아니긴 하지만).[30] 1960년대와 1970년대 서독의 '경제 기적' 덕분에 전체적으로 노동력 부족 현상이 나타나자 튀르키예에서 노동자들이 이주했던 것처럼, 전반적인 노동력의 부족을 메꾸기 위한 이민일 수도 있다. 그러나 많은 경우 이민

---

• 사실 대부분의 시민이 결국 세금을 통해 이 서비스의 비용을 일부 지불한다.

노동자들은 노동 시장의 특정 부분을 보충하기 위해 유입된다. 그것이 '3D' 직종이 되었든(3D 영화관에서 일하는 것이 아니라 '더럽고, 위험하고, 모욕적인' 일이라는 뜻의 3D이다)* 고도의 기술을 요하는 실리콘 밸리의 일이 되었든 말이다. 결국 이민자들은 그들을 필요로 하기 때문에 특정 국가로 이민을 하는 것이다.

일부 부자 나라, 특히 영국에서는 '복지 관광'에 대한 두려움이 널리 퍼져 있다. 유럽 기준으로는 그다지 관대한 복지 제도를 가지고 있지 않은데도 자국 복지 제도의 혜택을 받으려고 가난한 나라에서 이민자들이 들어올까 봐 두려워하는 것이다. 그러나 이런 나라에서도 대부분의 경우 이민자들은 평균적으로 복지 제도에서 받는 혜택보다 세금으로 내는 돈이 더 많다. 그들이 주로 젊은이들이고(따라서 의료 혜택을 비롯한 기타 사회 서비스를 많이 이용하지 않고), 숙련 노동자를 선호하는 이민 정책 덕분에 수용국의 평균적인 국민보다 더 고도의 기술을 가지고 있는(따라서 돈을 더 많이 버는) 경우가 많기 때문이다.[31]

또 이민자들은 새로 살게 된 나라에 문화적 다양성을 불어넣어 그 나라의 원주민과 이민자 모두가 새로운 아이디어와 문화적 감성, 행동 방식 등을 접하고 더 창의적이 될 수 있는 기회를 제공한다. 이런 현상은 이민을 기초로 만들어진 미국 같은 나라뿐 아니라 유럽 각국처럼 이민이 훨씬 적은 지역에서도 나타난다.

**이민 수용국의 노동자들이 손해를 보는 경우도 있지만 심하지 않고, 대부분의 문제는 이민자들이 아니라 '옳지 않은' 기업 전략과 경제 정책 때문에 생긴다**

이민이 이민 수용국에 혜택을 가져온다 해서 그 나라 국민이 모두 동등하게 혜택을 본다는 것은 아니다. 노동 시장에서 수요가 높은 기술을 별로 갖지 못해 가장 낮은 위치를 차지하고 있는 사람들은 일자리를 얻기 위해 이민 노동자들과 경쟁해야 하고, 그 결과 임금과 노동 조건이 더 열악해지고 실업 가능성은 더 커지는 상황을 받아들여야 하는 경우도 생긴다. 그러나 연구 결과에 따르면 이런 식으로 생기는 손실은 작다.[32]

1930년대나 요즈음처럼 경제 상황이 어려울 때는 우파 포퓰리스트 정치인들의 선동으로 불안해진 노동자들이 자신의 문제가 많은 부분 이민자들 때문에 생긴 것이라고 믿게 된다. 그러나 오르지 않는 임금과 악화되는 노동 환경은 기업 전략과 정부 경제 정책의 영역에서 더 큰 원인을 찾을 수 있다. 즉 기업들의 주주 이익 극대화 전략이 노동자들을 쥐어짜고, 잘못된 거시 경제 정책으로 인해 과다한 실업이 발생하며, 숙련 노동자를 훈련시키는 시스템이 정비되지 않아 자국 노동자들의 경쟁력이 떨어지는 것이다. 불행하게도 이 구조적 문제를 해결할 주류 정치인들의 능력과 의지 부족으로 많은 부자 나라에서 반이민 정책을 기치로 내건 정당들이 생겨나 인기를 끌고 있다.


### '두뇌 유출'과 '두뇌 유입': 이민을 보내는 나라에 미치는 영향

이민자들을 떠나보내는 나라는 노동자를 잃게 된다. 그 나라의 실업률이 높고 이민을 떠나는 노동력이 비숙련 노동자라면 잘된 일이다. 그러나 비숙련 노동자들은 이민을 하기가 쉽지 않다. 이민을 받아들이는 나라에서 기술을 가진 노동자를 원하고, 이민을 가기 위해서

---

• dirty, dangerous, demeaning의 앞 글자를 따서 3D이며, 영어권과 달리 한국에서는 demeaning(모욕적인) 대신 difficult(어려운)가 포함된다.—옮긴이

는(조사 비용, 이민 허가 지원 비용, 항공료 등) 돈이 필요한데 그 비용을 마련할 여력이 없기 때문이다. 따라서 많은 경우 이민을 떠나는 사람들이야말로 '가지 말아야 할' 숙련 노동자들이다. 이 현상을 **두뇌 유출brain drain**이라 부른다.

이 숙련 노동자들의 일부는 이민을 간 나라에서 더 많은 기술을 익힌 뒤 귀국해 다른 노동자들에게 그 기술을 전파하기도 한다. 이를 **두뇌 유입brain gain**이라고 한다. 그러나 두뇌 유입이 일어난다는 증거는 많지 않다.

## 노동자 송금은 이민자를 보낸 나라에 가장 큰 영향을 미치는 통로이다

이민자를 보낸 나라들이 영향을 받는 주된 통로는 노동자 송금이다. 노동자 송금은 받는 나라에 복잡한 영향을 끼친다.[33]

송금의 많은 부분(60~85퍼센트)은 가계 운영비로 쓰여 돈을 받는 사람들의 물질적 생활 수준을 확실히 개선한다. 가계 운영비에 쓰이고 남은 돈은 송금받은 가족들이 경영하는 영세 사업에 투자되어 추가 소득을 창출하기도 한다. 멕시코 같은 나라에서는 송금된 돈이 이른바 '홈타운 협회(hometown associations)'라는 단체를 통해 지역별로 보건소, 학교, 관개 시설 같은 공공사업에 투자되기도 했다.[34]

송금을 받은 가족들은 소득이 늘어나 이전만큼 일을 많이 하지 않아도 된다. 이로 인해 아동 노동이 줄어드는 경우가 종종 있다. 또 가족 성원 중 어린아이가 있는 어머니들이 밖에서 일하는 시간을 줄이도록 먼저 배려받으면서 유아 사망률이 떨어지는 효과도 생긴다.

그러나 송금을 보내기 위해 견뎌야 하는 인간적인 비용을 간과해서는 안 된다. 이민은 종종 가족을 흩어지게 한다. 다른 나라에 가서 육아나 가사 노동에 종사하는 어머니들은 자녀를 남의 손에 맡겨 키워야 한다. 이런 고통으로 인한 계산할 수 없는 비용은 송금으로 보충할 수 없다.

# 실제 숫자

**부자 나라로 유입되는 이민자 수는 지난 20년 동안 증가했으나 생각만큼 많지 않다**

부자 나라의 대중지를 읽고 몇몇 유럽 국가(특히 프랑스, 네덜란드, 스웨덴, 핀란드)에서 최근 반이민 정당들이 거둔 성공을 보면 최근 그 나라들에 엄청난 수의 이민자가 유입했다는 인상을 받을 수 있다.

그러나 부자 나라로 유입되는 이민자 수는 그렇게 극적으로 증가하지 않았다. 1990년에서 2010년 사이 이 나라들에 사는 이민자의 수는 8800만에서 1억 4500만 명으로 늘었다. 비율로 따지면 부자 나라의 전체 인구 대비 이민자 비율은 1990년 7.8퍼센트에서 2010년 11.4퍼센트로 증가했다.[35] 상당한 증가이기는 하지만, 일부에서 조장하는 인상처럼 엄청난 변화는 아니다.

**이민자의 3분의 1은 개발도상국으로 이민했다**

이민이 꼭 개발도상국에서 부자 나라로만 향하는 것은 아니다. 개발도상국들 사이에도 커다란 이민의 흐름이 있다. 보통 더 못사는 나라에서 더 잘사는 나라로 흐르지만, 자연 재해나 내전, 전쟁 등으로 난민이 생기는 경우도 있다.

2010년 현재 전 세계적으로 2억 1400만 명이 이민자인데, 그중 1억

4500만 명은 부자 나라에 살고 있고, 나머지 6900만 명은 개발도상국에 살고 있다. 세계 이민자의 3분의 1이 개발도상국으로 이민을 했다는 의미이다.

## 세계 인구 대비 이민자 수는 지난 20년 사이 그다지 늘지 않았다

개발도상국 인구 대비 이민자 수는 지난 20년 사이 오히려 감소해서 1990년에 인구의 1.6퍼센트이던 것이 2010년에는 1.2퍼센트를 기록했다.

개발도상국들의 인구가 부자 나라 인구보다 거의 4.5배가 많기 때문에(56억 명 vs 12억 9000만 명) 앞에서 언급한 부자 나라들로 간 이민자 비율 증가를 거의 상쇄한다. 결과적으로 전 세계를 보면 이민자 비율은 기본적으로 정체 상태여서 1990년 3.0퍼센트에서 2010년 3.1퍼센트로 증가하는 데 그쳤다.

## 지난 10년 사이 노동자 송금액은 상당히 극적으로 증가했다

2000년대 초부터 노동자 송금액은 극적으로 증가했다. 앞에서도 언급했지만 송금액은 3000억 달러에 달해 부자 나라가 개발도상국에 주는 대외 원조액(약 1000억 달러)보다 3배나 많다.

절대 액수로 하면 2010년 송금을 가장 많이 받은 나라는 인도(540억 달러)였다.[36] 그 뒤를 중국(523억 달러)이 바짝 추격하고, 한참 떨어져 멕시코(221억 달러), 필리핀(214억 달러)이 3, 4위를 차지했다. 송금액이 큰 다른 개발도상국으로는 나이지리아, 이집트, 방글라데시 등이 있다. 프랑스, 독일, 스페인, 벨기에 등 일부 선진국도 큰 액수를 송금받았다.

송금액의 중요성은 절대 액수보다 그 나라의 국내총생산(GDP)과 비교해 보면 더 확실히 알 수 있다. 인도가 받는 송금액은 절대 액수로 하면 세계 1위이지만, GDP의 3.2퍼센트에 불과하다. 반면 일부 나라에서는 GDP에서 차지하는 송금액 비율이 엄청나게 높다. 2010년 타지키스탄은 GDP의 41퍼센트에 해당하는 송금액을 받아 이 부문에서 세계 1위를 기록했다. 28퍼센트를 기록한 레소토가 한참 떨어진 2위였고, 키르기스스탄, 몰도바, 레바논과 몇몇 나라가 GDP의 20퍼센트 선을 넘는 송금액을 받았다.

**송금액 비율이 높으면 돈을 받는 나라에 커다란 긍정적, 부정적 영향을 동시에 끼친다**

송금액 비율이 이렇게 높으면 나라 경제에 긍정적으로, 그리고 부정적으로 큰 영향을 끼친다.

긍정적인 영향으로는 GDP의 20퍼센트와 맞먹는 금융 자원이 추가적으로 공급되면서 그 나라의 소비와 투자 수준이 상당히 올라갈 수 있다. 대규모 송금은 많은 나라에서 충격 완화제 역할을 한다. 자연 재해(예를 들어 아이티의 지진)나 금융 위기(예를 들어 1997년 동남아 국가), 혹은 내전(예를 들어 시에라리온과 레바논)이 벌어지고 난 후에는 송금액이 증가하는 추세를 보인다. 부분적으로는 이민을 떠나는 사람들이 더 늘어서이기도 하지만, 이미 외국에서 일하고 있던 이민 노동자들도 곤란한 상황에 처한 가족 친지들을 돕기 위해 돈을 더 보내기 때문이다.

그러나 많은 송금액은 금융 거품 등 부정적인 현상을 낳기도 한다. 1995년부터 1996년에 거품으로 부풀어 올랐다 1997년 붕괴한 알바니아의 악명 높은 다단계 스캔들이 유명한 예이다. 송금액의 형태로 갑자기 많은 양의 외화가 유입되면 돈을 받는 나라의 화폐 가치가 갑자기 치솟아 그 나라 제품의 수출 가격이 오르고, 그에 따라 수출 경쟁력이 떨어진다.

# 맺는말―
# 가능한 모든 세상 중에 가장 좋은 세상?

지난 30년간 국제 환경은 급속도로 변화하면서 각국의 경제에 다각도로 큰 영향을 끼쳤다. 재화, 서비스, 자본, 기술의 국제적 이동이 크게 증가하면서 각국이 생산을 조직하고, 필요한 것을 수입하기 위해 외환을 벌고, 금융 및 실물 투자를 하고 받는 방식 등이 변화했다. 노동력의 국제적 이동 증가는 다른 부문의 국제적 이동 증가량에는 훨씬 못 미치지만, 많은 나라에 상당한 영향을 끼쳤다. 이민을 받은 나라에서는 이민자와 '원주민' 간의 긴장이 고조되었고, 이민을 보낸 나라는 막대한 양의 송금액을 받으면서 소비, 투자, 생산 패턴이 상당히 달라졌다.

　세계화 과정이라는 말로 요약되는 이 변화는 이 시대를 규정하는 특징이 되었다. 지난 10~20년 사이 성공한 비즈니스맨들, 유행의 첨단을 걷는 경영 구루들, 힘 있는 부자 나라를 이끄는 정치인들, 그리고 그들을 지원하는 머리 좋은 경제학자들은 이 과정이 불가피하고 멈출 수 없는 대세라고 선언했다. 그들은 기술 발전을 동력으로 해서 전진하는 이 세계화 과정을 되돌리려 하거나 어떤 수정이라도 시도하는 사람들에게는 반동적이라는 낙인을 찍었다. 2008년 글로벌 금융 위기로 이들의 자신감에 다소 흠집이 나기는 했지만, 이 주장의 근거가 되는 사고방식은 여전히 전 세계를 장악하고 있다. 보호주의는 항상 나쁘다, 자본의 자유로운 흐름은 제일 잘 운영되는 회사나 나라로 돈이 흘러 들어가게 만든다, 다국적 기업은 쌍수를 들고 환영해야 한다 등의 주장 말이다.

그러나 세계화는 기술 발전에 따른 불가피한 결과가 아니다. 자본주의의 황금기(1945~1973년)에 세계 경제는 자유주의의 황금기(1870~1913년)보다 세계화 정도가 훨씬 낮았다. 이전의 증기선과 유선 전신에 비해 훨씬 더 발달한 운송 및 통신 기술이 있었는데도 말이다. 지난 30여 년 동안 나타난 세계화 현상은 부자 나라의 강력한 정부들과 주요 기업들이 그렇게 되기를 원했기 때문에 벌어진 현상일 뿐이다.

프랑스 작가이자 철학자 볼테르의 유명한 책 『캉디드』를 인용하자면, 세계화는 그것을 주장하는 사람들이 외쳤던 것처럼 '가능한 모든 세상 중에 가장 좋은 세상'을 가져온 것도 아니다. 초고속 세계화가 진행된 지난 30여 년 사이 경제 성장은 둔화되었고, 불평등이 증가했으며, 대부분의 나라가 금융 위기를 더 빈번히 겪어야 했다.

그렇다고 해서 국제 경제의 통합은 어떤 형태이든 해롭고, 모든 나라가 외부와의 상호 작용을 최소화해야 한다는 말은 아니다. 오히려 적절한 생활 수준을 유지하기 위해서는 모든 나라가 세계 경제에 능동적으로 참여할 필요가 있다. 개발도상국의 경우에는 장기적 경제 발전을 위해 국제 경제와의 상호 작용이 필수적이다. 우리의 번영은 전적으로 국제 경제와 밀접한 관계를 맺는 데 달려 있다.

그러나 이 모든 것이 국제 경제 통합이 그 형태와 정도에 상관없이 항상 바람직하다는 의미는 아니다. 한 나라가 어디를 얼마나 개방해서 어느 분야에 어느 정도의 국제 통합을 허용할 것인가는 그 나라의 장기적 목표와 역량에 달려 있다. 보호주의도 적절한 산업에 적절한 방법으로 행해지면 유익할 수 있다. 외국인 직접 투자에 대한 똑같은 규제라도 어느 나라에는 이로울 수 있지만, 다른 나라에는 해를 끼칠 수도 있다. 국가 간 금융 흐름도 어떤 것은 필수적이지만, 너무 과도하면 해로울 수 있다. 이민은 어떤 식으로 조직되는가에 따라 이민을 받는 나라와 보내는 나라에 해로울 수도 이로울 수도 있다. 이런 중요한 점들을 고려하지 않는다면 우리는 국제 경제의 통합이 주는 혜택을 완전하게 누릴 수 없을 것이다.

# 그래서 이제는?

어떻게 우리는 경제학을 사용해서
경제를 더 좋게 만들 수 있을까?

무엇이든 되기 전까지는 다 불가능해 보인다.

— 넬슨 만델라

# 경제학을 어떻게 '사용'할 것인가?

이 책을 쓴 목적은 독자들이 경제에 대해 무엇을 생각해야 하는지가 아니라 어떻게 생각해야 하는지를 보여 주기 위해서이다. 많은 주제를 다뤘으니 모두 기억하리라고는 기대하지 않는다. 아니, 대부분 기억하지 않아도 괜찮다. 그러나 경제학을 '사용'할 때 몇 가지 중요한 점은 염두에 두었으면 한다. 결국 이 책은 '경제학 사용 설명서' 아닌가.

## 누가 이득을 보는가?: 경제학은 정치적 논쟁이다

경제학은 정치적 논쟁이다. 과학이 아니고, 앞으로도 과학이 될 수 없다. 경제학에는 정치적, 도덕적 판단으로부터 자유로운 상태에서 확립될 수 있는 객관적 진실이 존재하지 않는다. 따라서 경제학적 논쟁을 대할 때 우리는 다음과 같은 오래된 질문을 던져야 한다. "Cui bono(누가 이득을 보는가)?" 로마의 정치인이자 유명한 웅변가였던 마르쿠스 툴리우스 키케로의 말이다.

가끔은 어떤 경제학적 주장에 정치적 색채가 드리워져 있는 것을 알아차리기가 쉬울 때도 있다. 특정 그룹에게 노골적으로 유리한 미심쩍은 논리에 기반을 두고 있는 것이 자명한 경우이다. 예를 들어 낙수 효과 이론은 총생산량에서 더 큰 부분을 부자들에게 주면 투자가 늘어날 것이라는 실현되지 않은 가정이 핵심을 이루고 있다.

어떤 때는 특정 경제학적 주장이 뜻하지 않게 일부 사람들에게 유리하게 작용하기도 한다. 예를 들어 사회 구성원 어느 누구도 손해는 보지 않으면서 누군가 이익을 보는 형태의 사회적 향상만을 변화로 규정해 단 한 명의 구성원도 사회로부터 짓밟힘 당하지 않아야 한다는 파레토 기준은 어느 누구에게도 특별히 유리할 것 같지 않아 보인다. 그러나 이 기준은 한 사람에게라도 피해를 주는 변화는 허용하지 않기 때문에 기득권층에게 유리하다.

겉으로 보기에 가치 중립적인 결정, 예를 들어 시장의 경계를 규정하는 결정 등에도 정치적, 윤리적 판단은 항상 깃들어 있게 마련이다. 시장에 어떤 것을 포함시킬지를 결정하는 것은 상당히 강도 높은 정치적인 행위이다. 무엇인가(가령 물)를 시장의 영역으로 끌어들이면 관련된 결정을 내릴 때 '1원 1표' 원칙을 적용할 수 있게 되고, 부자들이 그 결과에 영향을 미치기가 쉬워진다. 반대로 무엇인가(가령 아동 노동)를 시장의 영역에서 제외시키면 그 문제를 둘러싼 결정에 돈이 힘을 발휘하기가 불가능해진다.

물론 경제학이 정치적 논쟁이라 해서 어떤 주장이든 다 '대등하다'는 것은 아니다. 상황에 따라 어떤 이론이 다른 이론보다 더 나을 수도 있다. 그러나 가치 판단을 배제한 '과학적' 분석을 제공한다고 주장하는 경제학자는 절대 믿어서는 안 된다.

'망치만 쥔 사람'이 되지 말자: 경제학을 '하는' 방법은 하나만 있는 것이 아니며, 다양한 경제학적 접근법은 모두 제각각 장단점이 있다

지금까지 살펴본 바와 같이, 대부분의 경제학자들이 말하는 것과 달리 경제학을 '하는' 데 옳은 방법이 하나만 있는 것이 아니다. 최근 몇십 년 동안 세계 경제학을 지배한 신고전학파적 접근법을 비롯해 각각의 장점과 단점을 지닌 경제학파가 적어도 아홉 개 이상 존재한다.

경제학적 현실은 너무도 복잡하기 때문에 하나의 이론만으로는 완전히 분석할 수 없다. 각각의 경제학 이론은 기초적인 경제학적 단위를 각각 다른 방법으로 개념화하고(예를 들어 개인 vs 계급), 다른 것에 초점을 맞추고(예를 들어 거시 경제 vs 미시 경제), 다른 질문을 하고(예를 들어 주어진 자원으로 어떻게 효용을 극대화해야 하는가 vs 장기적으로 어떻게 그 자원을 생산할 능력을 기를 것인가), 다른 분석 도구를 사용해(예를 들어 초합리성 vs 제한된 합리성) 답을 찾아내려 한다.

"망치를 쥔 사람은 모든 것을 못으로 본다"라는 말이 있다. 어떤 문제를 특정 이론의 관점에서만 보면 특정 질문만 하게 되고, 특정한 각도에서만 답을 찾게 된다. 운이 좋아서 해결해야만 하는 문제가 '못'이라면 손에 쥔 '망치'가 안성맞춤의 도구일 수도 있다. 그러나 대부분의 경우 어떤 문제를 해결하려면 다양한 도구가 필요하다.

물론 누구나 가장 마음에 드는 이론이 있다. 특정 이론 한두 개를 더 자주 사용한다고 해서 잘못된 것은 아니다. 우리 모두 그렇게 하고들 있다. 그러나 부디 '망치만 쥔 사람', 더욱이 다른 연장이 있다는 것조차 모르는 사람은 되지 말자. 이 비유를 조금 더 확장해서, 다양한 임무에 맞춰 서로 다른 연장이 달린 스위스 아미 나이프를 사용할 수 있는 사람이 되기를 바란다.

### '모든 사실은 이미 이론이다': 사실은 물론 숫자조차 결국은 객관적이지 않다

『파우스트』를 쓴 문학가이자 『색채론』을 쓴 과학자였던 요한 볼프강 폰 괴테는 "모든 사실은 이미 이론이다"라고 말했다.[1] 경제학적 '사실'을 볼 때 염두에 두면 좋은 명언이다.

많은 사람들이 숫자를 정직하고 객관적인 것으로 받아들인다. 그러나 숫자 하나하나는 특정 이론에 기초를 두고 구축된 것이다. 전 영국 총리 벤저민 디즈레일리처럼 "거짓말과 새빨간 거짓말, 그리고 통계가 있다"라고까지는 말하고 싶지 않다. 그렇지만 경제학에 등장하는 숫자들은 모두 하나같이 최소한 어느 정도, 어떤 경우에는 극심하게 논쟁의 여지가 있는 개념을 측정하려는 시도의 결과라는 것을 잊어서는 안 된다.[2]

이 이야기는 탁상공론이 아니다. 경제 지표를 구축하는 방법은 우리가 경제를 어떻게 조직하고, 어떤 정책을 시행하고, 궁극적으로 어떻게 살아가는가에까지 커다란 영향을 끼칠 수 있다.

이것은 국내총생산(GDP)나 실업률과 같이 우리가 당연하게 받아들이는 가장 기본적인 숫자에까지도 적용된다. GDP에서 가사 노동이나 노약자와 환자 돌보기 등이 제외되면서 그런 종류의 노동이 과소평가되는 결과를 초래했다. 또 GDP는 위치재를 고려할 수 없기 때문에 소비를 잘못된 방향으로 부추겨 왔고, 위치재가 더 중요한 역할을 하는 부자 나라의 생활 수준을 측정하는 지표로서의 효능이 떨어진다 (6장 참조). 통상 사용하는 실업의 정의는 취업 의지가 꺾인 부자 나라의 실업자들과 개발도상국의 불완전 취업자들을 제외하기 때문에 실업 상황을 과소평가한다(10장 참조). 당연히 이런 종류의 실업들은 정책 입안자들의 관심 밖으로 밀려나 있다.

그렇다고 해서 경제학에 등장하는 숫자들이 모두 쓸모없다거나 오도하려는 의도를 지니고 있다는 말은 아니다. 숫자들을 사용해야 우리가 사는 경제 세계의 규모를 이해하고 거기에 생기는 변화를 관찰할 수 있다. 다만 아무 생각 없이 받아들여서는 안 된다는 뜻이다.

### 경제는 시장보다 훨씬 크다: 생산과 노동에 관해 생각해야 할 필요성

요즘의 경제학은 많은 부분을 시장에 할애한다. 오늘날 대부분의 경제학자들은 경제를 그물처럼 얽히고설킨 교환 관계로 보는 신고전학파에 속해 있다. 즉 개인은 수많은 기업에서 생산된 재화와 서비스를 구입하고 자신의 노동 서비스를 그중 하나에 판매하며, 기업은 많은 개인 및 기업과 매매 행위를 하는 관계로 구성되어 있다고 본다. 그러나 경제를 시장과 동일시해서는 안 된다. 시장은 경제를 조직하는 여러 가지 방법 중 하나일 뿐이며, 사실 현대 경제에서는 작은 부분에 불과하다. 이제는 수많은 경제 활동이 기업 내부 지시를 통해 이루어지고 있고, 정부가 경제에 광범위한 영향을 끼치고 더 나아가 주도하기도 한다. 정부, 그리고 세계무역기구 같은 국제기구가 점점 더 시장의 한계를 정하고 그 안에서 벌어지는 행동에 관련된 규범을 만들어 낸다. 행동주의 경제학파의 창시자인 허버트 사이먼은 미국의 경제 활동 중 시장을 통해 조직되는 부분은 20퍼센트에 불과하다고 계산한 적도 있다.

시장에 너무 큰 초점이 맞춰지면서 대부분의 경제학자들이 경제생활에서 엄청나게 넓은 부분을 간과하게 되었고, 그 결과 우리의 복지에 상당히 부정적인 영향을 미쳤다. 교환에 초점을 맞추고 생산을 간과하면서, 일부 국가의 정책 입안자들은 제조업이 기우는 데 대해 안이한 태도를 취하게 되었다. 개인을 생산자가 아닌 소비자로만 보는 관점 때문에 노동의 질(얼마나 흥미로운지, 얼마나 안전한지, 얼마나 스트레스를 주는지, 얼마나 억압적인지 등)을 둘러싼 문제나 노동과 여가의 균형 등에 관한 문제는 관심 밖으로 밀려나고 말았다. 경제생활의 이런 측면들을 무시했기 때문에, 부자 나라 사람들 대부분이 전례 없이 많은 양의 재화와 서비스를 소비하면서도 충족감을 느끼지 못하는 것이다.

경제는 시장보다 훨씬 크다. 시장 너머에 존재하는 거대한 영역을 보지 않는 한 우리는 좋은 경제, 그리고 좋은 사회를 건설할 수 없다.

## 그래서 어쩌라고?
## : 경제는 경제학자들에게만 맡겨 두기에는 너무 중요한 문제다

"그래, 다 좋은 얘기 같기는 한데, 그래서 도대체 어쩌라는 말이야?" 이런 질문을 할 독자들도 있을 것이다. '나는 경제학자들이 생산한 정보를 받아들이는 소비자에 불과한데, 이런 지식으로 내가 할 수 있는 일이 뭐가 있겠어?'라고 생각하는 것도 무리가 아니다.

그러나 이 지식으로 우리 모두가 할 수 있는 일이, 아니 해야 하는 일이 사실은 상당히 많다. 여기서는 가장 중요한 세 가지만 짚어 보자.

### '전문가란 새로운 것을 더 배우려 하지 않는 사람들': 경제학자들에게 '사용'당하지 않는 법

해리 S. 트루먼은 특유의 촌철살인 화법으로 다음과 같이 말했다.

"전문가란 새로운 것은 아무것도 더 배우려 하지 않는 사람을 말한다. 뭘 더 배워야 한다면 그것은 자신이 전문가가 아니라는 걸 인정하는 것이기 때문이다."

전문 지식은 꼭 필요하다. 그러나 전문가는 말 그대로 아주 좁은 영역을 잘 아는 사람이기 때문에, 우리 삶에서 하나 이상의 넓은 영역이 결부된 문제(즉 대부분의 문제)에서 다양한 인간적 필요와 물질적 제한, 도덕적 가치를 모두 고려해 제대로 된 판단을 내려 달라고 기대하는 것은 무리이다. 전문 지식을 가지게 되면 시각이 더 편협해지는 경우가 많다. 이렇게 전문 지식에 약간 회의론적인 태도를 견지하는 것은 경제학뿐 아니라 삶의 모든 분야에 적용해야 한다. 그러나 과학이라는 포장을 씌운 정치적 주장인 경제학에서는 이 태도가 특히 중요하다.

누구나 전문 경제학자들의 말에 '도전'할 준비가 되어 있어야 한다. (맞다. 나까지 포함해서 말이다.) '모든 것'은 말할 것도 없고 경제학적 문제에서도 그들은 진실을 독점한 게 아니기 때문이다. 다른 것보다도 경제학자들은 자기들끼리도 대부분의 문제에 의견을 통일하지 못한다. 게다가 편협하고 특별한 방향으로 왜곡된 시각을 가지고 있는 경우가 많다. 다른 모든 분야와 마찬가지로 경제학자들도 프랑스인들이 말하는 '직업병(déformation professionnelle)'에서 자유롭지 못하다. 전문 경제학자가 아닌 사람들도 주요 경제학 이론에 관한 약간의 지식과 어떤 문제의 배후에 깔린 정치적, 윤리적 가정에 대한 기본적인 이해만 있으면 경제 문제에서 제대로 된 판단을 내릴 수 있다. 어떨 때는 그들의 판단이 전문 경제학자들의 판단보다 더 나을 수도 있다. 비전문가의 판단은 현실에 뿌리를 두고 있고, 특정 좁은 영역에만 초점을 맞추고 있지 않기 때문이다. 경제는 전문 경제학자들에게만 맡겨 두기에는 너무 중요한 문제이다.

나는 여기서 한 걸음 더 나아가 경제학자를 비롯한 전문가들에게 기꺼이 도전하는 자세가 민주주의의 기초라고 강조하고 싶다. 생각해 보라, 우리 모두가 전문가들의 말에 따르기만 하면 된다면 민주주의를 할 필요가 있겠는가? 우리 손으로 뽑지 않은 전문가 집단에게 우리 사회를 맡겨 두고 싶지 않다면, 우리는 경제학을 배워 전문 경제학자들에게 도전해야만 한다.

### 다른 쪽 의견에도 귀를 기울여라: 겸손과 열린 마음의 중요성

네덜란드의 하우다(Gouda)라는 도시의 시청 건물 벽에는 다음과 같은 라틴어 경구가 새겨져 있다. "Audite et alteram partem(다른 쪽 의견에도 귀를 기울여라)."[3] 경제 문제로 토론을 벌일 때 우리가 가져야 하는 태도가 바로 이것이다. 세상은 복잡하고 모든 경제학 이론이 어느 정도 편향성을 지녔다는 점을 고려하면, 우리는 자신이 가장 좋아하는 이론의 정당성에 대해 겸손하고 열린 마음을 유지해야 한다. 그렇다고 자기 나름의 의견을 갖지 말아야 한다는 말은 아니다. 우리 모두는 각자의 견해를 가져야 하고, 그 견해가 강하면 더 좋다. 그러나 강한 견해를 갖는 것과 자신의 견해가 절대적으로 옳다고 믿는 것은 다른 문제이다.

이 책에서 나는 다양한 경제학 이론 모두에 저마다 배울 점이 있다고 주장했다. 마르크스주의와 같은 좌파에서 오스트리아학파와 같은 우파를 포함한 모든 경제학 이론이 그렇다. 사실 인류 역사가 시작된 이후 좌로는 크메르 루주에서부터 우로는 신자유주의 시장주의자들에 이르기까지 자신의 견해를 과도하게 확신한 사람들이 너무도 많은

442

사람들의 삶을 망쳤다.

### 지적으로는 비관주의, 의지로는 낙관주의: 변화를 만들기는 어렵다
### 그러나 충분히 열심히, 충분히 오래 노력하면 큰 변화도 이룰 수 있다

이 책 전체를 통해 우리는 경제 현실을 바꾸는 것이 얼마나 어려운지 잘 알게 되었다. 그것이 가난한 나라의 낮은 임금이든 극상류층의 조세 도피처이든 과도한 기업 권력이나 극도로 복잡한 금융 시스템이든 말이다. 사실 기존 질서를 바꾸는 것이 얼마나 어려운지는, 대부분의 사람들이 극소수의 이익만을 위한 정책이라고 생각하는 신자유주의 경제 정책이 2008년 금융 위기를 통해 한계가 극명히 드러난 후에도 거의 변함없이 유지되고 있다는 것에서 가장 잘 드러난다.

때로는 현 상태에서 혜택을 보고 있는 사람들이 로비, 대중 매체를 통한 선전, 뇌물, 심지어 폭력을 사용해서라도 능동적으로 자신의 이익을 지키려 하기 때문에 변화를 가져오기가 힘들 때도 있다. 그러나 많은 경우 누군가가 '사악한 의도'를 가지고 행동하지 않더라도 기존 질서는 유지되는 경향이 있다. 시장의 '1원 1표' 원칙 탓에 상대적으로 돈이 없는 사람들은 기존에 존재하는 소득과 부의 분배로 인해 자신에게 부과되는 바람직하지 않은 선택을 거부하기가 무척 어렵기 때문이다. (4장에서 저임금에 대한 폴 크루그먼의 주장을 비판했던 것을 상기해 보자.) 이와 더불어 우리는 때로 자신의 이익에 반하는 신념에 넘어가기도 한다. (5장의 '허위의식'을 상기해 보자.) 이런 경향 때문에 현 체제에서 손해를 보고 있는 사람들마저 그 체제를 변호하는 현상이 생긴다. 독자들 중에는 미국의 노령 연금 수령자들이 "정부는 내 메디케어에서 손을 떼라!"라고 쓴 플래카드를 들고 '오바마 케어'에 반대해 데모하는 걸

본 사람들이 있을 것이다.* 메디케어는 (쉽게 말하면) 정부가 돈을 대서 운영하는 프로그램인데도 '정부'더러 손을 떼라고 한 것이다.

기존 경제 질서를 바꾸기가 어렵다는 것을 인정한다 해서, 지난 30여 년 동안 세계를 풍미한 경제 체제보다 더 역동적이고, 더 안정적이고, 더 평등하고, 더 지속 가능한 체제를 만들어 내기 위한 싸움을 포기해야 한다는 말은 절대 아니다. 그렇다, 변화는 어렵다. 그러나 장기적으로 충분히 많은 수의 사람이 하나의 목표를 위해 싸우면 '불가능한' 일도 이루어진다. 기억하자. 200년 전에는 많은 미국인들이 노예 제도를 없애는 것이 비현실적이라 생각했다. 100년 전 영국 정부는 투표권을 요구하는 여성들을 감옥에 가뒀다. 50년 전에는 현재 개발도상국을 세운 건국의 아버지들이 대부분 '테러리스트'로 영국이나 프랑스 정부의 수배를 받았다.

이탈리아의 마르크스주의자 안토니오 그람시가 한 말처럼, 우리는 지적으로는 비관주의, 의지로는 낙관주의를 가질 필요가 있다.

# 마지막 부탁—
## 생각하는 것보다 쉽다

2008년 글로벌 금융 위기는 더 이상 경제를 전문 경제학자와 '기술 관료'에게 맡겨 둘 수 없다는 사실을 처참하게 깨닫게 해 주었다. 이제 우리 모두는 능동적인 경제 시민이 되어 경제의 운영에 참여해야 한다.

* 메디케어는 노인을 대상으로 한 미국의 공공 의료보험이다. 미국에는 노인을 위한 메디케어, 극빈자를 위한 메디케이드 외에는 공공 의료보험이 없으며, 이를 확대하려는 것이 이른바 '오바마 케어'이다.—옮긴이

물론 '해야 한다'와 '할 수 있다'는 다른 문제이다. 많은 사람들이 날마다 생계를 잇느라 몸은 완전히 지쳐 있고, 정신은 개인적인 문제, 금전적인 문제 등으로 꽉 차 있다. 그래서 능동적인 경제 시민이 되려면 투자가 필요하다는 생각, 즉 경제학을 배우고 경제에서 무슨 일이 벌어지는지 관심을 쏟아야 한다는 생각만 해도 겁날 수도 있다.

그러나 이런 투자는 생각하는 것보다 훨씬 쉬울 수 있다. 경제학은 많은 경제학자들이 우리에게 말하는 것보다 훨씬 친해지기 쉬운 분야이다. 일단 경제가 어떻게 돌아가는지 기초적인 이해가 생기고 나면 무슨 일이 벌어지는지를 관찰하는 데 시간과 노력이 많이 들지 않는다. 자전거 타기를 배우고, 새로운 언어를 익히고, 새로 구입한 태블릿 컴퓨터의 사용법을 습득하는 등 인생의 다른 많은 것과 마찬가지로 능동적 경제 시민이 되는 것도 초반에 겪는 약간의 어려움을 넘기고 계속 연습하면 시간이 갈수록 쉬워진다.

한번 시도해 보시기를 바란다.

# Further Reading

**1장**

• 로저 백하우스(Roger Backhouse)
『The Puzzle of Modern Economics: Science or Ideology?』(Cambridge: Cambridge University Press, 2012)

• 벤 파인(Ben Fine) · 디미트리스 밀로나키스(Dimitris Milonakis)
『From Economics Imperialism to Freakonomics: The Shifting Boundaries between Economics and the Other Social Sciences』(London: Routledge, 2009)

**2장**

• 장하준
『사다리 걷어차기』(서울: 부키, 2004)

• 로버트 하일브로너(Robert Heilbroner) · 윌리엄 밀버그(William Milberg)
『자본주의 어디서 와서 어디로 가는가』(서울: 미지북스, 2010)

• 예란 테르보른(Göran Therborn)
『다른 세계를 요구한다』(서울: 홍시커뮤니케이션, 2011)

**3장**

• 폴 베어록(Paul Bairoch)
『Economics and World History: Myths and Paradoxes』(New York and London: Harvester Wheatsheaf, 1993)

• 장하준
『사다리 걷어차기』(서울: 부키, 2004)

• 배리 아이켄그린(Barry Eichengreen)
『The European Economy since 1945: Coordinated Capitalism and Beyond』(Princeton, NJ: Princeton University Press, 2007)

• 앤드류 글린(Andrew Glyn)
『고삐 풀린 자본주의』(서울: 필맥, 2008)

- 데이비드 랜즈(David Landes)

『The Unbound Prometheus』(Cambridge: Cambridge University Press, 2003)

- 앵거스 매디슨(Angus Maddison)

『Contours of the World Economy 1-2030 AD』(Oxford: Oxford University Press, 2007)

- 스티븐 마글린(Stephen Marglin)·줄리엣 쇼어(Juliet Schor)(편)

『The Golden Age of Capitalism』(Oxford: Clarendon, 1990)

- 데팍 나야르(Deepak Nayyar)

『Catch Up: Developing Countries in the World Economy』(Oxford: Oxford University Press, 2013)

## 4장

- 조지 아지러스(George Argyrous)·프랭크 스틸웰(Frank Stilwel)

『Readings in Political Economy』(Annandale, NSW: Pluto Press, 2003)

- 필리스 딘(Phyllis Deane)

『The State and the Economic System: An Introduction to the History of Political Economy』(Oxford: Oxford University Press, 1989)

- 존 케네스 갤브레이스(John Kenneth Galbraith)

『경제학의 역사』(서울: 책벌레, 2002)

- 로버트 하일브로너(Robert Heilbroner)

『세속의 철학자들』(서울: 이마고, 2008)

- 제프리 호지슨(Geoffrey Hodgson)

『How Economics Forgot History: The Problem of Historical Specificity in Social Science』(London: Routledge, 2001)

- 에릭 라이너트(Erik Reinert)

『부자 나라는 어떻게 부자가 되었고 가난한 나라는 왜 여전히 가난한가』(서울: 부키, 2012)

- 알레산드로 롱칼리아(Alessandro Roncaglia)

『The Wealth of Ideas: A History of Economic Thought』(Cambridge: Cambridge University Press, 2005)

## 5장

- 조지 애컬로프(George Akerlof)·로버트 실러(Robert Shiller)

『야성적 충동』(서울: 랜덤하우스코리아, 2009)

- 존 데이비스(John Davis)

『The Theory of the Individual in Economics: Identity and Value』(London: Routledge, 2003)

● 브루노 프라이(Bruno Frey)
『Not Just For the Money: An Economic Theory of Personal Motivation』(Cheltenham: Edward Elgar, 1997)

● 존 케네스 갤브레이스(John Kenneth Galbraith)
『The New Industrial State』(London: Deutsch, 1972)

● 프리드리히 폰 하이에크(Friedrich von Hayek)
『Individualism and Economic Order』(London: Routledge and Kegan Paul, 1976)

● 대니얼 카너먼(Daniel Kahneman)
『생각에 관한 생각』(파주: 김영사, 2012)

● 허버트 사이먼(Herbert Simon)
『Reason in Human Affairs』(Oxford: Basil Blackwell, 1983)

● 피터 우벨(Peter Ubel)
『욕망의 경제학』(파주: 김영사, 2009)

## 6장

● 조너선 앨드리드(Jonathan Aldred)
『The Skeptical Economist: Revealing the Ethics Inside Economics』(London: Earthscan, 2009)

● 프레드 허시(Fred Hirsch)
『Social Limits to Growth』(London: Routledge and Kegan Paul, 1978)

● 모튼 저번(Morten Jerven)
『Poor Numbers: How We Are Misled by African Development Statistics and What to Do about It』(Ithaca: Cornell University Press, 2013)

● 리처드 레이어드(Richard Layard)
『행복의 함정』(서울: 북하이브, 2011)

● 앵거스 매디슨(Angus Maddison)
『The World Economy: A Millennial Perspective』(Paris: OECD, 2001)

● 데팍 나야르(Deepak Nayyar)
『Catch Up: Developing Countries in the World Economy』(Oxford: Oxford University Press, 2013)

● 조지프 스티글리츠(Joseph Stiglitz) 외
『GDP는 틀렸다』(파주: 동녘, 2011)

## 7장

● 모지스 아브라모비츠(Moses Abramovitz)
『Thinking about Growth』(Cambridge: Cambridge University Press, 1989)

● 프랭크 애커먼(Frank Ackerman)
『Can We Afford the Future?: The Economics of a Warming World』(London: Zed Books, 2009)

● 장하준
『그들이 말하지 않는 23가지』(서울: 부키, 2010)

● 팀 잭슨(Tim Jackson)
『Prosperity without Growth: Economics for a Finite Planet』(London: Earthscan, 2009)

● 사이먼 쿠즈네츠(Simon Kuznets)
『Modern Economic Growth: Rate, Structure and Speed』(New Haven and London: Yale University Press, 1966)

● 네이선 로젠버그(Nathan Rosenberg)
『인사이드 더 블랙박스』(서울: 아카넷, 2001)

● 로버트 로손(Robert Rowthorn) · 존 웰스(John Wells)
『De-industrialization and Foreign Trade』(Cambridge: Cambridge University Press, 1987)

● 조지프 슘페터(Joseph Schumpeter)
『자본주의 · 사회주의 · 민주주의』(파주: 한길사, 2011)

## 8장

● 일마즈 아큐즈(Yilmaz Akyüz)
『The Financial Crisis and the Global South: A Development Perspective』(London: Pluto Press, 2013)

● 제럴드 엡스타인(Gerald Epstein)(편)
『Financialization and the World Economy』(Cheltenham: Edward Elgar, 2005)

● 제프리 잉햄(Geoffrey Ingham)
『돈의 본성』(서울: 삼천리, 2011)

- 찰스 킨들버거(Charles Kindleberger) · 로버트 알리버(Robert Aliber)
『광기, 패닉, 붕괴: 금융위기의 역사』(서울: 굿모닝북스, 2006)

- 존 란체스터(John Lanchester)
『Whoops!: Why Everyone Owes Everyone And No One Can Pay』(London: Penguin, 2010)

- 코스타스 라파비챠스(Costas Lapavitsas)
『생산 없는 이윤: 금융은 우리를 어떻게 착취하는가』(서울: 서울경제경영, 2020)

- 펠릭스 마틴(Felix Martin)
『돈: 사회와 경제를 움직인 화폐의 역사』(파주: 문학동네, 2019)

- 브렛 스콧(Brett Scott)
『The Heretic's Guide to Global Finance: Hacking the Future of Money』
(London: Pluto Press, 2013)

## 9장

- 아비지트 배너지(Abhijit Banerjee) · 에스테르 뒤플로(Esther Duflo)
『가난한 사람이 더 합리적이다』(서울: 생각연구소, 2012)

- 데이비드 흄(David Hulme)
『Global Poverty: How Global Governance Is Failing the Poor』(London: Routledge, 2010)

- 브랑코 밀라노비치(Branko Milanovic)
『가진 자, 가지지 못한 자』(서울: 파이카, 2011)

- 아미르티아 센(Amartya Sen)
『자유로서의 발전』(서울: 갈라파고스, 2013)

- 조지프 스티글리츠(Joseph Stiglitz)
『불평등의 대가』(파주: 열린책들, 2013)

- 데이비드 스터클러(David Stuckler) · 산제이 바수(Sanjay Basu)
『긴축은 죽음의 처방전인가』(서울: 까치글방, 2013)

- 리처드 윌킨슨(Richard Wilkinson) · 케이트 피킷(Kate Pickett)
『평등이 답이다』(서울: 이후, 2012)

## 10장

- 해리 브레이버먼(Harry Braverman)
『Labour and Monopoly Capital: The Degradation of Work in the Twentieth

Century』(New York: Monthly Review Press, 1974)

● 바버라 에런라이크(Barbara Ehrenreich)
『노동의 배신』(서울: 부키, 2012)

● 제인 험프리스(Jane Humphries)
『Childhood and Child Labour in the British Industrial Revolution』(Cambridge: Cambridge University Press, 2010)

● 이상헌(Sangheon Lee) · 디어드리 매칸(Deirdre McCann) · 존 메신저(Jon Messenger)
『Working Time Around the World: Trends in Working Hours, Laws and Policies in a Global Comparative Perspective』(London: Routledge, 2007)

● 카를 마르크스(Karl Marx)
『자본론 1, 2, 3』(서울: 비봉출판사, 2015)

● 우고 파가노(Ugo Pagano)
『Work and Welfare in Economic Theory』(Oxford: Blackwell, 1985)

● 가이 스탠딩(Guy Standing)
『프레카리아트, 새로운 위험한 계급』(서울: 박종철출판사, 2014)

● 제임스 트레비식(James Trevithick)
『Involuntary Unemployment: Macroeconomics from a Keynesian Point of View』(New York and London: Harvester Wheatsheaf, 1992)

## 11장

● 카우식 바수(Kaushik Basu)
『A Prelude to Political Economy』(Oxford: Oxford University Press, 2000)

● 제임스 뷰캐넌(James Buchanan)
『The Limits of Liberty: Between Anarchy and Leviathan』(Chicago: University of Chicago Press, 1975)

● 장하준(Ha-Joon Chang) · 로버트 로손(Robert Rowthorn)(편)
『The Role of the State in Economic Change』(Oxford: Clarendon Press, 1995)

● 피터 에번스(Peter Evans)
『Embedded Autonomy: States and Industrial Transformation』(Princeton, NJ: Princeton University Press, 1995)

● 존 해리스(John Harriss)

『Depoliticizing Development: The World Bank and Social Capital』(London: Anthem, 2002)

● 콜린 헤이(Colin Hay)
『바보야! 문제는 정치야!!』(서울: 한국외국어대학교출판부, 2009)

● 프리드리히 폰 하이에크(Friedrich von Hayek)
『노예의 길』(파주: 나남, 2006)

● 피터 린더트(Peter Lindert)
『Growing Public: Social Spending and Economic Growth since the Eighteenth Century』(Cambridge: Cambridge University Press, 2004)

● 마리아나 마추카토(Mariana Mazzucato)
『기업가형 국가: 공공경제부분의 한계 극복 대안』(서울: 매일경제신문사, 2015)

### 12장
● 장하준
『나쁜 사마리아인들』(서울: 부키, 2007)

● 폴 허스트(Paul Hirst) · 그레이엄 톰슨(Grahame Thompson) · 사이먼 브롬리(Simon Bromley)
『Globalization in Question』, 3rd edition(Cambridge: Polity, 2009)

● 리처드 코줄-라이트(Richard Kozul-Wright) · 폴 레이먼트(Paul Rayment)
『The Resistible Rise of Market Fundamentalism: Rethinking Development Policy in an Unbalanced World』(London: Zed Books and Third World Network, 2007)

● 윌리엄 밀버그(William Milberg) · 데버러 윙클러(Deborah Winkler)
『Outsourcing Economics: Global Value Chains in Capitalist Development』 (Cambridge and New York: Cambridge University Press, 2013)

● 대니 로드릭(Dani Rodrik)
『자본주의 새판 짜기』(파주: 21세기북스, 2011)

● 조지프 스티글리츠(Joseph Stiglitz)
『인간의 얼굴을 한 세계화』(파주: 21세기북스, 2008)

● 마틴 울프(Martin Wolf)
『Why Globalization Works』(New Haven and London: Yale University Press, 2004)

# 주

**프롤로그**

1 이 말은 맨큐가 발표한 다음 논문의 첫 문장이다. 'The Macroecomomist as scientist and engineer', *Journal of Economic Perspectives*, 2006, vol. 20, no. 4.

2 이와 유사한 관점을 더 자세히 살펴보려면 2013년 노벨 경제학상을 공동 수 상한 로버트 실러의 'Is economics a science?'를 참조하라. http://www. theguardian.com/business/economics-blog/2013/nov/06/is-economics-a-science-robertshiller에서 다운받을 수 있다.

**1장**

1 R. Lucas, 'Macroeconomic priorities', *American Economic Review*, 2003, vol. 93, no. 1. 이 내용은 로버트 루커스가 미국경제학회에서 한 회장 연설이다.

2 이 개념은 펠릭스 마틴(Felix Martin)의 책 *Money: The Unauthorised Biography*(The Bodley Head, London, 2013)에 잘 설명되어 있다.

3 이런 서비스에는 물질적인 소비가 포함되어 있는 경우가 많다. 좋은 예가 식당에 서 음식을 먹는 경우로, 우리는 음식과 함께 조리 및 시중드는 서비스도 구입한다.

**2장**

1 스미스 이전에도 경제학자들이 있었다. 이탈리아 르네상스 때의 경제 사상가들, 프랑스의 중농주의자들, 그리고 4장에서 일부 다루는 중상주의자들이 그 예이다.

2 클리퍼드 프래튼은 당시 두 제조업자 중 더 효율적인 쪽에 해당되는 숫자라고 밝 혔다. 효율이 떨어지는 제조업자는 하루에 약 48만 개의 핀을 생산했다. Clifford Pratten, 'The manufacture of pins', *Journal of Economic Literature*, March 1980, vol. 18, p. 94.

3 영국, 네덜란드처럼 산업화가 가장 많이 진행된 나라조차 인구의 40퍼센트 정도가 농업에 종사했다. 다른 서구 국가는 이 비율이 50퍼센트를 넘고, 일부 국가는 80퍼 센트에 달했다.

4   D. Defoe, *A Tour Through the Whole Island of Great Britain*(Penguin, Harmondsworth, 1978), p. 86.

5   자본가 밑에서 일하는 노동력의 60~80퍼센트는 고용 규모 수백 명 이하의 중소 기업 종사자이다. EU에서는 고용인 250명 이하, 미국에서는 500명 이하를 중소기 업으로 본다.

6   당시 런던은 유럽에서 1위, 세계에서는 인구 110만 명인 베이징 다음으로 2위 규 모를 자랑하는 도시였다. 『국부론』이 발간될 당시 영국은 아메리카 대륙의 식민지 를 잃은 직후라 인도 일부, 캐나다, 아일랜드, 카리브해 연안 섬 18개 정도를 식민 지로 보유하고 있었다.

7   이하 정보는 다른 언급이 없는 이상 『사다리 걷어차기』(부키, 서울, 2004), pp. 174-185(금융 제도의 역사)에서 가져왔다.

8   잉글랜드 은행 발행 지폐에 관한 모든 정보는 잉글랜드 은행 웹사이트에서 얻었 다. http://www.bankofengland.co.uk/banknotes/Pages/about/history.aspx 참조.

## 3장

1   A. Maddison, *Contours of the World Economy, 1-2030 AD*(Oxford University Press, Oxford, 2007), p. 71, table 2.2. 다음 몇 문단에 나오는 장기간에 걸친 역사 적 발전 과정에 관한 자료도 같은 논문에서 가져왔다.

2   1700~1760년 사이 영국의 면방직 생산량은 연간 1.4퍼센트씩 성장하다가 1770 ~1801년 기간에는 성장률이 7.7퍼센트로 증가했다. 특히 1780~1790년 사이에 기록한 성장률 12.8퍼센트는 현대 기준으로 봐도 높은 편이지만, 당시에는 놀라 운 숫자였다. 1770~1801년 기간 동안 철강 산업은 연간 5퍼센트 성장했다. 이 숫자는 N. Crafts, *British Economic Growth during the Industrial Revolution* (Clarendon Press, Oxford, 1995), p. 23, table 2.4를 근거로 계산한 것이다.

3   유럽의 초기 과학, 기술 발달이 아랍, 인도, 중국에서 발달한 지식에 얼마나 크게 의존했는지에 관한 근거는 존 M 홉슨, 『서구 문명은 동양에서 시작되었다』(에코리 브르, 서울, 2005)를 참조하라.

4   이 문제에 관한 권위 있고 균형 잡힌 토론은 P. Bairoch, *Economics and World History: Myths and Paradoxes*(The University of Chicago Press, Chicago, 1993), chapters 5-8을 참조하라.

5   B. Hartmann & J. Boyce, *Needless Hunger*(Institute for Food and Development Policy, San Francisco, 1982), p. 12.

6 프랑스 혁명이나 러시아 혁명과 같은 정치적 혁명과 달리, 경제적 혁명은 시작과 끝이 분명치 않다. 산업 혁명 기간을 길게는 1750~1850년으로 잡기도 하고, 짧게는 1820~1870년으로 잡기도 하는 것도 이런 이유에서이다.

7 R. Heilbroner & W. Milberg, *The Making of Economic Society*, 13th edition(Pearson, Boston, 2012), p. 62.

8 N. Carfts, 'Some dimensions of the "quality of life" during the British industrial revolution', *Economic History Review*, November 1997, vol. 50, no. 4. 1800년 통계는 p. 623, table 1을, 1860년 통계는 p. 628, table 3을 참조하라.

9 더 자세한 내용은 내 책 『사다리 걷어차기』와 『나쁜 사마리아인들』(부키, 서울, 2007)을 참조하라.

10 월폴의 공식 직함은 수석 장관이었지만, 첫 총리라고 불러도 무리가 없을 것이다. 그는 모든 장관에게 지휘권을 행사한 첫 영국 정부 수반이었다. 그 이전에는 두 명, 심지어 세 명까지 공동으로 정부 수반 역할을 수행했다. 월폴은 또 영국 총리 관저로 유명한 다우닝가 10번지에 처음 입주(1735년)한 총리이기도 하다.

11 '치외 법권'이라는 장치를 통해 약소국들은 자국 영토 내에서 외국인이 저지른 범죄 행위를 재판할 권리마저 박탈당했다. 또 다른 불공평 조약에는 영토의 일부를 양도하거나 '빌려주도록' 약소국에 강제하는 것도 있었다. 중국은 영국에 1842년 홍콩, 1860년 구룡반도를 양도했고, 1898년에는 홍콩의 이른바 '신계(New Territorries)'를 영국에 99년간 '임대'했다. 지하자원, 삼림 자원 등의 천연자원을 개발, 이용할 권리를 외국인들에게 팔도록 강요당하는 경우도 종종 있었다.

12 A. Smith, *An Inquiry into the Nature and Causes of the Wealth of Nations* (Clarendon Press, Oxford, 1976), p. 181.

13 독일은 탄자니아, 나미비아, 르완다, 부룬디, 토고 등을 식민지화했지만 1차 대전 승전국에 대부분 권리를 이양해야만 했다. 미국은 쿠바와 필리핀을, 벨기에는 콩고를, 일본은 한국, 대만, 만주를 식민지화했다.

14 1870~1913년 중남미 국가들의 1인당 소득 증가율은 급격한 증가세를 보였다. 1820~1870년 기간에 -0.04였던 소득 증가율이 후반에는 1.86으로 치솟아 당시 세계에서 가장 성장률이 높은 지역으로 부상했다(1.82를 기록한 미국이 2위).

15 A. Maddison, *The World Economy: Historical Statistics*(OECD, Paris, 2003), p. 100, table 3c를 근거로 산출하였다.

16 이 숫자들과 이 문단에 나오는 정보는 C. Dow, *Major Recessions: Britain and the World, 1920-1995*(Oxford University Press, Oxford, 1998), p. 137, table 6.1(1929~1932)과 p. 182(1932~1937)를 참조하라.

**17** 이 점은 BBC 경제 기자 스테파니 플랜더스(Stephanie Flanders)의 블로그 포스팅에 쉽게 설명되어 있다. http://www.bbc.co.uk/blogs/thereporters/stephanieflanders/2009/02/04/index.html.

**18** 예를 들어 미국 정부의 재정 정책은 1929~1933년 동안 GDP에 0.3퍼센트를 보태는 데 그친 반면 GDP 자체는 같은 기간에 31.8퍼센트 떨어졌다. Dow, *Major Recessions*, p. 164, table 6.11. 한편 영국의 재정 정책은 1929~1933년 동안 GDP를 0.4퍼센트 끌어올리는 효과를 냈지만, GDP 자체 감소폭은 5.1퍼센트였다. Ibid., p. 192, table 6.23.

**19** 전 세계 1인당 소득 증가율은 1870~1913년의 1.31퍼센트에서 1913~1950년에는 0.88퍼센트로 떨어졌다. Maddison, *The World Economy*, p. 383, table A.8.

**20** A. Glyn, A. Hughes, A. Lipietz, & A. Singh, 'The rise and fall of the Golden Age', in S. Marglin & J. Schor(eds.), *The Golden Age of Capitalism*(Oxford University Press, Oxford, 1990), p. 45, table 2.4.

**21** 이 기간 동안 선진 자본국의 평균 물가 상승률은 4퍼센트 정도였다. Ibid., p. 45, table 2.4.

**22** C. Reinhart & K. Rogoff, *This Time Is Different: Eight Centuries of Financial Folly*(Princeton University Press, Princeton, 2009), p. 252, figure 16.1.

**23** 지금은 세계은행이 가난한 나라를 돕는 기관이라 생각하지만, 세계은행의 첫 고객은 전쟁을 치른 직후의 유럽 국가들이었다. 국제'부흥'개발은행(International Bank for Reconstruction and Development)이라는 공식 명칭을 봐도 잘 알 수 있다.

**24** ECSC는 석탄 및 철강 산업의 생산 시설을 개선하려는 노력을 조직했다. 1957년 로마 조약으로 인해 EEC뿐 아니라 유럽원자력공동체(Euroatom)가 결성되었고, 1967년 이 세 공동체를 통합한 유럽공동체(EC)가 만들어졌다.

**25** 더 자세한 사항은 F. Block, 'Swimming against the current: the rise of a hidden developmental state in the United States', *Politics & Society*(2008, vol. 36, no. 2)와 M. Mazzucato, *The Entrepreneurial State: Debunking Private vs. Public Sector Myths*(Anthem Press, London, 2013) 참조.

**26** Glyn et al., 'The rise and fall of the Golden Age', p. 98.

**27** 유럽 평균 물가 상승률은 15퍼센트에 달했고, 미국은 10퍼센트를 웃돌았다. 특히 영향을 많이 받은 영국에서는 1975년 물가 상승률이 25퍼센트까지 치솟았다. Dow, *Major Recessions*, p. 293, Figure 8.5.

**28** 선진 자본주의 국가의 1인당 소득 증가율은 1870~1913년 사이 1.4퍼센트, 1913~1950년 사이 1.2퍼센트, 1960~1970년 사이에 3.8퍼센트를 기록했다.

Glyn et al., 'The rise and fall of the Golden Age', p.42 table 2.1.

29 Ibid., p. 45, table 2.4.

30 그러나 칠레 경제가 신자유주의 단계에 있을 때조차 정부가 중요한 역할을 수행했다는 점에 주목해야 한다. 1971년 좌파 성향의 아옌데 정부에 의해 국유화되었던 세계 최대의 동광 개발 회사인 CODELCO는 계속 국가 소유로 남아 있었고, 상당수의 국공립 및 준국공립 기관(Fundación Chile 등)을 통해 농산물 생산업자들에게 국가가 보조금을 지불하는 기술 자문과 수출 시장 개척 지원 등이 이루어졌다.

31 더 자세한 내용과 분석은 S. Basu & D. Stuckler, *The Body Economic: Why Austerity Kills*(Basic Books, London, 2013), chapter 2 참조.

32 1978년 중국의 생산량은 2190억 달러였고, 그해 전 세계 생산량은 8조 5490억 달러였다. 세계은행이 발행한 *World Development Report 1980*(World Bank, Washington DC, 1980), pp. 110-111, table 1을 근거로 산출.

33 Ibid., pp. 124-125, table 8.

34 2007년 중국의 생산량은 3조 2800억 달러였고, 그해 전 세계 생산량은 54조 3470억 달러였다. World Bank, *World Development Report 2009*(Oxford University Press, New York, 2009), pp. 356-357, table 3 참조. 또 중국의 제조업 수출은 1조 2180억 달러, 전 세계 제조업 수출은 13조 8990억 달러였다. Ibid., pp. 358-359, table 4 참조.

## 4장

1 카를 멩거는 오스트리아학파의 창시자로 간주되지만, 레옹 발라, 윌리엄 제번스와 함께 신고전학파의 창시자라는 일부 주장에도 일리가 있다. 이보다 더 복잡한 경우는 시카고대학 교수를 지낸 20세기 초 경제학자 프랭크 나이트(Frank Knight)이다. 그는 오스트리아학파로 분류되는 경우가 흔하지만(미국인이므로 국적 때문은 아니다), 제도학파의 영향도 많이 받았고, 사상의 일부는 케인스주의, 행동주의와도 겹친다.

2 물리학자들도 '모든 것에 관한 이론(theory of everything)'을 정립하려고 시도했지만 실패했다.

3 '…그리고 그 암흑이 모두를 한데 묶는다'로 이 문장은 끝을 맺는다.

4 조지프 슘페터는 경제학의 모든 분석에 앞서 선분석적 인지 행위가 이루어진다고 강조했다. 그가 '비전(vision)'이라고 부른 이 행위는 '분석가가 분석할 가치가 있는 대상으로서 뚜렷한 일관성이 있는 현상의 조합을 가시화'하는 것으로, '우리가 어떤 사물을 보는 방식은 우리가 그 사물이 어떻게 보였으면 좋겠다고 원하

는 방식과 거의 구분할 수 없기 때문'이다. J. Schumpeter, *History of Economic Analysis*(Oxford University Press, New York, 1954), pp. 41~42에서 인용. 이 인용구를 알려 준 윌리엄 밀버그에 감사를 표한다.

5 신고전학파에서 개인을 중요시하는 정도는 계급이 아닌 개인을 경제 주체로 분류하는 것 이상이다. 이 학파의 학자들은 대부분 방법론적 개인주의(methodological individualism) 또한 신봉한다. 이는 경제를 비롯한 모든 집단적 존재에 대한 과학적 설명은 그 존재를 가장 작은 단위까지 쪼갠 것, 즉 개인에 기초를 두어야 한다고 믿는 관점이다.

6 이를 달리 설명하면, 누군가의 상황을 나빠지게 하지 않으면서 어느 누구의 상황도 좋아질 수 없으면 그 사회는 파레토 최적 상태를 이루었다고 할 수 있다.

7 비대칭 정보 상황으로 인한 '불량품 시장'을 설명하기 위해 애컬로프가 든 중고차 시장의 예는 유명하다. 구입하기 전에는 중고차의 질을 확실히 알기 힘들기 때문에 중고차를 구입하려는 소비자는 진짜 좋은 차에도 제값을 치르기를 꺼린다. 이 때문에 질이 좋은 중고차를 소유한 사람들은 중고차 시장에 차를 내놓으려 하지 않는다. 따라서 시장에 나와 있는 중고차의 평균적인 질이 더 떨어지게 되고, 극단적인 경우에는 시장 자체가 사라질 수도 있다. G. Akerlof, 'The market for "lemons": quality uncertainty and the market mechanism', *Quarterly Journal of Economics*, 1970, vol. 84, no. 4 참조.

8 『자본론』 2, 3권은 엥겔스가 편집해 마르크스 사후에 출간되었다.

9 이에 관한 역사는 내 책 『사다리 걷어차기』(학구적이고 상세하다)와 『나쁜 사마리아인들』(덜 학구적이지만 읽기 쉽다)을 참조하라.

10 개발주의자들이 추천하는 전형적인 정책의 내용은 다음과 같다. 관세, 보조금, 정부 조달품(민간 부문의 상품이나 서비스를 정부가 구입하는 것) 구입 시 특혜 등을 통해 새 산업을 장려한다. 원자재 수출에 세금을 부과하거나 수출 자체를 금지해 원자재를 국내에서 가공하도록 장려한다. 관세나 부분적 수입 금지 조치 등을 통해 사치품 수입을 억제해서 더 많은 재원이 투자에 쓰이도록 유도한다. 마케팅을 지원하고 품질을 관리해 수출을 장려한다. 정부가 허용하는 독점 기업, 특허, 경제적으로 더 진보한 나라에서 숙련 노동력을 고용하는 것을 지원하는 방법 등을 통해 기술 향상을 도모한다. 사회 기반 시설에 공공 투자를 한다.

11 리스트는 애초에는 독일의 여러 주 사이에 자유 무역 협정을 장려하는 자유무역주의자였는데, 이 협정은 1834년 관세 동맹(Zollverain) 형태로 실현이 되었다. 그러나 1820년대에 미국에서 정치적 망명 생활을 하던 중 대니얼 레이먼드(Daniel Raymond), 헨리 케리(Henry Carey)의 저서를 통해 해밀턴의 사상을 접하게 된 리

스트는 독일의 여러 주처럼 개발 단계가 비슷한 나라끼리는 자유 무역이 도움이 되지만, 영국과 같은 선진 경제국과 당시 독일, 미국 같은 후진 경제국 사이에는 바람직하지 못하다는 것을 받아들이게 되었다. 한 가지 덧붙일 사실은 당시 대부분의 유럽인처럼 리스트 또한 인종차별주의자여서 자신의 이론이 '온대 기후' 국가에만 적용된다고 노골적으로 말하곤 했다는 점이다.

12 이는 물질적 생산 체계(하부 구조)가 제도(상부 구조)를 결정한다며 대개 일방적인 인과 관계를 가정하는 마르크스학파와는 대조된다.

13 이들 중 중요한 학자로는 알파벳순으로 앨리스 앰스든(Alice Amsden), 마틴 프랜스먼(Martin Fransman), 호르헤 카츠(Jorge Katz), 산자야 랄(Sanjaya Lall), 래리 웨스트팔(Larry Westphal) 등이 있다.

14 계산 논쟁에 관해서는 D. Lavoie, *Rivalry and Central Planning: The Socialist Calculation Debate Reconsidered*(Cambridge University Press, Cambridge, 1985) 참조.

15 행동주의학파의 창시자 허버트 사이먼은 현대 자본주의를 시장 경제보다는 '조직' 경제라고 표현하는 것이 더 적합하다고 지적했다. 오늘날 대부분의 경제 활동이 시장보다는 주로 기업을 비롯해 정부, 기타 단체 등의 조직 내에서 벌어지기 때문이다. 자세한 내용은 5장을 보라.

16 '오염 허가권'을 사고팔 수 있다는 개념은 경제 비전문가에게는 아직 낯설다. 그러나 이런 종류의 허가권이 거래되는 시장은 이미 자리 잡은 지 오래여서 2007년 거래 규모가 640억 달러에 달했다.

17 각 장의 제목은 '예언자 마르크스' '사회학자 마르크스' '경제학자 마르크스' '스승 마르크스'이다.

18 케인스가 저술한 유명한 논문 「우리 손자 세대의 경제적 가능성(Economic Possibilities of Our Grandchildren)」의 제목을 인용하여 얘기하자면, 손자 세대가 되면(정작 케인스 자신은 손자가 없었지만) 영국과 같은 나라의 생활 수준은 충분히 높아져서 새로운 투자 정책이 그다지 필요하지 않게 된다. 케인스는 그런 시점이 되면 노동 시간을 줄이고 소비를 늘리는 쪽으로 정책의 초점을 바꿔야 한다고 전망했는데, 이런 정책은 부자들보다 소득의 더 많은 부분을 소비하는 빈민 계층에 소득을 재분배하는 방법으로 실현될 수 있다.

19 금융 투기의 역사는 찰스 킨들버거의 『광기, 패닉, 붕괴: 금융위기의 역사』(굿모닝북스, 서울, 2006)에 잘 요약되어 있다.

20 케인스는 1924년에서 1944년까지 케임브리지대학 킹스 칼리지의 재정 담당을 맡아 칼리지 재정을 크게 늘리기도 했다.

21 마르크스의 영향을 받아 개발도상국에 관심을 가졌던 미하우 칼레츠키, 개발주의 전통에 한 발을 담그고 오스트리아·헝가리제국에서 성장해 오스트리아학파와 슘페터학파의 주장에 익숙했던 니컬러스 칼도(Nicholas Kaldor, 1908~1986)는 이런 부분에서 예외이다.

22 베블런은 새로 나온 찰스 다윈의 이론에서 영감을 얻어 사회적 변화를 진화의 관점에서 이해하려는 시도도 했다.

23 대부분의 신제도학파 경제학자는 신고전학파가 가정하는 '합리적이고 이기적인 개인'에서 '이기적'이라는 부분은 받아들인다. 그러나 '합리적'이라는 부분에는 대부분(앞서 말한 학자들과 꼭 겹친다고는 할 수 없다)이 동의하지 않는다. 그들 중 일부, 특히 윌리엄슨 같은 사람들은 심지어 인간의 이성이 극도로 제한적이라는 행동주의학파의 제한된 합리성을 노골적으로 채택한다.

24 공인되진 않았지만, 재산 관계(노스, 코스)와 기업의 내부 운영(코스, 윌리엄슨) 등과 같이 적어도 이들이 다루는 대상은 마르크스주의의 영향을 받았다. (노스는 젊은 시절 마르크스주의자였다.)

25 일부 신고전학파 경제학자들은 제한된 합리성을 재해석하여 최적화 모델에 맞추려고 시도했다. 어떤 학자들은 제한된 합리성은 단순히 우리가 경제적 결정을 할 때(신고전학파가 중점을 두는) 자원 비용과 의사 결정 비용을 '공동 최적화(jointoptimization)'하는 것을 의미한다고 주장한다. 또 흔히 통용되는 재해석으로는 사람들이 매번 결정을 할 때마다 옳은 결정을 내리기 위해 노력을 기울이기보다는 가장 좋은 결정 방법을 선택함으로써 최적화하는 경향이 있다는 주장이다. 이 재해석은 둘 다 결국 말이 되지 않는다. 전통적인 신고전학파 모델에서 추정하는 것보다 오히려 더 비현실적으로 높은 수준의 합리성을 필요로 하기 때문이다. 한 가지 요인(자원 비용)만을 고려해서 결정할 때도 최적화하기에 충분치 않은 합리성을 가진 개인이 어떻게 두 가지(자원 비용과 의사 결정 비용)를 한꺼번에 최적화할 수 있단 말인가. 또 개별적인 결정을 내릴 때도 합리적 능력이 부족한 개인이 어떻게 수많은 결정을 내리는 데 평균적으로 최적화된 결정을 내릴 규칙을 만들어 낼 수 있단 말인가.

26 H. Simon, *The Sciences of the Artificial*, 3rd edition(The MIT Press, Cambridge, MA, 1996), p. 31.

## 5장

1 기업 내 거래에 관한 자료는 얻기가 수월하지 않다. 기업 내 거래의 약 20~25퍼센트는 제조업보다 서비스 업종에서 덜 중요한 것으로 추산된다. 그러나 기업 자문이나 연구개발과 같은 특정 '생산자 서비스' 분야는 기업 내 거래 비중이 제조업 분

야보다 더 높은 것으로 드러났다. 자세한 자료가 나와 있는 미국, 캐나다 기업들의 경우 이 수치는 60~80퍼센트에 육박했다. 자료는 R. Lanz, & S. Miroudot, 'Intra-firm trade patterns, determinants and policy implications', OECD Trade Policy Papers no. 114(OECD, Paris, 2011)에서.

2  몬드라곤 협동조합은 협동조합 형태가 아닌 자회사를 150개 보유하고, 노동자-조합원이 아닌 고용인도 1만 명 정도 된다. 총매출 수익에는 자회사들의 실적도 포함되어 있다.

3  바로 이 때문에 미국의 첫 독점방지법(1890년 셔먼 법)에서 노동조합을 반경쟁적이라 간주했다. 1914년 클레이턴 법으로 개정되면서 이 조항은 삭제되었다.

4  EU의 힘은 돈과 규칙 제정권의 혼합에서 나온다. 그리스와 스페인 등 '변경' 국가들에 대한 '구제' 패키지에서도 보았듯이, EU가 가진 영향력의 일부는 재정적 힘에서 나온다. 그러나 더 중요한 것은 회원국의 경제를 비롯한 기타 모든 면에 관한 규칙을 만드는 힘이 있다는 점이다. EU의 의사 결정은 '가중 다수결'로 이루어진다. 이 제도는 1국 1표제가 아니라 미국 대통령 선거인단처럼 회원국의 인구나 영향력을 감안한 투표 형태이다. 2014년 현재 EU이사회에서 29표를 행사하는 독일은 3표를 가진 몰타에 비해 10배의 투표권을 가지고 있지만, 인구는 200배가 넘는다(8200만 vs 40만).

5  ILO는 다른 UN 기구와 사뭇 다르다. 다른 기구들이 정부 간 조직인 반면 ILO는 정부, 노조, 고용주협회가 2:1:1의 투표권을 행사하는 3자 간 조직이다.

6  경제학을 전공하는 학생들은 다른 그룹에 비해 더 이기적이라는 것을 증명하는 실험이 많이 있다. 이는 부분적으로 '자기 선택'의 결과일 수 있다. 주류 경제학이 이기적이고 자기 이윤만을 추구하는 개인을 강조한다는 말을 듣고 자신에게 맞는 분야라고 생각한 사람들이 모였을 수 있다. 그러나 어쩌면 교육의 결과일 수도 있다. 경제학과 학생들은 늘 모든 사람이 자기 자신만을 위해 행동한다고 배웠기 때문에 세상을 더 그런 식으로 보는 것일 수 있다.


## 6장

1  관광객들이 소비하는 극도로 적은 양은 제외한다.

2  이 문제는 J. Aldred, *The Skeptical Economist*(Earthscan, London, 2009)에, 특히 pp. 59-61에 명확하고도 조심스럽게 설명되어 있다.

3  리처드 레이어드와 줄리언 바지니(Julian Baggini)의 대담에서. 'The conversation: can happiness be measured?', Guardian, 20 July 2012.

## 7장

1 감비아, 스와질란드, 지부티, 르완다, 부룬디에 이어 여섯 번째이다.

2 1995년 적도기니는 1인당 국내총생산이 연간 371달러에 불과해서 전 세계 30대 최빈국 중의 하나였다.

3 이 다음에 나오는 미국 광산업에 관한 정보는 G. Wright & J. Czelusta, 'Exorcising the resource curse: mining as a knowledge industry, past and present' (working paper, Stanford University, 2002)를 참조하라.

4 이 성장률을 보면 2010년 독일의 1인당 소득은 2000년보다 11.5퍼센트 증가한 반면 2010년 미국의 1인당 소득은 2000년에 비해 7.2퍼센트밖에 증가하지 않았다는 것을 알 수 있다.

5 다음 연구개발비 통계 수치는 OECD, *Perspectives on Global Development 2013-Shifting Up a Gear: Industrial Policies in a Changing World*(OECD, Paris, 2013), Chapter 3, figure 3-1에서 가져왔다.

6 자체적으로 연구개발을 할 수 있는 규모의 기업이 거의 없는 가난한 나라에서는 대부분의 연구개발이 정부 자금으로 진행된다. 일부 국가에서는 이 비율이 거의 100퍼센트에 달하기도 하지만, 보통 50~75퍼센트 선이다. 더 잘사는 나라에서는 정부 출연 연구개발 비율이 더 낮아서 보통 30~40퍼센트 정도이다. 일본(23퍼센트), 한국(28퍼센트)에서는 이 수치가 상당히 낮고, 스페인과 노르웨이(모두 50퍼센트)가 높은 편에 속한다. 미국의 정부 지원 연구개발은 이제는 35퍼센트 선이지만, 연방 정부가 막대한 액수를 방위 산업 연구에 쏟아부었던 냉전 기간에는 50~70퍼센트 선으로 훨씬 높았다.

7 Department for BERR(Business, Enterprise and Regulatory Reform), *Globalisation and the Changing UK Economy*(Her Majesty's Government, London, 2008).

8 프랑스 산업부 장관이었던 피에르 드레퓌스(Pierre Dreyfus)의 발언으로, P. Hall, *Governing the Economy*(Polity Press, Cambridge, 1987), p. 210에 인용되었다.

9 이 문단과 다음 문단의 자료는 별도의 언급이 없는 한 H-J. Chang, 'Rethinking public policy in agriculture: lessons from history, distant and recent', *Journal of Peasant Studies*, 2009, vol. 36, no. 3에서 가져왔다.

10 산업 부문 전체는 국내총생산의 30~40퍼센트를 차지했다. 오늘날은 25퍼센트를 넘는 곳이 없다. 출처는 O. Debande, 'De-industrialisation', *EIB Papers*, 2006, vol.11,no.1.http://www.eib.org/attachments/efs/eibpapers/ eibpapers_2006_v11_n01_en. pdf에서 다운받을 수 있다.

11 독일에서는 국내총생산에서 차지하는 제조업 비율이 1991년에서 2012년 사이에

경상 가격 기준으로 27퍼센트에서 22퍼센트로 떨어졌고, 불변 가격으로는 24퍼센트에서 22퍼센트로 떨어졌다. 같은 기간 이탈리아는 경상 가격 기준 22퍼센트에서 16퍼센트로, 불변 가격 기준 19퍼센트에서 17퍼센트로 떨어졌다. 프랑스는 1991년에서 2011년 사이 경상 가격 기준 17퍼센트에서 10퍼센트로, 불변 가격 기준 13퍼센트에서 12퍼센트로 하락했다. 자료는 EU가 발행한 Eurostats에서 가져왔다.

12 미국의 국내총생산 중 제조업 비율은 1987년에서 2012년 사이에 경상 가격 기준으로 17퍼센트에서 12퍼센트로 떨어졌다. 그러나 불변 가격을 기준으로 하면 이 비율은 11.8퍼센트에서 12.4퍼센트로 약간 올라간다. 1990년에서 2012년 사이 스위스에서는 이 수치가 경상 가격 기준 20퍼센트에서 18퍼센트로 떨어졌지만, 불변 가격 기준으로는 18퍼센트에서 19퍼센트로 올라갔다. 스위스 자료는 Eurostats, 미국 자료는 미국 상무부 경제분석국(Bureau of Economic Analysis)에서 가져왔다.

13 핀란드에서는 국내총생산 중 제조업 비율이 1975년에서 2012년 사이에 경상 가격 기준으로는 25퍼센트에서 17퍼센트로 하락, 불변 가격 기준으로는 14퍼센트에서 21퍼센트로 상승했다. 스웨덴은 1993년에서 2012년 사이에 경상 가격 기준으로는 18퍼센트에서 16퍼센트로 하락, 불변 가격 기준으로는 12퍼센트에서 18퍼센트로 상승했다. 자료는 Eurostats에서 가져왔다.

14 1990년에서 2012년 사이 영국 국내총생산에서 제조업이 차지하는 비율은 경상 가격 기준으로 19퍼센트에서 11퍼센트로 떨어져서 42퍼센트 하락률을, 불변 가격 기준으로는 17퍼센트에서 11퍼센트로 떨어져서 35퍼센트 하락률을 보였다. 자료는 Eurostats에서 가져왔다.

15 모두 세계은행 자료이다.

16 더 자세한 논의는 G. Palma, 'Four sources of "de-industrialisation" and a new concept of the "Dutch Disease"', paper presented at the EGDI(Economic Growth and Development Initiative) Roundtable of the HSRC(Human Sciences Research Council) of South Africa, 21 May 2007를 참조하라. http://intranet.hsrc.ac.za/Document-2458.phtml에서 다운받을 수 있다.

17 그린하우스 개발 권리 프레임워크에서는 재난을 가져올 수 있는 '2도 상승'을 막기 위해, 지구 온난화에 대한 각 나라의 역사적 책임 및 배출량을 감당할 수 있는 능력을 감안해 나라마다 줄여야 할 온실 가스 배출량을 제시한다.

18 더 자세한 사항은 Aldred, *The Skeptical Economist*, Chapter 5 참고.

19 우리가 원자력 발전소의 위험에 대해 갖는 인상은 왜곡되어 있기 쉽다. 원자력 발전소는 사고가 났을 때 언론에서 크게 다뤄지는 데다 이런 사고가 주로 부자 나라에서 일어나기 때문이다. 반면 바깥 세상에는 잘 알려지지 않지만, 중국에서만 적

어도 수천명의 석탄 광부가 매년 사고로 목숨을 잃는다. 지난 한두 세기 동안에 석탄을 때서 생긴 오염 때문에 죽은 사람의 수는 얼마나 되는지조차 알지 못한다. 1952년 런던을 덮친 스모그로 4000명에서 1만 2000명이 목숨을 잃었다는 집계도 있다. 물론 그 전후로 수십 년 동안 영국이 석탄으로 인한 오염에 시달린 것은 잘 알려진 사실이다. 오늘날에는 중국, 인도 같은 나라의 도시에서 많은 사람이 석탄 오염으로 인한 호흡기 질환으로 일찍 사망한다. 체르노빌 사고로 인해 (대부분 방사선 노출로 암에 걸려) 100만 명이 죽었다고 추산하는 논란 많고 극단적인 집계를 감안하더라도, 석탄으로 인한 이런 '소리 없는 죽음'을 모두 합하면 석탄이 원자력보다 더 많은 목숨을 앗아갔다고 할 수 있다.

## 8장

1 Martin, *Money*, p. 242.

2 파생 상품에 관해 이야기한 내용 중 많은 부분은 B. Scott, *The Heretic's Guide to Global Finance: Hacking the Future of Money*(London: Pluto Press, 2013), pp. 63-74와 스콧을 직접 만나 이야기한 데 기초하고 있다. J. Lanchester, *Whoops! Why Everyone Owes Everyone and No One Can Pay*(Allen Lane, London, 2010), Chapter 2에서는 덜 기술적이면서도 통찰력은 전혀 떨어지지 않는 설명을 접할 수 있다.

3 이 예를 들어 준 브렛 스콧에게 감사한다. 이런 의미에서 담보화 부채 상품은 기반이 되는 자산에서 가치가 파생되므로 파생 상품이라고 할 수 있다. 같은 시각을 적용하면 주식도 파생 상품이라 할 수 있는데, 기업들이 물리적 장비나 특허, 지식재산권 등 기타 '기반이 되는' 자산을 가지고 있기 때문이다. 따라서 다양한 금융 자산은 따지고 보면 그 구분이 확실치 않다.

4 Scott, *The Heretic's Guide to Global Finance*, p. 65.

5 Ibid., pp. 69-70.

6 파생 상품 시장의 역사와 그 과정에서 시카고상품거래소가 한 역할에 대해서는 Y. Millo, 'Safety in numbers: how exchanges and regulators shaped index-based derivatives', a paper presented at the Conference on the Social Studies of Finance, Center on Organizational Innovation(COI), Columbia University, 3-4 May 2002 참조. http://www.coi.columbia.edu/ssf/papers/millo.rtf에서 다운받을 수 있다. 옵션의 간략한 역사는 http://www.optionsplaybook.com/optionsintroduction/stock-option-history/에서 다운로드 가능.

7 Millo, 'Safety in numbers', and C. Lapavitsas, *Profiting without Producing:*

*How Finance Exploits All* (Verso, London, 2013), p. 6.

8  H. Blommestein et al., 'Outlook for the securitisation market', *OECD Journal: Market Trends*, vol. 2011, issue 1(2011), p. 6, figure 6. http://www. oecd.org/finance/financial-markets/48620405.pdf에서 다운받을 수 있다. EU 통계인 Eurostat에 따르면 2010년 EU의 국내총생산은 12조 3000억 유로(약 16조 8000만 달러), 미국 국내총생산은 10조 9000억 유로(약 14조 9000만 달러)였다.

9  L. Lin and J. Sutri, 'Capital requirements for over-the-counter derivatives central counterparties', IMF Working Paper, WP/13/3, 2013, p. 7, figure 1. http:// www.imf.org/external/pubs/ft/wp/2013/wp1303.pdf에서 다운로드 가능.

10  G. Palma, 'The revenge of the market on the rentiers: why neo-liberal reports of the end of history turned out to be premature', *Cambridge Journal of Economics*, 2009, vol. 33, no. 4.

11  Lapavitsas, *Profiting without Producing*, p. 206, figure 2.

12  J. Crotty, 'If financial market competition is so intense, why are financial firm profits so high?: Reflections on the current "golden age" of finance', Working Paper no. 134, University of Massachusetts, Amherst, MA: PERI(Political Economy Research Institute), April 2007.

13  2009년 4월 28일 암스테르담에서 Financial Student Association을 대상으로 한 A. Haldane, 'Rethinking the financial network', 강연록 pp. 1617. 강연 내용은 http://www.bis.org/review/r090505e.pdf?frames=0에서 다운받을 수 있다.

14  M. Blyth, *Austerity: The History of a Dangerous Idea* (Oxford University Press, Oxford, 2013), pp. 26–27.

15  은행 주식 평균 보유 기간은 1998년 약 3년에서 2008년 약 3개월로 떨어졌다. P. Sikka, 'Nick Clegg's plan for shareholders to tackle fat-cat pay won't work', *Guardian*, 6 December 2011. http://www.guardian.co.uk/commentisfree/ 2011/dec/06/nick-clegg-shareholders-fat-cat-pay?에서 다운로드 가능.

16  금융 부문이 비금융 부문보다 항상 이윤을 더 많이 남겼던 것은 아니다. 2005년 연구에 따르면 1960년대 중반에서 1970년대 말 사이 미국의 금융 부문 이윤율은 비금융 부문 이윤율보다 낮았다. 그러나 1980년대 금융 규제 완화 이후 2000년대 초반까지 금융 기업의 이윤율은 4퍼센트에서 12퍼센트 사이에서 점점 상승 곡선을 그리며 올라가서 2~5퍼센트 이윤율 상승을 보인 비금융 기업에 비해 훨씬 높은 성적을 기록했다. 프랑스에서는 1970년대 초반에서 1980년대 중반 사이 금융 기업의 이윤율이 마이너스였다. 그러나 1980년대 말 금융 규제 완화 이후 이윤율이

상승하기 시작해 1990년대 초에 와서는 5퍼센트로 비금융 기업의 이윤율과 맞먹었고, 2001년에는 10퍼센트를 넘어섰다. 반면 비금융 기업의 이윤율은 1990년대 초반을 기점으로 떨어지기 시작해서 2001년에는 3퍼센트를 내는 데 그쳤다. G. Duménil & D. Lévy, 'Costs and benefits of neoliberalism: a class analysis', in G. Epstein(ed.), *Financialisation and the World Economy*(Edward Elgar, Cheltenham, 2005).

17 Reinhart & Rogoff, *This Time Is Different*, p. 252, figure 16.1.

18 Palma, 'The revenge of the market on the rentiers', p. 851, figure 12.

19 W. Lazonick, 'Big payouts to shareholders are holding back prosperity', *Guardian*, 27 August 2012. http://www.theguardian.com/commentisfree/2012/aug/27/shareholder-payouts-holding-back-prosperity에서 다운로드 가능.

20 2011년과 2012년 이 비율은 99퍼센트 수준에 머물렀다. 이 문단의 자료는 연방준비제도의 자금 흐름 자료에서 얻었다. http://www.federalreserve.gov/apps/fof/에서 다운로드 가능. 2000년대 초까지에 관한 해당 자료는 Crotty, 'If financial market competition is so intense'에서 구할 수 있다. 또 다른 추산에서는 숫자는 더 낮지만 같은 추세를 볼 수 있다. 1955년에는 20퍼센트를 약간 웃도는 수준이었다가 1980년대 중반에는 30퍼센트가량, 2000년대 초반에는 50퍼센트까지 오르다가 2008년 위기 직전에는 45퍼센트 정도로 약간 주춤한 뒤 다시 2010년 50퍼센트를 넘어섰다. W. Milberg & N. Shapiro, 'Implications of the recent financial crisis for innovation', New School for Social Research, mimeo, February 2013 참조.

21 제너럴일렉트릭에 관한 정보는 R. Blackburn, 'Finance and the fourth dimension', *New Left Review*, May/June 2006, p. 44에서 가져왔다. J. Froud et al., *Financialisation and Strategy: Narrative and Numbers*(Routledge, London, 2006)에서는 이 비율을 무려 50퍼센트까지 추산하기도 한다. 포드 수치는 J. Froud et al. 자료에서 가져왔다.

22 잉글랜드 은행의 앤디 홀데인은 다음 연설에서 이 문제를 아주 명확하고 통찰력 있게 설명했다. 'The dog and the frisbee', speech delivered at the Federal Reserve Bank of Kansas City's 36th Economic Policy Symposium on 'The Changing Policy Landscape', Jackson Hole, Wyoming, 31 August 2012. http://www.bankofengland.co.uk/publications/Documents/speeches/2012/speech596.pdf에서 다운로드 가능.

## 9장

1  M. Friedman & R. Friedman, *Free to Choose*(Penguin Books, Harmondsworth, 1980), pp. 3132.

2  이런 쪽으로 더 자세한 논쟁을 접하고 싶으면 조지프 스티글리츠, 『불평등의 대가』 (열린책들, 파주, 2013) 4장 참조.

3  윌킨슨과 피킷은 불평등이 더 심한 나라의 저소득자는 더 평등한 나라의 소득 수준이 비슷한 사람보다 스트레스를 더 많이 받는다고 설명한다. 이 스트레스는 특히 어릴 적에 자신의 낮은 지위에 대한 불안과 그것을 극복할 능력이 없는 데 대한 불만, 즉 '지위 불안감(status anxiety)'에서 오는 것이다. 윌킨슨과 피킷은 이 스트레스가 개인의 건강에 악영향을 끼치고, 범죄와 같은 반사회적 행동을 할 확률을 높인다고 주장한다.

4  이 증거에 대한 종합적이고 균형 잡힌 평가는 F. Stewart, 'Income distribution and development', Queen Elizabeth House Working Paper, March 2000, no. 37, University of Oxford(http://www3.qeh.ox.ac.uk/pdf/qehwp/qehwps37.pdf에서 다운로드 가능)와 B. Milanovic, *The Haves and the Have-Nots*( Basic Books, New York, 2011) 참조.

5  다른 지표로는 Theil Index, Hoover Index, Atkinson Index 등이 있다.

6  20세기 초 미국 경제학자 맥스 로렌츠(Max Lorenz)의 이름을 딴 것이다.

7  G. Palma, 'Homogeneous middles vs. heterogeneous tails, and the end of the "Inverted-U": The share of the rich is what it's all about', Cambridge Working Papers in Economics(CWPE) 1111, Faculty of Economics, University of Cambridge, January 2011을 참조하라. http://www.dspace.cam.ac.uk/bitstream/1810/241870/1/cwpe1111.pdf에서 다운로드 가능.

8  이 논점에 관한 자세한 내용은 A. Cobham & A. Sumner, 'Putting the Gini back in the bottle?: "The Palma" as a policy-relevant measure of inequality', mimeo, King's International Development Institute, King's College London, March 2013을 참조하라. http://www.kcl.ac.uk/aboutkings/worldwide/initiatives/global/intdev/people/Sumner/Cobham-Sumner-15March2013.pdf에서 다운로드 가능. 대중적이고 쉬운 시각적 설명은 http://www.washingtonpost.com/blogs/worldviews/wp/2013/09/27/map-how-the-worlds-countriescompare-on-income-inequality-the-u-s-ranks-below-nigeria를 참조하라.

9  OECD, *Divided We Stand: Why Inequality Keeps Rising*(Organization for

Economic Cooperation and Development, Paris, 2011)과 ILO, *World of Work 2012*(International Labour Organization, Geneva, 2012)를 보라.

10 다음에 나오는 지니 계수는 2010년 자료로 ILO, *World of Work 2012*, p. 15, figure 1.9에서. 보츠와나와 나미비아 수치는 더 예전 자료에서 가져왔다.

11 흥미롭게도 이 '가르는 선'은 『평등이 답이다』를 우호적으로 비평하는 사람들이 어느 수준 이상의 불평등을 보이는 나라들에서 불평등이 사회적으로 부정적인 결과를 낸다고 주장할 때 사용하는 기준과 유사하다.

12 UNCTAD, *Trade and Development Report 2012*(United Nations Conference on Trade and Development, Geneva, 2012), Chapter 3, p. 66, chart 3.6. 연구 대상이 된 15개국은 호주, 캐나다, 칠레, 중국, 독일, 인도, 인도네시아, 이탈리아, 일본, 한국, 뉴질랜드, 노르웨이, 태국, 영국, 미국이다. 사용된 자료는 한국 1988년부터 영국 2008년까지 다양하다. 이것만 봐도 부의 분배에 관한 정보를 구하기가 얼마나 어려운지 알 수 있다.

13 이 나라들의 소득 지니 계수는 0.3 이하였지만, 부의 지니 계수는 0.7 이상이었다. 부 지니 계수는 소득 지니 계수가 훨씬 높은 태국(부 지니 0.6 상회, 소득 지니 0.5 상회), 중국(부 지니 0.55 부근, 소득 지니 0.5 육박) 같은 일부 국가보다도 더 높았다.

14 상세한 정보는 ibid., 특히 Chapter 3 참조.

15 A. Atkinson, T. Piketty & E. Saez, 'Top incomes in the long run of history', *Journal of Economic Literature*, vol. 49, 2011, no. 1, p. 7, figure 2.

16 Ibid., p. 8, figure 3.

17 F. Bourguignon & C. Morrisson, 'The size distribution of income among world citizens, 18201990', *American Economic Review*, vol. 92, 2002, no. 4.

18 UNCTAD, *Trade and Development Report 2012*. 그러나 이 자료를 더 조심스럽게 해석한 것을 보고 싶으면 Milanovic, *The Haves and the Have-Nots*, Chapter 3을 참조하라.

## 10장

1 J. Garraty & M. Carnes, *The American Nation: A History of the United States*, 10th edition(Addison Wesley Longman, New York, 2000), p. 607.

2 ILO는 자료의 질 문제 때문에 강제 노동에 관한 나라별 수치를 제공하지 않는다.

3 노동 시간에 대한 다양한 자료 중에서 ILO 자료를 사용한 이유는 가장 포괄적이기 때문이다. 부자 나라의 ILO 자료가 없는 경우에는 OECD 자료를 사용했다.

4 네덜란드 1382시간, 독일 1406시간, 노르웨이 1421시간, 프랑스 1482시간.

5 한국 2090시간, 그리스 2039시간, 미국 1787시간, 이탈리아 1772시간.

6 한국은 2007년까지 멕시코를 포함한 OECD 회원국 중 가장 노동 시간이 길었다.

7 더 자세한 내용은 내 책 『나쁜 사마리아인들』(9장 게으른 일본인과 도둑질 잘하는 독일인)과 『그들이 말하지 않는 23가지』(Thing 3)를 참조하라.

8 미국, 영국, 독일, 호주의 연구 기관이 컨소시엄을 이루어 운영하는 국제 사회 조사 프로그램(International Social Survey Programme)에 따르면 부자 나라의 노동자들은 임금, 흥미도, 사회 기여도 등 직업의 여러 특성 중 안정성을 가장 중요하게 생각한다.

9 스웨덴과 핀란드는 이른바 능동적 노동 시장 프로그램(active labour market programme)을 통해 실업자를 재훈련시키고, 재고용 전략을 세워 실행하는 과정을 지원해서 이런 문제를 많이 줄였다. Basu & Stuckler, *The Body Economic*, Chapter 7 참조.

10 다수의 가난한 나라에서는 이 한계 연령 이하의 많은 아동이 일을 한다. 이들의 고용 현황은 공식 취업/실업 통계에 반영되지 않는 경우가 많다.

11 구직 의욕을 상실한 노동자 때문에 생기는 통계 문제를 해결하기 위해 경제학자들은 생산 가능 인구 대비 경제 활동 인구(취업 인구 및 공식 실업 인구)로 산출하는 **노동력 참여율**labour force participation rate을 참고하기도 한다. 이 비율이 갑자기 하락하면 더 이상 실업자로 간주되지 않는 실망 노동자 수가 증가한 것을 의미한다.

## 11장

1 나를 포함한 일부 경제학자들은 여기서 한 걸음 더 나아가 생산력 향상을 위해 대규모 자본 투자가 필요한 철강, 자동차 등의 산업 부문에서는 '반(反)경쟁적' 카르텔처럼 과점 기업들이 산업을 이끌어가는 것도 사회적으로 유용하다고 주장한다. 이런 산업 부문에서는 무제한 가격 경쟁에 몰입하면 기업의 이윤 폭이 너무 줄어들어 투자할 능력에까지 영향을 미치고, 결과적으로 장기 성장을 저해할 수 있기 때문이다. 이런 경쟁 때문에 일부 기업이 파산하게 되면 그 기업의 기계와 노동자는 다른 산업 부문에 쉽게 재이용/재취업하기가 어려워서 사회적 손실이 된다. 이에 대한 예는 H-J. Chang, *The Political Economy of Industrial Policy*(Macmillan Press, Basingstoke, 1994), Chapter 3과 A. Amsden & A. Singh, 'The optimal degree of competition and dynamic efficiency in Japan and Korea', *European Economic Review*, vol. 38, nos. 3/4(1994)를 참조하라.

2 금융 부문 경력을 지닌 장관은 도널드 리건(1981년 1월~1985년 2월), 니컬러스 브래디(1988년 9월~1993년 1월), 로이드 벤슨(1993년 1월~1994년 12월), 로버트 루빈(1995년 1월~1999년 7월), 헨리 폴슨(2006년 7월~2009년 1월), 팀 가이트너(2009년

1월~2013년 1월) 등이다.

3 오늘날 부자 나라의 공직자 부패 및 기타 병폐에 대한 정보는 내 책『사다리 걷어 차기』2부 1장(특히 pp. 139-155)과『나쁜 사마리아인들』8장을 참조하라.

4 World Bank, *World Development Report 1991*(The World Bank, Washington DC, 1991), p. 139, table 7.4.

5 자료는 OECD, *Government at a Glance, 2011*(OECD, Paris, 2011)에서 가져왔다.

## 12장

1 조지 3세에게 보낸 건륭제의 편지 전문은 http://www.history.ucsb.edu/ faculty/marcuse/classes/2c/texts/1792QianlongLetterGeorgeIII.htm에서 다 운받을 수 있다.

2 이 장에서는 논의하고 있지 않지만, 헤크셰르-올린-새뮤얼슨 정리에 깔려 있는 다 른 가정들도 풀어 보면 '자유 무역이 최선이다'라는 결론을 약화시키는 것들이 많 다. 그중 하나는 완전 경쟁, 즉 시장 지배력이 부재할 때인데 폴 크루그먼은 이런 경우 '자유 무역이 최선이다'라는 결론이 성립하지 않는다는 '신 무역 이론(New Trade Theory)'을 내놨다. 또 다른 중요한 가정은 외부 효과가 없다는 가정이다(외 부 효과의 정의는 4장 참조).

3 리카도 등은 나라마다 생산 능력이 다르다는 사실은 받아들이지만, 이런 차이를 바꿀 수 없는 것으로 가정한다.

4 더 자세한 논의는 H-J. Chang & J. Lin, 'Should industrial policy in developing countries conform to comparative advantage or defy it?': A debate between Justin Lin and Ha-Joon Chang', *Development Policy Review*, vol. 27, 2009, no. 5.를 보라.

5 다음 몇 문단의 교역에 관한 자료는 World Bank data set, World Development Indicators 2013에서 가져왔다.

6 WTO 자료.

7 United Nations, *International Trade Statistics, 1900-1960*(United Nations, New York, 1962).

8 이 수치는 수출 자료에 근거한다. 1980년대 이전 기간에는 수출과 수입 자료 사이 에 상당한 차이가 있어서 수입 자료를 사용하면 그 비율은 1960년대 50~58퍼센 트, 1970년대에 54~61퍼센트가 된다.

9 원자재, 제조업, 서비스를 모두 합친 전체 교역에서 제조업이 차지하는 비율은 1980~1982년 47퍼센트에서 1998~2000년 63퍼센트로 늘었다가 2009~2011년

에는 55퍼센트를 기록했다.

10 1984~1986년 평균은 8.8퍼센트이고, 2009~2011년 평균은 27.8퍼센트이다.

11 더 자세한 정의는 UNCTAD(http://unctad.org/en/Pages/DIAE/Foreign-Direct-Investment-(FDI).aspx) 참조.

12 라이베리아 63퍼센트, 아이티 50퍼센트, 코소보 42퍼센트.

13 다음에 인용되는 외국인 직접 투자 흐름에 관한 자료는 모두 유입량 기준. 이론적으로는 세계적으로 유입량과 유출량 전체의 합이 동일해야 하지만, 실제 수치는 항상 차이가 있다.

14 계산은 세계은행 자료에 근거.

15 이 증거에 관한 뛰어난 분석은 R. Kozul-Wright & P. Rayment, *The Resistible Rise of Market Fundamentalism: Rethinking Development Policy in an Unbalanced World*(Zed Books and Third World Network, London, 2007), Chapter 4를 참조하라.

16 조세 도피처에 관한 정보는 니컬러스 색슨, 『보물섬』(부키, 서울, 2012)과 조세 정의에 관한 웹사이트 www.taxjustice.net를 참조하라. 이 글을 쓴 2013년 가을, G20을 통해 조세 도피처에 강력한 조처를 취해야 한다는 말은 떠들썩했지만, 구체적인 계획은 전혀 나오지 않고 있는 상태이다.

17 Christian Aid, 'The shirts off their backs: how tax policies fleece the poor', September 2005. http://www.christianaid.org.uk/images/the_shirts_off_their_backs.pdf에서 다운로드 가능.

18 이 실패에 대한 자세한 이야기는 내 책 『나쁜 사마리아인들』 1장(렉서스와 올리브 나무 다시 읽기)을 참조하라.

19 이 정책에 관한 더 자세한 논의는 N. Kumar, 'Performance requirement as tools of development policy: lessons from developed and developing countries', in K. Gallagher(ed.), *Putting Development First*(Zed Books, London, 2005)를 보라. 좀 더 쉬운 설명은 『나쁜 사마리아인들』 4장(핀란드인과 코끼리)을 참조하라.

20 이런 규칙들이 경제 성장에 어떻게 해를 끼치는지에 관해서는 H-J. Chang & D. Green, *The Northern WTO Agenda on Investment: Do as We Say, Not as We Did*(South Centre, Geneva; Catholic Agency for Overseas Development, London, 2003)와 R. Thrasher & K. Gallagher, '21st century trade agreements: implications for development sovereignty', The Pardee Papers no. 2, The Frederick S. Pardee Center for the Study of the Longer-Range Future,

Boston University, September 2008을 참조하라. 후자는 http://www.ase. tufts.edu/gdae/Pubs/rp/KGPardeePolSpaceSep08.pdf에서 다운로드 가능.

21 아일랜드 사례에 관한 자세한 정보는 H-J. Chang & D. Green, *The Northern WTO Agenda on Investment*를 참조하라.

22 특정 연도별이 아니라 일정 기간의 평균치를 사용한 이유는 외국인 직접 투자량이 해에 따라 부침이 아주 심하기 때문이다.

23 이 기간 동안 미국은 전 세계 총생산량(GDP)의 23.1퍼센트를 생산했는데도 전체 외국인 직접 투자의 15.1퍼센트밖에 받지 못했다. 프랑스는 이 수치가 각각 4.3퍼센트, 3.0퍼센트이고, 브라질은 3.0퍼센트, 2.8퍼센트이다. GDP 생산 비율보다 투자를 더 많이 받은 나라 중 세계 GDP의 0.8퍼센트, 0.4퍼센트를 생산하는 벨기에와 홍콩이 각각 6퍼센트와 4.1퍼센트의 투자를 받아 제일 눈에 띈다. 영국(4.0퍼센트 생산, 6.8퍼센트 투자 유입), 중국(8.5퍼센트, 11.0퍼센트) 등도 생산량 대비 투자가 많았다.

24 이 나라들은 중국, 브라질, 멕시코, 러시아, 인도, 헝가리, 아르헨티나, 칠레, 태국, 튀르키예 등이었다.

25 브라운필드 외국인 직접 투자에 관해 나와 있는 통계와 전체 외국인 직접 투자 흐름에 관한 통계는 직접 비교할 수가 없다. 여러 가지 이유 중 하나는 국경을 넘는 인수 합병에 필요한 자금의 일부가 현지에서 조달될 수도 있기 때문이다. 또 국경을 넘는 인수 합병의 대금이 1년이 아니라 몇 년에 걸쳐 지급될 수 있다는 점도 고려해야 한다.

26 P. Nolan, J. Zhang & C. Liu, 'The global business revolution, the cascade effect, and the challenge for firms from developing countries', *Cambridge Journal of Economics*, vol. 32, 2008, no. 1.

27 *Immigrants: Your Country Needs Them*의 저자 필립 리그레인(Philippe Legrain)은 (완전 자유화는 아니지만) 고도로 자유화된 이민 정책을 옹호하는 소수의 자유 시장 경제학자 중 한 사람이다.

28 이민 노동자의 권리 문제에 관해서는 M. Ruhs, *The Price of Rights: Regulating International Labour Migration*(Princeton University Press, Princeton, 2013)을 참조하라.

29 물론 여기에는 내전이나 자연 재해를 피해 이웃 나라로 이주한 피난민은 포함되어 있지 않다.

30 노동력 부족의 정의에 관한 논쟁은 M. Ruhs & B. Anderson(eds.), *Who Needs Migrant Workers?: Labour Shortages, Immigration, and Public Policy*(Oxford University Press, Oxford, 2012), Chapter 1을 참조하라.

31 사례는 C. Dustmann & T. Frattini, 'The fiscal effects of immigration to the UK', Discussion Paper no. 22/13(CReAM(Centre for Research and Analysis of Migration), University College of London, London, 2013) 참조.

32 사례는 G. Ottaviano & G. Peri, 'Rethinking the gains of immigration on wages', NBER Working Paper no. 12497(National Bureau of Economic Research, Cambridge MA, 2006)을 보라. http://www.nber.org/papers/w12497에서 다운로드 가능.

33 노동자 송금의 영향에 관한 종합적인 논의는 I. Grabel, 'The political economy of remittances: What do we know? What do we need to know?', PERI Working Paper Series, no. 184(Political Economy Research Institute, University of Massachusetts, Amherst MA, 2008) 참조. http://www.peri.umass.edu/fileadmin/pdf/working_papers/working_papers_151-200/WP184.pdf에서 다운로드 가능.

34 멕시코 정부는 이런 투자에 사용되는 노동자 송금액과 동일한 금액을 보조했는데, 지금은 중단했다.

35 이 문단과 다음 문단들에 사용된 이민자 비율에 관한 자료는 세계은행의 World Development Indicators database에서 가져왔다.

36 이 문단과 다음 문단들에 사용된 노동자 송금에 관한 자료는 세계은행의 Migration and Remittances Statistics에 근거를 두고 있다.

## 에필로그

1 J. W. von Goethe, *Sämtliche Werke, Part 1: Maximen und Reflexionen, Schriften zur Naturwissenschaft*, Jubiläumsausgabe xxxix, 72, as cited in A. Gerschnkron, *Continuity in History and Other Essays*(Harvard University Press, Cambridge MA, 1968), Chapter 2, p. 43.

2 저명한 과학 역사가 시어도어 포터(Theodore Porter)는 과학적 숫자마저 정치적, 사회적 압력에 반응해서 추산된 것이 많다고 주장한다. 그의 저서 *Trust in Numbers: The Pursuit of Objectivity in Science and Public Life*(Princeton University Press, Princeton, 1995) 참고.

3 이 경구를 내게 알려 준 디어드리 매클로스키(Deirdre McCloskey)에게 감사한다.

# 찾아보기